Peter Mast

OSTPREUSSEN UND WESTPREUSSEN UND DIE DEUTSCHEN AUS LITAUEN

Vertreibungsgebiete
und vertriebene Deutsche

Eine Studienbuchreihe
zur Zwischenbilanz der
Umsiedlung, Flucht, Deportation,
Vertreibung und Aussiedlung

Im Auftrage der Stiftung
Ostdeutscher Kulturrat (OKR), Bonn
herausgegeben von
Professor Dr. Wilfried Schlau,
Universität Mainz

Band 10

Peter Mast

OSTPREUSSEN UND WESTPREUSSEN UND DIE DEUTSCHEN AUS LITAUEN

Studienbuchreihe
der Stiftung
Ostdeutscher Kulturrat
Band 10
Langen Müller

Bildnachweis:

Alle Abbildungen aus den Archiven der Stiftung Ostdeutscher Kulturrat (OKR), der Buchverlage Langen Müller Herbig und des Verfassers, außer: S. 95 (J. B. Bilke), S. 180 (Tamara Schmidt).

Umschlagentwurf: Wolfgang Heinzel
Herstellung und Satz: VerlagsService Dr. Helmut Neuberger
& Karl Schaumann GmbH, Heimstetten
Gesetzt aus der 9,2/11,2 Century expanded
auf Apple Macintosh in QuarkXPress
Druck und Binden: Jos. C. Huber, Dießen
Printed in Germany
ISBN 3-7844-2796-0

Du gabst und du nahmst – doch dein Joch drückt hart,
Vergib, wenn das Herz, das sich dir ergibt,
Nicht vergißt, was es zu sehr geliebt,
Was Gleichnis uns war und noch bleibt im Leid
Von deines Reiches Herrlichkeit.

Agnes Miegel

Inhalt

Teil IV: Von Preußen in das Kaiserreich

Teil V: Republik und Führerstaat

Epilog: Zwischen gestern und morgen

Anhang

Vorwort des Herausgebers

Es sind die früheren Bewohner des einstigen Staatsgebietes des Deutschen Ordens in Ost- und Westpreußen – ergänzt um die überwiegend aus diesem stammenden Deutschen aus Litauen –, denen dieser Band der Studienbuchreihe gewidmet ist.
Er ist wieder in erster Linie für die Schüler der sogenannten Kollegstufe der Höheren Schulen, die Studierenden aller Fachbereiche, die Lehrkräfte aller Schularten sowie die interessierten Mitbürger bestimmt, die sich näher über das Schicksal dieser Menschengruppe informieren wollen.
Das deutsche Ost- und Westpreußen ist im Inferno der Jahre 1944 bis 1948 untergegangen, aber seine deutschen Bürger sind trotz großer Verluste immer noch da – im Bundesgebiet und in der weiten Welt, und es ist bezeichnend, daß heute zum Beispiel in der Freien und Hansestadt Hamburg ein gebürtiger Elbinger regiert.
Auch wenn Ost- und Westpreußen – abgesehen von wenigen Jahren im Gefolge der Paulskirche – nicht zum Heiligen Römischen Reich deutscher Nation bzw. nach 1815 zum Deutschen Bund gehörten, so waren diese Landschaften doch integrierende Teile des deutschen Sprach- und Siedlungsraumes in Mitteleuropa, ja Herbert Kraus bezeichnet sie im Vorwort zu Bruno Schumachers »Geschichte Ost- und Westpreußens« noch im Jahre 1957 als »deutsche Kernlande«.
So standen auch in der Halle unserer Masurischen Volkshochschule Jablonken im Kreise Ortelsburg noch aus den zwanziger Jahren die Zeilen:

»Und handeln sollst Du so, als hinge
Von Dir und Deinem Tun allein
Das Schicksal ab der deutschen Dinge
Und die Verantwortung wär' Dein.«

Die Ost- und Westpreußen sind ihren Weg bis zum bitteren Ende gegangen. Er war für sie ja nicht neu, spielten sich doch auf ihrem Heimatboden schon seit Jahrhunderten die Auseinandersetzungen mit den näheren Nachbarn – den Litauern und den Polen – ab, die in der Schlacht von Tannenberg 1410 ihren Höhepunkt fanden.
Es folgten dann seit dem Siebenjährigen Krieg und in den beiden Weltkriegen des 20. Jahrhunderts die Auseinandersetzungen mit den Russen, die in Gestalt der Roten Armee schließlich »ganze Arbeit leisteten«.
Kein anderer Teil Deutschlands ist jedenfalls im Zweiten Weltkrieg und danach so geschunden und verunstaltet worden wie das von den Sowjets annektierte nördliche Ostpreußen, und die Namen »Nemmersdorf« und »Metgethen« bleiben Symbole dieser grauenhaften Wirklichkeit.

Da helfen auch wenig die Äußerungen aus der Sowjetunion stammender Königsberger Studenten gegenüber dem bundesdeutschen Fernsehkorrespondenten Klaus Bednarz im Jahre 1994 (Reportage am 1. Januar 1995), demzufolge »sie sich schämten, daß ihre Eltern die Deutschen verjagt hätten«, denn »das sei deutsche Erde – preußische«.

April 2000 Wilfried Schlau

Prolog: Preußenland

Ost- und Westpreußen werden geographisch zum Norddeutschen Tiefland gerechnet. Doch bestehen sie nicht aus bloßer Ebene; Hügelland und ebene Fläche wechseln einander ab. Den Süden Ostpreußens durchzieht von Westen und Südwesten nach Osten der Preußische Landrücken, in dessen Senkungen und Tälern sich zahlreiche – insgesamt 3300 – Seen finden. Die größten sind der Spirding-, der Löwentin- und der Mauersee, mit 109, 7, 26 und 102 Quadratkilometern Fläche. Dieses Höhen- und Seenland, Masuren im Osten und das zwischen Passarge und Geserichsee gelegene Hockerland oder Oberland (etwa die beiden ehemaligen Kreise Mohrungen und Osterode umfassend) im Westen, schließt Hochflächen ein, die erste südlich von Osterode und den Oberländischen Seen mit der 313 Meter messenden Kernsdorfer Höhe, die zweite zwischen den Seen an der oberen Alle und den Masurischen Seen mit dem Voigtsdorfer Berg, der sich östlich des Großen Lauternsees und südlich von Bischofstein zu einer Höhe von 221 Metern erhebt, und die

Masuren. Einsames Bauerngehöft.

Die Rominter Heide bei Goldap.

dritte im östlichen Teil des Gebietes der Masurischen Seen mit den Erhebungen Pillacker Berg mit 219, dem Goldaper Berg mit 272, der Seesker Höhe südlich Goldap mit 309 und dem Woitowosberg östlich von Goldap mit 282 Metern Höhe.

Das Oberland gilt als das landschaftlich abwechslungsreichste Gebiet Ostpreußens mit Berg, Wald und Feld. Es hat ausgedehnte Laubwälder (etwa den Christburger Forst an der alten, bis 1920 bestehenden Westgrenze der Provinz), darunter große Rotbuchenbestände und fruchtbare Äcker aufzuweisen. Dem gegenüber ist Masuren landschaftlich noch glanzvoller, wird aber zu weiten Teilen von Sandboden bedeckt, der riesige Kiefern- und Fichtenwälder trägt. Es war demzufolge das ärmste Gebiet der Provinz, was sich in den Dörfern und Städten ausdrückte.

Das östlich an das Oberland und nördlich an Masuren anschließende, bis zum Frischen Haff herabreichende Ermland war hingegen am reichsten. »Saatenschwere Felder bedecken so weit das Auge reicht das leicht gewellte, flußdurchströmte Land, und die stolzen, dicht gesäten Dörfer und anmutig gelegenen Städte mit ihren ragenden Domen, Schlössern und Rathäusern zeugen von dem Wohlstande des Landes.« So schrieb Richard Dethlefsen, der Privinzialkonservator, während des Ersten Weltkrieges.

Nach Süden, Südosten und Osten hin fällt der Preußische Landrücken in ein Wald-, Sumpf- und Heideland ab, so die Johannisburger und die Romintener (oder Rominter) Heide, jene, auch Johannisburger Wildnis genannt, einst eine der größten und geschlossensten Kiefernwaldungen in Deutschland, das größte Waldgebiet Preußens, 100 Kilometer lang und 45 Kilometer breit, diese, 240 Quadratkilometer groß, noch bis zur Mitte des 19. Jahrhunderts reiner Urwald, seit 1890 Hirschjagdrevier Kaiser Wilhelms II., nach 1918 Staatsjagdrevier. In der Abdachung des Landrückens erheben sich östlich von Neidenburg die bis zu 235 Meter hohen Goldberge und nördlich von Ortelsburg der Damerau mit der höchsten Höhe von 201 Metern.

Wanderdünen auf der Kurischen Nehrung.

Auch in der Küstenebene, deren Mitte das Inster-Pregel-Urstromtal ist, fehlen Erhebungen nicht. Genannt seien der Signalberg auf der Willkischker Höhe am rechten Memelufer bei Ragnit (80 Meter) sowie der Galtgarben (110 Meter) und der große Hausenberg (90 Meter) im Samland. Unterhalb (westlich) von Tilsit erstreckt sich die Tilsiter Niederung, in der sich wie in den ehemaligen Landkreisen Heiligenbeil, Labiau, Wehlau und Schloßberg (bis 1938 Pillkallen) schwere Lehm- und Tonböden, d. h. Böden von großer Fruchtbarkeit finden. An der Küste mit ihren Haffs, dem Frischen und dem Kurischen Haff, gewaltigen Strandseen, überwiegen kahle Dünenketten (mit den höchsten Wanderdünen Europas); nur das Samland besitzt eine Steilküste.

Der Preußische Landrücken findet in Westpreußen, also nach Westen hin, seine Fortsetzung, freilich tiefdurchbrochen durch das fast durchgehend sieben bis acht Kilometer breite Tal der Weichsel unterhalb der Mündung der Brahe und des Bromberger Kanals und der südlichen Grenze der ehemaligen Provinz Westpreußen. Dieses Talstück reicht bis zur Montauer Spitze, wo die Nogat in nordöstlicher Richtung von der Weichsel abzweigt. Unterhalb dieser Stelle verzweigt sich die Weichsel zu einem über 50 Kilometer breiten Mündungsdelta, den fruchtbaren Weichselwerdern. Diese liegen sehr tief, an einigen Stellen im Osten sogar unter dem Meeresspiegel, von Überflutung vom Haff her bedroht, so daß auch nach den abschließenden Weichselregulierungen durch die preußischen Behörden zwischen 1879 und 1895 Dammbauten notwendig waren und sind. Am Danziger Haupt tritt die Weichsel in die Elbinger und die Danziger Weichsel, diese als Hauptstrom, auseinander. Dieser mündet seit dem Dünenbruch in der Nacht vom 1. auf den 2. Februar 1840 bereits vor dem Erreichen von Danzig bei Neufähr in die Ostsee. Das Bett des früher an der Nordperipherie der Danziger Innenstadt vorbeifließenden Stroms, in das die durch die Stadt hindurchfließende Mottlau mündet, wurde der Schiffahrt erhalten, die bei Neufahrwasser die See erreicht.

Westlich der Weichsel nähert sich der Landrücken mit der Kaschubischen Schweiz der Ostsee und erreicht mit dem im Durchschnitt 200 Meter hohen Plateau von Karthaus (mit dem 331 Meter hohen Turmberg) seine höchste Höhe. Das Plateau senkt sich nach Süden hin zu einer weiten, 120 bis 180 Meter hohen Ebene ab, auf der sich längs der Schwarzwasser und der Brahe, linken Nebenflüssen der Weichsel, die 112 Kilometer lange und 30 bis 40 Kilometer breite Tucheler Heide hinzieht, in den ehemaligen westpreußischen Kreisen Konitz, Tuchel, Schwetz, Preußisch Stargard und Berent gelegen, die posenschen Reviere Rosengrund, Crone und Wtelno einschließend. In dem in 150 Jahren durch die preußische Forstverwaltung kultivierten Waldgebiete ist die Kiefer beherrschend; aber es finden sich auch Mischwald und größere Laubwaldbestände. Der Forst wurde zur Grundlage für eine blühende bodenständige Holzindustrie in Czersk und Konitz.
Auch östlich der unteren Weichsel kommt der Landrücken der Küste nahe und erreicht bei einer durchschnittlichen Höhe von 80 bis 130 Metern mit dem Butterberg auf der Elbinger Höhe 198 Meter. Nach Südwesten und Süden hin senkt er sich zu den Niederungen bei Elbing und Marienburg, zur Landschaft Pomesanien zwischen Stuhm und Lessen sowie dem fast ebenen und namentlich im Südwesten um den Kulmsee herum sehr fruchtbaren Kulmerland ab. Dieses reicht vom rechten Ufer der Weichsel etwa zwischen Thorn und Graudenz, begrenzt durch die Ossa im Norden und die Drewenz im Süden, bis an das Hockerland heran. Es ist ein Zuckerrübenland, das zur Grundlage einer leistungsfähigen Zuckerproduktion wurde.
Die Hauptflüsse Ostpreußens sind die Memel (Njemen) und der Pregel. Die Memel teilt sich in der Tilsiter Niederung in die Ruß und die Gilge. Die hier erhaltene urtümliche Naturlandschaft, gegen das Kurische Haff durch den 30 Kilometer langen, 1894 fertiggestellten Haffstaudeich geschützt, war politisch verfaßt durch den Kreis Niederung, zuletzt Elchniederung, begrenzt durch die Ruß und den zwischen Memel und Pregel fließenden Nemonien, mit der Kreisstadt Heinrichswalde, diese wegen naher Nadelwaldungen auch Luftkurort. Der Pregel, aus dem Zusammenfluß von Angerapp, Pissa und Inster entstanden, einst ab Insterburg schiffbar, nimmt die Alle, diese ehedem ab Friedland schiffbar, bei Wehlau auf und entläßt bei Tapiau nach Norden die Deime, die, ursprünglich ein Kanal, bei Labiau in das Kurische Haff mündet. 1405 vom Deutschen Orden schiffbar gemacht, war die Deime bis 1944 Teil des Personen- und Lastschiffahrtsweges zwischen Königsberg und Tilsit. Dieser verlief ab der Deime bei Labiau über den Großen Friedrichsgraben, der bei Nemonien (seit 1938 Elchwerder) den Fluß Nemonien (seit 1938 Elchwerder Straße) kreuzt, und über den Seckenburger Kanal zur Gilge, die als Memelarm nach Tilsit führt. Der ebenfalls schiffbare Nemonien entwässert das Große Moosbruch, das größte Hochmoor Ostpreußens.
Erwähnenswert ist der seit 1860 bestehende Elbing-Oberländische Kanal, der das Oberland (Hockerland) über den Drausensee mit Elbing verbindet. Der dabei auftretende Höhenunterschied von rund 100 Metern wurde durch fünf trockene geneigte Ebenen (Rollberge) mit Förderwagen auf Schienen überwunden. Holz und Produkte der Landwirtschaft wurden nach Elbing transportiert, während zu Berg Steinkohle, künstlicher Dünger, Öl und Petroleum verschifft wurden. Die 1893 eröffnete Eisenbahnstrecke Elbing-Osterode machte das heute noch erhaltene und betriebstüchtige Kanalbauwerk wirtschaftlich überflüssig. Bedeutsam hingegen ist die Masurische Wasserstraße, welche die Masurischen Seen zwischen Johannisburg und Angerburg miteinander verbindet. Geplant war, durch einen 52 Kilometer langen, über zehn Schleusen verlaufenden Masurischen Kanal den Mauersee bei Angerburg mit der Alle bei Allenburg zu verbinden und damit den Anschluß an das Pregel-Alle-Flußsystem herzustellen. So hätte der Weg zu einer industriellen Erschließung des nordmasurischen Seengebietes eröffnet werden sol-

Im Memeldelta.

len. Doch wurden die Arbeiten an dem Kanalvorhaben 1939 kriegsbedingt eingestellt und niemals wieder aufgenommen.

»Von stolzen Strömen durchzogen, von busch- und baumumsäumten Mäanderbächen durchfurcht, von schattigen Alleen durchschnitten, breiten sich die früchteschweren Flächen des wasserblinkenden, roggenblonden, wiesengrünen Ostpreußens aus mit schwarzweißen Viehherden und glänzenden, von Nerv und Leben sprühenden Pferden in weiten Weidegärten. Und über der Ebene wölbt sich weit und hoch ein Himmel, der, blau und lerchenliederfüllt, in den kurzen späten Frühlingswochen auf einen wahren Wachstums- und Blütentaumel herniederblickt; der im Lichtrausch langer, gewitterdurchgrollter Sommertage das Korn emporschießen und erntereif sich neigen sieht, der zögernd nur im klaren, die Sicht ins Unermeßliche steigernden Herbst Abschied nimmt vom grünrotgoldenen Spiel; der nach triefenden sturmgepeitschten Regenwochen, sternfunkelnd in herber Frostnacht oder von karger Sonnenbahn am kurzen Tage erhellt, herabschaut auf weithin sich dehnende, schneeweiß blendende und doch von farbigen Lichtern belebte Flächen. Und wir Ostpreußen alle sind Kinder der Ebene. Trotz des Höhenrückens, der im Süden des Landes ein anmutiges Spiel in den sanften Wellenlinien seiner Hügel treibt. Nirgendwo hemmen sie die Weiträumigkeit, die Weitsichtigkeit unseres Landes. Und diese Weite weitet die Seele, weitet das tiefste Sein, zwingt zu Ruhe und Schlichtheit. Sie läßt den Menschen über sich selbst hinauswachsen, weil sie ihn niemals mit dem Gefühl eigener Kleinheit der gedrängten Enge gipfelumdrohter Gebirgstäler belastet, weil sie ihn selbst immer wieder als Mittelpunkt in den großen Kreis der Gesichtslinie wie des sich darüber wölbenden tiefen Himmelsraumes stellt, weil sie ihm die wenigen Dinge, die ihm begegnen, einfach und wuchtig vor Augen rückt.« So schrieb einst der aus dem Kreise Pillkallen gebürtige und in Elbing wie später in Schneidemühl lehrende Volkskundler Karl Plenzat. Wie er betonte, war entsprechend der Wirtschaftsstruktur des Landes die Mehrzahl der Ostpreußen »in den unabänderlichen, weil naturgegebenen Rhythmus von Säen und Ernten, in die schicksalhafte Abhängigkeit von Jahres- und Tageslauf« hineingestellt. Die Bewohner des Landes hatten so Wirklichkeitssinn, Nüchternheit, Ergebung und Heimatliebe als Eigenschaften ausgebildet.

Die Wachstumsperiode in Ost- und Westpreußen war kurz. Östlich kontinentale und westlich ozeanische Luftmassen lagen hier miteinander im Kampfe. Wie der Volksmund sagte, mußten sieben Winter vergehen, d. h. es konnten sich gut sieben Frostperioden mit siebenmal Tauwetter abwechseln, ehe es endlich Frühling wurde. Die Blüte der Obstbäume mochte hier drei bis vier Wochen später beginnen als in der Kölner Bucht, die Zahl der für die Feldbestellung nutzbaren Tage um etwa hundert weniger sein als in Süddeutschland. Dafür schien aber die Sonne in Treuburg im Jahresdurchschnitt 1686 Stunden lang, während Aachen nur 1040 Stunden lang in den Genuß ihrer wohltätigen Strahlen kam. So blieben für die auf dem Felde zu leistende Arbeit nur wenige Monate, von denen noch Regentage abgezogen werden mußten, die sich in nicht geringer Zahl einzustellen pflegten. War das eine Schule harten und umsichtigen Arbeitens, so hatte den Altpreußen Winterwetter mit Frösten bis zu 40 Grad Celsius (das mit milden Wintern wechselte) zäh und widerstandsfähig werden lassen. Die langen Winterabende, in denen Zeit zum Sinnen, Träumen, Singen und Erzählen war, mochte den Hang zur Mystik begünstigt haben, den er gleichsam als Gegengewicht zu seiner tatenfrohen Nüchternheit ausgebildet hatte.

Bei den in Ost- und Westpreußen gesprochenen Mundarten ist zwischen dem Niederpreußischen und dem Hochpreußischen zu unterscheiden. Nach Westpreußen wirkte von Westen her das Ostpommersche hinein. Es reichte in einem breiten Streifen von der Küste bei Leba bis über die Weichsel hinweg, zog sich auch links der Weichsel bis in die Provinz Posen und traf auf das Niederpreußische. Bei diesem handelte es sich um eine niederdeutsche Siedelmundart, die in Sprache und Art in Ost- und Westpreußen vorherrschte. In ihr Verbreitungsgebiet wie eine Insel eingeschlossen war das Hochpreußische, eine mitteldeutsche Siedelmundart, die von den Nachkommen mitteldeutscher und schlesischer Siedler gesprochen wurde. Es war zum einen im Ermland zu Hause, um Heilsberg, Seeburg, Guttstadt und Wormditt herum, und zum anderen im Oberland, wo es im Gebiet der Städte Mühlhausen, Preußisch Holland, Liebstadt, Mohrungen, Liebemühl, Saalfeld, Osterode, Deutsch Eylau, Rosenberg, Riesenburg, Freystadt, Stuhm und Christburg erklang, um noch in zwei Zipfeln gegen Elbing und Marienburg ins Niederpreußische hineinzureichen. Schon mancher Ortsname verwies hier auf die mitteldeutsche Herkunft der Bewohner, mehr noch deren Musikalität und die freundlichen Angerdörfer in der gefälligen Hügellandschaft. Im Ermland, das als altes Bistumsland in seinem katholischen Charakter konfessionell eine Insel war, fehlte eine einheitliche mundartliche Prägung; nordwestlich von Heilsberg, Wormditt und Guttstadt bis zum Haff sowie im Süden und im Südosten war die Mundart niederdeutsch.

Auf dem in den Jahren von 1844 bis 1862 erbauten Oberländischen Kanal fuhren die Schiffe teilweise auf Schienen über »geneigte Ebenen« hinweg. Auf diesen wurde nach einer Idee des Königsberger Baurates Jakob Steenken ein Höhenunterschied von rund 100 Metern überwunden, der zwischen dem Drewenzsee und Elbing zu bewältigen war. Damit hatte man sich kostspielige Schleusenbauten erspart. Seit Aufnahme des Eisenbahnverkehrs zwischen Osterode und Elbing im Jahre 1893 ist der Kanal als Transportweg nicht mehr vonnöten. Er überlebte aber als technisches Denkmal.

Die niederländische Sprache der von 1527 an aus den Niederlanden in das Weichseldelta eingewanderten Mennoniten, die dort die Deichbaukunst ihrer Heimat fruchtbringend anwandten und am Beginn des 20. Jahrhunderts noch eine Gruppe von etwa 10000 Personen darstellten, war im Niederpreußischen und im Ostpommerschen aufgegangen. Doch an dem puritanischen Glauben der Väter hatten die Mennoniten festgehalten und zwischen Windschöpfwerken in behäbigen Lang-, Winkel- und Kreuzhöfen ein gottesfürchtiges, fleißiges und durch Wohlstand gesegnetes Leben geführt, in der Nachbarschaft von Lutheranern und vereinzelten Katholiken. Die in der ersten Hälfte des 18. Jahrhunderts in das östliche Ostpreußen eingewanderten und in der fruchtbaren Pregelniederung ansässigen Salzburger, Nassauer und Schweizer bewährten wohl ihre alten Tugenden der Beweglichkeit, der Sparsamkeit, der Mäßigkeit und der Bedachtsamkeit, hatten aber von ihrem Brauchtum und ihrer angestammten Mundart kaum etwas bewahrt; das Salzburgische war in den dreißiger Jahren des 20. Jahrhunderts noch bei einzelnen Alten bekannt, diente aber nicht mehr als Verkehrssprache. Es herrschte die niederdeutsche Mundart; freilich stand sie in den Siedlungsgebieten der Salzburger (mit besonderer Verdichtung um Gumbinnen und Stallupönen) dem Hochdeutschen näher als anderswo. In Masuren mit seinen genügsamen, leichtlebigen, gefühlsbetonten und daher auch musikalischen, naturverbundenen und geselligen Menschen war die deutsche Umgangs- und Verkehrssprache hochsprachlich, durchsetzt allerdings mit einem nieder- und hochpreußischem Wortschatz. Das Ursprüngliche war hier das Masurische, ein Abkömmling des Polnischen. Von den Ureinwohnern des Preußenlandes, den Prußen, dürften manche Fischer abgestammt haben, die von den Ufern der beiden Haffe und den Nehrungen aus auf Fang gingen. Sie sollen noch im 17. Jahrhundert heimlich die alten Götter angerufen haben. Auf der Kurischen Nehrung wurde bis 1945 als Hauptsprache vereinzelt noch das Kurische gesprochen, eine dem Preußischen und Litauischen verwandte Mundart. Hier lebte »noch manche Besonderheit in Tracht, Sitte, Brauch, Hausbau und in der Farbenfreudigkeit, die die Fenster und Türen der weißgetünchten Häuser blau, grün und rot anstreichen, und die an Wikingerboote erinnernden Keitel- und Kurrenkäne mit buntgemalten holzgeschnitzten Wimpeln schmücken« ließ (K. Plenzat).

Die Provinzen Ost- und Westpreußen umfaßten rund 62500 Quadratkilometer Fläche und wurden am Beginn des 20. Jahrhunderts von gut dreieinhalb Millionen Menschen bewohnt. In Westpreußen lebten neben Deutschen auch Polen und Kaschuben (nach dem Stande von 1905 1641746 zu 567318 Köpfen), in Ostpreußen neben den masurischen litauische Minderheiten. Deren Angehörige empfanden sich im Gegensatz zu den preußischen Polen zumeist als Deutsche. In Westpreußen überwogen die Katholiken, während diese in Ostpreußen mit (1905) 229196 Köpfen (gegenüber 1698465 Evangelischen) stark in der Minderzahl waren.

Das alte Ordensland Preußen, zu dem noch im Spätmittelalter auch Westpreußen gehört hatte, war den Binnendeutschen bis tief in das 19. Jahrhundert hinein fern und unbekannt gewesen. Beide Länder gehörten nicht zum alten Deutschen Reich und zum Deutschen Bund. Von der Mitte des 15. bis zum Ausgang des 18. Jahrhunderts stand Westpreußen unter der Krone Polens. Der Weg vom Reiche her führte zumeist über See; Fernverkehrswege über Land bestanden kaum, infolge der Größe und der stellenweisen Undurchdringlichkeit des Landes, auch aus Gründen des mäßigen Handelsaustausches West- und Mitteleuropas mit Rußland. Die Bevölkerung der Preußenlande war – von der Hilfe durch König Friedrich Wilhelm I. am Beginn des 18. Jahrhunderts einmal abgesehen – weitgehend auf sich selbst gestellt.

Erst die Neuordnung des preußischen Staates im Jahre 1815 und die Bildung der Provinzen Ost- und Westpreußen sowie das in der Folgezeit beschleunigt fortschreitende

Am Kurischen Haff.

Zusammenwachsen der Monarchie in ihren Bestandteilen leiteten einen Wandel ein. Die Eisenbahn vor allem ließ die Wege von der Mitte und dem Westen Deutschlands in jene abgelegenen Provinzen kürzer werden. In den fünfziger Jahren entstand die sogenannte Ostbahn von Berlin über Küstrin, Landsberg an der Warthe, Schneidemühl und Bromberg nach Danzig (1852), nach Königsberg, Insterburg, Gumbinnen und Eydtkuhnen (zuletzt Eydtkau genannt) an der russischen Grenze, das 1860 erreicht wurde, bei Dirschau und Marienburg wurden die Weichsel und die Nogat mit gewaltigen Brückenbauwerken überwunden, die 1857 dem Verkehr übergeben wurden. Seit 1873 bestand eine Abkürzung über Konitz und Preußisch Stargard durch die Tucheler Heide hindurch, die jahrhundertelang Ost- und Westpreußen wie ein Grenzwald vom Westen abgeriegelt hatte. Die Eisenbahnstrecke Berlin-Eydtkuhnen war damit freilich immer noch 750 Kilometer lang. Gute Straßenverbindungen traten bald hinzu; die Reichsautobahn (zwischen Elbing und Königsberg noch fertiggestellt) sollte folgen. Seit den zwanziger Jahren war Ostpreußen in den deutschen Luftverkehr einbezogen, über den Königsberger Flughafen Devau bestanden auch Verbindungen nach Riga, Reval und Leningrad, nach Helsinki, nach Moskau über Kaunas sowie über Allenstein nach Warschau und weiter nach Breslau. Außer Königsberg und Allenstein waren an den deutschen Luftverkehr Danzig, Insterburg, Elbing und Marienburg angeschlossen. Von Königsberg aus ging es 1937 viermal täglich nach Berlin sowie zweimal nach Breslau, Hamburg, Karlsruhe, München und Paris. Noch im Winter 1944/45 gab es eine Schnellzugverbindung zwischen Königsberg und Wien über Allenstein, Thorn, Posen, Breslau und Brünn. Die reichlich 1000 Kilometer messende Strecke wurde – kriegsbedingt – in 22 Stunden bewältigt. Dann zerbrach in über sieben Jahrhunderten Gewachsenes. Ost- und Westpreußen rückten Deutschland, Mittel- und Westeuropa ferner denn je.

Teil I:
Deutscher Orden

1. Die Anfänge des Deutschen Ordens an der Ostsee und der Kampf um Preußen

Von der Goldbulle von Rimini bis zum Einzug des Hochmeisters in der Marienburg (1226–1309)

Ost- und Westpreußen, so wie es fast 800 Jahre lang bestanden hat, geht auf drei Wurzeln zurück: auf die christlich-abendländische Mission, den staufischen Staatsgedanken und auf das deutsche Volkstum, den Träger des römisch-deutschen Kaisertums, deren Inhaber jeweils Vögte der Kirche waren. Fruchtbar wurde diese Dreiheit durch den im Zusammenhang der hochmittelalterlichen Kreuzzugsbewegung stehendem Deutschen Ritterorden und seinen Hochmeister Hermann von Salza, den Abkömmling eines thüringischen Dienstmannengeschlechts. Der Deutsche Orden, seinerzeit auch »Orden der Deutschen« genannt, geht auf das »St. Marien-Hospital der Deutschen in Jerusalem« zurück. Dieses hatten 1190 in der Stunde der Not nach dem Unfalltod Kaiser Friedrich Barbarossas als Kreuzfahrer Kaufleute aus Bremen und Lübeck angesichts von Fieber und Krankheit im verwaisten Heer zu Akkon gegründet, als Ersatz für ein Hospital für deutsche Pilger in Jerusalem, das 1187 mit dem Verlust der Stadt in die Hände der Ungläubigen gefallen war. Friedrich von Schwaben, ein jüngerer Sohn Kaiser Friedrichs, der die Führung des dezimierten Kreuzfahrerheeres übernommen hatte, hielt hinfort die Hand über die Gründung, woraus eine unverbrüchliche Bindung des Deutschen Ordens an die Staufer entstehen sollte; von Papst Klemens III. war das Spital bestätigt und unter seinen Schutz genommen worden. Zur Umwandlung in einen geistlichen Ritterorden kam es 1198, als das deutsche Kaisertum mit dem plötzlichen Tod Heinrichs VI. auf einem Kreuzfahrerschiff ein neues Unglück betroffen hatte, auf Beschluß der in Akkon versammelten deutschen Fürsten. Die Ordensregel entsprach der der Templer und der der Johanniter. Es galten die mönchischen Gelübde von Armut, Keuschheit und Gehorsam. Als Tracht diente ein weißer Mantel mit einem schwarzen Kreuz. Mit ganz wenigen Ausnahmen wurden nur Deutsche aufgenommen.

Die Verbindung mit dem Kaiser und dem Papst führte den Orden nach Altpreußen, in einer Zeit, als Hochmeister Hermann von Salza, der in weltpolitischen Zusammenhängen denkende und handelnde Staatsmann, als Vermittler zwischen den beiden Gewalten der Christenheit zu wirken begonnen hatte (ohne freilich auf die Länge den Bruch zwischen beiden verhindern zu können). In die Preußenmission trat der Orden ein, nachdem er im Frühjahr 1225 durch König Bela IV. aus dem Burzenland im Südosten Siebenbürgens, dem inneren Karpathenwinkel, wo er dem ungarischen Grenzschutz gegenüber den heidnischen Komanen gedient hatte, vertrieben worden war. Herzog Konrad von Masowien aus der polnischen Piastendynastie hatte nach dem Scheitern seiner Christianisierungspolitik gegenüber den Prußen, den Ureinwohnern der Preußenlande, und der dadurch verursachten Bedrohung seiner Hauptstadt Płock an der Weichsel im Winter 1225 auf 1226 eine Gesandtschaft an den Orden abgefertigt und diesem das Angebot gemacht, ihm das an die Prußen verlorene Kulmerland, wenn er es zurückerobere, als Schenkung zu überlassen. Jede darüber hinausgehende Eroberung sollte dem Orden als Eigentum überlassen bleiben.

Dank seiner Stellung konnte Hermann von Salza dem Kaiser persönlich nicht nur von diesem Anerbieten berichten, sondern auch die Bedingungen bestimmen, unter denen ein so großes Unternehmen, wie es nun an der Weichsel bevorstand, beginnen sollte, eingedenk des Fiaskos, das der Orden im Burzenland erlitten hatte. Dementsprechend bestätigte eine von Kaiser Friedrich II. im März 1226 erlassene Goldbulle von Rimini (Benennung nach einem in eine Kapsel eingeschlossenen Goldsiegel) nicht nur das Schenkungsversprechen Herzog Konrads, sondern sicherte dem Orden auch völlige Unabhängigkeit von allen Verpflichtungen nach außen, Markt-, Münz- und Schürfrechte sowie die Gerichtshoheit über alle Einwohner zu, womit ihm Gerechtsame souveräner Staatlichkeit beigelegt worden waren. Im Juni 1230 bestätigte Polen dieselben. »Aus der Rechtsfülle des deutschen Königtums und des universalen Kaisertums leitete Friedrich II. den Anspruch ab, dem Deutschen Orden diese Stellung seines künftigen Staates zu privilegieren. … Damit beruhte der künftige Ordensstaat nicht nur auf der Ordensidee und den Grundlagen seines Waffendienstes für die Ausdehnung des christlichen Glaubens, dem allgemein kirchlichen Wesen der Ritterorden und der Welt der Kreuzzüge, sondern entscheidend auf der höheren Verpflichtung des Reiches als Schirmherrn der christlichen Kirche und des christlichen Glaubens. Aus der Pflicht des Reiches leitete sich die Aufgabe des Ordens und seines Staates ab. Aus der Sendung des Reiches wuchs auch die Sendung des Ordenslandes Preußen.« (E. Maschke)

Abgeschlossen wurde die Grundlegung des Ordensstaates dadurch, dass die Kurie dessen bisherige und alle weiteren Eroberungen als geistliches Gebiet in ihr Recht und Eigen nahm, wie das 1234 durch die von Papst Gregor IX. erlassene Bulle zu Rieti (Mittelitalien) geschah. Damit verbunden war die Übertragung Preußens an den Orden zu ewigem Besitz mit allen Rechten und Einkünften.

Auf die Kurie waren jene Erfolge nicht ohne Eindruck geblieben, die der Orden bei der inzwischen begonnenen militärischen Eroberung des Preußenlandes errungen hatte. 1228 war nach Verhandlungen des Komturs von Halle, Sitz der ältesten Deutschordenskomturei in Deutschland, mit dem Herzog von Masowien von diesem seine Schenkung wiederholt und erweitert worden. Nachdem der Papst im Herbst 1230 zur Kreuzfahrt gegen die heidnischen Prußen aufgerufen hatte, war Hermann Balk, der erste Landmeister des Ordens in Preußen, mit einem nur kleinen militärischen Gefolge, das aus den sächsisch-thüringischen Landschaften stammte, ausgehend vom Waffenplatz Vogelsang bei Nessau vom linken auf das rechte Weichselufer übergesetzt und hatte hier mit Thorn die erste Ordensfeste in Preußen begründet. Seither gingen jedes Jahr Pilger auf Preußen-Fahrt und unterstützten die Ordensbrüder, die mehr und mehr in das Preußenland eindrangen, die unterworfenen Prußen zur Annahme des Christentums durch die Taufe zwangen und das Territorium des Ordens ständig ausweiteten.

Auf die Gründung der Burg Thorn war 1232 die der Burg Kulm gefolgt und 1233, nach einem Vorstoß unter Beteiligung polnischer und pommerellischer Fürstlichkeiten, die der Festung Marienwerder. Sogleich waren im Schutze der Festungen deutsche Stadtgemeinden entstanden, und in den letzten Tagen des Jahres 1233 hatte der Orden mit der Verbriefung der Rechte der Bürger von Thorn und Kulm, der der Selbstverwaltung und der Gerichtsbarkeit, durch die Kulmer Handfeste zum ersten Male als Landesherr Recht

Thorn, Blick von der Weichsel, um 1940 (Aufnahme: Kurt Grimm), links Pfarrkirche St. Johann, rechts der Junkerhof. Der Turm davor und die Stützmauer ganz rechts zum Ordensschloß gehörig.

gesetzt. Die Kulmer Handfeste war im wesentlichen eine Übernahme des Magdeburger Stadtrechts, das neben dem Lübischen für das Ordensland maßgeblich werden sollte. Hermann von Salza, dessen Name in den Eingangsworten der Kulmer Handfeste erscheint, auch wenn er vermutlich niemals preußischen Boden betreten hat, zog zur Befestigung der im Entstehen begriffenen Ordnung auch das Freiberger und das schlesische Bergrecht heran und legte Münze, Maße und Gewichte fest.

Schon 1234 konnte der Orden östlich von Weichsel und Nogat weiter vordringen und nach der Überwindung der Prußen in der Schlacht an der Sorge, dem südlichen Zufluß des Drausensees, durch dessen Tal eine alte Bernsteinstraße führte, das westliche Pomesanien gewinnen. 1236 wurde unter erstmaligem Einsatz eines größeren Kreuzfahrerheeres, das von Markgraf Heinrich von Meißen geführt wurde, Pomesanien, das nördlich an das Kulmerland anschließt, vollständig erobert. Weiter wagte der Orden vorerst freilich nicht in das Innere des Landes vorzustoßen; er versuchte statt dessen eine Umfassung von Westen und von Norden her. In diesem Sinne drang eine von Hermann Balk geführte Streitmacht die Weichsel und die Nogat abwärts zum Frischen Haff vor, wo Balk 1237 an der Mündung des Elbingflusses zusammen mit der lübischen Seemacht Burg und Stadt Elbing gründete, in der sich Kolonisten aus Lübeck und Meißen niederließen. In dieser Zeit liegen auch die Anfänge der deutschen Stadtgemeinde Danzig. Mit Hilfe des Wettinerherzogs Heinrich, der einer der reichsten Fürsten seiner Zeit war, entstand am Elbingfluß der erste Seehafen des Ordens, wodurch der Nachschub über See von Lübeck her gesichert war. Hermann von Salza war im Mai 1226 bei der Erhebung der künftigen

Königin der Ostsee, also Lübecks, zu einer Freien Reichsstadt, die die einzige im Ostseeraum bleiben sollte, beteiligt gewesen, wohl wissend, welche Bedeutung diese Stadt für das Gelingen der Unternehmungen des Ordens hatte bzw. haben würde. Das galt insbesondere seit 1227, dem Jahr, in dem Dänemark der Stadt und ihren Verbündeten in der Schlacht bei Bornhöved erlegen und infolgedessen seine Ostseeherrschaft zusammengebrochen war. Diese hatte auch die bremischen Verbindungen nach Livland behindert, wo durch den Wagemut der Stadt an der Weser dreißig Jahre früher als in Preußen die Fahne des Christentums deutscher Zunge aufgepflanzt worden war. 1202 hatte dort Bischof Albert von Riga den Schwertbrüderorden begründet. Mit diesem vereinigte sich der Deutsche Orden zu eben jener Zeit, als er die Küste erreicht hatte, also 1237. Die Livländer hätten, weiter auf sich gestellt, in der Gefahr gestanden, von den Dänen, den Russen und den Litauern erdrückt zu werden. Der Deutsche Orden stand nunmehr also auch im baltischen Raume.

So war der Orden stark genug, um sich 1239 mit einem Sprung über das Frische Haff hinweg am östlichen Haffufer weit im Nordosten, auf einer Halbinsel festzusetzen. Hier konnte anstelle einer alten Prußenfeste gemeinsam mit dem Welfenherzog Otto, dem Gründer von Hannover, die Zwingburg Balga angelegt werden. Ausgehend von den bis dahin gewonnenen Positionen vermochte es der Orden, im engen Zusammenwirken mit den polnischen Teilfürsten, insbesondere den schlesischen Piasten, an die Eroberung des Inneren des Preußenlandes heranzugehen, auch hier Burgen und Städte anzulegen sowie diese mit deutschen Siedlern zu belegen. 1243 verfügte Papst Innozenz IV. die Bildung der Diözesen Kulm, Pomesanien, Ermland und Samland. Die Ordensmacht wurde dadurch nicht geschmälert – schon deshalb nicht, weil die Kapitel von Kulm, Pomesanien und Samland dem Orden inkorporiert waren, d. h. sich ausschließlich aus Priesterbrüdern des Ordens zusammensetzten, die im Hochmeister ihren disziplinarischen Vorgesetzten hatten. Inhaber der Metropolitangewalt war seit 1246 der Erzbischof von Riga.

Im Jahre 1248 wurden durch ein Kreuzheer unter den askanischen Markgrafen Otto III., Otto V. und Johann I. in den Landschaften Pomesanien, Ermland und Natangen, letzteres links der Alle gelegen, die letzten Widerstände gebrochen. Ein im Jahre 1249 in der soeben begründeten Stadt Christburg abgewickeltes päpstliches Rechtsverfahren, das auf eine Klage der getauften Prußen in den in Rede stehenden Gebieten zurückging, bestätigte deren persönliche Freiheit und ihren ungestörten Besitz.

Doch inzwischen hatte sich für den Deutschen Orden Pommerellen (seit 1227 Herzogtum) als Gefahr erwiesen, obwohl seit der zweiten Hälfte des 12. Jahrhunderts auf Betreiben des dortigen slawischen Fürstenhauses deutsche Mönche und deutsche Siedler ins Land gekommen waren. Noch vor 1178 hatten Mönche aus dem pommerschen Zisterzienserkloster Kolbatz das Kloster Oliva bei Danzig gegründet, das namhaft an der polnischen Mission im Preußenland beteiligt gewesen war wie die Dominikaner in Danzig (seit 1227). Zu nennen sind weiter die Johanniter um Schöneck (im späteren Kreis Berent) und Stargard sowie in Liebschau (im späteren Kreis Dirschau) und die Prämonstratenserinnen in Zuckau (im späteren Kreis Karthaus). Später kamen die Zisterziensergründungen Pelplin und Zarnowitz im späteren Kreis Neustadt in Westpreußen, an der Grenze zu Pommern (letzteres Nonnenkloster), sowie die Franziskaner in Kulm, Neuenburg und (bereits 1239) in Thorn hinzu.

Pommerellen war bemüht, gegenüber Polen seine Unabhängigkeit zu wahren und sich auf Kosten der Prußen zu vergrößern, was den pommerellischen Herzog Swantopolk zunächst auf die Seite des Ordens führte. Je mehr dieser aber an der Weichsel Gewicht gewann, desto mehr trat Pommerellen in Gegensatz zu ihm. Dadurch sahen sich die Prußen, nachdem die Haltung Swantopolks 1242 gegenüber dem Nachbarn in offene

Feindschaft umgeschlagen war, zu einer Erhebung gegen den Orden ermutigt. Deren Ausbruch 1243 mag auch durch die Tatsache begünstigt worden sein, daß ein Jahr früher dem livländischen Ordenszweig von dem Nowgoroder Großfürsten Alexander Newski auf dem Eise des Peipussees eine schwere Niederlage beigebracht worden war. Waren damit auch den abendländischen Einflüssen in Rußland in Zukunft alle Möglichkeiten genommen, so hinderte doch der Mongolensturm dieser Jahre die Russen daran, Livland zu erobern und sich mit den aufständischen Prußen zu verbinden. Herzog Swantopolk mußte den Orden um Frieden bitten, und der Prußenaufstand fiel in sich zusammen. Dem Friedensschluß des Ordens mit den Einwohnern der westlichen Prußengaue zu Christburg am 7. Februar 1249 folgte erst 1253 das Ende der Feindseligkeiten.

Nach dem Ende dieser Kämpfe konnte der Orden an die Bezwingung des Samlandes und Gallindens gehen, des Landes zwischen der oberen Alle mit den später hier begründeten Städten Allenstein und Neidenburg im Westen sowie dem Spirding- und dem Mauersee im Osten. Er schritt vom Südwesten und vom Norden her voran. Am Anfang stand 1252 die Anlage der Burg Memel. In deren Schutze legten niederdeutsche Kolonisten eine Stadt an, die 1257 das lübische Recht verliehen bekam. Ob an derselben Stelle zuvor eine kurische Siedlung mit dem Namen Klaipeda bestanden hat, ist ungewiß. Die Härte der Kämpfe um das volkreiche Samland veranlaßte den Einsatz eines starken Kreuzfahrerheeres, das unter der Führung von König Ottokar II. von Böhmen und seines Schwagers Markgraf Otto von Brandenburg stand. Vermutlich zu Ehren des Böhmenkönigs erhielten Burg und Stadt Königsberg ihren Namen, die 1255 zur Sicherung des Gewonnenen am Pregel an einem verkehrsgünstigen wie militärisch beherrschenden Platz begründet wurden. Von hier aus wurden das obere Pregeltal und Galinden gewonnen. Um 1260 war die Unterwerfung des Inneren Preußens abgeschlossen.

Doch schufen die Erfolge des Deutschen Ordens diesem neue Feinde: Litauen, das seine territoriale Zersplitterung überwunden hatte, und die heidnischen Samaiten. Diese bekämpften den livländischen Zweig des Ordens, während der Litauerfürst Mindowe zum Christentum übergetreten war und seinen auf Druck des Papstes hin geschlossenen Frieden mit dem Orden mit der Abtretung Samaitens, der Landverbindung nach Preußen, besiegeln wollte. Nachdem die Samaiten 1260 den livländischen Ordensbrüdern bei Durben, nordöstlich von Libau, eine vollständige militärische Niederlage beigebracht hatten, standen die Kuren und die Semgaller auf, während Mindowe vom Christentum wieder abfiel und sich in Verbindung mit Alexander Newski ebenfalls gegen den Orden in Livland wendete. Daraufhin brach im Inneren Preußens ein Aufstand los, der die Stellung des Ordens nahezu zum Einsturz brachte. Nur im Kulmerland und in Pomesanien blieb es ruhig; die Burgen Elbing, Balga und Königsberg konnten gehalten werden. Auch Pommerellen gehörte zu den Gegnern des Ordens. Der Papst brachte Kreuzfahrerheere auf die Beine, darunter eines abermals unter König Ottokar, um dem Orden Entlastung zu verschaffen. Der schließliche Zusammenbruch des Aufstandes im Jahre 1273 war freilich wohl in erster Linie auf eine Unterlegenheit in der Kriegstechnik der Aufständischen und auf Zerwürfnisse in ihren Reihen zurückzuführen. Die Kämpfe mit den Semgallern zogen sich noch bis 1290 hin.

Die Aufständischen waren aus den vom Orden noch nicht bezwungenen Landschaften Schalauen (das Land um das spätere Tilsit herum), Nadrauen (das Land um das spätere Insterburg herum) und Sudauen (das Land um das spätere Suwałki herum) unterstützt worden. Sie wurden nach 1273 vom Orden unterworfen, wobei sich mit dem Sudauervolk ein hartes Ringen entspann, das zehn Jahre währte. Der Gewinn der von ihm bewohnten »Wildnis«, die bis zum Anfang des 16. Jahrhunderts nur zu einem geringen Teile urbar gemacht wurde und daher nur spärlich besiedelt war, verbesserte indessen die Ausgangslage des Ordens in einer zu erwartenden militärischen Auseinandersetzung mit Litauen; in Anlehnung an die undurchdringlichen Wälder wurden Verteidigungsanlagen errichtet. Der Besitz Schalauens und Nadrauens bedeutete, daß nun (über das spätere Memelland hinweg) eine Landbrücke zum livländischen Ordensgebiet bestand. Ihre Sicherung konnte freilich erst der Besitz von Samaiten (oder Schamaiten) gewährleisten, der Landschaft zwischen Preußen und Livland, östlich von Memel, um deren Erwerb sich der Orden bisher vergeblich bemüht hatte.

Was Pommerellen und damit die Verbindung zum Reich anbelangte, so war der Deutsche Orden erfolgreicher. Er machte sich die Streitigkeiten zunutze, die nach dem Aussterben der Herzöge von Pommerellen im Jahre 1294 um das herzogliche Land zwischen Polen, Böhmen und Brandenburg sowie einem einheimischen Geschlecht entstanden waren. Noch der letzte pommerellische Herzog Mestwin hatte 1282 aufgrund eines Schiedsspruches eines päpstlichen Legaten das Land Mewe nebst dem Großen Werder und einem Teil der Frischen Nehrung an den Orden abtreten müssen. Der von diesem damit gewonnene Brückenkopf auf dem linken Weichselufer war durch den sofortigen Bau eines Komturschlosses in Mewe befestigt worden. 1308 riefen die Polen den Orden gegen Brandenburg zu Hilfe, das die Stadt Danzig besetzt hatte. Der Orden nahm sich aber Danzig selbst und bemächtigte sich zudem noch Dirschaus und 1309 Schwetz' (gegenüber Kulm). Am 13. September 1309 ließ sich der Orden im Soldiner Vertrag von den Markgrafen von Brandenburg ganz Pommerellen mit Ausnahme der Bezirke Stolp und Schlawe gegen die hohe Summe von 10000 Silbermark abtreten und sich den Besitz 1310 von Kaiser Heinrich VII. bestätigen. Die Erbansprüche des 1306 ausgestorbenen böhmischen Přemysliden-Hauses wurden später von den Luxemburgern, auf die sie übergegangen waren, aufgegeben.

Ein Stück des Weges zum Reich war gewonnen, auf dem der Siedlerstrom von dort fließen konnte. Doch hatte der Orden zur Gegnerschaft Litauens noch die Polens hinzugewonnen. Denn Piastenkönig Władysław I. Łokietek, der Polen nach der Přemyslidenherrschaft wiedervereinigte und zu einer selbständigen Macht erhob, ist bis zu seinem Tode 1333 um die Gewinnung Pommerellens bemüht gewesen. Doch konnte sich der Orden in jahrelangen Kämpfen, in deren Verlauf das Kulmerland mehrfach verwüstet wurde, mit böhmischer Hilfe behaupten; König Johann von Böhmen ließ ihm sogar noch territoriale Gewinne zukommen, indem er ihm 1329 das kujawische Dobriner Land (die späteren polnischen Kreise Rypin und Lipno) teils schenkte und teils zur Verwaltung übertrug. Im Gegensatz zur national erregten polnischen Geistlichkeit und zum polnischen Adel war der letzte Piastenkönig, Kasimir III., der Große, Władysławs Sohn und Nachfolger, nicht geneigt, den Kampf um Pommerellen fortzuführen; er legte auf die Befestigung seiner Königsmacht im Inneren und auf die Stellung Polens im Osten Gewicht, wo dieses in Wolhynien und Podolien mit Litauen zusammenstieß. Im Juli 1343 endlich kam es unter Vermittlung König Johanns zum Frieden von Kalisch, mit dem Polen auf Pommerellen sowie auf das Kulmerland und das Michelauer Land verzichtete, jedoch Kujawien und das Dobriner Land zurückerhielt. Das Kulmerland hatte Polen in einem eigens von ihm gegen den Orden angestrengten Prozeß vor päpstlichen Richtern als altes polnisches Gebiet erweisen wollen. Der nun anhebende Frieden war von Dauer. 66 Jahre lang sollte es zwischen Polen und dem Orden keinen bewaffneten Konflikt mehr geben. Auch im Ordensstaat lag der Schwerpunkt der politischen Entwicklung nun im Inneren.

Inzwischen war in Preußen die Landmeisterzeit zu Ende gegangen, d. h. die Zeit, in der die höchste Autorität im Lande durch einen Landmeister repräsentiert wurde. 1291 war den Christen im Heiligen Lande Akkon verlorengegangen, womit der Deutsche Orden sein dort gelegenes Haupthaus eingebüßt hatte. Der Hochmeistersitz war nach Venedig verlegt worden. Doch konnte es nach dem Ende des hohenstaufischen Kaisertums auch für den Deutschen Orden im Mittelmeerraum keine Zukunft mehr geben. Eine Wiedereroberung des Heiligen Landes war trotz päpstlicher Bemühungen in dieser Hinsicht illusorisch. So hatte es einen guten Sinn, wenn der Orden 1309 seinen Hochmeistersitz von Venedig in das bisherige Komtureischloß Marienburg an der Nogat verlegte, mitten in sein nunmehriges Wirkungsgebiet. Im September 1309 zog Hochmeister Siegfried von Feuchtwangen in die Marienburg ein.

2. Blütezeit des Ordens und seine Großmachtstellung im Ostseeraum

Vom Abschluß der territorialen Ausbreitung bis zum Ausgang Winrichs von Kniprode (1309–1382)

Mit dem Ende der Landmeisterzeit, dem Einzug des Hochmeisters in der Marienburg begann die Blütezeit des Deutschen Ordens, die nahezu das ganze 14. Jahrhundert hindurch anhielt. Die Grundlagen waren mit dem Zuendegehen des 13. Jahrhunderts gelegt. Vor allem waren die Prußen endgültig unterworfen, so daß der Orden daran gehen konnte, das Land in großem Ausmaß, systematisch mit deutschen Siedlern zu besetzen, worin »seine nachhaltig wirksamste Leistung« (H. Grundmann) bestehen sollte.

Mohrungen, in der Mitte das Rathaus (erb. 1360–1380) und links im Vordergrund die ev. Pfarrkirche (Umbau 15. und 16. Jahrhundert).

Das Siedlungswerk wurde von den Komtureien betrieben, die zumeist auf Neuland Zinsdörfer (über 1000 rechts der Weichsel, insgesamt im Ordensland bis zum Jahre 1410 1400) und Städte (insgesamt bis zum Jahre 1410 93) anlegten, in geringerem Umfang Dienstgüter, deren Inhaber zum Kriegsdienst zu Pferde verpflichtet waren. Die Bauern leisteten Scharwerk. Selbst bewirtschaftete der Orden musterhaft betriebene Domänen, die besonders auf Pferdezucht eingestellt waren. Der Landeskultur diente er mit der Trockenlegung von Sümpfen und der Sicherung des Werders am Unterlauf von Weichsel und Nogat. Die Siedler kamen aus den wettinischen Landen, also aus Obersachsen und Thüringen, aus Schlesien, Holstein und Niedersachsen, seit der Mitte des Jahrhunderts, als der Siedlerstrom aus dem Reich infolge der kontinentalen Pestepidemie von 1348 bis 1352 versiegt war, entstammten sie einer preußischen Binnenwanderung. Das Kulmer wie das seit Hochmeister Dietrich von Altenburg auftretende Magdeburger Recht gewährten Bauern und Bürgern heimische Selbstverwaltung auf abhängigem Besitz. Die einheimischen Prußen wurden weder ausgemerzt noch »germanisiert«, wohl mancherorts umgesiedelt. Bei Unterwerfung und Wohlverhalten konnten sie mit einer Bestätigung ihres Besitzes, wenn nicht sogar mit Vermehrung rechnen. Sie fanden bei der Urbarmachung, im Burg- und Wegebau sowie im Späherdienst Verwendung und empfingen dafür Dienstgüter oder Freigüter, die zum Kriegsdienst verpflichteten. Keinen Eingang fanden sie in die mit einem weitgehenden Selbstverwaltungsrecht ausgestatteten Städte, so daß diese nach Einwohnerschaft, Sprache, Rechts- und Wirtschaftsleben und äußerer Erscheinung deutsch waren.

Die städtischen Gemeinwesen gingen entweder auf die in Anlehnung an die wichtigen Burgen entstandenen Handelsniederlassungen zurück oder auf jene Gründungen, mit denen der Orden nach dem Beginn der Besiedelung um das Jahr 1280 für größere dörfliche Siedlungsgebiete Mittelpunkte geschaffen hatte, in denen der Marktverkehr vonstatten gehen und sich das Handwerk entwickeln konnte, das die Umgebung mit den unentbehrlichen gewerblichen Waren versorgte. Der Grundriß hatte wie überall in Nordostdeutschland die Form eines Rechteckrasters mit Längsstraßen und kürzeren Querstraßen, so daß auf gut geschnittenen Grundstücken einheitliche Baublöcke entstanden waren. In der Mitte lag der quadratische oder rechteckige Markt (bei älteren Gründungen auch ein Straßenmarkt), der mitunter von Laubenhäusern umgeben war. In seiner Mitte befand sich das Rathaus, während die Kirche abseits, oft in der Nähe der Stadtmauer stand, bisweilen sogar als deren Bestandteil. Seit dem 14. Jahrhundert waren die Stadtbefestigungen massiv, gebildet durch Wehrmauer und Graben sowie Tor- und Wehrtürme, gelegentlich auch durch Wichhäuser. Der Handel mit Vieh, Leder, Häuten, Fellen und Pelzwerk, mit Honig, Wachs und Getreide, mit Flachs, Holz und Pottasche drückte den nordostdeutschen Städten »sein eigenes, naturwüchsig herbes Gepräge« auf. Bedeutung erlangten die preußischen Hansestädte Danzig, Elbing, Königsberg, Braunsberg und Kulm, die seit 1356 als gewichtige Gruppe auf den Hansetagen erschienen. Danzig, sprichwörtlich »ein Kornhaus«, sammelte das für Skandinavien sowie West- und Südeuropa bestimmte Getreide des Ostens in mächtigen Lagerhäusern auf der Speicherinsel an der Mottlau. »Diese Nutzbauten in ihrer eindrucksvollen Sachlichkeit geben eine Vorstellung von dem, was der Kornhandel für diesen Teil Deutschlands bedeutete. Überall in den Ost- und Nordseestädten … bestimmten nächst den machtvollen Umrissen der Kirchen gerade diese kernhaften Bauten mit ihren hohen Treppengiebeln, aus denen die Lasten auf- und niederschwebten, das malerische Straßen- und Stadtbild.« (W. Andreas) Neben Getreide waren in Danzig Holz, Pech und auch Bernstein Ausfuhrgüter, während englische Wolle, flandrische Tuche, Wein und Salz über See hereinkamen. Das reiche und mächtige Danzig verfügte für das Stadtgebiet über die Wehrhoheit und über das Recht,

Danzig, Kogge im Artushof.

uneingeschränkt über seinen Hafen zu verfügen. Obwohl sich Elbing, das am Frischen Haff liegt, als Hafenplatz mit Danzig nicht vergleichen konnte, war die Stadt bis weit in das letzte Viertel des 14. Jahrhunderts hinein wirtschaftlich und politisch bedeutender; die Elbinger Bürgermeister Johann Vollmerstein und Hartwig Bedeke zählten in den sechziger und den siebziger Jahren zu den führenden Politikern der Hanse. Königsberg, aus den erst 1724 vereinigten Städten Altstadt, Löbenicht und Kneiphof bestehend, die jede mit einer eigenen Verfassung, eigener Befestigung, eigenem Markt und eigener Kirche versehen war, blieb hinter Danzig und Elbing zurück. Braunsberg war der einzige Fernhandelsplatz des Ermlandes und hatte als solcher das Stapelrecht für die Erzeugnisse des Fürstbistums, Getreide, Flachs, Garn und Leinwand, die nach den nordischen Ländern und nach England gingen. Braunsberg litt wie Kulm unter der Konkurrenz Danzigs. Der Kulmer Bürgermeister Ertmar von Herken vertrat zwischen 1360 und 1370 die preußischen Städte auf den Hansetagen. Für das Ende des 14. Jahrhunderts kann von einer Herrschaft der Hanse in der Ostsee unter dem Schutz des Ordens gesprochen werden.

Neben dem Zinsertrag aus den Bauernsiedlungen war es vor allem der Handel der Küstenstädte, auf dem der »in aller Welt sagenhafte Reichtum des deutschen Ordens« (H. Heimpel) beruhte. Dessen Kapital waren also die bäuerlichen und bürgerlichen deutschen Siedler. Handel wurde durch Kredite des Ordens, der über ein vorzüglich geordnetes Finanzsystem verfügte, gefördert und im übrigen mit allen nötigen Freiheiten ausgestattet. Hinzu trat eine Stützung durch eine stetige Maß- und Münzpolitik. Die Küstenstädte verdienten an Getreide- und Holzexporten aus dem Ordensland nach Skandinavien, Flandern und England und am Import insbesondere von Tuch, während die Binnenstädte Thorn und Kulm Handelsverbindungen nach Polen, Ungarn und Rußland pflegten. Der Friede von Stralsund von 1370, den Dänemark mit der Hanse schließen mußte, vergrößerte den Handelsspielraum auch der preußischen Städte. Der Warenumschlag nahm immens zu; in Danzig wurden 31 verschiedene Gewerke gezählt. Mit dem Reichtum und dem Selbstbewußtsein der preußischen Städte wuchs freilich deren Bestreben, sich von der Landesherrschaft des Ordens unabhängig zu machen, obwohl diese ihre Stellung im Ostseeraum meist unterstützt hatte. Das Streben der preußischen Städte nach Emanzipation von ihrer Landesherrschaft wurde dadurch gefördert, daß der Orden seit der Mitte des 14. Jahrhunderts in Konkurrenz zu ihnen selbst Handel und Finanzgeschäfte betrieb. Seine Handelsämter, die »Großschäffereien« in Marienburg und Königsberg, vertrieben Bernstein, dessen Gewinnung ihm selbst vorbehalten war, und Erzeugnisse seiner Güter und seiner Wälder, Holz, Teer, Wachs, Honig und Hopfen, Teile seines Fischfangs sowie die Überschüsse aus den Naturalabgaben seiner Untertanen, Getreide (Pflugkorn), auch Ankäufe im Lande. Abnehmer waren die nordischen Reiche, Flandern, Frankreich und Portugal sowie England und Schottland.

Der zunehmende Reichtum des Ordens erhöhte auch dessen außenpolitische Beweglichkeit. So vermochte es der Orden nicht nur, die den bezwungenen Prußen sprachverwandten, noch heidnischen Litauer zu bekämpfen, die mehrfach in das Samland vordrangen (Schlacht von Rudau 1370) und dann wieder Kauen (Kaunas) und Wilna preisgeben mußten. Er griff darüber hinaus auch entsprechend seinem Handelsinteresse unterhalb der Schwelle zu einem Krieg in das im baltischen Raume waltende politische Kräftespiel ein. Im Zuge der Bekämpfung des Seeräubertums der Vitalienbrüder brachte er 1398 die dänische Insel Gotland als einen ihrer Stützpunkte in seine Hand. Die Rückgabe an Dänemark erfolgte erst im Jahre 1407 gegen eine Entschädigung. 1346 hatte der Orden von Dänemark das bereits in seinem Besitz befindliche Estland gekauft, das von dem Kaisersohn Ludwig dem Brandenburger, dem Schwiegersohn des Dänenkönigs, nach antidänischen Bauernunruhen aufgegeben worden war. Die Stadt Riga hatte sich dem Orden trotz ihres Bündnisses mit den Litauern bereits 1330 unterwerfen müssen. Litauen war 1337 Hochmeister Dietrich von Altenburg durch Kaiser Ludwig den Bayern zu Lehen gegeben worden, der in seinem Streit mit Rom im Nordosten Rückhalt zu gewinnen suchte, wie auch die Reise seines Neffen Herzog Heinrich an die Memel und die Errichtung der Bayerburg dort bewiesen. 1393/94 gewann der Orden nach langen Auseinandersetzungen das Polen verbundene Erzstift Riga gegen schweres Geld, mit dem er einen ihm günstigen päpstlichen Entscheid erkauft hatte, und inkorporierte sich das Domkapitel. Dabei war der Orden dem Erzstift, das im übrigen ja seit 1255 Metropolitangewalt über die Bistümer Kulm, Pomesanien, Samland und Ermland war, für Livland unterstellt gewesen. Das Ordensgebiet an der Ostsee dehnte sich jetzt bis nach Narwa aus. 1404 vermochte es der Orden, Zwistigkeiten im Litauer Fürstenhause ausnutzend, sogar das langersehnte Samaiten zu erlangen. War somit die Verbindung nach Livland endlich gesichert, so konnte auch die Verbindung zum Reiche gefestigt werden, da 1402 von den Luxemburgern die Neumark als Pfandbesitz erworben worden war.

Angesichts dieser Entwicklung waren die Ordensritter über ihre religiösen und auch über ihre kriegerischen Aufgaben weit hinausgewachsen. Sie waren zu Verwaltungsbeamten geworden und hatten in der Sphäre der Politik zu wirken. Sie unterstützten die Komture, die an der Spitze der Konvente mit ihren Priesterbrüdern der Mission zu obliegen hatten, in ihren Verwaltungsaufgaben, militärisches Aufgebot, Siedlung und Gericht. Sie fungierten demgemäß als Vögte, Pfleger sowie als Vorsteher von Forst- und Fischämtern. Sie hatten sich dabei ausschließlich um die deutschen Siedler zu kümmern; die preußischen Altsiedler hingegen unterstanden einheimischen Kämmerern, die ihrerseits den Komturen oder den Pflegern unterstellt waren. Der Hochmeister, Inhaber des höchsten Amtes, einer landesherrlichen, fürstengleichen Stellung, wurde von einem Generalkapitel auf Lebenszeit gewählt und war in diesem an den Rat der Großgebietiger gebunden. Es waren dies der Großkomtur als Vertreter des Hochmeisters, der Marschall, der für das Kriegswesen verantwortlich war und die Komturei von Königsberg innehatte, der Treßler, der Verwalter des Tressels, d. h. des Schatzes, in der Marienburg, der Trapier, der Verwalter der Bekleidungs- und Waffenkammern, der zugleich Inhaber der Komturei Elbing war, und der Spittler, der Vorsteher des Spitalwesens, zugleich Komtur in Christburg.

Den Ordensrittern stand bei Bewährung grundsätzlich jedes dieser höheren Ämter offen. Die Ordenspriester sorgten für den geistlichen Haushalt der Brüder, besetzten die preußischen Domkapitel und stellten auch die meisten Bischöfe.

Der Deutsche Orden brachte neben einer mittelalterliche Maßstäbe weit hinter sich lassenden, funktionstüchtigen Verwaltung und einem effektiven Finanzwesen ein eigenes Rechtssystem, eine staatliche Wohlfahrtspflege (wozu eine regulierende Getreidehandelspolitik mit Getreidespeichern wie etwa in Danzig sowie ein vorbildliches Krankenpflege- und Spitalwesen zählten) und auch ein eigenes Bildungswesen hervor. Er hat aus dem 14. Jahrhundert ein reiches Schrifttum in lateinischer und deutscher Sprache hinterlassen. Neben den Brief- und Amtsbüchern der Kanzleien stehen vor allem Darstellungen der Ordensgeschichte und religiöse Dichtungen für die Tischlesung der Konvente (zur Erbauung der in der Regel des Lesens nicht mächtigen Ordensritter).

Am wirkungsvollsten illustriert die Baukunst die kulturelle Blüte der Ordenszeit. Sie erreichte in den Friedensjahren der zweiten Hälfte des 14. Jahrhunderts ihren Höhepunkt und wirkte in ihren Ausläufern bis zum Ende der gotischen Zeit am Ende des 15. bzw. am Anfang des 16. Jahrhunderts. Die Auftraggeber waren der Deutsche Orden und die geistlichen Landesherren. An erster Stelle standen die Wehrbauten, insbesondere die Burgen. Am Anfang hatten dem Orden und den Kreuzfahrerheeren befestigte Feldstellungen und Behelfsunterkünfte gedient, später waren Burgwälle und Holzerdbefestigungen hinzugekommen, die in den meisten Fällen später durch Massivbauten ersetzt wurden. Das geschah freilich erst, als der Orden bereits in großen Teilen des Landes festen Fuß gefaßt und nachdem – um 1280 – die deutsche Besiedlung des eroberten Gebietes begonnen hatte. Da sich in der Norddeutschen Tiefebene kein gewachsener Naturstein findet, wurde hierfür neben Feldsteinen der Backstein verwendet.

Der erste massiv ausgeführte Wehrbau des Deutschen Ordens war die zwischen 1250 und 1290 entstandene Burg Balga am Frischen Haff, von 1250 bis 1499 Sitz eines Ritterkonvents unter einem Komtur. Anschließend entstanden, ebenfalls am Frischen Haff, die Ordensburgen Brandenburg und Lochstädt, jene das größte bekannte Konventshaus (bis 1467) und die stärkste Festung des ganzen Ordensgebietes, dieses seit 1327 Sitz eines Pflegers, der zugleich Bernsteinmeister war. Ebenfalls auf die zweite Hälfte des 13. Jahrhunderts gehen die Burgen Königsberg und Fischhausen zurück, dieses als Residenz der Bischöfe von Samland. Königsberg war vorerst die letzte Komturburg, die der Orden im

Heilsberg. Burg der Bischöfe von Ermland, zweigeschossige Hoflaube (entstanden um 1380), Obergeschoß.

Neidenburg um 1684 (Stich von Hartknoch), Stadt (nach Gründung 1381 befestigt) und Ordensburg östlich der Stadt (Grenzburg gegen die Polen), um 1370 begonnen.

Allenstein, Pfarrkirche St. Jakob, um 1370 bis 1380 begonnen.

Osten des Landes baute. Seit der Wende des 13. und 14. Jahrhunderts, insbesondere nach der Erwerbung Pommerellens befestigte er den Westen des Landes. Ab 1290 entstand die Burg Mewe, 1300 gelangte die erste Bauphase der Marienburg zum Abschluß. Später wurden die Burgen Stuhm (1326–1336) und Schwetz (1338–1348) erbaut. In dieselbe Zeit fallen auch Schloß und Dom Marienwerder, die als Sitz des Domkapitels von Pomesanien errichtet wurden. Mittelpunkt der bedeutendsten Komturei des Kulmerlandes war die um 1300 erbaute Burg Rehden bei Graudenz. Im ersten Viertel des 14. Jahrhunderts wurden auf der Marienburg und in dem 1310 vollendeten Ordensschloß Golau bei dem Drewenz-Übergang Gollub (im späteren Kreis Briesen) die ersten Sterngewölbe geschaffen. Sie wurden hinfort im ganzen Deutschordensland im Profan- wie im Sakralbau bevorzugt und kamen hier bis zum Anfang des 17. Jahrhunderts vor.

Nachdem die Grenzburgen in Pommerellen und im Kulmerland fertiggestellt worden waren, entstanden seit der Mitte des 14. Jahrhunderts auf ostpreußischem Boden noch zwei Konventshäuser und drei weitere Ordensburgen. Bei den Komturburgen handelte es sich um Osterode (1349–1370) und um Ragnit, eine zwischen 1397 und 1408 neben der umwehrten Siedlung desselben Namens auf dem Steilufer der Memel aufgebaute Anlage, bei den Burgen um die Pflegeämter Tapiau (um 1350) und Ortelsburg (Ende des 14. Jahrhunderts), letzteres einst der bedeutendste Wehrbau im inneren Masuren, sowie um die bischöflich ermländische Burg Heilsberg, die etwa seit 1350 zu einem erlesenen Bauwerk ausgestaltet wurde. Die Hauptburg besitzt noch einen Bergfried. »Besonders liebevoll ist der Laubengang durchgebildet, dessen Bögen und Gewölbe nicht wie üblich auf gemauerte Pfeiler, sondern auf Stützen aus Naturstein aufgesetzt sind, was die Anlage sehr zierlich und luftig erscheinen läßt.« (C. Wünsch)

Im übrigen aber verzichtete der Orden in der zweiten Hälfte des 14. Jahrhunderts auf die Einrichtung neuer Komtureien und beschränkte sich auf die Schaffung kleinerer Verwaltungsbezirke. Dementsprechend wurden zahlreiche »Kleinere Häuser« gebaut wie Gilgenburg in Masuren, Preußisch Mark im späteren Kreis Mohrungen, Preußisch Holland sowie die Grenzburg Soldau, wobei vermehrter Raumbedarf allmählich an die Stelle einflügeliger Burgen vierflügelige Anlagen treten ließ. Ebenso wie das Ordensschloß Neidenburg gingen vermutlich auch die ermländischen Bischofsburgen Allenstein, Rößel und Seeburg, dieses im späteren Kreis Rößel, auf das Vorbild von Soldau zurück. Hinzu trat der Typus des festen Amtshauses in Verbindung mit neugegründeten Städten wie in bzw. bei Hohenstein (Kammeramt), Rastenburg (Kammeramt) und Mehlsack (Haus des ermländischen Domkapitels). Die »Kleineren Häuser« der Diözese Samland waren die Burgen Neuhausen und Saalau (Domkapitel), Georgenburg im späteren Kreis Insterburg (Bischof), Powunden (bischöfliche Vogtei) und Schaaken (Pflegamt). Im selben Zusammenhang sind die Ordensburgen Caymen (zuletzt Kaimen) im späteren Kreis Labiau und Labiau (Kämmerei bzw. Pflegamt und Wirtschaftshof) zu nennen. Daneben gab es auch »Wildhäuser« wie die Burg Lötzen, die zur Sicherung der Verbindung zwischen Angerburg und Johannisburg durch die masurische Seenplatte hindurch gebaut worden war, und die Burg Lyck, die auf einer Insel im Lycksee, südwestlich vor der Stadt stand. Dieser Anlage ähnlich ist die in der Komturei Schwetz gelegene Burg Jaschinnitz, die Ende des 14. Jahrhunderts als Stützpunkt der Grenzwacht errichtet worden war.

Zu den architektonischen Dominanten der Ordenszeit gehören auch die Domkirchen der Bistümer Samland, Ermland, Pomesanien und Kulm in Königsberg, Frauenburg, Marienwerder und Kulmsee. Dagegen traten im Ordenslande die Klöster nur wenig in Erscheinung. Hatten ihnen doch der Orden, die Bischöfe und die Domkapitel die Besiedelung der Preußenlande sowie die Fürsorge für die Siedler und die bekehrten Prußen aus der Hand genommen. Die Kirchenbauten – bei den Pfarrkirchen wurde mehrheitlich,

Thorn, Pfarrkirche St. Jakob, erb. erste Hälfte des 14. Jahrhunderts. (Aufnahme Kurt Grimm um 1940.)

Die Marienburg, Nogatseite.

seit dem Ausgang des 14. Jahrhunderts ausschließlich das Schema der Hallenkirche zugrundegelegt, wie bei St. Katharina in Braunsberg, der ehemaligen Stiftskirche zu Guttstadt, St. Peter und Paul in Rößel und St. Jakob in Allenstein – wurden von den Wehrbauten dank ihrer Originalität weit übertroffen. Eine Ausnahme davon macht die zwischen 1343 und 1502 entstandene Danziger Marienkirche, die mit ihrer mächtigen Backsteinhalle die größte Kirche des Ostseeraumes ist. Auch die etwas früher begonnene Pfarrkirche St. Jakob zu Thorn, einer der prächtigsten und bedeutendsten Ziegelbauten des Ordenslandes, darf für sich einen herausragenden Rang beanspruchen. Über allem steht freilich die Marienburg, die zwischen etwa 1320 und 1398 zu einem prächtigen Hochmeisterpalast ausgebaut wurde.

Die Marienburg ist eng mit dem Wirken des Hochmeisters Winrich von Kniprode verbunden. Seine Amtszeit, die Jahre zwischen 1351 und 1382, steht für die Blütezeit des Deutschen Ordens, der damals in die Reihe der großen Ostseemächte aufstieg. Winrich stammte aus dem rechtsrheinisch, unterhalb von Köln gelegenen Orte Kniprath, nach dem sich seine Familie nannte. Sein Geburtsjahr ist nicht bekannt. Ebenso fehlen Nachrichten aus seiner Jugend. 1334 war er Kompan des Pflegers von Preußisch Holland, 1338 Komtur von Danzig, 1341 Komtur von Balga und 1343 Oberster Marschall des Ordens in Königsberg. Bereits im Jahre 1346 wurde Winrich von Kniprode als Großkomtur auf die Marienburg berufen. Doch hatten spätestens in dieser Zeit das Geldwesen und eine mit Geld arbeitende Machtstaatspolitik das Kreuzritterideal innerlich ausgehöhlt. Das zeigte sich etwa auch in der Tatsache, daß der Orden Söldner verwendete (erstmalig 1331). Während die Ordensarchitektur blühte, verstummte in der zweiten Hälfte des 14. Jahrhunderts die Dichtung. Eine Verweltlichung und eine gewisse Veräußerlichung waren unverkennbar. Das zeigten auch die »Reisen« der europäischen Ritterschaft nach Litauen, die dem Orden nicht mehr wie früher in seinem Kampfe gegen die Heiden an die Seite trat, sondern nur noch ein ritterliches Kampfspiel suchte. Das Ziel der alljährlichen Kriegszüge war die Erteilung des Ritterschlages auf heidnischem Boden. »Für den deutschen Adel«, so schreibt Erich Maschke, »gab es keine größere Ehre als die, den Ritterschlag auf einer Litauerfahrt zu erhalten. Während sich fast in ganz Europa die ritterlichen Lebensformen auflösten oder doch leer jedes sinnvollen Gehaltes wurden, steigerten sie sich in dem Haupthause des Ordens, dessen Mauern und Giebel immer weiter über der Nogat emporwuchsen, zu einer späten, ungeahnten Blüte.« Doch war eben auch hier das Vergehen nahe. »Ein heller Glanz ruht auf der würdigen Gestalt Meister Winrichs und auf seiner Zeit. Aber es ist die Pracht des Spätsommers, die in sich schon die Ahnung künftiger Fröste birgt.«

3. Der Kampf um Behauptung, der Preußische Bund und Niederlage des Ordens

Von der polnisch-litauischen Heirat bis zum Zweiten Thorner Frieden (1386–1466)

Nicht nur von innen, vom Schwund des geistigen Fundaments her drohte dem Ordensstaat Gefahr, sondern auch von der Entwicklung der außenpolitischen Lage. Seine territoriale Expansion, ausgehend von der Weichsel, entlang von Netze und Warthe sowie im Nordosten, das Wachsen seiner Stellung in der Ostsee schufen ihm Gegner und beschworen die Gefahr von bewaffneten Auseinandersetzungen herauf. Insbesondere Polen und Litauen sahen sich durch den Orden herausgefordert – und hatten diesen bereits politisch-geographisch in die Zange genommen. Denn bereits 1386 war Hedwig (Jadwiga) als jüngere Tochter Ludwigs des Großen von Ungarn und Polen aus dem Hause Anjou und erwählte Königin von Polen mit Großfürst Jagiello von Litauen vermählt worden, nachdem dieser für sich und seine Untertanen gelobt hatte, zum römisch-katholischen Christentum überzutreten, seine Lande auf ewig mit der Krone Polen zu verbinden, auch sich um die Wiedergewinnung Polen verlorengegangener Gebiete zu bemühen, wobei an Pommerellen und das Kulmerland gedacht war. Die Kulmer Taufe Jagiellos, der litauischer Großfürst blieb, während sein Vetter Wytaut sein Nachfolger im fortbestehenden Herzogsamt wurde, sowie die Trauung und die Krönung als König Władysław in Krakau hatten das besiegelt.

Durch diese Union, mit der das Jagiellonische Haus begründet worden war, wuchsen Litauen und Polen zu einem Block zusammen, der ihren Hauptwidersacher, den Ordensstaat, zu erdrücken drohte, zumal dessen Verbündeter Böhmen durch innere Wirren gelähmt war, während das Kaiser- und das Papsttum in ihrer Schwäche schon längst nicht mehr als Rückhalt dienen konnten. Zudem hatte der Orden, indem mit der Christianisierung Litauens die letzte Bastion des Heidentums im Ostseeraum gefallen war, seine innere Legitimation eingebüßt.

Unter diesen Umständen konnte der Vertrag von Sallinwerder, den der Orden 1398 mit Litauen abgeschlossen hatte, kein wirklicher Friedensschluß sein, denn er bestimmte ja die Abtretung Samaitens an den Orden und hinterließ damit eine Wunde, die sich nicht schließen wollte. Andererseits sah Hochmeister Ulrich von Jungingen, da er nicht zuwarten konnte, bis die polnisch-litauische Zange dem Ordensstaat vollends die Luft nahm, keine andere Möglichkeit als den Krieg. Im Sommer 1409 entzündete sich der Gegensatz. Ein knappes Jahr später schritten die Gegner zum Kampf.

Nach den Dispositionen des Hochmeisters sammelte sich das Ordensheer bei der Burg Schwetz am Westufer der Weichsel, gegenüber Kulm, im Südwesten des Ordensgebietes also. Erwartete man doch von Großpolen her einen polnischen Angriff, den man zudem mit der Hilfe von Söldnern aus dem Reich, Pommern und Schlesien zu bestehen hoffte, deren Anmarschweg sich nicht ungebührlich weit ausdehnen sollte. Indessen drang ein vereintes polnisch-litauisches Heer bei Lautenburg in das Ordensgebiet ein und strebte dem Haupthause des Ordens, der Marienburg, zu. Um ihm den Weg zu verlegen, marschierte der Hochmeister von Schwetz nach Osten, zunächst bis in die Gegend von Kauernick (im späteren Kreis Neumark). Daraufhin umgingen die Polen das Flußgebiet der Drewenz, die südöstlich von Osterode entspringt und von dort in südwestlicher Richtung zur Weichsel abfließt, in östlicher Richtung und erreichten am 13. Juli Gilgenburg. Der polnische König, der das Heer anführte, nahm die Stadt im Sturm; die Verteidiger wurden niedergemacht, Frauen mißhandelt, in die Pfarrkirche gesperrt und dort dem Feuertode überantwortet, zahllose Gebäude und das Ordenshaus ausgeplündert und verwüstet.

Inzwischen war der Hochmeister auf Löbau vorgerückt, wo der Fall Gilgenburgs bekannt wurde. Nach einem Nachtmarsch traf das Ordensheer am Morgen des 15. Juli 1410 etwa sieben Kilometer nordöstlich von Gilgenburg zwischen Grünfelde und Tannenberg auf die polnisch-litauische Streitmacht. Hochmeister Ulrich von Jungingen zögerte mit einem Angriff, wohl im Bewußtsein der zahlenmäßigen Unterlegenheit des Ordensheeres. Schließlich aber übersandte er dem polnischen König durch Herolde zwei Schwerter und forderte ihn damit in ritterlicher Form zum Kampf heraus. Es entwickelte sich eine der im Mittelalter sehr seltenen großen Feldschlachten, die später so genannte Schlacht bei Tannenberg oder (polnisch) Grunwald. Nach späteren Schätzungen führte der Orden 12000 bis 15000 Mann in den Kampf, während das polnisch-litauische Heer 20000 bis 25000 Kämpfer umfaßt haben wird. Die Mannschaften setzten sich auf beiden Seiten zu einem großen Teile aus Söldnern zusammen. Nach anfänglichen Erfolgen des preußischen Heeres wurde dieses vom Gegner überflügelt, und zu allem Überfluß machte sich die kulmerländische Ritterschaft des Verrats schuldig, indem ihr Bannerführer Nikolaus von Renys das Banner als Zeichen zur Flucht sinken ließ, was die Niederlage unabwendbar machte. Der Hochmeister, fast alle Großgebietiger, elf Komture und 205 Ordensritter fielen; das Heer löste sich auf.

Da wurde der Komtur von Schwetz, Heinrich von Plauen, zum Retter des Ordens. Er besetzte die von Schwetz etwa 100 Kilometer entfernte Marienburg mit den 3000 Kämpfern, über die er verfügte, und richtete sie zur Verteidigung her, bevor das polnisch-litauische Heer vor dem Haupthause des Ordens an der Nogat erscheinen konnte. Man ging so weit, die Stadt Marienburg einzuäschern, um dem Gegner jede Deckungsmöglichkeit zu nehmen. Die Belagerung begann am 25. Juni. 4000 Mann – 400 Danziger »Schiffskinder«, also Matrosen, und Bürger Marienburgs hatten sich in die Abwehrfront eingereiht – standen zur Verteidigung bereit. Im Westen sammelte der Vogt von Neumark vom Reiche her anrückende Söldner, während von Nordosten her ein livländisches Ordensheer heranzog. Die Ausfälle der Belagerten wurden immer kühner. Unter den Belagerern brachen Seuchen aus. Die polnisch-litauische Waffenbrüderschaft zerbrach. Am 21. September mußte König Władysław Jagiełło die Belagerung aufheben. Am 9. November wurde Heinrich von Plauen zum Hochmeister gewählt. An der Stelle, an der Ulrich von Jungingen gefallen war, ließ er eine Kapelle errichten, zum Seelenheil aller, »dy do geslagin wordin von beyden teylin yn dem stryte«.

Heinrich von Plauen folgte dem abziehenden Polenkönig, in dessen Feldlager sich Abgesandte der Städte Thorn, Elbing, Braunsberg und Danzig eingefunden hatten und hier in ihren Privilegien in großzügiger Weise bestätigt worden waren. Die Elbinger kehrten zum Orden zurück, übergaben Burg und Stadt und halfen mit der städtischen Landwehr bei Operationen des Ordens gegen Neidenburg, Rehden und Thorn, das wie Danzig auf

Neutralität bestand. Während der Hochmeister Thorn belagerte, bot ihm der König Frieden an. So kam es zum Ersten Thorner Frieden vom 1. Februar 1411. Die Friedensbestimmungen waren für den Orden glimpflich. Nennenswerte territoriale Opfer blieben ihm erspart, abgesehen freilich von einer zeitweiligen (1422 endgültigen) Abtretung Samaitens. Indessen mußte er sich zur Annahme einer Kriegsschuld von 100 000 Schock böhmischer Groschen verstehen, die in Raten abzutragen war. Sie sollte ihm nicht nur angesichts der schweren Kriegsschäden des Landes und infolge von nachteiligen Wirkungen auf den Wert des Ordensgeldes im Lauf der Zeit an die Substanz gehen.

Doch mochte es weniger diese Zahlungsverpflichtung sein, die den noch immer ungewöhnlich kapitalkräftigen Orden zu ruinieren drohte, als die gewaltige Rüstung, die Heinrich von Plauen ins Werk setzte, um gegen die Polen wirkungsvoll zurückschlagen zu können. Die damit verbundenen enormen Lasten war der Hochmeister entschlossen, auf möglichst viele Schultern zu verteilen. Zunächst forderte er von seinen Mitbrüdern alles Geld und Silber, das sich auf den Burgen und ihrem Besitz befand, sodann von den Ständen die Auflage einer Sondersteuer, deren Notwendigkeit Städte, Adel und Geistlichkeit anerkannten und deren Ausschreibung als – etwas anderes hätte die Kulmer Handfeste nicht zugelassen – freiwillige Abgabe sie am 22. Februar 1411 auf einer Tagfahrt in Osterode bewilligten. Nur Danzig weigerte sich, die Steuer, die eine Vermögenssteuer sein sollte, zu zahlen.

Dieser Akt ständischer Freiheit sollte der Hansestadt zum Verderben werden. Als sich eine Einigung zwischen ihr und dem Orden anzudeuten schien, ließ der Komtur von Danzig, ein jüngerer Bruder des Hochmeisters, ebenfalls Heinrich von Plauen mit Namen, die Danziger Bürgermeister Letzkau und Hecht sowie den Ratsherrn Groß bei einer Verhandlung im Schlosse verhaften und in der folgenden Nacht, der vom 6. auf den 7. April 1411, hinrichten. Die Danziger erfuhren erst nach einer Woche von dem Geschehenen. Auch der Hochmeister hatte tagelang keine Kenntnis davon, deckte aber die politische Bluttat des Komturs und erzwang die Aufnahme von Vertretern der Zünfte in den Danziger Magistrat, um in diesem die Macht des ordensfeindlichen Patriziats zu schwächen.

Aber auch unter den Ordensbrüdern regte sich Widerstand gegen Heinrich von Plauen. Bald nach der Ermordung der Danziger Ratsherren ließ dieser den Komtur von Rehden, der bedeutsamsten Komturei des Kulmerlandes, Georg von Wirsberg, und einige weitere Adlige verhaften und unter Anklage stellen. Sie sollten die Ermordung des Hochmeisters, seine Ersetzung durch Georg von Wirsberg, die Gefangennahme des Danziger Plauen und die Übergabe des Ordenslandes an Polen geplant haben. Der Rehdener Komtur stand im Bunde mit König Wenzel IV. von Böhmen, der ein Gegner des Ordens war, den freilich die rheinischen Kurfürsten soeben als deutschen König abgesetzt hatten. Ein Ordenskapitel verurteilte ihn zu ewigem Gefängnis, während Nikolaus von Renys, das Haupt der im Eidechsenbund zusammengeschlossenen kulmerländischen Ritter, der in der Schlacht von Tannenberg das Zeichen zur Flucht gegeben hatte, sowie einige andere Adlige mit dem Tode büßten.

Bald verlangte der Hochmeister nach einer zweiten Steuer. Da sich im Orden und bei den Ständen abermals Unruhe und verdeckter Widerstand bemerkbar machten, sah Heinrich von Plauen, um zum Ziele zu kommen, die Notwendigkeit, die Stände in den Angelegenheiten des Ordens heranzuziehen und ihren Rat zu erbitten. So berief er im Herbst 1412 mit Zustimmung der Ordensgebietiger nach Elbing einen Landesrat, der sich aus Vertretern des Adels und der Städte zusammensetzte, die, wie in einer Chronik festgehalten ist, »mitwissen sollten des Ordens Sachen und für das Land helfen raten in Treuen und Ehren.«

Die Marienburg.

Allzu eilig hatte Heinrich von Plauen, dessen Verlangen nach einer zweiten Steuer erfolgreich gewesen war, die Kriegsbereitschaft des Ordens wiederherstellen wollen; angespannt und schroff trat er seinen Mitbrüdern gegenüber. Schon im Herbst 1413 schlug er mit drei Heeren nach Süden und nach Westen gegen den noch nicht wieder kampfbereiten Polenkönig und seine pommerschen Verbündeten los, obwohl er selbst in der Marienburg krank darnieder lag. Doch da rief der Ordensmarschall Michael Küchmeister von Sternberg das unter dem Befehl des Danziger Komturs stehende Heer, das bereits in Masowien stand, zurück. Das wiederum löste den offenen Widerstand der Ordensbrüder gegen Heinrich von Plauen aus. Dieser rief den Marschall und die Gebietiger vor ein Ordenskapitel auf die Marienburg, um vor ihnen Rechenschaft zu fordern. Doch täuschte sich der kranke Hochmeister über die Lage und sah sich seinerseits von den Vorgeladenen zur Verantwortung gezogen. Er mußte Schlüssel und Siegel herausgeben und wurde gefangengesetzt. Es folgte die Absetzung und am 7. Januar 1414 sein förmlicher Verzicht, erzwungen aufgrund einer Anklageschrift des Generalkapitels, das ihm eine Verletzung der Ordensstatuten vorwarf. Zwei Tage später wurde Michael Küchmeister zum Hochmeister gewählt. Heinrich von Plauen, der diesem den Treueid schwören mußte, wurde auf eigenen Wunsch mit der kleinen Komturei Engelsburg im Kulmerland abgefunden. Um das Maß voll zu machen, wurde er in den Strudel von landesverräterischen Bestrebungen des schließlich nach Polen geflüchteten Bruders gerissen, hochverräterischer Beziehungen zu Polen bezichtigt und in die Gefangenschaft geführt, die er in Danzig, Brandenburg am Frischen Haff und in Lochstädt im Samland zu verbringen hatte, bis man ihm am 28. Mai 1429 noch die Verwaltung des Pflegamtes Lochstädt übertrug. Er starb aber bereits am 28. Dezember desselben Jahres auf der dortigen Burg. Sein Leichnam wurde auf die Marienburg überführt, die er einst so ruhmvoll verteidigt hatte, und in der Hochmeistergruft beigesetzt.

Das Fundament, auf dem Heinrich von Plauen sein Planen und Handeln aufgebaut hatte, war zu schwach gewesen. Nach der improvisierten Rettung des Ordensstaates im Angesicht des scheinbar unüberwindlichen polnisch-litauischen Feindes hatte sich der unverhofft auf den Hochmeisterstuhl Gelangte zuwenig Zeit gelassen mit der politisch-militärischen Kräftigung des Gemeinwesens, ehe er den Versuch wagte, dieses aus seiner außenpolitischen Umklammerung zu befreien. Im übrigen hatte sich die Einrichtung des Landesrates durch ihn als unzulänglich erwiesen; das Gremium war nicht einmal in Ansätzen eine Ständevertretung, so daß der Orden nach wie vor im Lande alleine stand. Das galt um so mehr, als der Hochmeister und die Ordensritter als Obrigkeit im Gegensatz zu den nach politischer Mitwirkung strebenden privilegierten Ständen landfremd waren.

So ist es nicht erstaunlich, daß die Entwicklung des Ordensstaates nicht nur nach außen, sondern auch in seinen inneren Verhältnissen weiter krisenhaft verlief. Eine Vermittlung des deutschen Königs Sigismund zwischen dem Orden und Polen hatte nichts geholfen. In erneuten Kämpfen mit Polen 1414 und 1419 bis 1422, den sogenannten Hungerkriegen, war der Orden glücklos. Im Sommer 1414 brannten Dörfer samt ihren Kirchen nieder Flüchtlingszüge mit Gesinde, Habe und Vieh waren unterwegs, die in der Stadt Marienburg oder hinter der Nogat Schutz suchten. Es waren dies Szenen, die sich im 20. Jahrhundert in einem gigantischen Ausmaß wiederholen sollten.

Der Frieden von Meldensee (oder Melnosee) im Jahre 1422 kostete dem Orden das Land Nessau auf dem linken Weichselufer (im späteren Kreis Thorn) und, weiter stromabwärts, die linke Hälfte des Flußlaufes von der Mündung der Drewenz bis zur Grenze von Pommerellen sowie Boden im Osten, indem nun die Grenze zu Litauen mit der späteren, bis 1919 geltenden Reichsgrenze zusammenfiel. Zudem wurde der Verlust von Samaiten endgültig. Den preußischen Ständen wurde (wie den polnischen) ein Widerstandsrecht eingeräumt. Sollte die Landesherrschaft den Frieden brechen, waren sie ihr keinen Gehorsam mehr schuldig. Dennoch: »Die Niederlage des Ordens war zugleich eine Niederlage des Landes. Und den Großen Städten Preußens ... kam zu Bewußtsein, daß ihre Größe draußen in der Welt nicht allein auf ihrer Macht beruht hatte, sondern daß sie auch getragen worden war von der Kraft des Deutschordensstaates Preußen, obgleich die Hochmeister sich von der Städtepolitik fern hielten und die Bürger auf diesem Gebiet mit größter Freiheit walten ließen.« (E. Carstenn)

Zum Zeitpunkt des Friedensschlusses hatte Hochmeister Michael Küchmeister bereits resigniert. Vergeblich war er um die Milderung der Finanznot des Ordens, die sich aus einem Rückgang seines Handels erklärte, bemüht gewesen; am Ende hatte er auf Drängen Danzigs und anderer Hansestädte den Pfundzoll, also eine nach Gewicht erhobene Zollgebühr, zurückgenommen. Küchmeisters Nachfolger Paul von Rußdorf sah sich freilich dazu genötigt, schon im Jahre 1423 den Pfundzoll wieder einzuführen. Damit bestand der Gegensatz zur ständischen Opposition in Schärfe fort.

Außenpolitisch suchte der ohne Verbündete dastehende Orden, die nach dem Tode des litauischen Großfürsten Witold im Jahre 1430 ausgebrochenen Streitigkeiten zwischen Litauen und Polen für sich zu nutzen. Ein geplantes militärisches Eingreifen wurde aber nach mannigfachen inneren Hemmungen durch einen Einfall der mit Polen verbündeten Hussiten in die Neumark und nach Pommerellen hinfällig. Der polnisch-hussitische Feldzug scheiterte aber an der Belagerung von Konitz. Dennoch nötigten die Stände den Orden unter Berufung auf das ihnen im Vertrag von Meldensee eingeräumte Widerstandsrecht zu einem Friedensschluß, der unter ihrer Mitwirkung nach dem Tode von König Władysław Jagiello 1434 in Brest, südöstlich von Włocławek (Leslau), geschlossen wurde. Der »ewige« Friede von Brest, gegen den sich der Kaiser und der Deutschmeister gestellt hatten, bedeutete das Ende der Bemühungen des Ordens, das für ihn verhängnisvolle polnisch-litauische Bündnis zu sprengen, und legte den Ständen eine außenpolitische Kompetenz bei, indem er ihnen ihr Widerstandsrecht, auf das sie sich berufen hatten, ausdrücklich bestätigte. Was Kriege, Bündnisse, Steuern und Privilegien betraf, so erhoben sie den Anspruch, daran über einen 1432 ins Leben gerufenen Geheimen Landesrat mitzuwirken.

Aber auch im Orden selbst wurde der ständische Gedanke wirksam und gewann mit der landsmannschaftlichen Zusammensetzung der Brüderschaft eine eigne Prägung. Eine Gruppe suchte die andere an Einfluß zu übertreffen. Die Konvente zu Königsberg, Balga und Brandenburg, die sich mehrheitlich aus Oberdeutschen zusammensetzten, lehnten sich gegen Hochmeister Paul von Rußdorf auf, der vom Rhein kam und hinter dem sich Nieder- und Mitteldeutsche gesammelt hatten. Wenn der Hochmeister dabei die Hilfe der preußischen Stände anrief, so gingen darüber die Exklusivität der Brüderschaft und die landesherrliche Autorität des Ordens endgültig verloren. Die genannten Konvente hingegen appellierten an den Deutschmeister, den Vertreter des Hochmeisters im reichsdeutschen und im italienischen Ordensbesitz, der ein Mitspracherecht in den preußischen Angelegenheiten für sich beanspruchte. Auch der livländische Ordenszweig hielt sich eher zum Deutschmeister als zum Hochmeister.

Der Aufruhr auf preußischen Burgen gegen den Hochmeister erreichte seinen Höhepunkt, als der von diesem eingesetzte Marschall vom Königsberger Konvent und seinen Verbündeten Anfang 1440 abgesetzt wurde und sich der Großkomtur Wilhelm von Helfenstein mit den Komturen von Thorn, Mewe und Schwetz auf der Marienburg des Hochmeisters bemächtigte und diesen zur Umbesetzung der Ordensämter zwang. Als sich die preußischen Stände zu einer Versammlung nach Elbing begaben, wohin sie für den 21. Februar 1440 entboten worden waren, »da stellte sich ihnen der Deutsche Orden

dar als ein auseinanderfallendes Gebilde, als ein wogendes Meer, auf dessen Kämmen haltlos der Hochmeister hin- und hergeworfen wurde.« (E. Carstenn)
Angesichts der Führungslosigkeit und der Gebrechen des Landes, die sich in vielen Klagen der Stände niedergeschlagen hatten, waren diese zum Handeln genötigt. So stifteten sie in Elbing den »Bund der Gewalt«, auch »Preußischer Bund« genannt. Nach Aussage der Gründungsurkunde, zu deren Besiegelung für den 13. März 1440 eine Tagfahrt nach Marienwerder angesetzt wurde, hatte sich der Bund zu allgemeinem Nutz und Frommen, Gott zum Lobe, dem Hochmeister, seinem Orden und Landen zu Ehren und allen zu förderlichem Besten und Wohlfahrt zusammengefunden. Die Mitglieder sollten dem Hochmeister und dem Orden geben, was ihnen nach Privilegien, Freiheiten und Rechten gebühre. Sie erwarteten dafür gerechte Behandlung durch die Gebietiger und Rechtsschutz durch den Hochmeister. Dieser billigte die Gründung des Preußischen Bundes, hinter dem fast das ganze Land stand, und erkannte ihn dankbar an.
Der Bund trug fürs erste zur Befriedung des Preußenlandes bei, zumal seine gegen den Orden gerichtete Spitze noch verhüllt war. Von den 53 preußischen Edelleuten und 19 Städten, die ihm anfangs angehörten, stammten 21 Adlige aus dem Kulmerland. Von hier aus und nicht zuletzt von dem dortigen polnischen Element war der Anstoß zur Allianzgründung gekommen. Im Kulmerland hatten bereits mit der Bildung des »Eidechsenbundes« im Jahre 1397 ordensfeindliche Bestrebungen ihren Anfang genommen und daneben auch in der Stadt Thorn ein Zentrum gefunden. Die Weichselstadt legte ihren jüngst eingetretenen wirtschaftlichen Niedergang, der mit dem Aufstieg Danzigs zusammenhing und eine Folge der Kriegszeiten war, dem Orden zur Last, der ihr freilich 1403 mit der »Thorner Niederlage« unter die Arme gegriffen hatte.
Trotz Verbesserung der Lage konnte sich Paul von Rußdorf, der im Frühjahr 1440 den Pfundzoll wieder hatte fallen lassen müssen, nicht halten. Am 2. Januar 1441 dankte er zu Marienburg ab, um einer drohenden Absetzung zuvorzukommen. Kurz darauf verstarb er. Sein Nachfolger Konrad von Erlichshausen (bis 1449) vermochte zwar das Blatt nicht zu wenden, doch konnte er dem Lande den Frieden erhalten und einen Ausgleich mit den Ständen erreichen, so daß dem Orden von diesen der für ihn nahezu lebenswichtige Pfundzoll im Januar 1443 aufs Neue bewilligt wurde (wenn auch ein ständischer Anteil an Verwaltung und Ertrag zugestanden werden mußte). Die Formel des Untertaneneides wurde nach dem Willen der Stände dahingehend abgeändert, daß der Eid nur noch der Person des Hochmeisters galt und nicht, wie bisher, auch »euerm Orden«. Eine weichselländische Mehrheit im Bunde kam dem Landesherrn zustatten. Der Danziger Rat und der Führer des Landadels, der oberländische Edelmann Hans von Baysen, wirkten im Sinne eines friedlichen Übereinkommens.
Doch die Konflikte bestanden weiter. Denn der Orden blieb Herr über die Ein- und Ausfuhr (etwa von Getreide und Hopfen) sowie überhaupt über den Seeverkehr und war dabei doch wie auch einzelne Ordensritter auf eigene Rechnung handeltreibend, also Interessent. Die Lage spitzte sich wieder zu, als nach dem Tode Konrads (7. November 1449) am 21. März 1450 zu Marienburg – als letzter an dieser Stelle – dessen Vetter Ludwig von Erlichshausen zum Hochmeister gewählt worden war, ein ständefeindlich gestimmter, wenig politischer, ja unfähiger Mann. Nach einer gegen den Preußischen Bund gerichteten Bulle des Papstes vom 25. Mai 1451 – die Geistlichkeit war von Anfang an eine Gegnerin des Bundes gewesen und hatte einen schleichenden Abfall der kleinen Städte von ihm bewirkt – erklärte er aufgrund eines von ihm erwirkten Rechtsspruchs Kaiser Friedrichs III. vom 6. Dezember 1453 den Bund, freilich nicht ohne Zögern, für ungesetzlich und gebot seine Auflösung. Damit war der päpstlichen Bulle genüge getan. Die Bündner kündigten ihrerseits auf das Bekanntwerden des kaiserlichen Rechtsspruchs hin am

4. Februar 1454 dem Hochmeister den Gehorsam auf. Unter Zugrundelegung ihres Widerstandsrechtes erstrebten sie die Wahl eines neuen Landesherrn. Sondierungen in diesem Zusammenhang an verschiedenen Höfen, die zeigen, daß die Planungen des Bundes schon längere Zeit in die Richtung eines radikalen Bruches gingen, blieben ergebnislos, so daß die Wahl schließlich auf den König von Polen fiel, der schon seit längerem gegen den Orden agitierte. Die Bündner ließen sich in Verhandlungen unter der Führung von Hans von Baysen im März von König Kasimir IV. in Krakau ihre Privilegien und das Selbstverwaltungsrecht garantieren, ohne eine Bindung an das polnische Reich eingehen zu wollen. Den Rahmen für das Verhältnis zwischen Preußen und dem König von Polen bildete das von diesem am 6. März 1454 gewährte Inkorporationsprivileg, dessen Auslegung im 16. Jahrhundert vor dem Hintergrund der zwischen beiden Seiten schwebenden Machtfrage strittig sein sollte.

Noch im Februar 1454 hatte eine militärische Erhebung des Preußischen Bundes gegen den Orden begonnen. Dieser war nur unzureichend gerüstet und verlor fast alle seine Stützpunkte im Lande; die Burgen von Thorn und Elbing fielen und wurden vollständig zerstört (ohne jemals wieder aufgebaut zu werden), vermutlich auch das Konventshaus des Königsberger Schlosses. Nur drei seiner Burgen vermochte der Orden zu behaupten: das Haupthaus, die Marienburg, die der energische, kluge und mutige Spittler Heinrich Reuß von Plauen, der spätere Hochmeister, verteidigt hatte, sowie Stuhm und Konitz. Hier, im Westen seines Territoriums sammelte der Orden Söldner aus dem Reiche, und hier griff König Kasimir, der ihm am 22. April den Krieg erklärt hatte und dem inzwischen in Kulm, Thorn und Elbing gehuldigt worden war, das Kreuzheer am 17. September 1454 mit einem großpolnischen Aufgebot an – und wurde in offener Feldschlacht vernichtend geschlagen. Als Folge davon hoben die Danziger ihre Belagerung der Marienburg auf. Die meisten der soeben noch verlorenen Burgen konnte der Orden zurückgewinnen. Namentlich viele der kleinen Städte traten wieder auf die Seite des alten Landesherrn.

Da wurde dem Orden seine Geldnot zum Verhängnis. Ein in der Vorburg der Marienburg liegender Söldnerhaufen unter der Führung des Tschechen Ulrich Črvenk bemächtigte sich, da Soldzahlungen ausgeblieben waren, des Hochschlosses, das ihm und allen anderen Söldnern als Sicherheit für ausstehenden Sold verpfändet worden war, und beraubte den Hochmeister unter Tätlichkeiten seiner Freiheit. Die in ihrer Mehrzahl böhmischen Söldner verkauften die Marienburg am 16. August 1456 an den König von Polen und die preußischen Stände, wozu ihnen als einem Drittel der Söldner, an die das Hochschloß verpfändet worden war, die Berechtigung fehlte, ganz abgesehen davon, daß Črvenk bestochen war. Für den Orden waren die Folgen dieser Groteske katastrophal. Er büßte die militärisch wichtige Weichselstellung ein und ging der Verbindung mit dem Reich verlustig, wo er zudem wie im Abendland überhaupt alle Reputation verlor. Der Sitz des Hochmeisters wurde nach Königsberg verlegt, während im bisherigen Haupthaus des Deutschen Ordens der Polenkönig seinen Einzug hielt.

In weiteren neun Jahren Krieges, in denen sich die militärischen Kontingente fast ausschließlich aus Söldnern zusammensetzten, gab die Finanzkraft Danzigs den Ausschlag. Dieses hatte am 15. Mai 1457 von König Kasimir das sogenannte Große Hauptprivileg verliehen bekommen, durch das die Stadt die Herrschaft über die ganze Nehrung erlangte und zur Beherrscherin des preußischen Seehandels wurde, während es Elbing und Braunsberg gerade noch durchsetzen konnten, daß ihr Brackrecht, d. h. das Recht, jene Waren zu beschauen, die aus dem preußischen Land nach Danzig gingen, und davon welche auszuscheiden, in der Urkunde bestätigt wurde. Der Orden hingegen geriet mehr und mehr in einen materiellen Ruin hinein, zumal eine wirksame Hilfe von außen ausblieb. Denn auch Brandenburg, an das der Orden 1454 die Neumark verkauft hatte, versagte ihm seine Unterstützung. Die Danziger verfolgten das Ziel, sich für immer von der Oberhoheit des Ordens loszumachen und ihr Territorium zu vergrößern, ohne den Polen zu nahe zu kommen und deren Stellung in Westpreußen zu stark werden zu lassen. Das Land ging im Laufe der Kämpfe, bei denen die Fronten zwischen bündischer und Ordenspartei die städtischen Gemeinwesen durchschnitten, großenteils zugrunde, zumal 1464 die Pest ausbrach. Die Ehre des Ordens rettete die Stadt Marienburg, die von Bürgermeister Bartholomäus Blume und Heinrich Reuß von Plauen verteidigt wurde und sich erst 1460, vollkommen ausgehungert, den Danzigern ergab. Der Bürgermeister wurde von diesen am 15. September 1462 für seine Treue und Tapferkeit dem Richtschwert überantwortet. Mit Marienburg hatte ein Teil des Preußenlandes zum Orden gehalten, da hinter diesem Papst und Kaiser standen, so sehr deren Macht und Ansehen auch verblaßt sein mochten.

Mit der Niederlage des Ordens in der zweiten offenen Feldschlacht des Krieges zwischen Zarnowitz und Schwetzin (dieses im späteren Kreis Putzig) und dem Verlust fast aller seiner festen Plätze war, zumal auch die Gegner, insbesondere die Polen, erschöpft waren, der Weg zu einem Friedensschluß frei, dem Zweiten Thorner Frieden vom 19. Oktober 1466.

Nach diesem Friedensvertrag mußte der Deutsche Orden Pommerellen und das Kulmerland mit dem Lande Michelau sowie das Gebiet von Elbing, Marienburg, Stuhm und Christburg an die Krone Polen abtreten. Das Bistum Ermland wurde selbständig, das Bistum Kulm der geistlichen Jurisdiktion des Erzbischofs von Gnesen unterworfen. Die Ordensgewalt war somit auf das Gebiet der späteren Provinz Ostpreußen ohne das Ermland beschränkt; von Westpreußen blieben ihr lediglich die späteren Kreise Marienwerder und Rosenberg. Zudem mußten die Hochmeister dem König von Polen einen Treueid und Heeresfolge leisten. Damit hatte der Orden mehr als seine Großmachtstellung eingebüßt. Viel fehlte nicht, und er hätte seine preußische Stellung ganz verloren. Daß das nicht geschah, hatte er der Kurie zu verdanken, die ihm nach der Verhängung der Reichsacht gegen den Polenkönig mit dem päpstlichen Bannfluch vom 24. September 1455 beigesprungen war, dann aber den Frieden vermittelt und ihre Rechte auf Ostpreußen als Eigen von St. Peter geltend gemacht hatte.

Teil II:
Herzogswürde und Kurhut

4. Ausgehen des Ordensstaates, Herzog Albrecht und das Herzogtum Preußen

Von der Entstehung eines Preußens »königlich polnischen Anteils« bis zur Heimkehr Herzog Georg Friedrichs nach Ansbach (1466–1586)

Nach den Bestimmungen des Zweiten Thorner Friedensschlusses von 1466 hatte Westpreußen nach Maßgabe der früheren Abmachungen der preußischen Stände mit dem polnischen König diesen zum Landesherrn bekommen. In die Schirmherrschaft über das Bistum Ermland war er ebenfalls (anstelle des Hochmeisters des Deutschen Ordens) eingetreten. Autonomie genossen die Städte Danzig, Elbing und Thorn, entsprechend ihren Privilegien von 1457; hier hatte die Oberhoheit des polnischen Königs nicht mehr als formelle Bedeutung. Der Handel florierte mehr denn je, da namentlich Danzig und Elbing in der Ostsee das Erbe des Ordens angetreten hatten, während Königsberg aus dem Verschwinden des Ordens als Handelsmacht nur bescheidene Gewinne zuwuchsen. Auch im übrigen Westpreußen, dem »Preußen königlichen Anteils«, wie es genannt wurde, wirkte die polnische Oberhoheit, zunächst wenigstens, nicht sonderlich einschneidend. Aus den Komtureien wurden Starosteien, Güter der königlichen Verwaltungsbeamten, und größere Staatsgüter ohne Amtsgewalt ihrer Inhaber. Das kulmische Besitzrecht galt weiter. Das Land zerfiel nun in die Palatinate (Woiwodschaften) Marienburg, Kulm und Danzig (Pommerellen). Den Vorsitz in den erhaltengebliebenen Spitzengremien Landtag und Landesrat (das Amt des Statthalters, die Landesspitze, war entfallen) hatte seit 1479 der Bischof von Ermland inne.

Nachdem 1467 Bischof Paul von Ermland gestorben war, versuchte der König von Polen der bischöflichen Gewalt ihre bisherige Selbständigkeit zu nehmen und sie von der Krone abhängig zu machen. Er nominierte einen Polen zum Bischof und überging damit den bisherigen Dekan Nikolaus Thüngen, der am 10. August 1467 in rechtlich einwandfreier Wahl zum Nachfolger des verstorbenen Bischofs bestimmt und vom Papst bestätigt worden war. König Kasimir ließ das Bistum besetzen und erreichte die Rücknahme der päpstlichen Bestätigung Thüngens. Dieser appellierte gemeinsam mit dem Domkapitel an den Papst und machte geltend, der polnische Kandidat sei, da er die deutsche Sprache nicht beherrsche, nicht geeignet. In den damit ausgebrochenen »Pfaffenkriegen« (1467–1479) konnte Thüngen, der spätestens seit der Tagfahrt in Elbing 1472 von einem Teil der preußischen Stände unterstützt wurde, sein Bistum mit Waffengewalt in Besitz nehmen. Er verbündete sich mit Hochmeister Heinrich von Richtenberg (1470–1477), wodurch er die Unterstützung durch die Stände wieder verlor. Der Krieg war dessen ungeachtet für den Ermländer aussichtsreich, weil er und der Orden die Unterstützung des machtvollen Ungarnkönigs Matthias Corvinus gewannen. Doch verständigte sich dieser 1478 mit dem polnischen König, so daß Thüngen und der Hochmeister, nunmehr Martin Truchseß von

Frauenburg, Burg des Domstiftes (aus dem 14. Jahrhundert), Portal zum Domhof.

Watzenrode, zur Unterwerfung gezwungen waren. Zwar gewann Thüngen die Anerkennung als Bischof durch den Polenkönig, doch mußte gemäß dem Friedensvertrag hinfort jeder Bischof wie der Hochmeister des Deutschen Ordens der polnischen Majestät einen Treueid leisten. Die freie Wahl des ermländischen Domkapitels hat noch Thüngens Nachfolger Lukas von Watzenrode erfolgreich verteidigt. Erst nach seinem Tod 1512 sollte sie fallen (Vertrag von Petrikau).

*

Die Ermländer Angelegenheit war kein Einzelfall; auch die Danziger Kirche und die westpreußischen Klöster Oliva, Pelplin, Zuckau, Zarnowitz und Karthaus sahen sich Versuchen der Polonisierung ausgesetzt. Den Deutschen Orden versuchte sich der polnische König mit Hilfe der ihm im Zweiten Thorner Frieden auferlegten Heeresfolge botmäßig zu machen. Diese war ihm zunächst mit Rücksicht auf seine allgemeine Erschöpfung erlassen worden. Seit 1485, in der Zeit der Türkennot, hatte es damit aber ein Ende. So zog Hochmeister Hans von Tiefen (1489–1497), im Volksmund »Meister Hans« genannt, 1497

auf Anforderung König Johann Albrechts, des Nachfolgers Kasimirs IV., hin nach Podolien. Freilich mußte er, ehe er in Lemberg an der Ruhr starb und sein Heer zugrunde ging, mit Verbitterung erkennen, daß er und seine Kämpfer dynastischen Interessen des Jagiellonenhauses in der Moldau dienen und nicht gegen die Türken eingesetzt werden sollten. So war ihm der Gedanke gekommen, daß man zu seinem Nachfolger im Hochmeisteramte einen Reichsfürsten wählen sollte, der den Treueid gegenüber dem Polenkönig aus grundsätzlichen Erwägungen verweigern könne und dabei Rückendeckung durch das Reich gewinnen werde.
Noch Hans von Tiefen hatte in diesem Zusammenhang auf den jungen Herzog Friedrich von Sachsen aus der albertinischen Linie des Hauses Wettin, einen Vetter Kurfürst Friedrichs des Weisen, hingewiesen. Man gewann ihn, gegen die Zusicherung einer fürstlichen Versorgung. Für ihn galt nicht das altererbte Prinzip von Bewährung und Aufstieg. Es ging für den Orden darum, »das deutsche Fürstentum durch einen seiner Angehörigen als Vorspann zur Rettung zu benutzen.« (E. Maschke) Im Herbst 1498 wurde Friedrich zum Hochmeister gewählt.
Doch war der Deutsche Orden nicht mehr zu retten, mochte der äußere Schein auch nicht auf ein Ende deuten. So wurde, seit Friedrich Hochmeister war, dem Polenkönig der Treueid nicht mehr geleistet. An die Substanz ging aber, daß sich das ordensstaatliche Gemeinwesen unter der Reform der Verwaltung, des Gerichtswesens und der Heeresverfassung, die die Räte des Wettiners betrieben, auflöste und durch ein Regiment im Sinne des fürstlichen Territorialstaates ersetzt wurde. Der Wandel der Zeit forderte seinen Tribut. Das Ordensschloß zu Königsberg »wurde zum Mittelpunkt einer fürstlichen Hofhaltung. Seine Mauern umschlossen nicht mehr ein Kloster, dessen Brüder die Gebetszeiten innehielten und sich zur Heidenfahrt nach Litauen rüsteten, sondern das Dasein eines gebildeten und edlen Fürsten. Wer dachte noch der Heidenkämpfe oder der Zeit, da den Brüdern bei ihren einfachen Mahlzeiten die alten Legenden vorgelesen wurden, wenn die Schalmeien im Schlosse aufspielten und der Hochmeister als Landesfürst einem jungen adligen Paar die Hochzeit ausrichtete! Wer lebte noch in der frommen und harten Welt des Missionskampfes, wenn humanistisch gebildete weltliche Räte und Geistliche im wissenschaftlichen Gespräch die Fragen der neuen Zeit behandelten!« (E. Maschke)
Doch auch um die äußere Stellung Preußens stand es nicht besser. Die Unterstützung, die Friedrich von Sachsen im Reiche fand, war lediglich eine moralische; König und (seit 1508) Kaiser Maximilian I. faßte im Interesse seiner Hausmacht zu vielerlei an, als daß er hätte helfen können. Als Hochmeister Friedrich, seit 1507 für Preußen werbend in Deutschland unterwegs, 1510 in seiner Heimat starb, bestand der Gegensatz zu Polen unvermindert existenzbedrohend fort. Und nun kam dort der Gedanke auf, der polnische König selbst solle der neue Hochmeister sein und Preußen mit Polen vereinigen.
Doch so weit kam es nicht. Als Nachfolger Friedrichs von Sachsen konnte Markgraf Albrecht von Brandenburg-Ansbach gewonnen werden, der dritte Sohn des Markgrafen Friedrich, geboren am 17. Mai 1490 zu Ansbach, und mütterlicherseits ein Neffe des polnischen Königs Sigismund. Im Februar 1511 wurde er in den Orden aufgenommen und sogleich zum Hochmeister gewählt. »Ein junger, lebensfroher, tatendurstiger Fürst ritterlichen Schlages und nicht ohne Begabung, schien er durch seine Persönlichkeit nicht minder als durch seine verwandtschaftlichen Beziehungen zu Polen und Brandenburg wie kein anderer berufen, auf friedlichem Wege dem Orden die Unabhängigkeit wiederzugewinnen.« (B. Schumacher)
Markgraf Albrecht war infolge einer Erkrankung und des Todes seiner Mutter erst im Herbst 1512 zu seiner Reise nach Preußen aufgebrochen und hatte die bis dahin verstrichene Zeit zur Werbung für die Sache des Ordens im Reiche genutzt. Ein Schreiben aus

diesen Tagen an Kaiser Maximilian sowie weltliche und geistliche Fürsten offenbart sein Verständnis der ihm mit der Hochmeisterwürde zugefallenen Aufgaben. Wie er schrieb, solle die Lage des Ordenslandes gegenüber Polen »einem jeden deutscher Zunge billig zu Herzen gehen«. Die Not des Landes berühre die ganze Christenheit, vornehmlich aber den Kaiser, die Fürsten und Stände des Reiches sowie den gesamten deutschen Adel, die den Orden, der »nunmehr ein Spital des teutschen Adels«, also eine adlige Versorgungsanstalt, sei, dereinst unter dem Einsatz ihres Blutes errichtet und ihm mit der Bekämpfung des Heidentums eine Grundlage gegeben hätten. Bevollmächtigte des Hochmeisters erinnerten auf einem Reichstag in Trier an das Werden Preußens, »welche Lande, wie wissentlich, durch den Orden das Heilige Römische Reich mit großem Darlegen Leibes und Gutes und Blutvergießen vor langen Jahren zu unserm Glauben und in unsere Teutsche Zunge gebracht, dadurch es genannt wurd in etlichen Historien Nova Germania, das ist Neu Teutschland«. Dieses Tones nationaler Selbstbesinnung, die eine Frucht des Humanismus war, vermochte sich auch Kaiser Maximilian zu bedienen. So erklärte er nach einem Zusammentreffen mit dem Hochmeister mehreren deutschen Fürsten, daß der Zweite Thorner Frieden »Uns und dem heiligen Reich und Teutscher Nation an unserer Obrigkeit und ererbten Gerechtigkeiten, als unser und aller Teutschen Vaterland und Ehr ... nachteilig, wider und abbrüchig« sei. Deshalb sei das Verhalten des polnischen Königs »unleidlich und keineswegs zu dulden«. Doch überschätzte Hochmeister Albrecht den Wert, den derartige Bekundungen angesichts der Lage des Reiches und der Politik des Kaisers haben konnten, und auch die Kräfte, die der Ordensstaat in dem Kampfe um seinen Fortbestand einzusetzen hatte. Der Kaiser schloß im Jahre 1515 mit dem Jagiellonenhaus, das damals neben der polnischen die böhmische und die ungarische Krone innehatte, den Wiener Vertrag, ein Ehebündnis, das den Habsburgern die Wenzels- und die Stefanskrone in Aussicht stellte, wofür der Kaiser im Gegenzug König Sigismund von Polen freie Hand gegenüber dem Hochmeister ließ. In dem nach dem Tode Kaiser Maximilians im Jahre 1519 vom polnischen König gegen den Orden begonnenen Krieg, den sogenannten Reiterkrieg, konnte Hochmeister Albrecht, ganz auf sich allein gestellt, zwar seine Position behaupten; doch zu einer Entscheidung im Konflikt mit Polen in seinem Sinne fehlte es ihm an Kraft. Die westpreußischen Stände, insbesondere Danzig und Elbing unterstützten Polen, in der Befürchtung, die Ordensherrschaft im Westen könne wiederkehren; von ihm angeworbene Söldner konnte der Orden am Ende nicht bezahlen. Kaiser Karl V. und König Ludwig von Ungarn vermittelten einen vierjährigen Waffenstillstand, der im April 1521 zu Thorn abgeschlossen wurde.

Die damit erlangte Atempause nutzte der Hochmeister zu einer Reise in das Reich, um dort um Hilfe zu werben. Mühsam genug wurden die Reisekosten aufgebracht; am 10. April 1522 verließ Albrecht Königsberg. In Prag und Wien, Ungarn und Schlesien, Sachsen und Brandenburg, in Kontakten mit dem Papst, auch mit den Königen von Frankreich und Dänemark, auf den Reichstagen in Nürnberg 1522 und 1523 – überall stieß er angesichts des Beginns der Reformation und des Ausbrechens von Bauernunruhen nicht auf das geringste Verständnis für seine Sorgen, für die deutsche Stellung im Nordosten überhaupt.

Da hörte er im Herbst 1522 in Nürnberg Predigten des Reformators Osiander und begann der Lehre Luthers zuzuneigen. Schon im Herbst 1521 war im Orden daran gedacht worden, Luther die Ordensstatuten zur Prüfung zuzusenden. Im Herbst 1523 suchte der Hochmeister, von dem man an der Kurie bereits mutmaßte, er wolle zur neuen Lehre übergehen, Luther in Wittenberg auf. Über eine Besserung der Ordensregel befragt, will Luther Hochmeister Albrecht den Rat gegeben haben, jene törichte und verkehrte Regel fahren zu lassen, ein Weib zu nehmen und aus dem Ordensstaate ein weltliches Gemein-

Albrecht von Brandenburg-Ansbach. Nach Lucas Cranach d. Ä.

wesen zu machen. Schriftlich äußerte er sich dazu in seinem Sendschreiben. *An die Herren Deutschen Ordens, daß sie falsche Keuschheit meiden und zur rechten, ehelichen Keuschheit greifen sollen.* Luther empfahl hier, den Zölibat aufzuheben und den Ordensstaat zu säkularisieren sowie den Brüdern die weltlichen Ämter zu übertragen. So könnten sie »mit christlichem Verstande und unter dem Beifall der Untertanen« im Besitze Preußens bleiben.

Der Hochmeister folgte diesem Ratschlag. Er hatte verstanden, daß das Verhältnis von Landesherrschaft und Untertanen, von Regierung und Volk in Preußen neu geordnet werden mußte und daß dabei der Ständegedanke anzuerkennen und ihm in einer territorialstaatlichen Ordnung zu seiner Erfüllung zu verhelfen war, also jenen beiden Prinzipien Geltung verschafft werden mußten, die im Spätmittelalter entstanden waren und denen die Zukunft gehörten. Zugleich mußte sich der Hochmeister mit dem polnischen König verständigen. Denn am 10. April 1525 lief der Waffenstillstand ab, ohne daß politische oder militärische Hilfe aus dem Reich oder anderswoher in Aussicht gestanden hätte. So begab sich Albrecht im März desselben Jahres von Ungarn über Schlesien nach Krakau, während seine Unterhändler die Friedensbedingungen aushandelten. Am 8. April erfolgte der Friedensschluß. Albrecht wurde gegen das Versprechen, einen Lehenseid und in einem bestimmten Umfange Heeresfolge zu leisten, vom Polenkönig mit Preußen in den Grenzen von 1466 als weltlicher Herzog belehnt. Sämtliche Bindungen an Kaiser und Papst entfielen. Die Brüder des neuen Herzogs von Preußen, die Markgrafen Georg, Kasimir und Johann wurden mitbelehnt. Dadurch war nach menschlichem Ermessen ein Heimfall Preußens an den polnischen Oberlehensherren ausgeschlossen. Am 9. April stimmten dem die Vertreter der preußischen Stände zu. Am 10. April leistete Albrecht als erster Herzog von Preußen dem polnischen König den Lehenseid. Ein Ordensbruder hat die Szene geschildert: »Da ward zu Krakau auf dem Markte ein Majestätsstuhl aufgerichtet mit großer Zierheit, und saß der König von Polen in seiner Majestät, und kam der Hochmeister geritten in seinem Hochmeisterwappenrock und ging auf den Stuhl zum Könige und fiel auf ein Knie vor ihm. Da ward er aufgenommen und legte das Ordenskleid und Wappenrock ab, und gab ihm der König ein ander Kleid und Fahne. ... Und da empfing er des Ordens Land in Preußen zu Lehen und griff Markgraf Georg an die Fahne, die der König gegeben hatte. Und da gab der König dem Hochmeister ein neues Wappen und ward ihm der Titel gegeben: ein Herzog von Preußen, und ihm Stand und Sitz gegeben nächst bei dem König.«

*

Damit war der Ordensstaat erloschen und die Verbindung zum Reich abgebrochen. Als Wappen war an die Stelle des schwarzen Balkenkreuzes auf weißem Grund der schwarze Adler auf weißem Grund getreten. Albrecht von Hohenzollern hatte sich in das Unvermeidliche geschickt. Papst und Kaiser versagtem dem Geschehenen die Anerkennung. Am 9. Mai 1525 zog Herzog Albrecht feierlich in Königsberg ein und empfing die Huldigung seiner Stände. Am 6. Juli desselben Jahres wurde in Preußen durch ein herzogliches Mandat die Reformation eingeführt. Georg von Polentz, Bischof von Samland, der seit 1522 für den abwesenden Hochmeister der Regent des Landes gewesen war, hatte bereits am Weihnachtstage 1523 im Dom zu Königsberg die erste evangelische Predigt gehalten. An ihn, der aus dem Meißnischen gebürtig war, schrieb Luther, vom Durchdringen seiner Lehre inmitten der vielerorts noch unentschiedenen Kämpfe um die Erneuerung von Glauben und Kirche beglückt: »Welches Wunder! In vollem Lauf, mit aufgespannten Segeln eilt das Evangelium gen Preußen, wohin es nicht gerufen und wo es nicht gesucht ward, während es in ganz Deutschland, wohin es selbst kam und nahte mit allem Grimm und Wahnwitz geschmäht, zurückgewiesen und in die Flucht geschlagen wird.«

Die innere Ordnung des Ordensstaates hatte seit 1466 manche Veränderung erfahren, mit prägender Kraft nun auch für das junge Herzogtum. Betroffen waren vor allem die Bevölkerungsverhältnisse. Einerseits hatten die Kriege und Kämpfe der ersten Hälfte des 15. Jahrhunderts große Bevölkerungsverluste bewirkt; andererseits mußten, um Ersatz für die 1466 verlorengegangenen Gebiete zu schaffen, bisher unentwickelte Regionen (»die Wildnis«) kultiviert, d.h. zunächst einmal besiedelt werden. Doch fehlte es an Siedlern; nicht nur die preußische Innenwanderung, sondern auch der Zuzug aus dem Reich war nur wenig ergiebig. So hatte der Orden – wie schon im 14. Jahrhundert – auf Polen aus Masowien zurückgegriffen, die sich als Landarbeiter und Bienenzüchter (Beutner) empfahlen. Sie siedelten zwischen Ortelsburg (nahebei das vollkommen masowische Beutnersdorf) und Osterode sowie im Süden des Bistums Ermland, um Allenstein herum. Bei der Entwicklung der Wildnisgebiete westlich und nördlich von Lyck rechnete man eher auf die Binnensiedlung.

So ist die masurische Bevölkerung Ostpreußens entstanden, die, da sie seit 1525 zur Reformation überging, die sprachliche und kulturelle Verbindung mit dem masowisch-polnischen Ursprungsland verlor.

Auch in der Verwaltung baute das Herzogtum Preußen auf den Einrichtungen des Ordensstaates auf. An die Stelle der Großgebietiger traten als Ratgeber des Herzogs die sogenannten Oberräte, Landhofmeister, Oberburggraf, Kanzler und Obermarschall. Hinzu kamen 1542 die Amtshauptleute der Hauptämter Brandenburg (im späteren Kreis Heiligenbeil), Fischhausen, Schaaken (im späteren Kreis Königsberg) und Tapiau. Die Hauptämter ersetzten die Komtureien. Ihnen unterstanden die Kammerämter. Dem Herzog und seiner Verwaltung traten die Stände gegenüber, die sich in der Spätzeit des

Ordens entwickelt hatten, zu Macht gelangt waren und nun über einen großen Einfluß im Lande verfügten. Freilich lagen Initiative und Entscheidung beim Landesherrn, der in der christlichen Gewissenhaftigkeit eines evangelischen Fürsten seiner Zeit handelte. Die Stände hatten die Steuern zu bewilligen und die Steuereinkünfte zu verwalten, wie im frühneuzeitlichen Territorialstaat üblich. Über drei »Steuerkästen« rangierte der »Landkasten«, der eine Behörde war und als solche neben der herzoglichen Rentkammer, die die landesherrlichen Einkünfte verwaltete, stand.

In eine bedenkliche Lage war das Bauerntum geraten. Viele stammpreußische Hofbesitzer waren infolge der häufigen Kriege und der Reiterdienste, die sie in ihnen zu leisten hatten, zu oft von ihrer Wirtschaft ferngehalten worden und infolgedessen nicht selten auf den Status eines unfreien Bauern abgesunken, zumal die Amtsleute wegen des Mangels an Arbeitskräften dazu neigten, Freien entgegen ihrer Rechtsstellung Scharwerke abzuverlangen. Dieser Mißstand führte zu dem Samländisch-natangischen Bauernaufstand vom September 1525. Die Erhebung war lediglich Ausdruck einer Unzufriedenheit mit den wirtschaftlichen und den sozialen Verhältnissen und entbehrte einer politischen Stoßrichtung. Ausschreitungen gab es kaum. Eine Verbindung mit den Königsberger Handwerkern, die mit ihrer wirtschaftlichen Lage ebenfalls unzufrieden waren, kam nicht zustande, und am Ende wurde nichts erreicht. Das Bauernlegen und damit der Ruin des freien Bauerntums nahm seinen Fortgang.

Herzog Albrecht, der nicht nur für seine Person, sondern darüber hinaus in der Verantwortung für seine Untertanen die Reformation angenommen hatte, war es als evangelischem Landesherrn vor allem um die Christenlehre und das Seelenheil seiner Landeskinder zu tun. Die Verantwortung dafür ließ ihn an den Visitationen der preußischen Kirche sowie an den 1525 erlassenen *Articeln der Ceremonien und anderer Kirchenordnung* mitarbeiten. Ja, er hat im Bewußtsein der glaubensstärkenden Wirkung, die der Gemeindegesang in der Muttersprache hat, sein beachtliches poetisches Talent in den Dienst der Kirchenlieddichtung gestellt. Die beiden Königsberger Gesangbücher haben ihn zum Autor. Angesichts vor allem der Qualität seiner Lieder, von denen nicht wenige überdauert haben (wie »Was mein Gott will, das gscheh' allzeit«), gilt er heute weithin als einer der bedeutendsten Liederdichter der Reformationszeit. Mit der Sorge um die Kirche verband sich bei ihm wie bei vielen anderen evangelischen Fürsten seiner Zeit diejenige für die Schule, die von dieser zu leistende geistliche Unterweisung ihrer Zöglinge und die Vermittlung geistiger Grundfertigkeiten. Er ließ Schulbücher und Katechismen auf eigene Kosten drucken und befreite Leibeigene, die sich dem Lehrberuf widmen wollten, aus ihrer Unfreiheit. Aber nicht nur um »die reine Lehre« und die »liebe Justiz« und bei dieser um das Hofgericht kümmerte sich der Herzog. Lagen die letzten Ordensburgen Bütow (1393–1405) und Herrengrebin an der Mottlau (1403–1406) schon lange zurück, da im krisenhaften und kriegerischen 15. Jahrhundert die Mittel für Bauten gefehlt hatten, so erneuerte er ab 1532 das Königsberger Schloß in der Abkehr vom Mittelalter. Kunstpflege und höhere Bildung verbanden sich zu einer Blüte geistiger Kultur im Zeichen der Renaissance und des Humanismus. In diesem Zusammenhang ist vor allem die Pflege der Musik am Königsberger Hof zu nennen, namentlich die des weltlichen Kunstliedes im mehrstimmigen Satz. Neben der Hofkantorei gab es auch eine Hofkapelle. Man stand in einem regen Austausch mit anderen geistigen Zentren. So auch mit Frauenburg in dem altgläubig gebliebenen Ermland, dessen Bischof Johannes Dantiscus selbst Humanist und Dichter war. Er stand mit dem Herzog, der mit zahlreichen Gelehrten korrespondierte, ebenso in Verbindung wie der Frauenburger Domherr und Astronom Nikolaus Kopernikus, der Sohn Thorner Bürgersleute schlesischer Abkunft. Der Herzog förderte den Buchdruck, unterhielt eine Schloßbibliothek und gründete schließlich am

Frauenburg, Blick vom Frischen Haff. In der rechten Mitte der Dom, links die Katholische Pfarrkirche St. Nikolaus und rechts Bergfried mit barocker Haube.

17. August 1544 in Königsberg eine Universität, bestimmt nicht nur zur Pflanzschule von Theologen und Juristen, sondern auch als Stätte unvoreingenommener, freier Forschung, die Alma mater Albertina, deren weit über den deutschen Sprachraum hinaus wirkende geistige Strahlkraft 400 Jahre lang, bis zu ihrem gewaltsamen Ende währen sollte.
Herzog Albrecht, der wie viele evangelische Fürsten seiner Zeit an der Erörterung theologischer Streitfragen lebhaften Anteil nahm, geriet selbst in geistlichen Zwist, der bald die Universität und die Kirchen, ja das ganze Land erschütterte, hinein. Das lag vor allem an seiner Parteinahme für Osiander, von dem er einst zum Luthertum bekehrt worden war und den er 1549 von Breslau her als Pfarrer der Altstadt Königsberg und Professor der Universität berufen hatte und 1551 zum Vizepräsidenten des Bistums Samland ernannte. Osiander, der sein Amt als Prediger an der Stadtkirche St. Lorenz zu Nürnberg 1548 verloren hatte, da er dem Augsburger Interim, dem Kompromiß der evangelischen Reichsstände mit Kaiser Karl V., nicht gefolgt war, wich in der Rechtfertigungslehre von der lutherischen Schulmeinung ab und stellte dieser, die in der Rechtfertigung eine Gerechterklärung des Sünders durch Gott sah, das Verständnis einer erneuernden Einwohnung Christi im Menschen gegenüber, durch die dieser selbst gerecht wurde. Die Angriffe Osianders auf Melanchthon in dieser Sache billigte der friedfertige Herzog freilich nicht. Der Streit, der Osiander (gestorben im Oktober 1552 in Königsberg) überdauerte, erregte weit über die Grenzen Preußens hinaus Aufsehen und gewann gemeinsam mit Plänen Albrechts, die Bischofsämter abzuschaffen, auch eine politische Dimension, insofern als damit die ständischen Privilegien berührt wurden.
Herzog Albrecht hatte von jeher eine Vorliebe für auswärtige Räte wie Osiander und den Magister Funck gehabt, womit er im Lande schon bald auf Unwillen gestoßen war. Besonderen Anstoß erregte bei den Ständen der Einfluß, den seit den fünfziger Jahren Albrechts Schwiegersohn Johann Albrecht von Mecklenburg auf den Landesherrn ausübte. An ihm entzündete sich ein Streit um die Regentschaft für den schwachsinnigen Thron-

folger Albrecht Friedrich, die nach des Herzogs Ableben voraussichtlich erforderlich wurde. Den Mecklenburger verdächtigte man nämlich, die Regentschaft unter Übergehung der Anrechte hohenzollernscher Seitenlinien an sich bringen, ja bei einem vorzeitigen Ende Albrecht Friedrichs die Herzogswürde selbst gewinnen zu wollen. Schließlich ließ der Herzog sich von einem Abenteurer, dem Kroaten Paul Skalich, beherrschen, der sich mit dem Mecklenburger verbündete und sich zur osiandrischen Partei hielt, und brachte damit fast das ganze Land gegen sich auf. Die Stände, namentlich der Adel, von jeher vom Herzog nachsichtig behandelt, suchten den angesichts dieser Verhältnisse eintretenden Verfall der landesherrlichen Autorität zur Stärkung ihrer Stellung zu nutzen, indem sie sich an den König von Polen anlehnten. Der Herzog plante, die Widersetzlichkeit der Stände militärisch zu brechen, erlitt aber im September 1563 in seinem Heerlager bei Marienwerder einen Schlaganfall. Am 18. Januar 1566 löste der gelähmte und weitgehend hilflose Herzog den Landtag auf. König Sigismund II. August von Polen berief auf Klagen der Stände hin einen neuen Landtag ein und sandte im August 1566 in unverhüllter Einmischung in die preußischen Dinge eine Kommission nach Königsberg. Nach einem parteiischen Prozeß, bei dem der Herzog formell als Richter fungierte und die Stände die Ankläger, die Polen aber Schiedsrichter waren, überantwortete ein städtisches Sondergericht die herzoglichen Räte Johann Schnell und Matthias Horst sowie den aus Nürnberg gebürtigen Hofprediger Johannes Funk, den nächsten theologischen Berater und Beichtvater des Herzogs, einen Schwiegersohn Osianders, dem Schwerte. Eine bewaffnete Auseinandersetzung zwischen dem Landesherrn und den Bürgern seiner Residenzstadt wurde nur durch ein Einlenken des Herzogs verhindert. Die Kommission setzte an die Stelle des Osiandrismus die lutherische Doktrin und installierte ein Adelsregiment, das auch für die Zeit einer Vormundschaft die landesherrliche Gewalt ersetzen sollte (Confirmatio der Königlichen Kommissarien über die Rezesse einer ehrbaren Landschaft, von allen Ständen erteilt vom 5. Oktober 1566). Das Testament des Herzogs wurde durch ein neues, ständefreundlicheres ersetzt. 1567 folgte eine lutherisch-orthodoxe Kirchenordnung. Skalich, bereits seit 1564 flüchtig, wurde enteignet und des Landes verwiesen.
So in seiner Regierung lahmgelegt, in seinen geistigen und körperlichen Kräften eingeschränkt, bedrückt durch Geldverlegenheiten, die in seinem Mäzenatentum sowie in der Hofhaltung (bei doch reichen Domäneneinkünften) ihre Ursache hatten, verbrachte Herzog Albrecht seine letzten Tage. In tiefem Kummer starb er am 20. März 1568 77jährig in dem von ihm geliebten Jagdschloß Tapiau. Am selben Tage folgte ihm seine zweite Gemahlin Anna Maria von Braunschweig-Kalenberg, die Mutter des Thronerben Albrecht Friedrich, auf Schloß Neuhausen (im späteren Landkreis Königsberg) in die Ewigkeit.

*

Die Regelung der Nachfolge Herzog Albrechts stand im Einklang mit dem in Preußen herrschenden Adelsregiment und der königlich polnischen Kuratel, unter der es stand. Auf dem polnischen Reichstag von Lublin im Jahre 1569 belehnte König Sigismund II. August den 15jährigen Herzog Albrecht Friedrich, den einzigen Sohn und rechtmäßigen Erben Herzog Albrechts mit Preußen. Zugleich wurden Markgraf Georg Friedrich von Brandenburg-Ansbach und Kurfürst Joachim II. von Brandenburg, letzterer ein Schwiegersohn des Polenkönigs und von diesem angesichts der Bedrohung durch das Rußland Iwans IV. umworben, mitbelehnt, nachdem beide Fürsten den Lehensvertrag mit Polen und die ständischen Privilegien beschworen hatten. In einem Privileg von Lublin vom 19. Juli 1569 erkannte der König für das Herzogtum Preußen die Augsburgische Konfession als geistliche Lehrgrundlage an. In gewissen Fällen stand dem ostpreußischen Adel

aufgrund desselben Dokuments in Rechtsstreitigkeiten eine Appellation an den König von Polen offen, womit die Gerichtshoheit des preußischen Herzogs durchbrochen war.
Nicht nur auf das ehemalige Ordensland verstärkte sich der Zugriff Polens; erst recht das »Preußen königlichen Anteils« hatte sich polnischer Angriffe zu erwehren. Es war auf eben jenem Lubliner Reichstag von 1569, daß König Sigismund August durch Erlaß eines auf den 18. März datierten Dekretes dazu schritt, die Personalunion, in der Westpreußen mit der Krone Polen verbunden war, in eine Realunion mit dem polnischen Königreich, die »Lubliner Union«, zu verwandeln, der zufolge die Autonomie des Landes zu großen Teilen hinfällig war. Die westpreußischen Stände sollten in den polnischen Reichstag eintreten, während ihre Landtage zu vorberatenden Ausschüssen desselben herabgestuft wurden. Der Reichstag sollte auch von Danzig, Elbing und Thorn beschickt werden, obwohl eine Vertretung der Städte im polnischen Staatsrecht nicht vorgesehen war. Danzig lehnte es grundsätzlich ab, auf polnischen Reichstagen zu erscheinen. Es erkannte die Lubliner Union nicht an. Für die westpreußischen Stände insgesamt gilt, daß sie sich mit ihr niemals abgefunden haben. In der Tat stellte die Lubliner Union, einseitig aus königlicher Machtvollkommenheit ins Leben gerufen, einen Bruch des Rechts dar, wie es im Inkorporationsprivileg niedergelegt worden war, das der polnische König im Jahre 1454 Mitgliedern des Preußischen Bundes gewährt hatte.
Immerhin – und insofern war die verordnete Realunion mehr polnischer Anspruch als Wirklichkeit – verblieben den westpreußischen Ständen, die gegen die Rechtsverbindlichkeit des Lubliner Dekrets Protest eingelegt hatten, das Steuerbewilligungsrecht bei Erhaltung der Steuerverfassung und das Recht, über die Teilnahme an Kriegen zu entscheiden, sowie neben dem Landtag auch der Landesrat. In Geltung blieben auch das Landessiegel und das Landeswappen mit dem schwarzen Adler, der das Schwert erhebt.
Einen inneren Rückhalt hatten die westpreußischen Selbständigkeitsbestrebungen im protestantischen Bekenntnis gefunden, das die im Weichselland lebenden Deutschen neben der Sprache gemeinsam hatten und das sie von den Polen abhob, wenn es auch beim Katholizismus Verbliebene und sogar Polen gab, die als Verfechter der westpreußischen Freiheit auftraten. Der polnische König bekämpfte, wenn er, wie von Rom verlangt, gegen den auch in den höheren Gesellschaftsschichten Polens verbreiteten Protestantismus vorging, zugleich den preußischen Sondergeist. Herausragendes Beispiel dafür ist die militärische Besetzung Danzigs durch König Sigismund im April 1526 und das anschließende dreimonatige Strafgericht. Wie in Danzig hatte die Reformation auch in Thorn, in Braunsberg und in Marienburg wie anderen kleinen Städten früh Eingang gefunden. Gelegentlich des Eingreifens in Danzig war es auch zu Verletzungen des westpreußischen Landesrechts durch den König gekommen, zur Einführung der königlichen Gerichtshoheit, zur Einschränkung der preußischen Landtage und zu einer Verfügung an die preußischen Städte, der zufolge sie auch Polen in die Bürgerschaft aufzunehmen hatten, während in den meisten von ihnen seit der Ordenszeit der Grundsatz galt, daß ein Bürger »von rechter deutscher Art und Zunge« sein müsse. Diese Verordnung führte, wiewohl vielerorts nicht befolgt, immerhin zu einer wesentlichen Stärkung des Polentums in dem am Rande des deutschen Siedlungsgebietes gelegenen Kulmerland. In den meisten kleinen Städten dort herrschte das polnische Element bereits um die Mitte des 16. Jahrhunderts vor. Freilich hatte die Ausbreitung und Festigung des Protestantismus nicht verhindert werden können. In Danzig so wenig wie in Thorn, Graudenz und auch in der Bischofsstadt Kulm oder in Elbing, wo 1535 ein evangelisches Gymnasium begründet worden war. Evangelische Gymnasien entstanden auch in Danzig (gegründet 1558) und in Thorn (gegründet 1568). Um die Mitte des Jahrhunderts war der größte Teil Westpreußens für die neue Lehre gewonnen.

In dieser Zeit setzte mit dem Auftreten von Stanislaus Hosius (Hose) in Preußen die Gegenreformation ein. Hosius, der aus Krakau kam und einen aus Pforzheim stammenden Vater hatte, war 1549 Bischof von Kulm geworden und nahm seit 1551 den ermländischen Bischofsstuhl ein und war zugleich Präsident des Preußischen Landesrats. Seit 1561 Kardinal, leitete er als päpstlicher Legat bis 1563 das Konzil von Trient. 1565 eröffneten von ihm ins Land gerufene Jesuiten in Braunsberg eine Bildungsanstalt, das spätere Collegium Hosianum, das erste Jesuitenkollegium unter der polnischen Krone. Es war als gegenreformatorische Antwort auf die Gründung der Universität Königsberg im Jahre 1544 zu verstehen. Freilich waren die Erfolge von Bischof Hosius in Preußen bescheiden. Schon 1557/58 erlangten Thorn, Danzig und Elbing Religionsprivilegien, die schließlich, von König Heinrich von Valois 1573/74 bestätigt, vollkommene Religionsfreiheit gewährleisteten. Diese genossen auch viele kleinere Städte. In Stadt und Land gewann und behauptete der Protestantismus eine beeindruckende Stellung.
Dem preußischen Selbstverständnis verlieh etwa der aus Mitteldeutschland gebürtige Caspar Schütz Ausdruck, der seit 1565 Stadtsekretär von Danzig war. In seinem Werk *Historia Rerum Prussicarum, das ist wahrhaft und eigentliche Beschreibung der Lande Preußen*, das im Jahre 1592 erschien, hielt er an der Einheit der Preußenlande fest und rechtfertigte das Ständetum, auch das des 15. Jahrhunderts, das ja zur Teilung von 1466 beigetragen hatte. Der Pommer Bartholomaeus Keckermann, seit 1601/02 Professor am inzwischen erneuerten Danziger Gymnasium, dem Gymnasium Academicum, das für etwa 200 Jahre neben der Albertina die wichtigste humanistische Lehrstätte im deutschen Nordosten sein sollte, stellte einen Zusammenhang zwischen einem Widerstandsrecht gegen eine tyrannische Ausübung der Herrschergewalt und der ständischen Bewegung her. Allgemein blieb in Westpreußen das Bestreben, deutsch-ständische Privilegienrechte gegenüber einem fremdvölkischen Zentralismus zu verteidigen.

*

Währenddessen wurden polnische Eingriffe im Herzogtum Preußen – trotz mannigfacher Handhaben des polnischen Königs – immer seltener und hörten schließlich ganz auf. Das war das Verdienst Georg Friedrichs von Brandenburg-Ansbach(-Jägerndorf), des Neffen Herzog Albrechts und Vetters des kranken Herzogs Albrecht Friedrich. Dieser hatte als nächster Agnat der 1525 mitbelehnten fränkischen Linie seit Ende 1573 die Vormundschaft für Albrecht Friedrich und die stellvertretende Regierung in Preußen für sich gefordert, während die Stände bei ihrem interessenbedingten Standpunkt geblieben waren, der Herzog sei regierungsfähig. Der Ansbacher überwand den ständischen Widerstand mit Hilfe des siebenbürgischen Fürsten Stephan Báthory, der mit seiner Hilfe 1576 König von Polen geworden war. Im Vertrag zu Marienburg von 1577 übertrug König Stephan dem Markgrafen die Vormundschaft und die Regentschaft für den kranken Herzog und zugleich die volle Gewalt und Würde eines Herzogs in Preußen. Danach wurde er im Februar 1578 auf einem Reichstag zu Warschau mit Preußen belehnt. Den König band er hinfort durch eine »politische Bündnispartnerschaft« (J. Petersohn). Konnte Stephan Báthory doch in dem Hohenzollern und durch ihn unter den evangelischen Reichsfürsten Gegengewichte zum Hause Habsburg, das im Kampfe um die polnische Krone sein Gegner gewesen war, für sich nutzbar machen. Zudem benötigte er den Herzog und die Hilfsquellen Preußens, um seine historische Aufgabe, Rußland von der Ostsee zurückzudrängen und das Baltikum zu befreien, erfüllen zu können. Schon den Marienburger Vertrag hatte Georg Friedrich mit 200 000 Goldgulden erkauft, die vollständig in König Stephans Rußlandkrieg flossen. Hinzu kamen Sonderzuschüsse, Truppen- und Munitionshilfen. Außerdem gewährte bzw. vermittelte der Herzog Darlehen.

Markgraf Georg Friedrich, Herzog von Preußen, Öl auf Holz von Lucas Cranach d.J. (Schloß Sanssouci, Potsdam).

Um all das und anderes zu ermöglichen, bedurfte es einer intensiven Innenpolitik, die der Herzog, der einer der fähigsten Politiker seiner Zeit war, seit Frühjahr 1578 zielbewußt betrieb. Er wußte die Macht der Stände nach deren Widerstand Anfang der achtziger Jahre mit Rückendeckung des polnischen Königs bis 1585 zu brechen, den aus den Fugen geratenen Staatshaushalt mit Hilfe von ständischen Bewilligungen auf dem Landtag von 1586 zu sanieren und die landesherrlichen Einkünfte zu steigern, was ihn wiederum von den Steuerbewilligungen der Stände weitgehend unabhängig machte. Zudem gebrauchte er auch seine fränkischen Räte, was zunächst den Protest der Stände hervorrief, dann aber, nachdem er auch in dieser Frage die Unterstützung des wie er autokratisch denkenden und ihm verpflichteten polnischen Königs gefunden hatte, seine Abhängigkeit von den mit den Ständen verbundenen Oberräten verminderte. Deren Einfluß auf das Königsberger Hofgericht wurde mit Hilfe der 1578 erlassenen Hofgerichtsordnung zurückgedrängt. Behördenorganisation und Verwaltungsreform zehrten von fränkischen Vorbildern. Es ging hierbei vor allem um die Kämmerei- und Finanzverwaltung sowie um die Reform der Landwirtschaft auf den herzoglichen Domänen. Grundlage hierfür war eine Generalvisitation, die sich namentlich auf die Bewirtschaftung der Domänen und die landesherrlichen Einnahmen außerhalb der Domänen, aus Forsten und Regalien, richtete. Die Erwirtschaftung von hohen Überschüssen war schließlich die Folge davon. Den ständischen Einfluß schwächte Georg Friedrich auch dadurch, daß er die Bistümer von Samland und Pomesanien für immer verschwinden ließ und durch landesherrliche Konsistorien in Königsberg und in der Hauptstadt des Oberländischen Kreises, Saalfeld (im späteren Kreis Mohrungen), ersetzte. Das lutherische Bekenntnis stärkte er durch die

Königsberg, Schloßkirche.

Einführung einer Konkordienformel (1579), mit der der Osiandrismus im Sinne der lutherischen Orthodoxie erledigt wurde.
Wurde durch die Politik Herzog Georg Friedrichs die Entwicklung der Wirtschaft nachhaltig gefördert, so empfing diese erst recht durch die politischen Verhältnisse in Westeuropa belebende Impulse. Die Religionskriege in Frankreich, die niederländischen Unabhängigkeitskriege gegen Spanien und dessen Krieg gegen England ruinierten die westeuropäische Landwirtschaft und ließen die Ausfuhr insbesondere des ostpreußischen Getreides und von Holz dorthin sowie die Preise aller landwirtschaftlichen Produkte in die Höhe schnellen. Das kam auch dem bäuerlichen Wohlstand im Preußenland zugute. Die Siedlung vornehmlich im Osten des Landes nahm ihren Fortgang, ebenso das Städtewesen. 1571 und 1573 hatten Angerburg und Lötzen Stadtrecht erhalten, 1583 wurde Insterburg zur Stadt erhoben, Ortelsburg folgte 1616. Königsberg blühte als Handelsstadt. Der Wohlstand des Landes, der weit in die Zeiten des Dreißigjährigen Krieges hinein Bestand haben sollte, drückte sich auch in landesherrlichen Bauten und in einem Aufschwung des Kulturlebens aus. Herzog Georg Friedrich hatte zwischen 1584 und 1594 den gewaltigen Westbau des Königsberger Schlosses mit den beiden großen Rundtürmen nach einem Entwurf seines Ansbacher Baumeisters Blasius Berwart aufrichten lassen. Der neue Flügel beherbergte in seinem Hauptgeschoß die Schloßkirche, zunächst ein einschiffiger Raum mit Holzemporen, später zweischiffig, mit Sterngewölben. Vor allem knüpfte man an die Musikpflege Herzog Albrechts kraftvoll an. Durch das Wirken des aus Mühlhausen in Thüringen gebürtigen Johannes Eccard sollte diese Tradition weit in das 17. Jahrhundert hinübergetragen werden. Eccard, der 1580 als Hofkapellmeister nach Königsberg berufen worden war und dort bis 1608 blieb, war Schüler Orlando di Lassos in München gewesen und hatte als Organist in Diensten Jakob Fuggers in Augsburg gestanden. Er trat mit geistlichen und weltlichen mehrstimmigen Gesängen hervor und wird noch heute zu den bedeutendsten Schöpfern des evangelischen Kirchenliedes gezählt. Fortschritte gelangen ihm namentlich in der Kunst der Choralbearbeitung.

5. Das Kurbrandenburgische Jahrhundert und die Große Politik

Vom Ausgang Herzog Georg Friedrichs bis zum Tode des Großen Kurfürsten (1586–1688)

Herzog Georg Friedrich, der in hochabsolutistischer Manier mit »Dux Prussiae« zeichnete und als erster unter den deutschen Reichsfürsten die Anrede »Fürstliche Durchlaucht« für sich in Anspruch nahm, hatte 1586 Preußen für immer verlassen, da die Verhältnisse seines Erblandes seine Anwesenheit in Ansbach erforderten. Aber auch über Hunderte von Kilometern hinweg wußte er sein Regiment über die Ostseelande aufrechtzuerhalten. Freilich blieb ihm der ersehnte Leibeserbe und Nachfolger versagt. Als er 1603 gestorben war, folgten ihm in seiner Verweserschaft in Preußen die brandenburgischen Kurfürsten Joachim Friedrich (gestorben 1608) und Johann Sigismund (gestorben 1619). Unter ihnen verfiel die landesherrliche Stellung, stieg der ständische Einfluß wieder mächtig an, während der Polenkönig wie einstens ungehindert in die Verhältnisse des Landes eingreifen konnte und das auch tat. Allerdings hatte Georg Friedrich für die Nachfolge des söhnelosen Herzogs Albrecht Friedrich Vorsorge getroffen. Er hatte 1594 die Vermählung der ältesten Tochter des Herzogs, Anna, mit dem späteren Kurfürsten Johann Sigismund zustandegebracht. Damit war auch ein Erbanspruch auf Jülich-Kleve-Berg begründet worden. Denn Anna war die älteste Nichte des kinderlosen Herzogs von Jülich. Johann Sigismunds Stellung im lutherischen Preußen wurde aber durch die Tatsache erschwert, daß er 1613 zum Calvinismus übergetreten war, den er noch nicht einmal mit seiner preußischen Gemahlin teilte.

Dennoch konnte Kurfürst Johann Sigismund die Erbschaft im Herzogtum Preußen antreten, nachdem Herzog Albrecht Friedrich 1618 gestorben war. König Sigismund III. von Polen befand sich, da er als katholischer Angehöriger der Wasa-Dynastie den evangelischen Wasa Gustav Adolf nicht als König von Schweden anerkennen wollte, im Kriege mit diesem und wurde durch in Livland stehende schwedische Truppen an einem Eingreifen gehindert, was wiederum die widersetzlichen preußischen Stände lähmte. Dieselbe Lage ermöglichte es Johann Sigismunds Nachfolger Georg Wilhelm (1620–1640) – wenn auch nach großen Schwierigkeiten –, die Belehnung durch die Krone Polen zu erlangen.

Während im Reich der Große Krieg tobte, blieben in Preußen Krieg (Schweden gegen Polen) und (schwedische) Besetzung Episode. 1629 war nach drei Jahren Kämpfen der Waffenstillstand von Altmark (östlich von Stuhm in Westpreußen) geschlossen worden. 1635 gab Schweden die von ihm besetzten Gebiete (seit 1629 nur noch die Küste mit Elbing, Pillau und Memel) einschließlich der Seezölle und der Kontrolle des preußischen Seehandels auf. Die Blüte von Landwirtschaft, Handel und Gewerbe war ungebrochen. Flüchtlinge aus den vom Kriege heimgesuchten oder bedrohten Gebieten kamen ins Land.

Die Wissenschaften und die Künste trugen in einem Klima des allgemeinen Wohlstandes reiche Frucht. In jener Zeit entstanden bemerkenswerte Bauten, etwa die Stadtkirche (Lutherkirche) von Insterburg (1975 abgerissen) und die ersten Schloßbauten des ostpreußischen Adels.
Großen Reichtum zeigte an der Ostsee die Entwicklung der barocken Dichtkunst. Eine Königsberger Eigentümlichkeit war »ein ausgeprägtes Verlangen nach geselliger Vereinigung poetisch und musikalisch gleichgesinnter und -gestimmter Geister.« (H. Motekat) In jenen Jahren stand am Ufer des Pregel die als geselliger Ort beliebte Kürbishütte des aus dem thüringischen Vogtland stammenden Komponisten Heinrich Albert. Dieser und sein aus Graudenz kommender Kollege Johannes Stobaeus verbanden sich mit den Dichtern Simon Dach aus Memel und Robert Roberthin, der im Jahre 1600 im ostpreußischen Saalfeld geboren worden war und seit 1630 als das geistige Haupt des Kreises erscheint. Dieser war gesellige Verbindung und musikalisch-poetische Werkstatt in einem. Vorbild der dichterischen Bemühungen, die einen idyllischen, bürgerlich-bescheidenen Charakter trugen, war Martin Opitz, der seit 1635 in Danzig lebte und dort 1639 in königlich polnischen Diensten starb. Die Verehrung für ihn war den Dichtern im herzoglichen und im königlichen Anteil des Preußenlandes gemeinsam. Dichter- und literarische Kreise hatten sich auch in Danzig, Elbing und Braunsberg gebildet. Opitz machte 1636 mit einer Reise von Danzig über Elbing nach Königsberg den geistigen Zusammenhang deutlich. Gebrauchsdichtung, Gelegenheitsrede, Lobdichtung auf Stadt und Landschaft, zuerst noch lateinisch und dann in deutsch, sowie Poetik wurden gepflegt. Zu nennen sind für Westpreußen Friedrich Zamehl, Georg Geflinger und Johann Peter Titz, der in seinen *Zwei Büchern von der Kunst hochdeutsche Verse und Lieder zu machen* von 1642 das Vermächtnis von Opitz weitergab. Die Danziger und die Elbinger besangen auch den König, ihren und nicht den polnischen. Titz und sein Vorgänger auf dem Lehrstuhl für Redekunst und Dichtkunst am Danziger Gymnasium, Johann Mochinger, waren berühmte Redner, die der kämpferische Theologe Aegidius Strauch mit seiner Wendung gegen Jesuitismus und Polentum noch an Massenwirkung übertraf.
In Westpreußen waren auch Chronik und Geschichtsschreibung von Bedeutung. Zu erwähnen sind Israel Hoppe und seine *Geschichte des ersten schwedisch-polnischen Krieges in Preußen* (1626–1636), in der er – im westpreußischen Schrifttum merkwürdigerweise die Ausnahme – König Gustav Adolf von Schweden in ganzer Größe darstellte, ohne freilich in höfische Panegyrik zu verfallen, und vor allem Christoph Hartknoch mit seinem Werk *Alt- und Neues Preußen. Oder Preußischer Historien zwei Theile* (1684), das das ganze Preußen nach dem Stande von 1454 zum Thema hatte, im Bewußtsein einer politischen Sonderart Preußens wurzelte und bis weit in das 18. Jahrhundert hinein eine starke Wirkung auf das politische Bewußtsein im Lande haben sollte. Hoppe stammte aus einer Elbinger Familie und war seit 1632 Bürgermeister der Stadt; Hartknoch kam aus dem ostpreußischen Passenheim und war Professor am Thorner Gymnasium.
Kurfürst Georg Wilhelm starb 1640 in Königsberg, wohin er sich 1638 angesichts der Allgegenwärtigkeit der Kriegsgreuel in Brandenburg zurückgezogen hatte. Er wurde als einziger Hohenzoller in Ostpreußen bestattet. Freilich fand er seine letzte Ruhe im Königsberger Dom erst, als es sich herausgestellt hatte, daß sein Sarg infolge der Kriegswirren nicht nach Berlin überführt werden konnte. Georg Wilhelms ältester Sohn und Nachfolger war Friedrich Wilhelm, der spätere Große Kurfürst. 1643 leistete er in Warschau für Preußen den Lehenseid. Unter seiner Regierung wurde Brandenburg auf die Ebene der europäischen großen Politik gehoben, während Altpreußen, für das noch auf Veranlassung von Herzog Georg Friedrich das Landrecht kodifiziert und 1620 publiziert worden war, nach 400jähriger Selbständigkeit nur noch ein Teil des werdenden

Insterburg, Lutherkirche, erb. 1610–1612, 1972 gesprengt und Ruine abgetragen.

brandenburgisch-preußischen Machtstaates sein sollte. Obwohl insbesondere in Preußen das Ständetum, das in Warschau wirksamen Rückhalt fand, in seiner Macht anfänglich noch ungebrochen war, hat sich Kurfürst Friedrich Wilhelm, der nach dem Tode des Vaters noch bis 1643 in Königsberg ausgeharrt hatte, bei der Aufrichtung Kurbrandenburgs nach dem Großen Kriege anfangs ganz auf die unversehrten Preußenlande stützen müssen.

Die Stände mochten auf das vertrauen, was sie schwarz auf weiß besaßen, jenen Band von 1616 nämlich, in dem ihre Privilegien gesammelt waren und der auch den Vertrag des Preußischen Bundes vom 6. März 1454 mit dem König von Polen enthielt. Doch wurde der junge Kurfürst von den Ständen und König Władysław IV., der sein Vetter und Freund war, unterschätzt. So gelang es ihm, Festlegungen durch die Stände zu entgehen, ja mit diesen in ein annehmbares Verhältnis zu kommen. Allerdings waren »die ostpreußischen Stände dem Landesherrn gegenüber nie grundlos renitent gewesen. Auch ihren Eigennutz darf man nicht zu stark betonen. Es ging ihnen beim Streit mit den Brandenburgern von Anfang an um die Wohlfahrt des Landes. Ihre Einsichten freilich hielten sie für die einzig richtigen und verfolgten sie mit echt ostpreußischer Hartnäckigkeit.« (E. Weise) In der Zeit der schwedischen Okkupation im Großen Krieg hatten sie zu Kurfürst Georg Wilhelm gehalten. In Friedenszeiten indessen lehnten sie die Unterhaltung von Truppen ab. Während des Ersten Nordischen Krieges, der dem Land einen Gutteil seines Wohlstandes kostete, standen sie wieder an der Seite des Kurfürsten und teilten mit der Landesherrschaft alle Mühen und Lasten.

Als der schwedische König Karl X. Gustav 1655 in einem neuen expansiven Anlauf zur Konsolidierung des schwedischen Dominiums maris Baltici von Hinterpommern her nach Westpreußen eingedrungen war und gegen Polen den Krieg eröffnet hatte, war Kurfürst Friedrich Wilhelm bestrebt gewesen, neutral zu bleiben, und am 12. November ein Bündnis mit den westpreußischen Ständen eingegangen. Der Schwedenkönig indessen, der Ansprüche König Johann Kasimirs von Polen als Angehöriger des Hauses Wasa auf den schwedischen Thron als Anlaß zum Kriege genommen hatte, eroberte Thorn und Elbing und warf Polen nieder. Dadurch sah sich der Kurfürst im Januar 1656 zu dem Königsberger Vertrag genötigt, der dem Brandenburger für Preußen statt der polnischen eine schwedische Lehenshoheit auferlegte und ihm das Ermland zusprach. Zudem mußten Schweden wie zu Zeiten des Großen Krieges Pillau und Memel sowie die Hälfte der Seezölle ausgeliefert werden. Erst nachdem König Karl Gustav kurz darauf durch eine national-religiöse Erhebung Polens gegen den protestantischen Eindringling überrascht worden war und in einem Frühjahrsfeldzug gegen den nicht bezwungenen Gegner Rückschläge erlitten und zu allem Überfluß die Feindschaft der bisher im Krieg mit Polen stehenden Russen auf sich gezogen hatte, schloß er mit Brandenburg ein förmliches Bündnis (Vertrag von Marienburg vom 25. Juni 1656). In diesem Bündnis gewann der Kurfürst bald eine eigene Statur, indem er noch im selben Jahre mit kurbrandenburgischen Truppen in der dreitägigen Schlacht von Warschau (28. bis 30. Juli) einen Sieg über eine polnische Übermacht davontrug. Warschau fiel in die Hand der Verbündeten; König Johann Kasimir floh nach Lublin.

Doch wurde der Sieg über die Polen nicht ausgenutzt. Polnische Streitkräfte drangen in Ost- und Westpreußen ein. Eine holländische Flotte zwang den Schwedenkönig zur Aufgabe seiner Belagerung Danzigs und zu einem Handelsabkommen (11. September 1656), das den Ostseehandel, an dem die Niederländer vital interessiert waren, vor schwedischen Zolldiktaten sicherte. Am 15. November zog König Johann Kasimir in Danzig ein. Seit Sommer 1656 überschwemmten die Russen den gesamten baltischen Raum.

Friedrich Wilhelm von Brandenburg, der Große Kurfürst. Bronzerelief von G. Leigebe (1671).

1656 und 1657 hatte das südliche Ostpreußen Einfälle von Tataren zu erleiden; der »Tatarenstein«, ein neun Meter langer Findlingsblock bei Neidenburg, der »Tatarenweg« zwischen Hohenstein und Passenheim sowie der »Tatarensee« bei Lyck erinnerten bis 1945 daran. Die Tataren waren, obwohl Anhänger des Islam, von den Polen unter Inaussichtstellung von Beute gewonnen worden. Sie drangen gemeinsam mit Polen und Litauern in einer Stärke von etwa 20000 Mann bei Lyck in Ostpreußen ein und besiegten am Lyckfluß bei Prostken (etwa 15 Kilometer südöstlich der Stadt Lyck) im Oktober 1656 ein etwa halb so starkes preußisch-schwedisches Aufgebot, das sich ihnen in den Weg gestellt hatte. Kaum 2000 Mann entrannen dem Tod und der Gefangenschaft. Die Folgen für die Bevölkerung waren Raub, Brand, Mord und Verschleppung. Auch Städte wie Ortelsburg, Willenberg, Hohenstein, Gilgenburg, Passenheim und Soldau waren betroffen. 13 Städte, 249 Dörfer und 37 Kirchen wurden niedergebrannt, 23000 Menschen umgebracht und 34000 in die Sklaverei auf die Handelsplätze des Schwarzen Meeres verschleppt, von denen nur die wenigsten wiederkehrten. Hungersnot und Krankheiten waren die Nachwirkungen; eine Pferdeseuche vernichtete den übriggebliebenen Pferdebestand.

Angesichts des auf Schweden lastenden politisch-militärischen Drucks mußte König Karl Gustav der Wert des brandenburgischen Verbündeten unschätzbar werden. Daher schloß er am 20. November 1656 mit dem Kurfürsten den Vertrag von Labiau, in dem er auf die Lehenshoheit über Preußen verzichtete und den Hohenzollern dort eine souveräne Stellung (lehensfreie Herrschaft) einräumte. Folgerichtigerweise suchte Polen Brandenburg auf die Seite der Gegner Schwedens, zu denen auch der Kaiser gehörte, herüberzuziehen.

Das konnte um so eher gelingen, als der Brandenburger nach einer Erhebung der Dänen im Rücken der Schweden im Frühjahr 1657 von diesen allein auf dem polnischen Kriegsschauplatz zurückgelassen worden war. Polen mußte dann freilich auch seinerseits auf die Lehenshoheit über Preußen verzichten, wozu es sich aber zunächst einmal nicht entschließen konnte. Daß der Polenkönig dieses Opfer dann doch brachte, ist das Verdienst des kaiserlichen Gesandten Franz Paul Freiherr von Lisola, den der welthistorische Gegensatz Habsburgs zu Frankreich, das hinter Schweden stand, nicht ruhen ließ. In diesem Zusammenhang stand auch die bevorstehende Kaiserwahl, für die Wien die Stimme Kurfürst Friedrich Wilhelms benötigte. So schloß Polen am 29. September 1657 unter kaiserlicher Vermittlung mit Brandenburg den Vertrag von Wehlau ab, in dem die Souveränität Preußens Anerkennung fand. Der Kurfürst hatte damit (zunächst noch im Geheimen) die Seite gewechselt: er bestätigte das auf zehn Jahre geschlossene Bündnis am 6. November gemeinsam mit dem polnischen König bei einer Begegnung in Bromberg. Das Ermland trat der Kurfürst wieder an die Krone Polen ab, gewann dafür aber Elbing und als polnische Lehen die bis 1637 pommerschen Ämter Lauenburg und Bütow sowie die Starostei Draheim, die vor 1466 dem Deutschen Orden gehört hatte.
Danach, im Winter 1657/58 warf Schweden Dänemark nieder und griff (nach dem Friedensschluß von Roeskilde vom 27. Februar) in einem Sommerfeldzug 1658 Kopenhagen an, um eine dänische Wiedererhebung unmöglich zu machen. Doch gab der Angriff Karl Gustavs und der Widerstand der Stadt den antischwedischen Mächten, die im Februar 1658 in Berlin ein Schutz- und Trutzbündnis geschlossen hatten, Gelegenheit zum Eingreifen. Kurfürst Friedrich Wilhelm befreite zwischen September 1658 und Frühjahr 1659 mit brandenburgischen, kaiserlichen und polnischen Truppen unter Beihilfe der niederländischen Flotte große Teile Dänemarks. In Westpreußen bezwang eine österreichisch-polnische Armee den stärksten schwedischen Stützpunkt, die Festung Thorn. Nur die baltische Stellung der Schweden hielt. Da England und Frankreich um die Erhaltung des Gleichgewichts besorgt waren, was durch das Erscheinen eines englischen Geschwaders im April 1659 im Sund sinnfällig wurde, kam es nicht zur Befreiung Kopenhagens. Der Schwedenkönig vermochte sich in Seeland zu halten und konnte auch die südliche Inselkette besetzen.
Im Herbst 1659 suchte der Kaiser gemeinsam mit Brandenburg die Entscheidung durch einen Einfall in das schwedische Vorpommern zu erzwingen. Ein Siegeszug führte Kurfürst Friedrich Wilhelm bis vor die Mauern von Stralsund und Stettin. In Westpreußen wurden die Schweden auf Elbing und Marienburg zurückgedrängt; ihre Stellung in Kurland ging verloren. Die Belagerung von Kopenhagen mußte aufgegeben werden. Am 24. November vernichteten Brandenburger, Kaiserliche, Polen, Dänen und Niederländer bei Nyborg auf der Insel Fünen das hier stehende schwedische Feldheer. Da griff Frankreich, das mit dem Abschluß des Pyrenäenfriedens mit Spanien (7. November 1659) die Hände frei bekommen hatte, ein und rettete seinen Schützling und alten Verbündeten Schweden, ja überhaupt das System des Westfälischen Friedens. So konnte Brandenburg in dem unter der Regie Frankreichs zustandegekommenen Frieden von Oliva bei Danzig, abgeschlossen am 3. Mai 1660, bereits nach dem Tode Karls X. Gustav im selben Jahre, das vom Kurfürsten im Zusammenhang mit seinem Seemachtehrgeiz ersehnte Vorpommern mit der Odermündung nicht behaupten, zumal das Haus Habsburg die Hohenzollern an der Ostsee nicht gestärkt sehen wollte. Doch wurde die preußische Souveränität völkerrechtlich bestätigt. Elbing blieb noch polnisch besetzt und wurde erst 1703 mit Ostpreußen vereinigt.
Daß der Kurfürst die Souveränität in Ostpreußen behaupten konnte, war für den weiteren Weg Brandenburgs von entscheidender Bedeutung. Nicht nur, daß in einer Zeit, in

der die Deutschen »schier zu Dienstknechten« fremder Mächte und »Rhein, Weser, Elbe, Oder ... fremder Nationen Gefangene« geworden waren, wie es in einer zeitgenössischen Flugschrift heißt, in Preußen jenes einengende Lehensband zerrissen war: »Als selbständiger Herr über ein außerhalb des Reichs gelegenes Territorium betrat ... [Kurfürst Friedrich Wilhelm] den Kreis der europäischen Mächte als einziger deutscher Fürst neben dem Kaiser. Auf neuer, größerer Bahn mußte die Zusammenfassung aller staatlichen Kräfte erstrebt werden. Der brandenburgisch-preußische Machtstaat war trotz aller Unfertigkeit geboren.« (F. Wagner)

Diese Entwicklung führte zum Kampf mit den Ständen, mit denen die Hohenzollern bisher leidlich ausgekommen waren. Denn sie verweigerten sich allen Leistungen, die nicht im jeweiligen territorialen Interesse lagen, sondern dem sich andeutenden Gesamtstaat galten. Es begann mit dem Streit um die Abdankung der Truppen, die die Stände nach dem Friedensschluß verlangten. Der Kurfürst hingegen bestand auf erheblichen Geldbewilligungen, um den Unterhalt eines stehenden Heeres zu ermöglichen. Ein solches war nicht nur nicht mit den Interessen der Territorien und so auch nicht mit denen Preußens zu rechtfertigen; es mußte auch die Macht des Landesherrn gegenüber den Ständen wesentlich vermehren. Um diese in den bisherigen Grenzen zu halten, gingen die Stände des alten Herzogtums Preußen in ihrer Unbotmäßigkeit noch einen Schritt weiter und verweigerten die Anerkennung der Souveränität des Kurfürsten, mit der Begründung, daß sie beim Friedensschluß von Oliva nicht mitgewirkt hätten. Schauplatz des Streites, bei dem die drei Teilstädte Königsbergs, Altstadt, Kneiphof und Löbenicht, die Opposition anführten, war der »große Landtag« in Königsberg von 1661 bis 1663. Der ständische Widerstand, hinter dem insgeheim die durch einen Krieg mit Rußland um die Ukraine in Anspruch genommenen Polen standen, erlosch erst, als der Kurfürst im Oktober 1662 mit Heeresmacht am Tagungsort erschien, der zudem unter den Kanonen der 1657 zur Kontrolle des Königsberger Seehandels am Pregel errichteten Festung Friedrichsburg stand (nach dem Ersten Weltkrieg zugunsten des Güterbahnhofs Ost abgebrochen). Gegen die Bestätigung eines Großteils ihrer Privilegien durch den Kurfürsten erkannten die Stände dessen Souveränität an, so daß der Landtag am 1. Mai 1663 geschlossen werden konnte. Am 18. Oktober desselben Jahres huldigten die Stände ihrem Landesherrn in feierlicher Form im Hof des Schlosses zu Königsberg. Die einst so mächtigen Oberräte waren zu kurfürstlichen Beamten geworden.

Die Seele des ständischen Widerstandes war der Schöppenmeister des Kneiphofs, Hieronymus Roth (oder Rohde), gewesen, den der Kurfürst Ende 1662 hatte verhaften und wegen Hochverrats anklagen lassen. Da Roth, der sich im Rechte glaubte und es tatsächlich nach dem Wortlaut der ständischen Privilegien auch war, die Gnade des Kurfürsten verschmähte, mußte er bis zu seinem Lebensende im Jahre 1678 in der Festung Peitz in der Niederlausitz in Haft bleiben. Nachdem in den Jahren 1669 bis 1671 noch einmal Streit zwischen den Ständen und dem Kurfürsten um Steuerbewilligungen zugunsten der Heeresfinanzierung aufgekommen war, floß sogar Blut. Als sich der frühere Oberst Christian Ludwig von Kalckstein in dieser Sache um polnische Hilfe bemühte, wurde er im Hause des brandenburgischen Residenten in Warschau aufgehoben, nach Preußen gebracht, in einem Hochverratsverfahren zum Tode verurteilt und 1672 in Memel hingerichtet. Der Kurfürst hatte auf freilich rechtlich fragwürdige Weise zwei Exempel statuieren lassen. Die Stände unterließen es hinfort, mit den Polen gegen ihren Landesherren zu konspirieren, und duldeten die Ausschreibung und die Erhebung noch nicht bewilligter Steuern durch diesen. Für den Absolutismus waren so um die Wende von den siebziger zu den achtziger Jahren auch im alten Herzogtum Preußen die Grundlagen gelegt.

Ostpreußen war infolge der politisch aktiven Rolle Kurfürst Friedrich Wilhelms nicht zum letzten Male zu einem Schauplatz der europäischen Machtpolitik geworden. Das Mächteringen fand hier abermals eine Bühne, als Schweden erneut – nunmehr lediglich in seiner Rolle als Juniorpartner Frankreichs – das Schwert zog und der aufstrebende brandenburgisch-preußische Staat hierin eine Chance sah.

Nach der Erklärung des Reichskrieges 1674 gegen Frankreich, das 1672 die Niederlande angegriffen und dann die Rheinlande bedrängt hatte, waren die Schweden auf französische Veranlassung zur Entlastung in die Mark Brandenburg eingedrungen, vom brandenburgischen Kurfürsten 1675 bei Fehrbellin aber geschlagen und aus dem Lande hinausgedrängt worden. Der Kurfürst, nach Fehrbellin erstmals der Große Kurfürst genannt, hatte seinen Erfolg genutzt, und, vereint mit Dänemark und den Niederlanden, bis Herbst 1678 abermals Vorpommern erobert und dieses Mal auch Stettin genommen (um beides wiederum auf einen Machtspruch Frankreichs hin beim Friedensschluß von St. Germain 1679 zu verlieren). Die Schweden suchten ihre Niederlage in Norddeutschland durch einen Einfall in das von militärischen Mitteln fast völlig entblößte Ostpreußen wettzumachen. Am 15. November 1678 überschritten mindestens 12 000 Schweden, Finnen und Livländer, von Livland herkommend, die preußische Grenze. Der Herzog von Kurland, ein Schwager des Großen Kurfürsten, hatte ihren Durchmarsch durch sein Territorium nicht verhindern können. Die Schweden nahmen Tilsit, Ragnit, Insterburg und drangen bis in die Gegend von Bartenstein vor, während sich die wenig kampfkräftigen preußischen Milizen, die Wibranzen, die eine Errungenschaft des Defensionswerkes aus der Zeit des Dreißigjährigen Krieges waren, in Richtung Königsberg, bis Jungferndorf, etwa zehn Kilometer vor der Stadt, zurückzogen.

Eben zu dieser Zeit hatte Kurfürst Friedrich Wilhelm seine pommerschen Operationen mit dem Bombardement und der Kapitulation Stralsunds abgeschlossen (15. Oktober 1678). Er sandte zunächst ein kleines Korps unter General von Goertzke nach Preußen, das am 22. Dezember bei Wehlau mit reichlich 4300 Mann Stellung bezog. Sodann, am 15. Dezember, brachte er in tiefem Geheimnis 9000 Mann ausgesuchter Truppen (Reiter, Dragoner, Fußvolk) mit 34 Geschützen auf den Weg. Er folgte ihnen kurz darauf selbst nach und holte sie Mitte Januar in Neustettin ein. Am 21./22. Januar 1679 wurde bei Marienwerder die Weichsel überschritten. Nachdem die Schweden die Nachricht davon empfangen hatten, zogen sie sich eingedenk ihres brandenburgischen Debakels eilig nach Norden zurück, zumal ihnen vom Polenkönig Johann Sobieski versprochene militärische Hilfe und von einem französischen Gesandten angeworbene polnische Truppen in nur geringem Maße zugeflossen waren.

So wurde für die Brandenburger aus einem Winterfeldzug eine Verfolgungsjagd durch Schnee und Eis. Auf eilig requirierten Schlitten für Infanterie und Artillerie ging es vorwärts; in Königsberg bestellte man 1200 Schlitten, 700 Pferde und Lebensmittel. Am 25. Januar betrat der Kurfürst mit seiner Streitmacht bei Heiligenbeil und Karben das Eis des Frischen Haffs und drang auf diesem blitzschnell, bei bester Stimmung und sogar mit Marschmusik, bis nach Königsberg vor, wo man bereits nach einem Tage anlangte, und von dort nach Labiau, wo man abermals nur einen Tag später stand. Hier traf der Kurfürst auf das Goertzkesche Vorauskommando.

Um die Schweden zum Kampfe zu stellen, hatte Kurfürst Friedrich Wilhelm ein Kavalleriekorps von 2800 Reitern und Dragonern vorausgesandt, dessen Vorhut, aus maximal 900 Berittenen bestehend, am 30. Januar im Dorfe Splitter an der Memel (später zu Tilsit) stärkere feindliche Kräfte in ihren Quartieren überraschte und nach kurzem heftigen Kampf besiegte. Das Ausbleiben des datachierten Korps und fehlende Artillerie machten die Ausnutzung des Sieges unmöglich. Noch am Abend desselben Tages zogen sich die

Schweden über die Memel hinweg auf Koadjuten (an der späteren deutsch-russischen Grenze) zurück, von der brandenburgischen Reiterei am nächsten Tage abermals angegriffen, bis diese die Fühlung mit dem Gegner verlor.
Inzwischen war der Kurfürst mit seinen Fußtruppen auf Schlitten über das Kurische Haff und die Gilge bis Heydekrug hinauf vorgedrungen, um die Schweden auf ihrer vermuteten Rückzugsstraße über Memel und Polangen nach Norden zu stellen. Diese zogen aber östlich davon durch die unwegsame Einöde von Samogitien (Samaiten) über Woynuta und Telschi ab, wo sie der Kurfürst nicht einholen konnte, da er bei einer Kälte von 26 Grad Réaumur auf falsche, tief verschneite Wege geraten war und seinen erschöpften Truppen Ruhe gewähren mußte. Ostpreußen war dessen ungeachtet frei. Die Schweden, von den brandenburgischen Reitern unter General Hans Adam von Schöning noch mehrfach attackiert und bei Telschi in ein heftiges Gefecht verwickelt, gelangten unter ihrem Kommandeur General Benedikt Graf von Horn, mit nur noch 3000 Mann in den Schutz der Mauern von Riga.
Kurfürst Friedrich Wilhelm von Brandenburg hatte mit seinem außerordentlich kühnen, auch für seine Person entbehrungsreichen Winterfeldzug (er wurde schwer von Gicht und Asthma geplagt) bewiesen, daß ihm die brandenburgische Außenposition Ostpreußen wichtig genug war, um sie auch unter schwierigsten Umständen zu behaupten. Nachdem Vorpommern zweimal gewonnen und wieder verloren worden war und mit ihm Stettin, das der Große Kurfürst erkämpft und am 6. Januar 1678 nach der Kapitulation der Stadt eingenommen hatte, war Pillau nach wie vor der einzige brandenburgische Seehafen. 1680 baute hier der Holländer Benjamin Raule, der brandenburgische Generalmarinedirektor, eine Werftanlage. 1683 machte der Große Kurfürst Pillau, wo auch eine holländische Kolonie entstand, zum Ausgangspunkt für seine Kolonialunternehmungen an die Guineaküste. Die Festung Pillau hatte bereits König Gustav Adolf von Schweden im Jahre 1626 begründet.
Das alte Ordensland und spätere Herzogtum Preußen war zu einem festen Bestandteil des jungen brandenburgisch-preußischen Staates geworden. Und wie überall in den Territorien, aus denen sich dieser zusammensetzte, trat auch in Preußen das Ständetum allmählich ab zugunsten der ausschließlichen Geltung des landesherrlichen Willens, des monarchischen Absolutismus.

Teil III:
Königskrone

6. »Retablissement« Ostpreußens, Wiedervereinigung mit Westpreußen und Deutscher Geist

Von der Begründung des preußischen Königtums bis zum Ende der Befreiungskriege (1688–1815)

Der Absolutismus drängte, entsprechend dem barocken Empfinden, das Schein für die Wirklichkeit nahm, nach äußerem Ausdruck, las Macht und Einfluß an äußerem Gepränge und zeremonialem Rang ab. Fürsten strebten nach Rangerhöhung. 1692 begründete der Kaiser für das Welfenhaus die neunte Kur, 1697 erreichte Kurfürst Friedrich August I. von Sachsen, genannt August der Starke, geradezu das Urbild eines barocken Fürsten, seine Wahl zum König von Polen. Auch Kurfürst Friedrich III. von Brandenburg, Sohn und (seit 1688) Nachfolger des Großen Kurfürsten, strebte nach einer Krone und damit nach einem angemessenen Ausdruck der Stellung der im Aufstieg begriffenen brandenburgischen Macht. Als territoriale Grundlage für die Königswürde empfahl sich das Herzogtum Preußen, da in diesem der Kurfürst ja souverän, nicht Kaiser und Reich unterworfen war. Freilich wagte es der Kurfürst nicht, sich ohne Zustimmung des Kaisers zu einem König von Preußen zu erhöhen. Daher schloß er am 16. November 1700 zu Wien mit Kaiser Leopold I. den sogenannten Krontraktat. Dieser verpflichtete ihn, im bevorstehenden Spanischen Erbfolgekrieg an der Seite Österreichs mit eigenen Truppen mitzukämpfen. Dafür wurde das Recht des Kurfürsten anerkannt, »über kurz oder lang, zu welcher Zeit es Ihro gefallen wirdt, wegen ihres Herzogthumbs Preussen sich vor einen König proclamiren und crönen [zu] lassen«.

Die Krönungsfeierlichkeiten fanden von Anfang Januar bis März 1701 in Königsberg statt. Höhepunkte waren der feierliche Gottesdienst im Dom am 16. Januar, am 17. die Stiftung des Schwarzen Adlerordens und am 18. die Krönung im Audienzsaal des Schlosses, bei der sich der Kurfürst die Krone selbst auf das Haupt setzte, und, daran anschließend, die Salbung in der Schloßkirche durch zwei evangelische Bischöfe, mit deren eigens dazu erfolgter Ernennung in Preußen die alte Amtsbezeichnung wieder auflebte. Damit verbunden waren am 23. Januar die Einweihung der Königsberger Burgkirche als erster reformierter Kirche in Preußen, die Erhebung des 1698 gegründeten und bisher privaten Friedrichskollegs zu einer Königlichen Schule und die Gründung eines Königlichen Waisenhauses. Dem Volke wurde zu kund und wissen getan: »Es sei durch die allerweise Vorsehung dahin gediehen, daß das bisherige souveräne Herzogtum Preussen zu einem Königreiche aufgerichtet und dessen Souverän, Friedrich I., König in Preußen geworden.«

Mit der neuen Königswürde wurde eher ein Anspruch erhoben, als daß sie der Wirklichkeit entsprochen hätte. Gerade war Brandenburg im Zusammenhang mit den Kämpfen um das spanische Erbe, die geniale Hand des Großen Kurfürsten entbehrend, auf den Status einer österreichischen Hilfsmacht herabgesunken, der politisch wie militärisch der Spielraum fehlte, um ihre Interessen im Osten wahren zu können, die in dem parallel zum Spanischen Erbfolgekrieg im Gange befindlichen Nordischen Krieg in Frage standen. Friedrich I., der übrigens gebürtiger Königsberger war, sich seinen ostpreußischen Untertanen gegenüber wiederholt als »Landsmann« bezeichnete, blieb wie sein Nachfolger König *in* Preußen, da die polnische Wahlmonarchie, obgleich innerlich zerfallend und Eingriffen der europäischen Mächte offenstehend, Westpreußen zu behaupten vermochte.

Und doch war die Krone mehr als ein Wechsel auf die Zukunft. Sie und ihr Name wurden für alle Territorien, die die brandenburgischen Hohenzollern ererbt und erworben hatten, zum Fixpunkt. Die Krone Preußen sollte, ungeachtet ihrer schmalen und abgelegenen territorialen Grundlage, sehr bald als Versinnbildlichung der von Gott abgeleiteten monarchischen Gewalt der Hohenzollern verpflichtende Kraft entfalten und die ideelle Grundlage dafür bieten, daß die zwischen Rhein und Memel verstreut liegenden Länder des Brandenburgers zum preußischen Staat zusammenwachsen konnten.

Allerdings paßte der Glanz der Krönungsfeierlichkeiten, mochten diese auch dem Selbstgefühl der Bürger Königsbergs und weiter Teile des Landes noch so sehr guttun, wenig zur wirtschaftlichen und sozialen Lage des Preußenlandes. Seit um die Mitte des 17. Jahrhunderts der Erste Nordische Krieg und der Tatareneinfall den Wohlstand der Bevölkerung zerstört hatten, war der allgemeine Zustand nicht wirklich besser geworden. Zwischen 1653 und dem Ende der siebziger Jahre war die Pest nicht mehr erloschen; Ostpreußen galt seinerzeit als eines der verseuchtesten Länder Europas. Stark belastend hatten die hohen finanziellen Forderungen des Landesherrn, des Großen Kurfürsten, gewirkt, die die Stände mit den Mitteln ihres sozial ungerechten Steuerwesens, d. h. unter einseitiger Belastung der unteren Bevölkerungsschichten, also vor allem der Bauern, zu erfüllen suchten. Es war, wie Carl Hinrichs bemerkt hat, »unausbleiblich, daß sich als Folge dieses harten und rohen Kampfes um die Landesfinanzen seit den siebziger Jahren eine steigende Flucht der Bauern und eine starke Verarmung bemerkbar machten, die bei Mißwachs und Viehsterben ... zu Hungerzeiten führte.«

Indessen hatte in dieser Zeit ein monarchisches Steuersystem unter Schwächung der ständischen Mitwirkung zu wirken begonnen, das im Interesse der Erhaltung des Bauernstandes als eines produktiven Elements auf Steuergerechtigkeit gerichtet war. Doch waren die Instrumente der staatlichen Steuerhoheit zum Zeitpunkt des Regierungsantritts Friedrichs III. noch unfertig gewesen. Und dieser schritt auf dem eingeschlagenen Weg nicht fort. Er scheute sich, an der antiständischen Politik des Vaters festzuhalten. Die privilegierten Stände fanden so Mittel und Wege, sich im Finanzwesen zu behaupten bzw. hier verlorenes Terrain zurückzugewinnen. Die Bedrückung der unteren Gesellschaftsschichten nahm damit wieder zu, und das um so mehr, als unter dem neuen Kurfürsten und späteren König die Staatsausgaben und die Aufwendungen für den Hof rasch anwuchsen. Der Finanzbedarf war schließlich mit dem Erwirtschafteten nicht mehr zu decken, so daß man zu Raubbau und Verschuldung griff. Die Leistung der Bauern sank infolge Überforderung ab (Rückgang der Steuereinnahmen in den Jahren 1707 und 1708), auch infolge Landflucht, was wiederum zu einem weiteren Anziehen der Steuerschraube führte. »Der von über fünfzigjährigen Leiden bedrückte Bauer bekam nun erst unter schärfstem obrigkeitlichen Druck das wüste alte ständische Steuerwesen in seiner ganzen Breite zu spüren.« (C. Hinrichs)

Im Jahre 1707 berichtete die ostpreußische Regierung nach Berlin, daß es den Bauern teilweise an Brot- und Saatkorn fehle. 1706, 1707 und 1708 kam es insbesondere in Preußisch Litthauen, d. h. im Nordosten, zu schweren Mißernten, die auf den Mangel an

Saatkorn und Zugvieh infolge von Pfändungen sowie auf mangelhafte Feldbestellung der erschöpften und abgestumpften ländlichen Bevölkerung zurückgingen. Diese wurde außerdem anfällig für Krankheiten. Im Herbst 1708 kamen bei Soldau, Hohenstein und im Amte Johannisburg Pestfälle vor. Die Seuche war am Beginn des Nordischen Krieges zuerst in schwedischen Feldlazaretten aufgetreten und hatte sich danach in Polen verbreitet. Im Winter 1708/09 kam sie voll zum Ausbruch. Da infolge großer Kälte die Wintersaat nachhaltig geschädigt worden war, fand sie auch danach reichlich Nahrung. Die Ursache der Ansteckung, so berichtete ein Pfarrer aus dem Insterburgischen, »ist bei uns nichts anderes als Hungersnot. Denn nachdem die unbarmherzigen Exekutanten die blutarmen Leute auf tatarisch traktieret und der ganz elend verarmte Mann das Letzte hat ausstoßen müssen, haben schon viele, ja die meisten bei jetziger Zeit in vier bis sechs Wochen keinen Bissen Brot mehr geschmecket, nichts Gesalzenes gegessen, weil kein Schilling vorhanden, Salz zu kaufen. Anbei trinken sie das kalte Wasser ins Leib und ist bei dieser Kälte kein Mensch, der ihnen ... die Stube einheizet.«
Im Sommer 1709 kam die Pest nach Danzig und Thorn, im August brach sie in Königsberg aus, wo sie noch bis zum Ende des Jahres 8634 Opfer kostete. Im Oktober flüchteten von dort Regierung und Amtskammer nach Wehlau. Besonders hart traf es wieder Preußisch Litthauen, wo die Seuche auch in dem abermals harten Winter 1709/10 wütete. Im Sommer und im Herbst 1710 erreichte die Hunger- und Pestkatastrophe ihren Höhepunkt. In Preußisch Litthauen wurden ganze Ämter entvölkert. Hier starben im Jahre 1710 102 000 Menschen, während die jährliche Sterblichkeit sonst etwa 7000 betrug.
Angesichts der Auspressung des Landes, unter der auch die anderen Territorien Brandenburg-Preußens zu leiden hatten, wenn auch nicht mit derart katastrophalen Auswirkungen wie in Ostpreußen, formierte sich eine Opposition gegen das System des königlichen Günstlings und Ministers Kolbe von Wartenberg, das an seiner Methode der rücksichtslosen Geldbeschaffung, insbesondere durch Steuerdruck, festhielt. Doch war es, wo schon dem König die Katastrophe in Ostpreußen verschleiert wurde, für die Opponenten, an deren Spitze der Kronprinz, der spätere König Friedrich Wilhelm I., stand, schwer, ein zutreffendes Bild von der Lage dort zu gewinnen. Neben den Berichten der ostpreußischen Behörden, die dem Kronprinzen zugänglich wurden, konnte dieser sich noch einer vertraulichen Quelle bedienen. Es waren dies die Schilderungen der Lage durch seinen früheren Oberhofmeister und Erzieher Alexander Burggraf zu Dohna-Schlobitten, der, nicht nur Soldat und Diplomat, sondern auch Ökonom, infolge seiner Gegnerschaft zu Wartenberg vom Hofe verdrängt, seit 1703 Gouverneur von Pillau war. Nach seinem Bericht vom 4. Februar 1710 war es neben Preußisch Litthauen auch dem Samland »sehr schlecht ergangen«: Natangen (das Land zwischen dem Ermland, dem Frischen Haff, dem Pregel und der Alle mit Preußisch Eylau als Mittelpunkt) und das Oberland hätten »weniger gelitten, aber das ganze Land ist im allgemeinen erschöpft«. Glücklicherweise halte der Nordische Krieg die Bevölkerung davon ab, Haus und Hof zu verlassen, sonst würde sie es in Massen tun. Der Kronprinz antwortete ihm am 18. Februar: »Ich bin bekümmert, daß Preußen sich in einem so beklagenswerten Zustand befindet, ... Sie würden mir eine Freude machen, wenn Sie mir Ihre Ansichten darüber entdecken würden, wie man Preußen retten könnte.« Doch dazu war die Kronprinzenpartei noch zu schwach.
Erst der Sturz des Ministeriums Graf Wartenberg Ende 1710 machte den Weg zur Schaffung einer wirtschaftlichen Abhilfe in Ostpreußen frei. Im Winter 1710/11 erlosch die Pest, die die mittleren und westlichen Provinzen bei aller auch dort feststellbaren Erschöpfung nicht heimgesucht hatte. Von der auf 600 000 Köpfe geschätzten Bevölkerung Ostpreußens waren 241 171, d. h. 40 Prozent, gestorben. Am ärgsten hatte es die Ämter

Angerburg, Oletzko, Insterburg, Ragnit, Tilsit und Memel getroffen. Im Amte Insterburg waren 60 227 Menschenopfer zu beklagen.

So wie für alle Provinzen wurde auch für Ostpreußen eine Kommission gebildet, die die Wiederherstellung der Domänen, die auch infolge von Korruption der Verwaltung zusammengebrochen waren, betreiben sollte. Nach einer Instruktion des Königs vom 16. Februar 1711 sollte sie erstens die »generale Oeconomie« und die »Direction des ganzen Kammerwesens« in Ostpreußen prüfen, zweitens untersuchen, wie die wüst gewordenen Höfe wieder besetzt werden könnten, »damit die desolierte[n] Ämter hinwieder peuplieret und mit tüchtigen Einwohnern und guten Wirten« versehen würden, und drittens eine »proportionierte Classification nach Bonität der Hufen und des Viehbestandes« vornehmen, d. h. die Grundlage für die Besteuerung neu schaffen. Damit verbanden sich (nach den hohen Bevölkerungsverlusten) Eigentums- und Erbschaftsfragen. Die Leitung der Kommission wurde Dohna übertragen, der nicht ständisch gesinnt war. Um die Abhängigkeit der neuen Amtskammer von der ständisch, d. h. vom provinziellen Interesse geprägten Regierung zu mindern, wurde Dohna in diese mit Sitz und Stimme entsandt. Bei den Neuansiedlungen in den durch die Seuche personell dezimierten Ämtern bevorzugte man reformierte Schweizer, um in der Bevölkerung (Dohna war Calvinist) ein Gegengewicht zu dem dominierenden, dem Ständetum verbundenen Luthertum zu schaffen.

Die zu leistende Aufgabe war gewaltig. 10 834 Bauernhöfe waren wüst geworden, und zwar fast ausschließlich in den lithauischen Ämtern und denen im südöstlichen Masuren. Hinzu kamen aber noch 16 058 Höfe, die in den Kriegs- und Notzeiten des 17. Jahrhunderts dasselbe Schicksal erlitten hatten (Stand 1707). Dazuzurechnen waren schließlich noch fast 27 000 Bauernstellen, die der ständischen Verwaltung zum Opfer gefallen waren. Zunächst wurden bis Ende 1711 4241 Wirte angesetzt, die zumeist aus dem Lande selbst kamen. Um aber die Lücken füllen zu können, die Hunger und Pest hinterlassen hatten, und zusätzlich noch die Schäden zu heilen, die zuvor schon eingetreten waren, mußte ein Siedlerstrom von außen her in Gang gesetzt werden. Im Amte Insterburg waren 4260 Stellen unbesetzt, im Amte Ragnit 1613 und im Amte Tilsit 1307.

In den Jahren 1711 und 1712 gewann man außer Schweizer Mennoniten Siedler aus der Pfalz und aus der Gegend um Magdeburg und Halberstadt, die zumeist per Schiff über Lübeck nach Ostpreußen kamen; in Königsberg wurden rund 4000 Ankömmlinge registriert. Auch 1713 gab es Zuzug aus Mitteldeutschland. Seit 1712 wurden Familien aus Nassau-Siegen angesiedelt, die mit den Schweizer Kolonisten das reformierte Bekenntnis teilten; bis 1728 waren es 48 mit etwa 300 Personen in 16 Ortschaften. Als in den Jahren 1721 bis 1725 im Westerwald und an der unteren Lahn sowie in den Mainlanden Notzeiten herrschten, kamen auch von dort Siedler. Hinzu kamen Franken, Pommern, Hessen und Braunschweiger sowie etwa 500 französische Réfugies, die in Königsberg heimisch wurden. Die größte Gruppe der Einwanderer stellten mit etwa 15 000 Seelen die Salzburger Emigranten dar, aus dem Erzbistum Salzburg vertriebene Evangelische, die 1733/34 im östlichen Ostpreußen, um Insterburg und Gumbinnen herum, eine neue Heimat fanden. Sie haben der Landschaft zwischen Gumbinnen und Goldap bis 1945 ihre Eigenart gegeben.

Schon Ende 1713 waren die wertvollsten Bauernstellen vergeben. Auch in der Folgezeit verbleibende Lücken wurden mit Litauern und Polen ausgefüllt. So wurden im östlichen Ostpreußen 5471 Litauer angesiedelt, die 60 Prozent der Neusiedler dort ausmachten. In den nördlichen und den östlichen Gebieten um Memel, Tilsit, Insterburg, Darkehmen (seit 1938 Angerapp) und Goldap hatte man bereits vorher, insbesondere in der herzoglichen Zeit, Litauer ansässig gemacht, ohne daß diese Landstriche je zum benachbarten Litauen

gehört hätten. Der gebräuchliche Begriff »Preußisch Litthauen« hatte also keine territoriale Bedeutung.
All das war Bestandteil des großen »Retablissements« Ostpreußens, das König Friedrich Wilhelm I., auch schon als Kronprinz (vor 1713), zu seinem Urheber und Motor hatte. Er hatte sofort nach Regierungsantritt das Domänenwesen in einem Generalfinanzdirektorium in Berlin zentralisiert und durch die Wirksamkeit dieser rein monarchischen Behörde den ständischen Einfluß im landesherrlichen Domanium weitgehend unwirksam gemacht, was für Ostpreußen von besonderer Bedeutung war, da hier die Domänen einen Umfang und ein Gewicht hatten, wie sonst in keiner anderen Provinz Brandenburg-Preußens. Um ihre Reform wie die des ländlichen Steuerwesens ging es dem König, der in tätigem Anteil daran »soziales Empfinden ... mit klarem Blick für das wirtschaftlich Zweckmäßige und staatlich Notwendige« verband (B. Schumacher). Dabei setzte er auf den fachmännischen Rat und die Tatkraft des Ostpreußen Karl Heinrich Erbtruchseß und Graf zu Waldburg und des Kurmärkers Friedrich von Görne sowie auch des Gumbinner Kammerpräsidenten Adam Ludwig von Blumenthal und endlich des königlichen Freundes Fürst Leopold von Anhalt-Dessau, der seit 1721 auf Drängen des Königs hin zwischen Insterburg und Wehlau, südlich des Pregel, umfangreichen Grundbesitz erwarb, noch bis 1945 als die sogenannten Dessauischen Lande im Besitz seines Hauses, und in vorbildlicher Weise bewirtschaften ließ.
Der König kam fast jedes Jahr nach Ostpreußen. Er versammelte dort die leitenden Beamten um sich, sprach mit ihnen die laufenden Arbeiten bis in alle Einzelheiten durch und bestimmte, wie weiter zu verfahren war. Wenn er wieder in Berlin war, bedrängte er alle seine Provinzen, Kräfte für das große Werk im fernen Preußenlande freizumachen, und schickte Beamte, Siedler, Geld und Wirtschaftsgeräte dorthin. Im Jahre 1723 hatte die Große Domänenkommission von 1721 die Vermessung des Domanialbesitzes weit gehend abgeschlossen. In den Jahren 1722 bis 1726 erreichte die Bautätigkeit auf dem platten Land ihren Höhepunkt. Neue Vorwerke und Dörfer entstanden, Mühlen und Braukrüge. Bauinspektoren und Vermessungsingenieure waren zu Pferde im Lande unterwegs, um den bäuerlichen Besitz zu regulieren, die Bodengüte sowie die Notwendigkeit und die Möglichkeiten von Meliorationen zu prüfen und um mit statistischen Erhebungen über Besitz und Besatz Unterlagen für die weiteren Arbeiten zu schaffen. Die Bauernwirtschaften wurden regelmäßig von den Landkammerräten überprüft. Das Netz der königlichen Kammerämter legte sich immer dichter über das Land. Schwierig war von Anfang an die Personalfrage. Der König war mit der einheimischen veralteten und oft nachlässig betriebenen Feldbestellung sowie der nicht besseren Hofwirtschaft unzufrieden und suchte sie durch die intensivere »deutsche« Wirtschaftsart zu ersetzen, indem er binnendeutsche Hofleute und Domänenpächter ansetzte. Insofern waren ihm die Salzburger nicht nur von der Zahl her willkommen. Am liebsten hatte er die Märker und die Magdeburger. Auch bei den Beamten zog Friedrich Wilhelm I. »Ausländer« den Preußen vor. Doch suchten sich die königlichen Staatsdiener einer Versetzung in die fernen, pestverseuchten Gebiete nach Möglichkeit zu entziehen. Der König zürnte, »die verfluchten Blackscheißer« sollten nach seiner Pfeife tanzen »oder der Teufel hole mir. Ich lasse hängen und braten wie der Zar und traktiere sie wie Rebellen.« So ging es nicht ohne Einheimische, die sich im übrigen oft bewährten. Das vordem geltende Prinzip, das Land mit eigenen Kräften zu verwalten, war aber zum Vorteil des Preußenlandes außer Kurs gesetzt.
Neben den mannigfachen Schwierigkeiten war das Retablissement in manchem auch bedroht. Nicht selten entschwanden Siedler »ins Polnische«, während von dort immer wieder halbmilitärische Banden in die unter so großen Mühen sanierten ostpreußischen

Lande eindrangen und Höfe wie Felder plünderten. Verheerend wirkten Überschwemmungen, die im Winter 1726/27 Preußisch Litthauen heimsuchten. Der verzweifelte König konnte nur mit Mühe davon abgebracht werden, das dort geleistete Werk aufzugeben.

In Preußisch Litthauen lag der Schwerpunkt des Retablissements. Erst als hier die Landwirtschaft in befriedigendem Stande war und gute Gewinne abwarf, wandte sich der König dem Süden und dem Südosten, den sogenannten polnischen Ämtern, d. h. Masuren, zu, die es ihm schwerer machen mußten als die fruchtbaren Urstromtäler der Memel und des Pregels. Und in der Tat sollte hier das meiste seinen Nachfolgern auf dem Throne zu tun bleiben.

Friedrich Wilhelm I., König in Preußen. Kupferstich um 1735.

Neben seiner Fürsorge für das flache Land trieb König Friedrich Wilhelm I. in Ostpreußen auch Städtepolitik, die wie der Bau von Kanälen, die Schiffbarmachung von Flüssen und die Verbesserung des Landwegesystems – all das betrieb der Monarch ja auch – dem Absatz der landwirtschaftlichen Produkte dienen sollte. 1722 wurden Tapiau, Ragnit, Stallupönen, Bialla (seit 1938 Gehlenburg, knapp 20 Kilometer östlich von Johannisburg) und Nikolaiken zu Städten erhoben, 1723 Willenberg (rund 20 Kilometer südlich von Ortelsburg) und Rhein im späteren Kreis Lötzen, 1724 Darkehmen und Pillkallen sowie 1725 Gumbinnen, Pillau und Schirwindt, die östlichste Stadt Deutschlands im späteren Kreis Pillkallen. Nur etwa 20 Prozent der Bevölkerung Ostpreußens lebte in den Städten, von denen die meisten klein und Ackerbürgerstädte waren. Hier wie auf dem Lande hatte der König auch an Kirchen und Schulen gedacht, getreu seinem Grundsatz: »Wenn ich baue und verbessere das Land und ich mache keine Christen, so hilfet mir alles nit ...« Die Pestjahre hatten von den ohnehin sehr bescheidenen Einrichtungen auf diesem Gebiet kaum etwas übriggelassen. Als der Monarch 1739 zum letzten Male nach Ostpreußen kam, waren die meisten der 275 geplanten Schulgebäude fertiggestellt. Die Zahl der neu entstandenen Kirchen belief sich in Preußisch Litthauen auf elf; zahlreiche bereits vorhandene hatte der König meist auf eigene Kosten ausbessern lassen.

Der Erfolg des königlichen Werkes, des Retablissements, läßt sich an der Zunahme der Bevölkerung ablesen. Lebten 1713 in Ostpreußen schätzungsweise 440 000 Menschen, so waren es 1740, im Todesjahr des Königs, annähernd 600 000. Wie weit man vorangekommen war, zeigt auch die Tatsache, daß der König nur in Ostpreußen seinen Plan verwirklichen konnte, eine allgemeine Grundsteuer einzuführen, d. h. die Steuerfreiheit des Adels abzuschaffen. Trotz anfänglicher Opposition des Adels wurde hier seitdem der sogenannte General-Hufen-Schoß erhoben. In einer diesbezüglichen Randbemerkung vom 25. April 1716 hatte Friedrich Wilhelm I. bemerkt: »... ich komme zu meinem zweg und stabiliere die Suverenitet und sehtze [setze] die Krohne ferst [fest] wie ein Rocher fon Bronse [Rocher de bronce].«

*

Den Blick Friedrich Wilhelms I. auf Westpreußen bestimmte die Teilnahme an dem Schicksal seiner protestantischen Glaubensverwandten dort. Ja, er fühlte sich den Protestanten in ganz Polen verbunden. Diese, die einst einen beträchtlichen Anteil an der Bevölkerung ausgemacht hatten, waren unter den Wirkungen einer militanten Gegenreformation zu einer kleinen Minderheit zusammengeschmolzen. Nur wenige polnische Adelsfamilien – meist solche in Litauen – waren bei der neuen Lehre geblieben, während diese unter den deutschen Bürgern und Bauern ihre Stellung behauptet hatte, so daß das Protestantentum in Polen zu großen Teilen zugleich Deutschtum war. Gegen diese konfessionelle – und somit großenteils auch nationale – Minderheit richtete sich ein unerbittlicher Kampf des polnisch-katholischen Klerus mit dem Jesuitenorden als Führer. Diese nahmen den Protestanten oft genug ihre Kirchen weg oder schlossen sie, erlegten ihnen hohe Strafen auf und strengten gegen sie Blasphemieprozesse an. Das Ziel war die vollständige Vernichtung des Protestantismus in Polen. In den Jahren des Zweiten Nordischen Krieges war der religiöse Haß des polnischen Katholizismus noch angewachsen, da von den Schweden, wohin sie das Kriegsgeschehen auch geführt hatte, die Lutheraner – um solche handelte es sich bei den Protestanten unter der Krone Polen fast ausnahmslos – bevorzugt worden waren.
Da die Protestanten unter der Krone Polen bei dieser keinen Schutz fanden, suchten sie außerhalb der polnischen Grenzen Hilfe. Sie fanden sie vor allem in Brandenburg-Preußen. Der Große Kurfürst und Friedrich I. hatten sich für die hilfesuchenden Glaubensverwandten mit diplomatischen Mitteln – oft genug vergeblich – eingesetzt und waren ihnen auch finanziell beigesprungen. König Friedrich Wilhelm I. fuhr hierin mit einem besonders geschärften Verantwortungsgefühl fort. Wie ihn sein Gerechtigkeitsgefühl daran hinderte, die Unbill der Protestanten in Polen seine katholischen Untertanen entgelten zu lassen, so hielt ihn seine politische Vorsicht davon ab, den Glaubensverwandten mit Waffengewalt zu Hilfe zu eilen. Nie mochte die Versuchung, zum Schwerte zu greifen, so nahe an ihn herangetreten sein, wie nach dem sogenannten Thorner Blutgericht vom Herbst 1724.
Dieses ging auf Streitigkeiten zwischen polnischen Jesuitenschülern und deutschen evangelischen Bürgern vom 16. Juli 1724 in Thorn zurück, die durch Dreistigkeiten eines der Schüler ausgelöst worden zu sein schienen und in Ausschreitungen der Schüler am nächsten Tage eingemündet waren. Die Bürger, ohnehin von Empörung über die Jesuiten erfüllt, hatten daraufhin das Jesuitenkolleg gestürmt und möglicherweise einige Heiligenbilder zerschlagen und verbrannt. Die städtische Obrigkeit hatte sich außerstande gesehen, die Unruhen und Übergriffe zu verhindern.
Dieses Vorkommnis nun hatten der polnische Klerus und insbesondere der Jesuitenorden dazu ausgenutzt, dem Protestantismus in Polen einen Schlag zu versetzen und damit auch das Deutschtum der Stadt Thorn zu treffen, indem der gesamten Stadtgemeinde vor dem Hofgericht und dann vor dem Assessorialgericht, gegen dessen Urteil es keine Berufung gab, der Prozeß gemacht worden war. Nachdem eine vielköpfige Untersuchungskommission wochenlang die Stadt gepeinigt hatte, war das Urteil ergangen. Dieses beinhaltete viele Geld- und Gefängnisstrafen sowie vierzehnmal die Todesstrafe, diese auch für die beiden Bürgermeister. Im übrigen sollte den Thorner Protestanten die letzte noch evangelische Stadtkirche, die Marienkirche, genommen und das evangelische Gymnasium aufgelöst werden. Überdies waren hinfort die Thorner Ratsstellen paritätisch mit Protestanten und Katholiken zu besetzen.
Diese Vorgänge lösten in ganz Europa beträchtliche Empörung aus; über 120 Flugschriften, die auf unsere Zeit gekommen sind, zeugen davon. König Friedrich Wilhelm I. von Preußen und der Berliner Hof hatten zunächst daran gedacht, die Stadt Thorn in bewaffneten Schutz zu nehmen; angesichts der Unabsehbarkeit der politisch-militärischen Folgen eines solchen Schrittes beschränkte sich der König aber auf den Versuch, den pol-

nisch-sächsischen König August II., August den Starken, zur Aufhebung des durch das »Blutgericht« gefällten Urteils zu bewegen, und einen am 2. Dezember 1724 ergehenden Appell an die protestantischen Mächte, unter diesen vor allem England, das Urteil nicht zu dulden und dessen Vollstreckung durch Entsendung eines Sondergesandten nach Warschau verhindern zu suchen. England hatte auch insofern Veranlassung, sich gegen das Thorner Urteil zu wenden, als durch dieses Bestimmungen des Friedens von Oliva verletzt worden waren, der den britischen König zu seinen Garanten zählte (woran Friedrich Wilhelm I. König Georg I. eigens erinnerte). Denn in diesem Friedensschluß von 1660 war den Städten Westpreußens die Beibehaltung aller ihrer Privilegien und Gerechtsame sowie die freie Religionsausübung garantiert worden.

Freilich blieb die Haltung Englands hinsichtlich der Thorner Angelegenheit zwiespältig, von den komplizierten Verhältnissen der Mächte zueinander in jener Zeit abhängig. Bereits am 7. Dezember 1724 wurde an zehn Thorner Bürgern (unter entehrenden Umständen) die verhängte Todesstrafe vollstreckt. Im Februar und im März 1725 spitzte sich der Konflikt zwischen Preußen und Polen so sehr zu, daß ein Krieg vor der Türe zu stehen schien. Alles sprach dafür, daß in diesem Falle Rußland auf der Seite Preußens stehen würde. Bereits im Januar war in einem Brief des preußischen Königs an August den Starken von der Möglichkeit die Rede gewesen, die Mittel anzuwenden, »welche in dergleichen Fällen dem göttlichen Gesetz und auch dem Recht aller Volker gemäß sind«.

Aber auch Rußland machte nicht ernst; die Zarin äußerte schließlich die Erwartung, daß die protestantischen Mächte ein Bündnis gegen Polen schlössen und in der Sache vorangingen. Daran aber war nicht zu denken, da England am Schicksal der Protestanten in Polen und Westpreußen gänzlich uninteressiert war, nur aus Gründen des Mächtegleichgewichts in Europa eine Annäherung an Brandenburg-Preußen suchte und daher Berlin in der Herzensangelegenheit seines Königs ab und an verbal gefällig war. So sah Friedrich Wilhelm schließlich keine Möglichkeit, den Thornern zu helfen. Schon vor dem endgültigen Scheitern seiner Bemühungen schrieb er an den Rand eines diesbezüglichen diplomatischen Berichts, gerichtet an seinen Geheimen Rat Rüdiger von Ilgen, resigniert: »Habe ich es nit gesagt von die Engelmänner.«

Die Thorner Ereignisse machten die Schwäche der westpreußischen Städte unter der Krone Polen offensichtlich, was freilich im Zusammenhang mit dem kontinuierlichen Niedergang des deutschen Städtewesens seit dem 15. Jahrhundert stand. Mit dem Gebot des polnischen Gerichts, daß Rat und Bürgerschaft der Stadt fortan zur Hälfte aus katholischen Polen bestehen sollten, war die deutsche Verfassung der Stadt, d. h. deren Autonomie grundsätzlich in Frage gestellt worden. Das »Blutgericht« hatte bewußt die Tatsache ignoriert, daß, wie ein unbekannter Zeitgenosse formulierte, Thorn »nicht etwa eine Polnische Land-Stadt, sondern nur eine Schutz-Stadt ist, welche mit Vorbehalt ihrer Rechte zur Kron Polen freiwillig getreten, und einzig und allein den König in Polen für ihren Herrn und Richter erkennet.« Selbst das einst so mächtige Danzig, dem jetzt in den brandenburgisch-preußischen und somit unter wirksamen Schutz stehenden Städten Königsberg und Stettin ernstzunehmende Konkurrenten erwuchsen, mußte sich politisch bescheiden. Im Polnischen Erbfolgekrieg blieb ihm 1734 auf russischen Druck hin nichts anderes übrig, als seine Unterstützung des französischen Thronkandidaten Stanislaus Leszczyński aufzugeben und die Thronfolge des Sohnes Augusts des Starken anzuerkennen, also auf selbständiges Agieren im zerfallenden Wahlreich Polen zu verzichten. Danzig hatte sich mit seiner Entscheidung für Leszczyński für den schwächsten Kandidaten entschieden und damit für seine eigene Freiheit zu wirken versucht.

*

Auf der anderen Seite aber bot das 18. Jahrhundert mit dem Durchbruch der Aufklärung und dem Aufstieg des Bürgertums der durchaus noch lebendigen, auf Nüchternheit und Berechnung beruhenden Stadtkultur Westpreußens beträchtliche Chancen, zumal die modernen naturrechtlichen Ideen auf einem von altem ständischen Geist durchtränkten Boden wie dem des Weichsellandes ideale Lebensbedingungen vorfanden. Die in den preußischen Städten infolgedessen durchdringende westeuropäische Verstandeskultur stammte aus deutscher Quelle, hatte eine deutsche Ausprägung und trat auf der Grundlage protestantischer Geistigkeit der älteren, katholisch geprägten polnischen Adelsgesellschaft und -kultur gegenüber. Der Kampf der deutschen Aufklärung um deutsche Sprache und deutsches Recht führte zu einer Stärkung der »volkseigenen deutschen Formkräfte« und zu einer »Belebung des ständisch-autonomistischen Widerstands im Königlichen Preußen« (Th. Schieder). Zugleich aber vermittelten die preußischen Städte Gedankengut und Denkweise der Aufklärung dem Polentum. Beispiele für diese geistigen Bewegungen bietet das Wirken der Danziger Naturforschenden Gesellschaft, eine der vielen gelehrten Sozietäten, deutschen Gesellschaften und philosophierenden Vereinigungen damals in Preußen, die im November 1742 gegründet worden war. Ihre Mitglieder einte die Leidenschaft für das Experiment und die Beobachtung in den Naturwissenschaften sowie das Bekenntnis zu Christian Wolff, dem berühmten Hallenser.

Da die Naturforschende Gesellschaft bald von bildungsbeflissenen polnischen Magnaten sowie Aristokraten und Diplomaten der benachbarten Staaten aufgesucht wurde, kam in ihrer Mitte der Wunsch auf, die Danziger Grenzen zu überwinden und zu einer großen wissenschaftlichen Körperschaft in Sachsen-Polen aufzusteigen. Und tatsächlich schien die Möglichkeit zu bestehen, ein Privileg verliehen zu bekommen, aufgrund dessen sich die Naturforschende Gesellschaft in eine Königliche wissenschaftliche Gesellschaft mit dem Recht, ihre Forschungen auf alle Zweige der Wissenschaft auszudehnen, verwandelt hätte. Doch wurde nichts daraus, obwohl Minister von Brühl die Verleihung bereits als sicher bezeichnet hatte. Es scheint Andreas Stanislaus Załuski, Kronkanzler und Bischof von Krakau, gewesen zu sein, der sich einem Entgegenkommen des Hofes entgegenstellte. Er hatte beanstandet, daß die Schriften der Gesellschaft in deutscher und nicht in lateinischer Sprache erscheinen sollten. Anstelle der geplanten Einrichtung rief er schließlich eine Academica literaria Mariana ins Leben, die in barock-katholischem Geiste Poesie und Wissenschaft miteinander verband. 1756 wurde das Kulmer Gymnasium zu einer Academia Culmensis als einer »Colonia« der Krakauer Universität ausgebaut. Das mag die Veranlassung dazu gegeben haben, daß die Danziger den alten Plan einer preußischen Landesuniversität, dieses Mal im Geiste der bürgerlichen Aufklärung, wieder aufgriffen, freilich ohne Erfolg. »Hinter den Gegensätzen, die sich hier auftaten, stand unverkennbar ein verschieden geartetes Kulturbewußtsein, wie es sich auf beiden Seiten in den nationalen Überlieferungen des deutschen und des polnischen Volkes ausgebildet hatte« (Th. Schieder).

Die Aufklärung in Preußen führte auch zu einer Beschäftigung mit dem Landesrecht, die eine wissenschaftliche Wiederentdeckung des Kulmischen Rechts zum Ergebnis hatte, und zu einem Studium der Landesrechte überhaupt, weiter zur Pflege des Staatsrechts und zu einer Erneuerung des historischen Bewußtseins und der Geschichtsschreibung. Der bedeutendste Jurist in diesem Sinn im Preußenland seiner Zeit war Gottfried Lengnich. Danziger aus nichtratsfähigem Geschlecht, hatte er in Halle studiert und 1729 eine Professur am Danziger Gymnasium erhalten, wo er seit 1748 als Professor für Rechtswissenschaft und Geschichte wirkte, seit 1750 zudem noch als Syndikus der Stadt Danzig. Für ihn waren Geschichte und Staatsrecht in echt aufklärerischem Verständnis praktischpolitische Fächer, die den Politikern und Staatsmännern als Handwerkszeug dienten. Er erneuerte die Auffassung, daß das bestehende Verhältnis Preußens zur polnischen Krone allein auf einer freiwilligen Vereinbarung beruhe. Das Widerstandsrecht war ihm ein unbedingtes und nicht eines, das nur dem Deutschen Orden gegenüber gegolten hatte. Autonomie und Indigenatsrecht hatten den deutschen Charakter des Landes zu verbürgen. Zwischen 1722 und 1755 erschienen von Lengnich neun Bände *Geschichte der Preußischen Lande Königlich Polnischen Anteils*, während Caspar Schütz noch das ganze Preußenland im Blick gehabt hatte. Die Zweiteilung hatte sich namentlich im jüngst vergangenen Jahrhundert stark vertieft. Lengnich, der übrigens auf eine polnische Einladung hin ein Staatsrecht des Königreichs Polen verfaßte, sah im Königlich polnischen Preußen »einen besonderen Staat«, worin eine Anlehnung an die im Deutschen Reiche wirksame Territorialstaatslehre zu sehen ist. Das Deutschtum war ihm »selbstverständlich gegenwärtig in Sprache, Art und Lebensformen und jederzeit klar geschieden von der anderen Welt polnischen Volkstums«. Doch ist das nicht im modernen Sinne politisch zu verstehen. »Lengnichs politisches Grundelement war ein preußisches Stammes- und Heimatgefühl«; er sprach von den beiden »Völkern« Preußen und Polen, von einer »preußischen Nation«, deren Muttersprache er aber als »teutsche Zunge« bezeichnete. Sein Volksbegriff war, wie der der Deutschen seiner Zeit überhaupt, »gleichsam stammesmäßig verengt«. (Th. Schieder)

Auch in Ostpreußen belebte sich in Verbindung mit der Rechtswissenschaft, insbesondere dem Staatsrecht der historische Sinn zum Vorteil der wissenschaftlichen Landeskunde und der Geschichtsschreibung. Zu nennen ist in diesem Zusammenhang vor allem der aus Liebstadt gebürtige Michael Lilienthal, der 1724 einen *Entwurf eines Collegii Historici über die Antiquitäten und andere Merkwürdigkeiten des Königreichs Preußen* veröffentlicht hatte. Ihm ging es wie Lengnich nicht nur um Forschung, sondern auch um Verbreitung der Forschungsergebnisse und um Wirkung. Zudem widmete er sich der Quellenpublikation, verbunden mit Beiträgen zur Preußischen Biographie. Auch Versuche der Literaturgeschichtsschreibung wurden unternommen, so durch den aus Johannisburg stammenden Georg Christoph Pisanski in seinem *Entwurf einer Preußischen Litterärgeschichte* (erst ab 1791 veröffentlicht) und durch Johann Friedrich Goldbeck in seinen *Litterarischen Nachrichten von Preußen* (erschienen ab 1781). Das Königsberger Universitätsjubiläum von 1744 ermunterte zu geistesgeschichtlichen Unternehmungen. Friedrich Samuel Bock vollendete die erste Biographie des Universitätsgründers Herzog Albrecht, dessen die Studierenden der Albertina unter dem Titel *Wohleingerichtete Academien als Grundsäulen der Glückseligkeit ganzer Länder und Völker* gelegentlich eines Festaktes mit den Worten gedachten: »So lange Preußen währet, wird es Dich, Albrecht, als den Urheber seiner Glückseligkeit, als einen Vater des Vaterlandes bewundern, lieben und verehren.« Sie stellten Albrechts Namen höher als den Alexanders des Großen, da er im Gegensatz zu diesem nicht kriegerischen Ruhm gesucht, sondern das »Wohl seiner Völker väterlich besorget« habe. Bis heute von großem Wert für die Kenntnis der früheren Geschichte der Alma mater Albertina ist die 1746 vollendete *Ausführliche und mit Urkunden versehene Historie der Königsbergischen Universität* nebst den zehn Jahre später veröffentlichten *Zusätzen* dazu von Daniel Heinrich Arnoldt, der, in Königsberg geboren auch als Kirchenhistoriker seiner Heimat hervortrat.

Daß eine Geschichte der Universität Königsberg erarbeitet wurde, ging auf eine Anregung von Johann Christoph Gottsched zurück, der, 1700 in Juditten bei Königsberg geboren, die bedeutendste literarische Erscheinung Ostpreußens in der Zeit der Aufklärung darstellt. Gottsched war Philosoph und ist der Nachwelt als Autor des *Versuchs einer Critischen Dichtkunst vor die Deutschen* und als Erneuerer des deutschen Theaters in Erin-

nerung. Nicht zu überschätzen sind seine Bemühungen um die deutsche Sprache, um deren Bedeutung als alle Deutschen verbindende und versittlichende Kraft er wußte, wie die *Grundlegung einer Deutschen Sprachkunst* von 1748 beweist. »Gottsched gab der Dichtung seiner Zeit, was ihr fehlte: Ordnung, Gesetz und Maß. Es waren freilich pedantische Regeln und starre Gesetze. Das Schöpferische der Kunst hatte in ihnen keinen Platz« (H. Motekat).
Gottsched lebte und wirkte allerdings, gemeinsam mit seiner aus Danzig gebürtigen Frau Luise Adelgunde Viktoria, der Gottschedin, in Leipzig, wohin er 1724 nach Studien an der Königsberger Universität abgewandert war. Groß gewachsen, hatte er befürchtet, zu den »Langen Kerls« des Soldatenkönigs eingezogen zu werden. Er blieb aber zeitlebens mit der Heimat und namentlich mit seiner Heimatuniversität in Verbindung. Die bis 1945 bestehende Königliche Deutsche Gesellschaft zu Königsberg, die der Aufnahme und Verbesserung der deutschen Sprache im Preußenlande dienen sollte, geht auf seine Anweisung und auf ein Leipziger Vorbild zurück. Gottsched wies auch – als erster – auf die Bedeutung der Marienburg hin.
In Pisanskis literaturgeschichtlichem Entwurf fanden auch Dichtungen in polnischer und litauischer Sprache Beachtung. Die Erforschung der Geschichte sowie der Mythen und Sagen der Prußen, Litauer und Kuren vor der Ankunft des Deutschen Ordens, auch der Sitten und Gebräuche ihrer Nachkommen und das Studium von deren Sprache war in Gang gekommen. Der König förderte Gottesdienst und Christenlehre in Litauisch und Polnisch. Bereits 1718 hatte die Königsberger Universität ein »Lithauisches Seminar«, 1728 ein »Polnisches Seminar« erhalten. Noch bis zum Jahre 1945 folgte in Gemeinden mit litauischsprechenden Einwohnern nach dem deutschen Gottesdienst ein solcher in litauischer Sprache. 1745 gab der aus dem späteren Kreis Stallupönen gebürtige evangelische Pfarrer Philipp Ruhig ein *Lithauisch-Deutsches Wörterbuch. Nebst einer historischen Betrachtung der litauischen Sprache, wie auch einer gründlichen und erweiterten Grammatik* heraus. 1744 veröffentlichte Theodor Lepner in Danzig die volkskundliche Arbeit *Der preußische Lithauer*. Hinzu traten Bibelübersetzungen. Der einzige Dichter der Litauer war Christian (Kristijonas) Doneleitis, seit 1743 evangelischer Pfarrer in Tolmingkehmen (seit 1938 Tollmingen) am Nordrand der Rominter Heide. Er griff für seine Dichtungen auf das antike Versmaß des Hexameters zurück, kämpfte mit den Schwierigkeiten, die der literarische Gebrauch einer bisher nur gesprochenen Sprache mit sich brachte, griff immer wieder auf seine zweite Muttersprache, nämlich das Deutsche, zurück und entnahm seinen Stoff der Natur seiner preußisch-litthauischen Heimat und dem Leben seiner bäuerlichen Bewohner.

*

Nach dem Regierungsantritt Friedrichs des Großen im Jahre 1740 trat in Ostpreußen für Land und Leute insoweit eine Änderung ein, als das Retablissement endete. Der König hatte vom Abend des 16. bis zur Nacht zum 21. Juli 1740 zur Huldigung in Königsberg geweilt und kehrte erst zehn Jahre später für ein paar Tage an diesen Ort zurück. Seine rational-undynastische Macht- und Kriegspolitik zwang ihn, auf die mittleren Provinzen, den Kern der Monarchie, Gewicht zu legen, hier die beschränkten Kräfte zu konzentrieren, während Ostpreußen weitgehend sich selbst überlassen blieb, wobei er auf die Tragfähigkeit des Werkes seines Vaters vertrauen konnte. Von Bedeutung war dabei eine Wertminderung des Ostseelandes: Die Seemachtpläne des Großen Kurfürsten hatten spätestens mit dem Frieden von Utrecht 1713 begraben werden müssen, und zudem war ja 1720 Stettin zu Brandenburg-Preußen gekommen. Als den König einmal der zuständige

Johann Friedrich von Domhardt, Oberpräsident sämtlicher Kriegs- und Domänenkammern in Ost- und Westpreußen, Kupferstich von Bause.

Minister von Blumenthal daran erinnerte, wie wichtig die Verwirklichung des Projekts einer Kanalverbindung zwischen den Masurischen Seen und Königsberg für das Land wäre, dankte er und erwiderte: »Derweiln Ich aber vorjetzo darauf bedacht bin, alle diejenige Sachen, welche in der Churmark und denen zunebst herum belegenen Provintzien zuforderst zum völligen Stande zu bringen, so gehet vor der Hand Meine größeste attention dahin ... die gäntzliche Einrichtung des Plauenschen und Fino Canals, samt allen dergleichen neuen Verbeßerungen, welche in der Chur- und Neumark, auch in Pommern und im Magdeburgschen theils angefangen, theils noch auf dem Tapis seyn, zum völligen fertigen Stande zu bringen, ehe Ich auf etwas neues in anderen abgelegenen Provintzien entriren kann«.

So ging es in Ostpreußen nicht mehr um Aufbau und Reform, sondern nur noch um die Festigung der durch König Friedrich Wilhelm I. geschaffenen Grundlagen der Verwaltung sowie um die Steigerung von deren Leistung und um die Einsparung von Kosten und Personal. Es ging um »die Rationalität der Verwaltungstechnik, den wachsenden Bedürfnissen des Staates angepaßt und auf die Person des Monarchen zugeschnitten«, wie es Walter Mertineit ausdrückt. All das bedurfte nicht der Anwesenheit des Königs, zumal er für die »abgelegene Provinz« wie sein Vater einen Mitarbeiter von hohen Graden gefunden hatte, den mit ihm gleichaltrigen Johann Friedrich Domhardt, Sohn eines aus dem Halberstädtischen zugewanderten Domänenpächters, der 1732 das Trakehner Gestüt, das von Friedrich Wilhelm I. 1739 dem Kronprinzen übereignet worden war, aufgebaut hatte.

Ganz im Sinne einer Festigung des bis 1740 Geschaffenen war es, wenn die ständisch geprägte Ämterverfassung und mit ihr die Bezirke der Amtshauptleute, deren Grenzen noch die der Komtureien des Deutschen Ordens waren, fielen. An die Stelle der Ämter traten die Ämterjustizkollegien (1751) und das – anders als in Brandenburg – rein monarchische Landratsamt (1752). Die landrätlichen Kreise, Brandenburg, Rastenburg, Seehesten (später Kreis Sensburg), Tapiau, Insterburg, Schaaken, Marienwerder, Mohrungen, Oletzko und Neidenburg, umfaßten – ähnlich wie die der Ämterjustizkollegien – mehrere ehemalige Hauptämter.

Eine ostpreußische Besonderheit aus der Zeit Friedrich Wilhelms I. war das Domänenextraordinarium, eine Kasse, die den Domänen Aufwendungen möglich machen sollte, die etatsmäßig nicht vorauszusehen waren, für Schadensvergütungen, Reparaturen, Neubauten oder für Meliorationen. Das Extraordinarium sollte den Domänen, die in keiner Provinz des Gesamtstaates einen so großen Umfang und damit auch eine so große Bedeutung hatten wie in Ostpreußen, darüber hinaus die Möglichkeit einer selbständigen Wirtschaftsförderung geben. Doch schränkte König Friedrich diesen Fond immer mehr ein, so daß die Domänen und damit auch das Land jeden finanziellen Spielraum einbüßten. Zugleich ermäßigten sich aber die Anforderungen des Gesamtstaates an die Landeskassen keineswegs. Die im Domänenetat ausgewiesenen Ausgaben sanken. Dabei stieg die Leistungsfähigkeit des ostpreußischen Domaniums; gemessen an dem Ergebnis von 1740/41 wuchsen bei sinkenden Verwaltungsausgaben die etatsmäßigen Überschüsse bis 1786/87 um fast 100 Prozent. Die Provinz gab sehr viel mehr an die Gesamtkassen ab, als sie für sich selbst verbrauchte. Der Erfolg des Retablissements Friedrich Wilhelms I. war augenfällig.

Wie konnte die Lücke, die durch die Kürzung des ostpreußischen Extraordinariums, des Wirtschaftsfonds des Landes also, entstanden war, auch nur halbwegs geschlossen werden? Es waren die Domänenpächter, die Generalpächter, auch »Beamte« genannt, die, als staatliche Verwaltungsträger und privatwirtschaftliche Unternehmer zugleich, durch private Kapitalanlage das ersetzten, was der Gesamtstaat durch eine geradezu konfiskatorische Finanzpolitik dem Land an Lebenswichtigem entzog. Ohne ihre Investitionslust waren die Siedlungs- und Meliorationsvorhaben, die der König den Kammern aufgegeben hatte, unausführbar. »Es war«, wie Walter Mertineit schreibt, »die Verbindung des rechnenden preußischen Königtums mit dem rechnenden Geist des landwirtschaftlichen Unternehmers, die in Ostpreußen vor allem die Verhältnisse gestaltete.« Im Augenblick der politisch bedingten Überspannung der staatlichen Mittel galt zwischen Weichsel und Memel: »Was der König der Provinz gab, war der große staatliche Impuls, was sie leistete, kam von ihr.«

Das größte staatliche Siedlungswerk in Ostpreußen in der friderizianischen Zeit war die Besetzung der wüsten Hufen, vornehmlich in den sogenannten polnischen Ämtern, seit 1750. Ende 1754 waren von den 1749 erfaßten 2815 wüsten Hufen 2031 bebaut. Siedlung machte der Staat daneben auch durch die Aufteilung zu großer Höfe und durch die Vererbpachtung dominialen Wirtschaftsgrundes möglich sowie aber auch durch die Nutzung unurbaren und Rodungslandes. Bis zum Jahre 1774 wurden etwa 15 000 Kolonisten angesetzt. Es wäre aber weitaus mehr möglich gewesen, wenn nicht so oft die nötigen Mittel gefehlt hätten. In diese Lücke traten die vielen Einzelnen ein, »die unternehmungslustigen Pächter, die alteingesessenen adligen und bürgerlichen Familien des Landes, die Bauern, die nicht nur für sich, sondern für Generationen arbeiteten, unter ihnen allen voran die freien stolzen Kölmer, die das ›Junkerieren‹ (Friedrich Wilhelm I.) in Kopfe hatten, und alle diejenigen, die ›ex propriis‹ bauten und rodeten, die die königlichen Mühlen, Schmieden und Krüge erwarben, die dem Staat das ›onus fabricae‹ abnahmen, um in eigener Verantwortung und mit dem Einsatz eigener Mittel Besseres daraus zu gestalten. Ihre Leistung für das Land und für den Staat läßt sich mit dem Rechenstift ebensowenig bestimmen, wie sich die geschichtliche Leistung des fridericianischen Staates im Osten ohne Rest in Zahlen errechnen läßt« (W. Mertineit).

Auch die Meliorationen – auf domanialem wie auf nichtdomanialem Boden – hingen wesentlich von privater Initiative ab. Unter der Arbeit ungezählter Menschen veränderte sich das Antlitz des ostpreußischen Landes. Doch vieles blieb zu tun übrig. Abseits der wenigen Post- und Handelsstraßen lagen weite Flächen öde und kaum genutzt da. Der Bau des Masurischen oder Johannisburger Kanals, zu dem es endlich zwischen 1764 und 1776 kam, jener Verbindung zwischen den Masurischen Seen und Königsberg, zur Nutzung durch die Holzflößerei bestimmt, mißglückte. Viele Meliorationsprojekte, die von dem 1770 gegründeten Forstdepartement im Generaldirektorium angeregt worden zu sein scheinen, blieben auf dem Papier, auch wegen des hohen Gewinns, den der König aus dem vollendeten Werk zu ziehen gedachte und daher zur Bedingung machte. Für besonders wichtig hielt man die Urbarmachung des Großen Moosbruchs, das drei Meilen lang und eine halbe Meile breit war, eines Torfbruchs bei Kallwischken (zuletzt Hengstenberg im späteren Kreis Insterburg) und des Grünen Waldes im Schorellenschen Forst, alles im Gumbinner Departement. Manches geschah ohne Wissen, ja gegen den Willen des Königs, wie die Kolonisierung des Lattana-Bruchs durch die Königsberger Kammer. Dem im Generaldirektorium zuständigen Provinzialminister Leopold Otto von Gaudy gegenüber rechtfertigte diese das Unternehmen damit, daß es gegolten habe, einem Notstande beizukommen. Das Verlangen nach Siedlungsgrund sei so groß gewesen, »daß wir bey längerer Verzögerung der Sache eine ordentliche Auswanderung von beynahe 100 Familien nach Pohlen sicher befürchten mußten.«

Ostpreußen war in der friderizianischen Zeit in der Monarchie in eine Randlage geraten und hatte daher die Folgen der Überspannung der Kräfte Preußens unter dem Großen König erst recht zu tragen. Andererseits lag darin aber für das Land auch der heilsame Zwang, sich auf die eigenen Kräfte zu besinnen und zu verlassen. Die monarchischen und damit zentralistisch gerichteten Behörden verwuchsen durch ihre Tätigkeit und Verantwortung in einem erstaunlichen Maße mit dem Land und machten dessen Wohl zu ihrer Sache. Überall regten sich Selbsttätigkeit und Verantwortungsfreude, die bereits über das Zeitalter des Absolutismus hinauswiesen.

Durch den Ausbruch des Siebenjährigen Krieges und wiederholte Einfälle der Russen in seinem Verlauf war die Entwicklung Ostpreußens vergleichsweise wenig gestört worden. Ende Juni 1757 hatten russische Streitkräfte unter dem Grafen Fermor bei Polangen die ostpreußische Grenze überschritten und zusammen mit russischen Kriegsschiffen die ungenügend gesicherte Festung Memel zur Übergabe gezwungen. Am 18. August vereinigte sich Fermor bei Insterburg mit der russischen Hauptarmee unter Feldmarschall Graf Apraksin. Beide wurden in den frühen Morgenstunden des 30. August südlich des Pregels, zwischen Norkitten und Groß Jägersdorf, mitten in den Dessauischen Landen, von Wehlau her überraschend von preußischen Truppen angegriffen, die nach Mannschaftsstärke (24000 gegen 90000 Mann) und Artillerie stark unterlegen waren. Den Befehl hatte der 71jährige Feldmarschall Hans von Lehwald(t), der seit 1751 Gouverneur von Ostpreußen war, aus dem er selbst stammte. Nach anfänglichem Vordringen mußte

Lehwaldt, der auf ausdrücklichen Befehl des Königs hin nicht ohne Fehler in der Disposition offensiv geworden war, noch am Vormittag der russischen Übermacht weichend, zurückgehen. Die russische Kavallerie stieß indessen nicht nach, so daß die Preußen sich unangefochten in westnordwestlicher Richtung in das Lager von Wilkendorf jenseits des Pregels zurückziehen konnten. Nach einer sofortigen Neuordnung seiner Truppen gelang es Lehwaldt zudem, den Russen den Weg nach Westen, also in Richtung Wehlau und Königsberg zu verlegen. Auf die Dauer hätte er aber deren Vordringen kaum verhindern können. Doch die Russen, die Landeseinwohner drangsalierten und verschleppten, zogen sich hinter die Memel zurück, vermutlich wegen Verpflegungsschwierigkeiten. Lehwaldt folgte ihnen bis Tilsit und wurde im Oktober mit seinem Korps nach Pommern zur Sicherung gegen Schweden abgezogen. In der nationalsozialistischen Zeit wurde zur Erinnerung an den Feldmarschall die zwischen Puschdorf und Norkitten und nordöstlich von Groß Jägersdorf gelegene Ortschaft Metschullen in Lehwald umbenannt.
Da Lehwaldt abberufen und für ihn und seine Truppen kein Ersatz geschaffen worden war, stießen die Russen, als sie im Januar 1758 ein zweites Mal in Ostpreußen einfielen, nur auf geringen Widerstand. Königsberg kapitulierte am 21. Januar 1758. Ostpreußen gehörte für Friedrich den Großen eben nicht zu den »Provinzen, die den eigentlichen Staatskörper bildeten«, wie er später in seinem Politischen Testament von 1768 feststellte. Er folgte der dort niedergelegten Einsicht, nach der Ostpreußen, wenn man von den Russen im Bunde mit Österreich angegriffen werde – was ja im Siebenjährigen Kriege der Fall war –, preisgegeben werden müsse; solange man Polnisch Preußen nicht besitze, könne man es unmöglich behaupten.
Ostpreußen wurde förmlich zu russischem Eigentum erklärt. Die meisten höheren Verwaltungsbeamten hatten das Land vor dem Einrücken der Russen verlassen. Domhardt hingegen, der kurz zuvor auf Lehwaldts Vorschlag hin vom König zum Präsidenten der Gumbinner Kammer ernannt worden war, harrte aus. Er mußte zwar wie das ganze Land auf die Zarin einen Treueid leisten, konnte aber die entfremdete Provinz zu weiten Teilen in gutem Stande halten und ließ zudem dem König wertvolle Lageberichte zukommen. Die Russen hatten ja die Landesgesetze sowie die Justiz- und Verwaltungskollegien mit ihrem Personal bestehen gelassen und waren in ihrer Aufsicht auf die Länge der Zeit erlahmt. Die beiden ersten im Königsberger Schloß residierenden Gouverneure, Graf Fermor und Nikolaus Freiherr von Korff, beide von deutscher Abkunft, waren human gesinnt; erst der dritte, Suworow, der Vater der späteren russischen Feldherrn, zeigte größere Strenge.
Freilich war die russische Fremdherrschaft drückend genug. Riesige Abholzungen für den russischen Flottenbau bewirkten die Vernichtung der Wälder um Gilgenburg, bei Königsberg und in der Umgebung von Memel sowie auf der Kurischen Nehrung. Der Elch, das ostpreußische Wappentier, wurde (wie später 1945) fast völlig ausgerottet, der Biber, das wertvollste Pelztier Ostpreußens, verschwand ganz. Dagegen zählten die von den Russen betriebene Verbesserung des Pillauer Hafens mit dem seitdem sogenannten »Russendamm« an der Haffseite und die Fürsorge Korffs für die Burg von Lochstädt nur wenig.
Mit dem Tode der Zarin Elisabeth und dem Ende der russisch-preußischen Gegnerschaft kam auch die Rückkehr Ostpreußens an die Hohenzollern; am 6. August 1762 wurde die alte Landeshoheit wiederhergestellt, und Mitte September hatten die Russen die Provinz geräumt. Domhardt, der bereits im Juli 1762 auch das Präsidium der Königsberger Kammer und damit die gesamte innere Verwaltung Ostpreußens übertragen bekommen hatte, ließ alle Kräfte anspannen, um nach den Forderungen des Königs den ausgebluteten und erschöpften Provinzen der Monarchie mit Lebensmitteln, Fourage und Rekru-

Elbing, Altstadt mit Kath. Pfarrkirche St. Nikolai, Umbau etwa ab 1340, Turm nach älterem Vorbild von 1907.

ten helfen zu können. Der Wiederaufbau Ostpreußens, der schon in der Zeit der Okkupation begonnen hatte, wurde mit eigenen Mitteln bestritten, wobei wiederum die Pächter eine herausragende Rolle spielten. 1771 wurde Domhardt in den erblichen Adelsstand erhoben.

Bei allen Leistungen der Provinz und trotz deren militärischer Entblößung seinerzeit war Friedrich der Große nicht von der Überzeugung abzubringen, daß Ostpreußen 1758 sich zu früh den Russen ergeben habe. Er hat die östlichste seiner Provinzen deshalb Ungnade fühlen lassen und sie nie wieder betreten. Daß der allerhöchste Groll nicht endlos war, hat er ihr durch die wiederholte Entsendung des Prinzen von Preußen, seines Neffen und Nachfolgers auf den Thron, zu verstehen gegeben.

*

In diesen Jahren fand das Abgetrenntsein des alten Herzogtums Preußen vom Korpus des brandenburgisch-preußischen Staates sein Ende. Die Schwäche der seit 1572 bestehenden polnischen Wahlmonarchie, die durch die »goldene Freiheit« des polnischen Adels im Verein mit der fortlaufenden Intervention der europäischen Mächte ausgehöhlt worden war, ermöglichte Preußen neben dem Erwerb des Netzedistrikts und des Ermlandes auch den Westpreußens, freilich ohne Danzig und Thorn. Mit dem Abschluß zwischen Rußland, Österreich und Preußen vom 5. August 1772, der das bestimmte, der sogenannten Ersten Teilung Polens, für dieses der Anfang vom Ende, war es Friedrich dem Großen gelungen, das russische Interesse an der Türkei, das Preußen als den Verbündeten Rußlands in einen russisch-österreichischen Krieg hineinzuziehen drohte, auf Polen abzulenken. Das zählte mehr als die Tatsache, daß die russischen und die österreichischen Territorialgewinne die preußischen weit übertrafen, die im übrigen bedeutsam genug waren. Denn die unentbehrliche Landbrücke Westpreußen war gewonnen.

Mit Westpreußen ging eine Provinz, die jede obrigkeitliche Förderung und jegliche Landeskultur entbehrt hatte, an einen König und an eine Staatlichkeit über, die ihr die intensivste Fürsorge zuwendeten. An die Seite eines Aufbaus der Verwaltung (mit der Neuerrichtung einer Kammer in Marienwerder) und der Rechtsordnung (mit der Bildung eines Hofgerichts zu Bromberg) trat eine Sanierung der Landwirtschaft und ein Wiederaufbau der Städte. Die Stadt Kulm etwa wies im Jahre 1772 212 wüste Bauplätze auf, während von 313 Wohnhäusern 70 bis 80 vor dem Einsturz standen. Die in der Regel verwilderten umfangreichen Waldbestände kamen unter die Regie einer erfahrenen staatlichen Forstwirtschaft. Bedeutung bekam auch die staatliche Wasserwirtschaft, die die Deiche der Weichsel- und Nogatniederung erhielt und verbesserte sowie die Schiffbarmachung der Nogat betrieb, unter persönlicher Teilnahme des Königs. In jenen Jahren war es auch, daß auf Befehl des Königs der Bromberger Kanal gebaut wurde (1773–1774), der die Netze mit der Brahe und damit die Oder mit der Weichsel verband. Ein großes Aufbauwerk wurde geleistet. Es stellt den gewichtigsten Grund dafür dar, daß Ostpreußen auch nach dem Friedensschluß von Hubertusburg im Jahre 1763 weitgehend der Selbsthilfe überlassen blieb. So wies Friedrich der Große einmal einen Antrag der Königsberger Kammer, ein Meliorationsvorhaben betreffend, mit dem Bemerken zurück, in Westpreußen sei »weit mehr zu thun, das müssen Wir erst machen und diese Provinz in Ordnung bringen. Alsdann wollen Wir an die Sachen in Ost Preußen denken.«

Den Namen Westpreußen hatte die Provinz vom König selbst (Kabinettsorder vom 31. Januar 1773), der sich nun auch nicht mehr König *in*, sondern König *von* Preußen nannte; das alte Herzogtum hieß nunmehr amtlich Ostpreußen. Das Retablissement Westpreußens war ebenfalls vornehmlich das Werk König Friedrichs selbst, der sich auch hierbei auf Domhardt stützen konnte. Er ist es gewesen, der die Grundlagen für den Aufstieg Westpreußens bis 1914 bzw. 1920 gelegt hat. »Mit gutem Grund stand sein Denkmal vor dem Schlosse zu Marienburg.« (B. Schumacher)

Verlierer der Ersten Teilung Polens waren Danzig und Thorn, die unter der Krone Polen verblieben, auch zu einem Anschluß an Preußen nicht geneigt waren. Durch preußische Kampfzölle sahen sie sich wirtschaftlich weitgehend isoliert. Der Weichselhandel wurde großenteils über Elbing abgewickelt, das einst hinter Danzig zurückgeblieben war, nun aber auf dessen Kosten manches von seiner alten Stellung zurückgewann. Thorns Handelsstellung übernahm Bromberg, das nun erst zu Bedeutung gelangte, wozu der Bromberger Kanal wesentlich beitrug. Die altehrwürdigen beiden Hansestädte an der Weichsel sahen sich zum Absterben verurteilt. Zukunft – und darauf vertraute König Friedrich – konnten sie nur als königlich preußische Städte haben.

Die territoriale Gestalt des Komplexes Ost- und Westpreußen war indessen unfertig geblieben, die militärische Stellung Preußens dort verletzlich. Friedrich der Große hatte seit 1776 den Bau der Festung Graudenz betrieben und in Kulm ein Kadettenhaus gründen lassen. Er hielt alljährlich bei Mockrau, auf dem rechten Weichselufer, nordöstlich von Graudenz, die große Junirevue über die ost- und westpreußischen Truppen ab. Rußland, das Polen im Griff hielt und nach weiterer Expansion auf dessen Kosten verlangte, war zumal angesichts der zerklüfteten preußischen Grenzen eine Bedrohung. Durch die mit Rußland ausgehandelte Zweite Teilung Polens von 1793 gelang es König Friedrich Wilhelm II., den russischen Eisbären auf Distanz zu bringen. Denn nun fielen nicht nur Danzig und Thorn an Preußen, sondern auch Großpolen und das östliche Kujawien sowie das westliche Masowien mit Płock. Im übrigen war durch diesen Gewinn, hinfort Südpreußen genannt, eine Landbrücke zwischen Altpreußen und Schlesien entstanden. Dafür gingen die seit 1691 ostpreußischen Herrschaften Tauroggen und Serrey an Polen. Die Dritte Teilung Polens, die Rußland 1795 mit Österreich unter Ausschluß Preußens aushandelte, brachte Preußen neben Warschau vor allem eine Erweiterung Ostpreußens im Süden (durch den östlichen Teil Masowiens) und im Osten (durch einen Teil Litauens) ein, ein

Gebiet zwischen Weichsel, Bug und Njemen, das zusammen mit Westmasowien den Namen Neuostpreußen erhielt. Dieses wurde in die beiden Gerichts- und Verwaltungsdepartements Płock und Białystok unterteilt und dem Berliner Generaldirektorium unterstellt. Dort wurde 1796 der Staats- und Finanzminister für Altpreußen, Friedrich Leopold Reichsfreiherr von Schroetter, auch für Neuostpreußen zuständig.

Schroetter, der aus dem ostpreußischen Gutsadel stammte, in seiner Königsberger Garnisonszeit von Kant und dem aus Osterode gebürtigen Ökonomen und Staatswissenschaftler Christian Jakob Kraus beeinflußt worden war, versuchte namentlich in dem (wie Südpreußen) stark unterentwickelten Neuostpreußen, wo ja die Prägungen des friderizianischen Systems fehlten, also auch nicht im Wege standen, manche Reform, die schon auf die preußische Reformzeit der Jahre 1807 bis 1815 vorauswies. In diesem Zusammenhang ist vor allem auf das Reglement vom 3. März 1797 zu verweisen, mit dem für Neuostpreußen die Trennung von Justiz und Verwaltung verfügt und damit einer Forderung moderner Rechtsstaatlichkeit Geltung verschafft wurde. Andererseits kam die preußische Bürokratie weder in ihren Bemühungen, die Bauern von feudalen Lasten zu befreien, noch mit dem von ihr betriebenen Siedlungswerk in befriedigender Weise voran.

Die Furcht vor einem Übergreifen der Französischen Revolution auf Preußen ließ König Friedrich Wilhelm II. und viele seiner Berater an der herkömmlichen Stellung des Adels festhalten, auch gegenüber dem polnischen Adel und der polnisch-katholischen Kirche zum Mittel der Beschwichtigung greifen. Ohne die polnische Bevölkerung für sich gewinnen zu können, bewirkte die von dem Umfang der Aufgabe überforderte preußische Verwaltung in den ihr in den neuen Gebieten vergönnten elf Jahren immerhin eine respektable Hebung der Landeskultur und der Lebensbedingungen. Es ist, wie der Historiker Max Lehmann vor über 100 Jahren feststellte, »sollen wir sagen das Tragische oder das Providentielle der preußischen Politik zwischen 1793 und 1806, daß sie den Polen Elemente der Kultur brachte, die diese alsbald zur Stärkung ihrer eigenen Nationalität verwendeten.«

In den Provinzen Ost- und Westpreußen konnte Schroetter das Werk der Bauernbefreiung ein gutes Stück weiter voranbringen als in Neuostpreußen. Ausgehend von einer Verordnung vom 8. November 1793, in der die Aufhebung der Leibeigenschaft verkündet worden war (während freilich die Erbuntertänigkeit bestehenbleiben sollte), konnte der Grundsatz durchgesetzt werden, daß Domänenbauern freie Leute seien, bis durch eine Verordnung von 1804 eine jede Untertänigkeit von Amtsbauern verboten wurde. Bis zu diesem Jahre kam es auch zu einer Ablösung der Hand- und Spanndienste der Domänenbauern. Für die Bauern des grundbesitzenden Adels sollte die Stunde der Befreiung erst in der Reformzeit schlagen.

Im übrigen gestalteten sich die Lage der Landwirtschaft und damit die wirtschaftlichen Verhältnisse überhaupt am Ende des Jahrhunderts und um die Jahrhundertwende sehr günstig. Insbesondere die Ausfuhr von Getreide nach England und mit ihr auch der Preis stieg während des amerikanischen Unabhängigkeitskrieges (1776–1783) und während der Koalitionskriege gegen das revolutionäre Frankreich (seit 1792/93) kräftig an. Danzig und Westpreußen konnten ihre Defizite aus polnischer Zeit rasch wiedergutmachen.

*

Das Preußenland erlebte auch eine kulturelle Blüte, die sich im Laufe des 18. Jahrhunderts vorbereitet und entfaltet hatte. Als tragendes geistiges Prinzip darf der Pietismus bezeichnet werden. Er ist vor allem durch das Königsberger Collegium Fridericianum, das Friedrichskolleg, im Lande verbreitet worden. Erster Leiter der der Schule des Hal-

Johann Gottfried Herder. Nach Anton Graff.

leschen Waisenhauses nachgebildeten Anstalt war Heinrich Lysius, zugleich Hofprediger an der Schloßkirche. Er und seine Lehrer stehen am Anfang einer Entwicklung, in der pietistische Frömmigkeit und Lebensgestaltung zum Gemeingut der gebildeten Schichten Altpreußens wurden. Die drei großen geistig prägenden Persönlichkeiten, die das ostpreußische 18. Jahrhundert hervorgebracht hat, Immanuel Kant, Johann Georg Hamann und Johann Gottfried Herder, sind bereits in eine in Elternhaus, Schule, Universität und Kirche geprägte pietistische Umwelt hineingewachsen. Die Durchdringung ihres Denkens, Glaubens und Handelns mit dem Pietismus sowie die Auseinandersetzung mit ihm hat sie zu den großen Anregern des deutschen Geisteslebens der Jahrhundertwende und des beginnenden 19. Jahrhunderts werden lassen. Kants Leistung lag in einer großartigen Klärung der Natur des menschlichen Geistes und in der Bestimmung der Wege des menschlichen Denkens. Der große Königsberger entdeckte, daß die menschliche Erkenntnis nicht nur den Gesetzen der Logik unterworfen ist, nicht nur zu der anschaulichen Welt Zugang hat, sondern auch zu der transzendentalen. Axiome von absoluter Gültigkeit befreien von aller Zufälligkeit, so daß der Mensch die Dinge formt, nicht diese ihn. Dem entsprechen menschliche Freiheit und Selbstverantwortlichkeit. Hamann, wie Kant Königsberger, tat in der aufgeklärten, glaubensfernen Zeit die Welt des Glaubens und der Offenbarung auf, ging auf eine ursprüngliche Einheit von Mythos, Sprache und Dichtung zurück und wurde so zu einem bedeutenden Wegbereiter der Romantik. Einfluß (auch auf die Klassik) übte der »Magnus des Nordens«, wie zuerst Friedrich Carl von Moser Hamann genannt hatte, weniger durch seine Schriften als durch seinen Königsberger Freundeskreis. Zu diesem gehörten der ebenfalls in Königsberg geborene Johann Fried-

rich Reichardt, Kapellmeister Friedrich des Großen und Friedrich Wilhelms II., Komponist von Opern und Liedern (auch nach Texten Goethes), und vor allem Johann Gottfried Herder, der ostpreußischer Kantorssohn aus Mohrungen war. Sein *Journal meiner Reise im Jahre 1769* ist das erste und zugleich bedeutendste Dokument und Werk des »Sturm und Drangs«. Nach Herder ist Geschichte das Offenbarwerden des Wirken Gottes in den einzelnen Völkern. »Jede menschliche Vollkommenheit«, so schrieb er in *Auch eine Philosophie zur Geschichte der Bildung der Menschheit*, »ist national, säkular und, am genauesten betrachtet, individuell.« Herder ist damit der Urheber des modernen Individualitätsprinzips, das in der deutschen Geistesgeschichte zwischen Goethe und Ranke und weiter über die wissenschaftliche Volkskunde und die Musikwissenschaft bis in die Zwiespältigkeit des Volkstumsgedankens des 19. und des 20. Jahrhunderts hinein von der allergrößten Wirkung sein sollte. Ziel aller menschlichen Geschichte war für Herder die Humanität. In seinen Arbeiten *Eigne Gemälde aus der preußischen Geschichte* und *Die Preußische Krone* bezog er das am Ende seines Lebens auch auf das heimatliche Ostpreußen, seine Geschichte, seine Menschen sowie deren Sitten und Gebräuche.
In der geselligen Kultur der Stadt Königsberg im 18. Jahrhundert, aus der sich die von Kant und Hamann gebildeten Kreise heraushoben, spielte der Musenhof des Grafen Heinrich Christian von Keyserling in dessen Palais, dem späteren Generalkommando, auf dem Roßgarten (wo später die Stadthalle entstand) eine besondere Rolle. Er war eine Stätte des geistigen Lebens im weitesten Sinne. Der hochgebildete Hausherr brachte hier eine philosophische und künstlerische Tafelrunde zusammen, »die im deutschen Osten zu ihrer Zeit kaum ihresgleichen gehabt haben dürfte« (H. Motekat). Die in den Adelspalais und

Immanuel Kant, Porträt von Becker 1768.

den bürgerlichen Häusern gepflegte Hausmusik wurde zur Grundlage der öffentlichen Musikausübung in Kirche und Konzert. Dabei spielten die Kirchenkantaten, zu denen auch Herder Texte verfaßte, eine bedeutende Rolle. In die zweite Hälfte des 18. Jahrhunderts fallen auch die Anfänge des Theaters in Königsberg. Ein weiteres Zentrum geistiger Geselligkeit war die Kanter'sche Buchhandlung. Johann Jakob Kanter war einer der führenden Verleger im Nordosten Europas. Um die Mitte des Jahrhunderts war Königsberg eine der bedeutendsten Stätten des deutschen Verlagswesens und des Buchdrucks. Bibeln und Gesangbücher wurden auch für die Nachbarländer gedruckt, in Polnisch, Litauisch, Lettisch und Estnisch.
Das Bild jener längst vergangenen Zeiten hat sich auch literarisch niedergeschlagen. Zu nennen ist in diesem Zusammenhang der 1770 bis 1772 in fünf Bänden erschienene Briefroman *Sophiens Reise von Memel nach Sachsen* von Johann Timotheus Hermes, der erste deutsche bürgerliche Roman überhaupt. Der Autor, Pfarrer in Pleß und später Oberpfarrer an St. Elisabeth zu Breslau sowie Superintendent dort, bietet ein reiches Bild der politischen, gesellschaftlichen, kulturellen und kirchlichen Verhältnisse seit der Jahrhundertmitte aus eigener Anschauung. Eine hochwertige Quelle zum politischen und geistigen Leben in Ostpreußen zwischen Aufklärung und Restauration sind die fünf Bände *Briefe an und von Johann George Scheffner*, dem Kriegs- und Steuerrat in Gumbinnen und später in Marienwerder, der auch Lebenserinnerungen hinterließ. Von Interesse als Zeuge der Zeit ist auch der schriftstellernde Jurist Theodor Gottlieb von Hippel, Lehrers- und Kantorssohn aus Gerdauen und Bürgermeister von Königsberg, ein Freund Scheffners. In der dritten und der vierten Auflage seines Buches *Über die Ehe* von 1792 und 1793 sowie in seiner in derselben Zeit entstandenen Schrift *Über die bürgerliche Verbesserung der Weiber* machte sich von Hippel, der Junggeselle war, zum Fürsprecher der Emanzipation der Frau und erörterte Möglichkeiten, ihre soziale Stellung zu verbessern.
Ein ganz anderer und alle übrigen überragender Chronist seiner Zeit war der meisterhafte Illustrator Daniel Chodowiecki, in Danzig als Sohn eines polnischen Vaters und einer deutschen Mutter (die übrigens die Lehrerin Johanna Schopenhauers war) geboren. Neben seinen dem Zeitalter Friedrichs des Großen gewidmeten Illustrationen sowie den Kupfern und Vignetten, mit denen er die Werkausgaben vieler zeitgenössischer Dichter schmückte, ist hier vor allem sein Skizzenbuch *Von Berlin nach Danzig. Eine Künstlerfahrt im Jahre 1773* von Interesse.

*

Das 18. Jahrhundert, in dem Altpreußen einen so bemerkenswerten Beitrag zur deutschen Geistesgeschichte geleistet hatte, endete mit dem Zeitalter der Französischen Revolution und Napoleons. Frankreich führte gegen das übrige Europa Krieg. Preußen war aus diesem aber 1795 ausgeschieden und hatte hinfort eine schwächliche Neutralitätspolitik verfolgt, 1806 aber in höchst unvorteilhafter Lage Frankreich den Krieg erklärt. Dieser endete in Ostpreußen. Hierhin hatten sich jene Truppen zurückgezogen, die dem König von Preußen nach der Entscheidungsschlacht von Jena und Auerstedt im Oktober 1806 und den folgenden Gefechten und Rückzügen noch geblieben waren. Es war ein Korps unter dem General L'Estocq in einer Stärke von etwa 18000 Mann, das, im wesentlichen aus ostpreußischen Regimentern bestehend, auf dem rechten Ufer der Weichsel stand. Ein Versuch der Franzosen, bei Thorn den Fluß zu überschreiten, wies es mit Erfolg ab, während die Russen Warschau kampflos räumten und hinter den Narew zurückwichen. Daraufhin zog sich L'Estocq auf Soldau zurück, das er Ende Dezember an die nachstoßenden Franzosen verlor. Daraufhin ging er in nordöstlicher Richtung auf

Grabmal für den russischen Generalleutnant Reinhold von Anrep (gefallen am 13. Januar 1807) bei Pfarrsfeldchen, Kreis Mohrungen.

Neidenburg und weiter in östlicher Umgehung der Masurischen Seen auf Angerburg zurück. Während Napoleon am Ende des Jahres gegen die Russen am Narew ohne Erfolg operierte und seinen Truppen die Winterquartiere anwies, plante Marschall Ney einen Handstreich auf das nur schwach besetzte Königsberg. Er ging in Richtung Bartenstein und Schippenbeil vor, sah sich aber durch einen Angriff der Preußen ebendort am 10. Januar 1807, der auf den neuen (soeben aus der französischen Gefangenschaft ausgetauschten) Stabschef Scharnhorst zurückgehen mochte, an einem weiteren Vorrücken gehindert.

Am 15. Januar 1807 stieß der russische Oberbefehlshaber von Bennigsen von den Masurischen Seen her nach Westen gegen zwei französische Korps vor. Dabei fiel der russische Generalleutnant Reinhold von Anrep, ein gebürtiger Preuße, an dessen Grab auf einer Anhöhe in der Nähe des Gutes Pfarrsfeldchen, an der Straße von Mohrungen nach Liebstadt, noch heute ein Obelisk von 1852 mit deutscher und russischer Inschrift steht. Die Franzosen wichen unter hinhaltendem Widerstand zurück. Die Preußen erreichten Ende Januar Freystadt in Westpreußen, die Russen Hohenstein und Deutsch Eylau, als ihnen ein in die Hände der Kosaken gefallener Befehl Napoleons die Gefahr offenbarte, von südlich Willenberg und Gilgenburg versammelten Franzosen vom Gros ihrer Kräfte abgeschnitten und vernichtet zu werden. Daraufhin bezog Bennigsen am 2. Februar zwischen Jonkendorf und der Alle, nordwestlich von Allenstein, Stellung. Dieses behauptete er, während Passenheim, etwa 25 Kilometer südöstlich davon gelegen, in die Hände der Franzosen gefallen war. Diese stießen sofort mit drei Korps unter Murat und Soult in nordwestlicher Richtung vor und entrissen den Russen Allenstein. Nachdem Napoleon dort am Morgen des 3. Februar eingetroffen war, entschloß er sich zum Angriff. Ihm gelang die Umfassung der Russen im Osten, d. h. der linken Flanke, worauf sich Ben-

nigsen in der Nacht zum 4. Februar in nordnordwestlicher Richtung auf Wolfsdorf, zwölf Kilometer westlich von Guttstadt gelegen, zurückzog.
Während die bei Osterode stehenden preußischen Brigaden von Maltzahn und von Bülow über Mohrungen Anschluß gewinnen sollten, aber auf das Korps Ney stießen, das den Russen folgte, und von diesem am 5. Februar in einem ungleichen Kampf (13 845 Franzosen gegen 4720 Preußen) in knietiefem Schnee und bei acht Grad Frost verlustreich geschlagen wurden und sich in Richtung Königsberg zurückzogen, waren die Russen über Heilsberg auf Preußisch Eylau zurückgegangen. Südlich der Stadt stellten am Nachmittag des 7. Februar die energisch nachsetzenden Franzosen die russischen Nachhuten zum Kampf und drangen in die Stadt ein, die die Russen nach heftigen Kämpfen räumten, um eine Front in der Linie Schlobitten-Serpallen aufzubauen, die nordöstlich der Stadt verlief. Hier verbrachten die Russen bei Frost bis zu 14 Grad ohne Biwakfeuer die Nacht zum 8. Februar, während Napoleon in der Stadt in einem (bis 1945 erhaltenen) Kaufmannshause (Landsberger Straße 19/20) Quartier bezogen und seinen Gefechtsstand in der Kirche und auf dem Kirchhof eingerichtet hatte. Am nächsten Tag ließ er die Russen, die am Morgen den Kampf mit einem Kugelhagel auf die Franzosen eröffnet hatten, von der Stadt her hauptsächlich mit Artillerie bekämpfen und von Süden her Marschall Davoust heranrücken, um sie zu umfassen. Währenddessen kam südwestlich der Stadt das Korps Augereau, zur Unterstützung von Davoust bestimmt, in dichtem Schneegestöber der russischen Artillerie zu nahe und wurde von dieser innerhalb einer halben Stunde vollkommen ausgelöscht. Russische Kavallerie, gelbe Nowgoroder Husaren, drang bis nahe an den Gefechtsstand Napoleons vor, der seinerseits einen Gegenangriff seiner Reiterei improvisierte. Davoust indessen bog den russischen Südflügel in harten Kämpfen und unter schwersten Verlusten um und nahm schließlich sogar Kutschitten, hart an der russischen Rückzugsstraße.
Da bahnte sich gegen 14 Uhr ein Umschwung an. Denn von Norden her, über Drangsitten und Althof nahte das Korps L'Estocq heran, das nach seiner Gefechtsberührung mit Ney diesen im Schneegestöber durch Täuschung abgeschüttelt hatte. Das Korps marschierte auf Schmoditten, eine nur 6000 Mann zählende Truppe, schlecht genährt und gekleidet, sich durch den Schnee hindurchkämpfend, aber gut geführt und mit Kampfgeist erfüllt. Bis zum Untergang der Sonne entriß L'Estocq, beraten von Oberst von Scharnhorst, den Franzosen Kutschitten und ein südwestlich davon gelegenes Birkenwäldchen. Die Schlacht, die den Franzosen 30 000, den Verbündeten gegen 26 000 Mann gekostet hatte, war zu Ende. »Die Haare sträuben sich bei dem Bericht über diesen schrecklichen Tag«, schrieb Madame de Rémusat in ihren Erinnerungen. Am nächsten Morgen gab das russische Oberkommando den Befehl zum Rückzug auf Königsberg, während die Franzosen bis zum 16. Februar bei Preußisch Eylau erschöpft liegenblieben und dann hinter der Alle und der Passarge Winterquartiere bezogen. Es war die erste Schlacht, die Napoleon nicht hatte für sich entscheiden können. »Der Kaiser hat später zugegeben«, so Madame de Rémusat, »daß er, wenn das russische Heer am [der Schlacht] folgenden Tage angegriffen hätte, wahrscheinlich geschlagen worden wäre.« Das L'Estocq von König Friedrich Wilhelm IV. gewidmete Denkmal am südöstlichen Ausgang Pr. Eylaus (nach Angaben des Königs von Stüler) hat bis heute überdauert.
Die Preußen ließen den Franzosen, die unter der winterlichen Witterung, Nachschub- und Ersatzproblemen sowie Verpflegungsnöten litten, keine Ruhe. Zwei preußisch-russische Kolonnen stießen gegen die Passarge vor. Wohl konnte Braunsberg genommen werden, doch wurde es seit dem Mittag des 26. Februar, auf einen besonderen Befehl Napoleons hin, von Süden her von den Franzosen in harten Kämpfen zurückerobert. Nach ihrem Rückzug hatten die Preußen und die Russen den Tod von 700 bis 800 Mann zu beklagen.

Von da an ruhten die Kämpfe erst einmal. Napoleon versuchte nun, Preußen durch einen Sonderfrieden von Rußland zu trennen, worauf König Friedrich Wilhelm III. aber nicht einging und schließlich am 26. April mit Zar Alexander das Schutz- und Trutzbündnis von Bartenstein schloß. Der französische Kaiser hatte sich am 22. Februar nach Osterode begeben. Von seinem dortigen Hauptquartier aus reorganisierte er seine Truppen und betrieb mit Erfolg deren Verstärkung durch Zuzug aus der Heimat. Im März begann er mit der Belagerung Danzigs, dessen Entsetzung von der Frischen Nehrung her nach einer preußischen Niederlage bei Kahlberg am 16. Mai scheiterte. Am 24. Mai fiel die Stadt, verteidigt durch den späteren Feldmarschall und Gouverneur von Königsberg, Breslau und Berlin, von Kalckreuth, nach Verbrauch der Munition und der Verpflegung in die Hände der Franzosen.

Seine Residenz hatte Napoleon zwischen dem 1. April und dem 6. Juni im Schloß Finckenstein im späteren Kreis Rosenberg, das (bis 1945) den Grafen von Dohna-Schlobitten gehörte. Der höchst ansehnliche und reich mit Kunstschätzen ausgestattete Bau stammte aus den Jahren 1718 bis 1720. Der Kaiser soll, als er nach den Entbehrungen der zurückliegenden Feldzüge des Schlosses ansichtig geworden war, ausgerufen haben: »Enfin un Château!« Von hier aus führte er eine umfangreiche politische Korrespondenz. Am zweiten Tag seines Aufenthaltes empfing er seine Geliebte Maria Walewska, eine polnische Gräfin, die er im Januar in Warschau kennengelernt hatte. Mit ihr, die ihm einen Sohn schenkte, lebte er hier zusammen, und sie hielt ihm die Treue; noch nach Elba sollte sie ihm nachfolgen. Den ihr vielfach zugeschriebenen Einfluß auf Napoleon zugunsten Polens übte sie nicht aus. Schloß Finckenstein, in dem es später ein Napoleonzimmer gab, und der Schloßpark mit einer Napoleonsallee gingen am 22. Januar 1945 im Zuge von Kampfhandlungen zusammen mit vielen Erinnerungen an Napoleon unter. Gute Architektur-

Schloß Finckenstein (erb. 1716–1720 für den späteren Feldmarschall Albrecht Konrad Graf Finck von Finckenstein), Januar 1945 ausgebrannt, heute Ruine, Gartenfront.

aufnahmen dieses ostpreußischen Herrensitzes enthält der amerikanische Spielfilm *Marie Waleska* aus dem Jahre 1934.
Nach dem Fall Danzigs rang sich der russische Oberbefehlshaber von Bennigsen zu dem Entschluß durch, die zahlenmäßig überlegenen Franzosen durch Vernichtung des von Napoleon auf Guttstadt vorgeschobenen Korps Ney zu schwächen. Er versammelte die russische Armee ohne die Preußen bis zum 2. Juni bei Heilsberg und begann am 5. mit dem Vormarsch. Ney wußte der ihm drohenden Gefahr geschickt auszuweichen und vermochte unbehelligt über die Passarge zurückzugehen. Bereits am 8. Juni setzte Napoleon zu einem Gegenangriff an, worauf sich Bennigsen auf seine alte Stellung bei Heilsberg zurückzog. Hier wurde er am 10. Juni, einem drückend heißen Tag, von den Franzosen unter Soult und Murat westlich der Stadt angegriffen. Aber der Angriff brach dank des unbeugsamen Widerstehens der Russen und preußischer Kavallerie zusammen; preußische Husaren durchbrachen sogar die Karrees eines Infanterieregiments und erbeuteten den als Feldzeichen dienenden Adler, der am nächsten Tage in Königsberg der Königin Luise überreicht wurde. Die Russen hatten etwa 8000 und die Franzosen 12000 Mann verloren. Bennigsen nutzte indessen seine Überlegenheit nicht aus; auch Napoleon, der noch stündlich Zuzug an Truppen erhielt, trat nicht an. Die Russen zogen schließlich auf dem östlichen Alle-Ufer in nordöstlicher Richtung auf Bartenstein ab.
Nun aber setzte Napoleon den Russen nach und stellte sie am 14. Juni westlich von Friedland. Die Russen standen mit dem Rücken zur Alle, die die Stadt im Süden und im Osten umfaßt. Vom Friedländer Kirchturm aus beobachteten russische Offiziere den französischen Aufmarsch. Doch Bennigsen, wie schon bei Heilsberg leidend, konnte sich nicht zu einem Angriff durchringen. Um 17 Uhr gab Napoleon seinerseits den Befehl zum Angriff mit dem Ziel, den russischen linken, d. h. den Südflügel aufzurollen. Dieser wurde so sehr eingedrückt, daß sich die russischen Truppenmassen auf die Alle zurückgedrängt sahen. Von dem noch nicht im Kampfe stehenden russischen Nordflügel wurden keine Kräfte abgegeben; der Rückzugsbefehl kam zu spät und wurde zu spät befolgt. Nach nur zwei Stunden Kampf brach bei den Russen eine Panik aus; die Truppe mag von vier vorhergehenden Nachtmärschen übermüdet und daher den Eindrücken der Schlacht nicht gewachsen gewesen sein. Die aufgelösten Verbände drängten sich an zwei Furten der Alle zusammen, in der viele Russen ertranken. Stellenweise wurde auch noch gegen die Franzosen gekämpft. Nur Artillerie und Kavallerie konnten in der Nacht auf dem linken Ufer verbleiben und bis nach Allenburg gelangen, wo sich am nächsten Morgen die Trümmer der russischen Armee zusammenfanden. Die Franzosen hatten für das »ostpreußische Marengo« – auch der Tag von Marengo vom 14. Juni 1800 war opferreich gewesen, hatte mit einer Panik des Gegners geendet und eine Entscheidung gebracht – mit etwa 8000 Toten bezahlt; von den 80000 Russen war etwa ein Viertel nicht mehr am Leben. Gebrochen in seiner Kampfkraft, zog sich das russische Heer bei Wehlau über den Pregel und weiter über die Memel zurück.
Die preußischen Truppen waren nach dem Treffen von Braunsberg auf Königsberg zurückgenommen worden. Nach der Schlacht von Heilsberg sollten sie Königsberg decken. Am 14. Juni rückten Franzosen heran, gegenüber denen die Stadt nur mühsam gehalten werden konnte. Am nächsten Tag, als die Nachricht von der russischen Niederlage bei Friedland und dem Abzug der Russen eingetroffen war, räumten die Preußen unter General Rüchel die Stadt, in der die Verbündeten Waffen, Munition und Verpflegung gelagert hatten, und zogen sich auf die Memel zurück, um sich dort mit den Russen zu vereinigen. Die Franzosen schlossen die Festung Pillau ein, die aber wie Graudenz bis zum Friedensschluß in preußischer Hand blieb.

Zar Alexander war durch die Niederlage von Friedland zutiefst entmutigt worden, trennte sich von Preußen und schloß mit Napoleon ein Bündnis. So mußte König Friedrich Wilhelm III. in den Frieden von Tilsit vom 7. und 8. Juli 1807 willigen, der Preußen alle seine Territorien westlich der Elbe kostete, Ostpreußen aber unversehrt ließ. Von Westpreußen hingegen wurden das Kulmerland mit Thorn (aber ohne Graudenz), der Netzedistrikt und Danzig abgetreten. Dieses diente hinfort in der staatsrechtlichen Form eines Freistaates unter preußischem und sächsischem Protektorat als französischer Seestützpunkt, während das Kulmerland und der Netzedistrikt zusammen mit den Preußen gleichfalls genommenen Provinzen Süd- und Neuostpreußen zu einem Großherzogtum Warschau, das in Personalunion mit dem Königreich Sachsen verbunden war, vereinigt wurde; lediglich der Kreis Białystok fiel an Rußland.

*

Stadt und Land hatten schwer unter den Folgen des verlorenen Krieges zu leiden. Hatten die Kämpfe in Ostpreußen zu starken Verwüstungen geführt, die durch Ausschreitungen von Teilen des russischen Heeres noch vermehrt worden waren, so lastete nach dem Friedensschluß zusätzlich noch eine französische Kontribution auf dem Lande, zunächst (bis 1. August 1807) die Kosten der Unterhaltung der französischen Truppen. Verheerend wirkte eine durch den Krieg hervorgerufene Viehseuche; sie ließ von dem Viehbestand Ostpreußens kaum etwas übrig. War der ländlichen Bevölkerung so zu weiten Teilen die Lebensgrundlage genommen, so konnten sich Stadt und Land infolge der von Napoleon noch 1806 verkündeten Kontinentalsperre, die den Handel mit England fast völlig zum Erliegen brachte, auch für die Zukunft keine Hoffnung machen.

In Ostpreußen war es auch, wo das Königspaar und der Hof Zuflucht gefunden hatten. König Friedrich Wilhelm III. und Königin Luise waren über Königsberg und die Kurische Nehrung nach Memel gelangt. Erst Ende 1809, nach dem Abzug der französischen Besatzung, sollte das Königspaar nach Berlin zurückkehren. Mit ihm zusammen waren großenteils die Staatsbehörden in die nordöstliche Ecke des Königreiches gezogen, die aus den Trümmern, die die Niederlage hinterlassen hatte, ein neues staatliches Gehäuse zimmern mußten. Doch das konnte nur im Zeichen eines neuen Geistes gelingen. Das Vermächtnis Friedrich des Großen mußte sich mit dem Prinzip der Selbsttätigkeit von Staatsbürgern verbinden, die sich nicht als bloße Untertanen, sondern als mündige Glieder ihres Gemeinwesens, des preußischen Staates, und als Angehörige der deutschen Nation verstanden. Es war dies eine neue Ordnung des gesellschaftlichen Zusammenlebens, die schon des längeren, auch in Ostpreußen, vor dem Hintergrund der Französischen Revolution erahnt und erdacht worden war, nun aber unter der Leitung des Freiherrn vom Stein verwirklicht werden sollte. In dem einen Jahr, das dem Nassauer Reichsritter dafür vergönnt war, wurden die Grundlagen geschaffen.

Dabei konnte sich Stein des personellen und geistigen Reichtums bedienen, den Ostpreußen in der Stunde der Not bereithielt. Friedrich Leopold Reichsfreiherr von Schroetter, der schon vor 1806 in der Stellung des Provinzialministers von Neuostpreußen als Reformer hervorgetreten war und nun als Chef des Provinzialdepartements über die Ausfertigung der Stein'schen Reformerlasse wachte, Theodor von Schön, auf den wesentlich das »Edikt betr. den Besitz des Grundeigentums sowie die persönlichen Verhältnisse der Landbewohner« vom 9. Oktober 1807 zurückging, während Stein es für die gesamte Monarchie in Geltung setzte und für einen gewissen Bauernschutz sorgte (Verordnung vom 14. Februar 1808), und der Königsberger Polizeidirektor Johann Gottfried Frey, ohne den die Städtereform undenkbar gewesen wäre, waren Ostpreußen. Dasselbe galt auch für Hermann von Boyen, der als erster preußischer Kriegsminister mit dem Wehrgesetz

Johann Gottfried Frey. Lithographie von Werner.

von 1814, das bis zum Ende des Ersten Weltkrieges 1918/19 Bestand haben sollte, die Summe der Heeresreform zog. Der Westfale Johann Wilhelm Süvern, der Wesentliches für die Reform des Bildungswesens leistete, namentlich als Vater des neuen preußischen Gymnasiums gelten darf, war Direktor der Gymnasien von Thorn und Elbing gewesen und sodann Professor an der Universität Königsberg geworden. Georg Heinrich Ludwig Nicolovius, als Konsistorialrat Leiter der Sektion Unterricht und Kultus im Provinzialdepartement, war Angehöriger einer angesehenen Königsberger Familie.

Daß Ostpreußen nicht nur der Ort der Reform des Staates war, sondern auch auffällig viele ihrer Träger hervorgebracht hatte, war nicht zufällig, wie ein Blick zurück auf die Geistesgeschichte der Provinz im 18. Jahrhundert lehrt. Ostpreußen war auf jene 1807 anhebende Zeit »innerlich vorbereitet«, wie Hans Rothfels gesagt hat. Das Land »stand auch geistig auf Vorposten«. Die hier wirkenden geistigen Kräfte waren in Übereinstimmung mit der Stoßrichtung der Reform gegen die Schranken gerichtet, »die privates und öffentliches Dasein, Freiheit und Macht, Kultur und Staat bisher getrennt hielten«. Diese geistigen Kräfte wurden zum einen durch Hamann und Herder repräsentiert, die für die »Aufspürung des Irrationalen« standen, »der gemüthaften und der volkstümlichen Kräfte«, die politisch »eine Aktivierung der nationalen Kultur« bedeutete, »insbesondere da, wo sie mit der Kultur anderer Völker im Gemenge lag.« Zum anderen war es die Kantische Philosophie, die der Reform und der Erhebung gegen die französische Fremdherrschaft noch näher stand. »Diese Philosophie bewirkte einen Aufbruch des Unbedingten, des Apriorischen in der menschlichen Natur, einen straffen, vorwärtsweisenden Zug, der den ostpreußischen Männern der Reform eine unverwechselbare Eigenheit, ein bisweilen radikales Ethos verlieh.«

Eine Wendung der Lehren Kants ins Praktische hatte dessen Schüler und Freund Christian Jakob Kraus bewirkt, wie Kant Professor an der Albertina. Er hatte das Land als ein Vermittler der Lehren von Adam Smith den Einflüssen einer liberalen Ökonomie geöffnet. Diese waren insbesondere bei den künftigen Beamten auf Resonanz gestoßen. Ostpreußen lag am Rande der Monarchie, unterhielt Verbindungen über See, vermittelte den Handel von Teilen Osteuropas namentlich nach England und lebte selbst von der Ausfuhr, so daß hier der friderizianische Merkantilismus erst recht überholt war. Die »Forderung der liberalen Ökonomie, daß der Staat möglichst wenig in den Bereich des einzelnen sich mische, daß alle Zwangsrechte fortfallen möchten, die Hoffnung auf die schöpferischen Kräfte der wirtschaftlichen Selbstbestimmung und des freien Verkehrs, auf die mündige bürgerliche Gesellschaft – all das«, so Rothfels, »berührte sich ja aufs engste mit den Kantischen Postulaten.« Auch hatte man ja in Ostpreußen bereits zur Zeit des Großen Königs auf eigene Kräfte zu vertrauen gelernt.

Zu den altpreußischen Wurzeln der Reform zählt die Danziger Stadtverfassung. Diese hatte sich – bei allen Erstarrungen, ja Entartungen, wie sie sich auch andernorts feststellen lassen – unter der Krone Polen nach ihrem Bestande besser und frischer erhalten, als das unter dem preußischen Absolutismus möglich gewesen wäre. Sie war das Band gewesen, das die Danziger Bürgerschaft zur Behauptung gegenüber dem Polentum zusammengehalten hatte, und sie beflügelte nun als Denkmal der Geschichte die Phantasie der preußischen Reformer, an der Spitze die des Königsberger Polizeidirektors Frey.

Seit Januar 1808, als die königliche Familie von Memel nach Königsberg übergesiedelt war, war dieses das politische Zentrum Preußens. Im Dezember 1809 gingen die Staatsbehörden mit dem Königspaar nach Berlin zurück. Stein war am 24. Oktober 1808 auf Druck Napoleons hin entlassen worden. Seine Nachfolge als Innenminister hatte Friedrich Ferdinand Alexander Reichsburggraf zu Dohna-Schlobitten, aus altadligem ostpreußischen Haus stammend, angetreten (während das Finanzressort an den Franken Karl Freiherr vom Stein zum Altenstein gefallen war). Die Berufung Hardenbergs zum Staatskanzler, mit der ein neuer Abschnitt der preußischen Reformen begann, in dem freilich manches zuerst in Ostpreußen Entwickelte fortwirkte, erfolgte dann schon in Berlin (1810).

*

Solange Napoleon Preußen besetzt gehalten hatte, waren die Kosten für die Staatsverwaltung und das Heer sowie die Lasten der Preußen 1808 von Frankreich auferlegten Kriegsentschädigung allein durch das freigebliebene Ostpreußen (mit dem östlich der Weichsel gelegenen Teil Westpreußens) zu tragen gewesen. Hatte die darin liegende Überbürdung schon die nachteiligsten Folgen für das Land gehabt, so verschärfte im Jahre 1811 eine Mißernte noch den allgemeinen Notstand. Das Maß voll machte dann 1812 der Zug der französischen Truppen nach Rußland durch Ostpreußen hindurch, das von diesen nicht wie die Provinz eines Verbündeten behandelt wurde, die es doch war.

Als dann Anfang 1813 die geschlagenen Franzosen zurückströmten, schlug die tiefe Erbitterung der ostpreußischen Bevölkerung in eine Erhebung um, die zum Beginn der Befreiungskriege 1813 bis 1815 wurde. Eine entscheidende Rolle spielte dabei Hans David Ludwig von Yorck, der mit dem von ihm kommandierten preußischen Korps in Kurland den linken Flügel der im Kampf gegen die Russen stehenden Franzosen zu decken gehabt hatte. Yorck schloß am 30. Dezember 1812 mit dem russischen General Diebitsch, einem gebürtigen Schlesier, ohne Einverständnis des Königs, der vorerst am Bündnis mit Frankreich festhalten wollte, die Konvention von Tauroggen, derzufolge das Korps den

Raum zwischen dem Kurischen Haff, Memel und Tilsit besetzen sollte und Neutralität genoß, während dem König die weitere Entscheidung anheimgestellt wurde. Yorck verharrte aber nicht in dem ihm zugewiesenen Raum, sondern beschloß, die Säuberung Ostpreußens von den Franzosen nicht allein den Russen zu überlassen. Am 8. Januar war er in Königsberg, wo er erfuhr, daß der König die von ihm geschlossene Konvention verworfen hatte, und am 21. Januar befahl er seinen Truppen, nach Elbing und Marienburg vorzurücken. »Ganz Ostpreußen«, so schreibt Gerhard Ritter in seiner Stein-Biographie, »fieberte seit Wochen vor patriotischer Erregung. Ungeheuer war der Eindruck der Yorckschen Tat bei den Gebildeten, gewaltiger noch bei den Massen des Landvolks die Wirkung dessen, was sie unmittelbar vor sich sahen: das stolze Heer der französischen Bedränger zu Trümmern geschlagen, flüchtend in völliger Auflösung, in Schattengestalten, bei deren Anblick freilich menschliches Mitleid den Fremdenhaß meistens weit überwog.«

Yorck, schon seit 1811 Generalgouverneur der Provinz Preußen, war nach der Erinnerung Ernst Moritz Arndts »eine starre entschlossene Gestalt, eine breite gewölbte Stirn voll Muth und Verstand, um den Mund ein hartes sarkastisches Lächeln«, eine Erscheinung »scharf wie gehacktes Eisen«. Freiherr vom Stein, der (in der Begleitung Arndts) in eben dieser Zeit, also im Januar 1813, mit einer Generalvollmacht Kaiser Alexanders versehen, in Königsberg eintraf, um in Ostpreußen eine allgemeine Erhebung zu entfachen, fand bei den Ständen viel Zustimmung, stieß aber bei den obersten Behörden, insbesondere den drei Regierungspräsidenten, auf Reserve. Denn sie befürchteten eine Auslieferung des Landes an Rußland und sahen sich im übrigen zu einer Zusammenarbeit mit Stein nur mit Genehmigung des Königs imstande. Der zuständige Königsberger Regierungspräsident Hans Jakob von Auerswald, der spätere Oberpräsident, konzedierte statt der Ausschreibung eines ordentlichen Landtages, wie sie Stein gefordert hatte, lediglich die Einberufung einer »Versammlung der Deputierten der Stände«. Yorck, der sich inzwischen durch Weisungen des Königs als Kommandierender General und Gouverneur bestätigt fand, weigerte sich, an der Versammlung mitzuwirken, wenn Stein als russischer Kommissar auch nur anwesend sei. Zu dem sachlichen kam bei beiden noch der persönliche Gegensatz hinzu: »hier stießen zwei Temperamente von gleich unbehaglicher Verfassung aufeinander« (G. Ritter). Um den Fortgang des zu leistenden Werkes, der Rettung des Vaterlandes, zu dienen, beschränkte sich Stein auf die Vorlage eines Eröffnungsschreibens, in dem er die Deputierten zur Landesbewaffnung aufforderte, womit die Behörden von ihrer Verantwortlichkeit gegenüber dem König entlastet wurden. So konnte die Versammlung, wie vorgesehen, am 5. Februar 1813 in Königsberg, im Gebäude der Ostpreußischen Landschaft zusammentreten.

Bereits am 7. Februar beschloß die Depurtiertenversammlung eine ihr von Yorck vorgelegte Landwehrordnung, die auf Alexander von Dohna, den früheren Innenminister, zurückging und an deren Ausarbeitung wohl auch Carl von Clausewitz, Scharnhorsts Mitarbeiter und Vertrauter, beteiligt gewesen war. Mit Stein bestand Einverständnis. Danach wurde mit Gesetzeskraft in Ostpreußen eine Landwehr in einer Stärke von 20 000 Mann, zuzüglich 10 000 Mann Reserve errichtet. Die Kosten trugen die Gemeinden und die Domänen. Dienstpflichtig waren alle waffenfähigen Männer im Alter zwischen 18 und 45 Jahren. Man knüpfte damit an das alte preußische Defensionswerk an. Zur Durchführung aller Beschlüsse der Versammlung wurde eine Generalkommission mit weitgehenden obrigkeitlichen Befugnissen unter dem Vorsitz von Alexander von Dohna gewählt. Das war gegen alle preußische Staatstradition, das »kleine Spezimen [d. h. eine Probe] der Revolution«, wie Friedrich August von der Marwitz bemerkte. Die Bestätigung der ostpreußischen Landwehrordnung durch den König, der sich Ende Januar mit

Hans David Ludwig von Yorck. Gemälde von Dav. Christ. Gebauer.

dem Hofe nach Breslau begeben, also dem Zugriff Napoleons entzogen, aber noch nicht mit diesem gebrochen hatte, erfolgte erst am 17. März, dem Tage, an dem die »Verordnung über die Organisation der Landwehr« für die gesamte Monarchie erging. Alexander von Dohna wurde zum Zivilgouverneur von Ostpreußen ernannt. Die Opfertat der »am meisten erschöpften, auf weite Strecken völlig verwüsteten Provinz« (die dennoch auch das Yorcksche Korps reichlich ergänzte) war, wie Ritter schreibt, »von unabsehbaren politischen Folgen« gewesen. Sie hatte nicht nur Scharnhorst den Weg zur Verwirklichung seines Landwehr-, d. h. Milizgedankens gebahnt, sondern darüber hinaus »den Anstoß zur freiwilligen Erhebung aller Provinzen, zu jenem erstaunlichen Schauspiel patriotischen Wetteifers« gegeben, das »zu den großen Erinnerungen preußisch-deutscher Geschichte gehört: vor allem deshalb, weil es die mißachteten, ja vielfach verhaßten Preußen mit einem Schlage an die Spitze der nationalen Bewegung brachte.«

Bereits am 19. Februar 1813 hatte die Generalkommission mit der Aushebung der Landwehrpflichtigen begonnen und war dabei fast überall auf Begeisterung und Opferbereitschaft getroffen. Schon Ende April war die Aufstellung, so sehr die Kräfte des Landes in den jüngstvergangenen Jahren auch geschwächt worden waren, fast vollständig abgeschlossen; hinzu kamen noch 130 000 Mann Landsturm. Die ostpreußische Landwehr war neben einem russischen Korps unter Herzog Alexander von Württemberg an der Belagerung des von den Franzosen stark befestigten Danzig beteiligt, das erst am 29. November 1813 nach schweren Kämpfen und nicht unbeträchtlichen Zerstörungen fiel. Bereits an der Belagerung von Küstrin im Juni hatte die ostpreußische Landwehr mitgewirkt.

Marienburg, Schloßflügel, Gemälde von Domenico Quaglio, 1834.

In der Leipziger Völkerschlacht erstürmte das Königsberger Landwehrbataillon am 19. Oktober das Grimmaische Tor. Zur Erinnerung daran und an die Befreiungskriege überhaupt wurde 1815 auf dem Galtgarben, der mit 111 Metern Höhe höchsten Erhebung des Samlandes, etwa 20 Kilometer nordwestlich von Königsberg gelegen, ein riesiges Landwehrkreuz errichtet, das die Namen Scharnhorst, Yorck und Gneisenau zierte. Das Denkmal ging auf eine Idee des Kriegs- und Steuerrates Scheffner zurück, der unweit dieses Platzes begraben liegt.
Neben den Einsätzen der Landwehr standen die Kämpfe und Opfer der ostpreußischen Linienregimenter auf deutschem und französischem Boden. Auch einen Dichter, der die deutsche Erhebung gegen die Fremdherrschaft begleitete, besang und verherrlichte sowie zur Vollendung des Kampfes mahnte, hatte Ostpreußen hervorgebracht: Gottlob Ferdinand Maximilian (Max) von Schenkendorf, der aus Tilsit stammte. Aus protestantisch-pietistischen Kreisen kommend, war für ihn Freiheit auch die Freiheit des christlichen Glaubens. Als Romantiker verehrte er das deutsche Mittelalter und insbesondere den Deutschen Orden. Warnend wies er auf den fortschreitenden Verfall der Marienburg hin. Ernst Moritz Arndt rühmte noch in seinen Erinnerungen im Alter den Kampfgeist der Ostpreußen, dessen Zeuge er gewesen war. Das »in tausend Wunden zerhauene und verblutete Preußen« habe »in der Lust der Abschüttelung und Befreiung alle seine Narben, ja seine noch offenen Wunden« vergessen und sich »zur Bewaffnung seiner Jugend« geschart und gerüstet, »und zum Vordermarsch der Deutschen für die Freiheit!«

Teil IV:
Von Preußen in das Kaiserreich

7. Die Preußenlande als preußische Provinz und im Neuen Reich

Von der Neuordnung des preußischen Staates bis zum Ende des Ersten Weltkrieges (1815–1918)

Ostpreußen, das alte Ordensland und das spätere Herzogtum, hatte im brandenburgisch-preußischen Staat stets ein Sonderdasein gelebt, war Land geblieben und im strengen Wortsinne keine Provinz geworden. Im Zeitalter der Reform und der Befreiungskriege hatte es diese Eigenexistenz auf das glanzvollste bestätigen können. Doch mußte diese in dem Maße schwinden, in dem sich Preußen aus einer Ansammlung von Territorien in einen Gesamtstaat verwandelte und die Verkehrsverbindungen von den mittleren Provinzen nach Altpreußen besser wurden. Einen ersten Schritt zu einer Einbindung der Lande zwischen Weichsel und Memel in den preußischen Staat stellte die Verordnung über die verbesserte Einrichtung der Provinzialbehörden vom 30. April 1815 dar, derzufolge die Monarchie in zehn (später acht) Provinzen aufgeteilt wurde. Doch sollte gerade die Provinzialverfassung, die erst mit der förmlichen Auflösung Preußens im Jahre 1947 ihr Ende fand, in Altpreußen zu einem letzten Triumph des dortigen Sonderwesens führen. Den Schlüssel dazu bot das Amt des Oberpräsidenten, der gemäß der aus Steinschem Geist geborenen verfassungsrechtlichen Mischung einer straffen Leitung von oben mit selbständigem Mitwirken von unten nicht nur den König in der Provinz, sondern auch deren Interessen beim König vertreten sollte. Und es wurde in dieses Amt ein Mann berufen, der die in ihm angelegten Möglichkeiten virtuos zu nutzen verstand: Theodor von Schön.

Schön, Sohn eines 1792 nobilitierten evangelischen Amtsrates und Domänenpächters, war 1773 auf dem Rittergut Schreitlaucken (Schreitlauken, Schreitlaugken), nordöstlich von Ragnit, unweit der Mündung der Jura in die Memel, also in Preußisch Litthauen, geboren worden. Nach beruflichen Anfängen in Ostpreußen und Neuostpreußen sowie Studienreisen in Deutschland und England war er 1802 Geheimer Finanzrat im Generaldirektorium in Berlin geworden und hatte, wie schon bemerkt, zu Beginn der preußischen Reform in Memel und Königsberg eine wesentliche Rolle gespielt und, nach Steins Sturz, 1809 auf eigenen Wunsch hin das Regierungspräsidium von Gumbinnen übernommen. 1816 wurde er Oberpräsident von Westpreußen mit Sitz in Danzig. Nachdem 1824 der Oberpräsident von Ostpreußen, Hans Jakob von Auerswald, zurückgetreten war, wurde Schön unter Beibehaltung seines bisherigen Amtes dessen Nachfolger. Durch eine Kabinettsorder vom 3. Dezember 1829 wurden beide Provinzen miteinander vereinigt. Der Oberpräsident der vereinigten Provinz, der Provinz Preußen, wurde Schön, der die Vereinigung schon früher befürwortet hatte. Seither regierte Schön »in seiner großen, von ihm leidenschaftlich geliebten Provinz fast wie ein unumschränkter Herrscher, wie ein

Heinrich Theodor von Schön. Stich von Friedrich Bolt nach einem Gemälde von Carl Müller.

väterlicher Absolutist, ohne sich von den Berliner Zentralstellen allzuviel in seine Maßnahmen hereinreden zu lassen« (B. Schumacher).
Die bisherige und die spätere Provinz Ostpreußen setzte sich aus den Regierungsbezirken Königsberg und Gumbinnen zusammen. Jener umfaßte die Kreise Allenstein, Braunsberg, Pr. Eylau, Fischhausen, Friedland, Gerdauen, Heiligenbeil, Heilsberg, Pr. Holland, Königsberg-Land, Königsberg-Stadt, Labiau, Memel, Mohrungen, Ortelsburg, Osterode, Rastenburg, Rößel und Wehlau (Allenstein, Ortelsburg, Osterode, Neidenburg und Rößel 1905 zu dem neugebildeten Reg.-Bez. Allenstein). 1939 wurden die Kreise Königsberg-Land und Fischhausen zu dem Kreis Samland mit Sitz in Königsberg vereinigt. Der Regierungsbezirk Gumbinnen umschloß die Kreise Angerburg, Darkehmen, Goldap, Gumbinnen, Heydekrug, Insterburg, Johannisburg, Lötzen, Lyck, Niederung, Oletzko, Pillkallen, Ragnit, Sensburg, Stallupönen und Tilsit (Sensburg, Lötzen, Lyck und Johannisburg 1905 zum Reg.-Bez. Allenstein). In den Jahren 1896 und 1902 wurden die Städte Tilsit und Insterburg kreisfrei, bildeten also Stadtkreise. Die damals wieder bestehende Provinz Westpreußen setzte sich wie vor 1829 aus den Regierungsbezirken Danzig und Marienwerder zusammen. Jener umfaßte die Kreise Danzig-Stadt, Danzig-Land, Neustadt, Karthaus, Berent, Pr. Stargard, Elbing und Marienburg, dieser die Kreise Schlochau, Konitz, Schwetz, Graudenz, Kulm, Thorn, Stuhm, Marienwerder, Rosenberg, Löbau und Strasburg sowie die (dem Netzedistrikt entstammenden) Kreise Deutsch Krone und Flatow. Seit 1883 waren Danzig und Elbing und seit 1900 Thorn kreisfreie Städte. 1887 kamen noch im Regierungsbezirk Danzig die Kreise Höhe und Niederung (durch die Teilung von Danzig-Land), Dirschau und Putzig sowie im Regierungsbezirk

Marienwerder die Kreise Tuchel und Briesen hinzu. Die neuen Kreise waren gegenüber denen des 18. Jahrhunderts wesentlich verkleinert worden. Denn die Pflichten der Landräte hatten sich gegenüber früher vermehrt. In ihre Zuständigkeit fielen die allgemeine Sicherheit, die Feuer-, Bau- und Medizinalpolizei, das Armenwesen, die Förderung des Gewerbes und der Landwirtschaft, der Ausbau des Verkehrsnetzes, auch die Aufsicht über die Städte, Landgemeinden und Gutsbezirke sowie die Externa der Elementarschulen und der Kirchen. Die Bevölkerung Ostpreußens betrug im Jahre 1816 874 162 Einwohner, 1871 1 822 934 und im Jahre 1933 2 230 000. Zwischen 1871 und 1933 waren 922 000 Einwohner abgewandert. Die Bevölkerungsdichte hatte 1933 den Wert von 63,1 pro Quadratkilometer erreicht, während der preußische Durchschnitt im Jahre 1925 bei 115 lag. Westpreußen zählte im Jahre 1890 1 433 480 Einwohner, was einer Bevölkerungsdichte von 56 Menschen pro Quadratkilometer entsprach. 1910 wurden 1 703 000 Einwohner gezählt. Der Verlust durch Abwanderung betrug in Westpreußen zwischen 1871 und 1910 591 000 Menschen.
Für Ost- und Westpreußen waren nach der Auffassung Schöns drei Aufgaben vordringlich: eine Heilung der Kriegsschäden, ein Abbau der Verschuldung des Grundbesitzes, die infolge der Kontinentalsperre entstanden war, und mit beidem die Hebung der landwirtschaftlichen Produktion sowie endlich die Fortführung der durch den Krieg zum Stillstand gekommenen Regulierung der gutsherrlich-bäuerlichen Besitzverhältnisse infolge der durch das Oktoberedikt 1807 verfügten Bauernbefreiung.
Der Schuldenstand konnte zunächst freilich kaum zurückgeführt werden, trotz eines 1816 von Berlin bewilligten Wiederaufbaufonds, der im übrigen aus Gründen der finanziellen Erschöpfung des preußischen Staates nach der Kriegszeit in seinem Umfange begrenzt war. Denn England war 1815 zum Schutzzoll übergegangen, während die preußische Regierung aus politischer Rücksichtnahme russisches und polnisches Getreide ungehindert ins Land ließ. Mehrere gute Ernten zu Beginn der zwanziger Jahre vermehrten noch die Menge der Überproduktion, insbesondere von Getreide, die dazu noch infolge unzureichender Verkehrsverbindungen und dank des Fortbestehens der innerdeutschen Zollgrenzen nur sehr langsam nach Mittel- und Westdeutschland abfließen konnte.
Angesichts der Preußen in den zwanziger Jahren allgemein heimsuchenden Agrarkrise mußte Schön bis in die Mitte der dreißiger Jahre kämpfen, ehe die Gutswirtschaft wieder kreditwürdig und ihre Leistungsfähigkeit befriedigend war. Er hatte auch zu Zwangsversteigerungen hoffnungslos überschuldeter Güter greifen müssen, wodurch Grundbesitz an Käufer aus Handel und Gewerbe, d. h. zumeist in bürgerliche Hände, gekommen war, auch mit dem Ergebnis einer Modernisierung der Landwirtschaft.
Mitte der dreißiger Jahre kam die Regulierung, d. h. die Abgeltung der den Bauern von der Gutsherrschaft auferlegten Lasten und Dienste, der das Regulierungsedikt vom 14. September 1811 und die Deklaration vom 29. Mai 1816 zugrundelagen, zum Abschluß. Die Tatsache, daß die Bauern zumeist statt der Ablösungssumme, die sie nicht zu erlegen in der Lage gewesen waren, Land abgetreten hatten, war auch insofern problematisch gewesen, als den Gutsherren in der allgemeinen Armut der Nachkriegsjahre die Mittel gefehlt hatten (die auch auf dem Kreditwege nicht beizubringen waren), um für den abgetretenen Grund Gebäude errichten und Vieh beschaffen zu können. Auf die Länge aber gaben die durch die Regulierung bewirkte Separation, d. h. die Beseitigung von Gemengelagen gutsherrlichen und bäuerlichen Besitzes, und die Aufteilung der Allmende den Anstoß zu einer erheblichen Vermehrung der landwirtschaftlichen Nutzfläche. Während diese in Ostpreußen im Jahre 1815 noch 20,5 Prozent der gesamten Fläche des Landes betragen hatte, waren es 1849 bereits 44,3 Prozent, die sich bis 1913 noch um 10,6 Prozent vermehren sollten. Auch die Bauern gelangten vielerorts zu einer Modernisierung und

Intensivierung ihrer Arbeitsmethoden und Wirtschaftsweise; die Dreifelderwirtschaft wurde aufgegeben. Auf den zwei Dritteln der ihnen nach der Regulierung verbliebenen Ackerfläche produzierten sie oft mehr als vorher, allerdings unter Aufwendung der doppelten Arbeitskraft. Dabei kostete die Bauernbefreiung in Westpreußen den Bauern (zumeist Polen, da die deutschen Bauern vorwiegend frei waren) weniger Land. Denn hier wurden die Gutsherrn nicht entschädigt.
So wurde für weit mehr Menschen Arbeit und Brot geschaffen als durch die Agrarreform freigesetzt worden waren. Zwischen 1818 und 1867 nahm daher die ländliche Bevölkerung Ostpreußens um 85 Prozent zu, die Gesamtbevölkerung Ost- und Westpreußens verdoppelte sich im selben Zeitraum.
Diese Entwicklung ist auch vor dem Hintergrund verbesserter Möglichkeiten der Ausfuhr zu sehen, die sich durch den von Schön betriebenen Chausseebau, die preußische Zolleinheit von 1818 und den Deutschen Zollverein von 1834 sowie später den Eisenbahnbau ergaben. Freilich ging es mit dem Straßenbau nur sehr stockend voran. Erst ab 1827 stand eine durchgehende Verbindung von Königsberg nach Berlin zur Verfügung; Anschlüsse nach Warschau und Moskau fehlten noch. So sehr Altpreußen auch agrarisch geprägt war, so machte sich doch eine durch Schön geförderte vorindustrielle Entwicklung geltend, nachdem in der Kriegszeit alle Ansätze dazu zerstört worden waren. Neben dem Gedeihen des Mühlengewerbes im ganzen Land konnte sich insbesondere in Westpreußen eine Eisen-, Stahl- und Kupferverarbeitung etablieren.
Die politische Grundlage dieser Jahre bot, von alters her auch das Refugium altpreußischen Sonderwesens, das Ständetum dar. Es hatte in der nachfriderizianischen Zeit insofern wieder an Boden gewonnen, als König Friedrich Wilhelm II. den ostpreußischen Kreisständen das Recht zugebilligt hatte, den Landrat zu wählen. Geadelt durch die Erinnerung an das Jahr 1813, baute das Ständetum rechtlich auf dem Gesetz vom 5. Juni 1823 auf, mit dem im Königreich Preußen Provinzialstände bewilligt worden waren. Am 14. November 1824 trat in Königsberg zum ersten Male ein Provinziallandtag für beide Provinzen zusammen. Ungeachtet der Tatsache, daß er den König lediglich hinsichtlich der vom Staatsministerium vorgelegten Gesetzentwürfe zu beraten hatte, und ungeachtet der restaurativen Bestrebungen insbesondere nach 1819 auch in Preußen entwickelte er eine in Deutschland damals einzigartige liberale Autorität, die in der spezifischen, nichtjunkerlichen Prägung des ostpreußischen Adels begründet war. Diesem war aus kantischem Geist und dem Bewußtsein heraus, daß alle unter den schweren Bedingungen der Ostseelande wirtschaftlich aufeinander angewiesen waren, jede klassenmäßige Abschließung fremd. Zu den führenden Männern dieses Gutsadels zählte Magnus von Brünneck-Bellschwitz, ein gebürtiger Westpreuße mit engen Beziehungen zu Ostpreußen. Von dort her, so schrieb einst Paul Herre, habe er »die Charakterfestigkeit und Gradheit, das menschliche Mitgefühl und die Gemütstiefe, die Abwesenheit aller Standesvorurteile und auch den Humor« gehabt.
Auch in den Städten machte sich in jener Zeit liberales Denken geltend, das aus der Fernwirkung der Julirevolution 1830 in Frankreich Nahrung zog. So wagte es die Elbinger Bürgerschaft, im Provinziallandtag einen Antrag auf Einführung einer Preußischen Verfassung zu stellen, freilich erfolglos. Der aus Elbing gebürtige Germanist Wilhelm Eduard Albrecht, einer der Göttinger Sieben, die sich 1837 gegen die Aufhebung der hannoverschen Verfassung durch König Ernst August gewendet hatten, empfing dazu eine Zustimmungsadresse von Bürgern der Stadt. Diese sandten in der unrealistischen Erwartung, eine Berufung ihres in Göttingen entlassenen Professors an eine preußische Universität erwirken zu können, eine Abschrift ihres Briefes an den preußischen Innenminister Gustav Adolf Rochus von Rochow. Dieser verpaßte den Elbingern aber einen »Nasen-

stüber« (E. Carstenn) mit dem Bescheid, daß es dem Untertanen nicht gezieme, die Handlungen eines Staatsoberhauptes an dem Maßstab seiner beschränkten Einsicht zu messen. Aufgrund dessen prägte Georg Herwegh später das geflügelte Wort vom »beschränkten Untertanenverstand«, mit dem er ganz offensichtlich die Aussage des Ministers verfälschte.

Erst recht die Hoffnungen, die in ganz Preußen mit dem Regierungsantritt König Friedrich Wilhelms IV. im Jahre 1840 verbunden waren, forderten liberales Denken zutage. Anläßlich der Huldigung in Königsberg brachte der Provinziallandtag aufgrund einer mit 89 zu fünf Stimmen gebilligten Denkschrift die, wie es hieß, »königliche Zusicherung für eine verfassungsmäßige Vertretung des Landes« von 1815 in Erinnerung, also das Versprechen Friedrich Wilhelms III., Preußen eine Verfassung zu gewähren. Die darin liegende Mahnung wurde vom König übel vermerkt. Der Landtag stellte sein Anliegen zurück. Immerhin erklärte sich Friedrich Wilhelm IV. mit der Bildung von »Vereinigten Landtagsausschüssen« einverstanden, einer Versammlung, die sich aus Vertretern der Landtage der einzelnen Provinzen zusammensetzte und die von Zeit zu Zeit zusammentrat. Auch darin, daß der Provinziallandtag die Forderung der Landgemeinden nach einer stärkeren Vertretung in den Kreistagen als berechtigt anerkannte, und mit dem Entwurf einer Landgemeindeordnung, der auf Befehl des Königs ausgearbeitet worden war, stieß er auf dessen Ablehnung. In einer noch im Jahr 1840 erschienenen Schrift mit dem Titel *Woher und Wohin?* sprang Theodor von Schön den Ständen bei und bezeichnete eine Berufung von »Generalständen« als eine unabweisbare Notwendigkeit. Die Schrift war nicht zur Veröffentlichung bestimmt, wurde aber trotzdem bald allgemein bekannt. Schön legte sich mit ihr mit Minister von Rochow an, während er durch den Gebrauch einer gemäßigten Sprache den mit ihm befreundeten und Ostpreußen sehr verbundenen König geschont hatte. Dieser ernannte ihn noch 1840 zum Staatsminister. Doch die Meinungsunterschiede zwischen beiden Männern ließen sich auf die Dauer nicht überbrücken. So erhielt Schön 1842 seinen Abschied und wurde zugleich mit dem Titel eines »Burggrafen der Marienburg« ausgezeichnet, in Anerkennung seiner Verdienste um die Wiederherstellung der Marienburg nach der Vernachlässigung und den Verunstaltungen in früheren Zeiten. Die Sorge um die Marienburg war in seiner romantischen Verehrung für den Deutschordensstaat begründet, die ihm nicht zuletzt die Vereinigung der Provinzen Ostpreußen und Westpreußen nahegelegt hatte. Nach seiner Verabschiedung zog sich Schön auf sein Gut Arnau bei Königsberg zurück, das er sich 1826 gekauft hatte. Hier starb er im Sommer 1856.

*

Die Entwicklung des ostpreußischen Liberalismus sollte bald über Schön hinweggehen. Die von ihm in unvergeßlicher Weise zur Anschauung gebrachte gouvernementale Ausprägung wurde durch eine solche überwunden, die den revolutionären Tendenzen der Zeit mehr oder minder stark verpflichtet war. Sie machte sich seit den vierziger Jahren vor allem im öffentlichen Leben Königsbergs bemerkbar. Seinen Rufer fand dieser bürgerliche Liberalismus in dem jüdischen Arzt Johann Jacoby. 1841 war dessen Schrift *Vier Fragen, beantwortet von einem Ostpreußen* erschienen. Jacoby forderte eine demokratische Verfassung und Parlamentarismus. Freilich gab der sich in der Gedankenwelt Schöns bewegende Adel vorerst noch den Ton an. Aber nachdem der König 1847 den Vereinigten Landtag nach Berlin einberufen hatte, trat der ostpreußische Liberalismus räumlich wie inhaltlich in einen gesamtdeutschen Zusammenhang. Der lange einflußreiche Provinziallandtag trat in den Hintergrund. Dem Vereinigten Landtag sprachen die ostpreußischen Deputierten indessen die verfassungsmäßige Grundlage ab, forderten die Einlösung des königlichen Verfassungsversprechens und erklärten sich, bevor dieses eingelöst sei, nicht für berechtigt, über Vorlagen der Regierung zu entscheiden. Dieser aber ging es vor allem um die Bewilligung von Finanzmitteln zum Bau einer Ostbahn, für ein Vorhaben also, das vor allen anderen geeignet war, das alte Preußenland aus seiner Abgeschiedenheit zu befreien. Den ostpreußischen Deputierten schien die Randlage Ostpreußens offensichtlich nicht so bedrohlich zu sein, wie sie es tatsächlich war, und sie vermochten es tatsächlich, zusammen mit anderen den Bau der Ostbahn um Jahre zu verzögern.

Doch mit dem Jahre 1848 ging es mit dem altpreußischen Sonderwesen endgültig zu Ende. An die Seite liberaler und demokratischer Forderungen traten jetzt die nationalen, die schon seit längerem allüberall zwischen Maas und Memel erhoben wurden und die die politische Einheit Deutschlands zum Ziele hatten. Bereits am 11. April 1848 hatte Preußen im Bundestag den Antrag gestellt, Ost- und Westpreußen in den Deutschen Bund aufzunehmen, was auf eine einhellige Zustimmung der Gesandten gestoßen war. In die Frankfurter Nationalversammlung zogen demgemäß auch Abgeordnete aus Altpreußen (und auch solche aus der Provinz Posen) ein. Mit Eduard (von) Simson wurde am 18. Dezember 1848 ein Ostpreuße Präsident des gesamtdeutschen Parlaments. Simson war später auch Präsident des Volkshauses des Erfurter Unionsparlaments von 1850, mit dem Preußen noch zu später Stunde das nationale Einigungswerk retten wollte; Rudolf von Auerswald, ein Sohn des ostpreußischen Oberpräsidenten von 1813, präsidierte dem Staatenhause. Im alten Preußenland selbst freilich blieb es in der Revolutionszeit ruhig. Empörung und Aufruhr widersprachen dem Naturell seiner Menschen, die im übrigen mit großer Verehrung an König Friedrich Wilhelm IV. hingen, der das Land von wiederholten längeren Reisen her kannte und ein Liebhaber seiner Naturschönheiten war.

In den Turbulenzen des Revolutionsjahres 1848/49 war ein Versuch des Provinziallandtages, für dringende Wirtschafts- und Strukturprobleme des Preußenlandes Erklärungen zu finden und Vorschläge zu ihrer Bewältigung zu erarbeiten, nicht zum Abschluß gelangt. Am 3. Dezember 1846 war mit Genehmigung des Königs eine Kommission zur Ermittlung der Ursachen der Notstände in der Provinz zusammengetreten. Veranlassung dazu hatten mannigfache katastrophale Beeinträchtigungen der Landwirtschaft gegeben. Zu dem Verfall der Preise für landwirtschaftliche Produkte nach den Befreiungskriegen waren immer wieder Mißernten gekommen. In den Jahren 1822, 1826, 1834/35, 1838 und 1845 hatten Dürren das Wachstum beschränkt, 1822, 1834 und 1838 harte Winter große Teile der Saaten und der Kartoffelvorräte vernichtet sowie oft genug Regenperioden und Überschwemmungen die Ernte verderben lassen. Die Kommission, die sich aus Abgeordneten des Provinziallandtages, Landräten sowie Beamten aus den ost- und westpreußischen Regierungen zusammensetze, machte als eine der Ursachen dafür, daß sich extreme Wetterverhältnisse katastrophal ausgewirkt hatten, ein geringes geistiges und sittliches Niveau eines Großteils der arbeitenden Bevölkerung, Unbildung, Faulheit und Trunksucht, aus. In diesem Zusammenhang wurde darauf hingewiesen, daß im Dürrejahr 1845/46 die Schäden in Preußisch Litthauen trotz der hier überdurchschnittlich guten Böden größer gewesen seien als in der Mitte und im Süden der Provinz. Wenn man im übrigen weitsichtig erkannte, daß in Zukunft »ein allgemeiner Wohlstand eine dichtere, mit Gewerbetreibenden gemischte Bevölkerung« voraussetzte, und dennoch der Staatsregierung kein Industrialisierungsprogramm vorschlug, so eben deshalb, weil es in der Provinz an den personellen Voraussetzungen dafür, sittlichem Niveau und gewerblicher Ausbildung, sowie an einer ausreichenden Kaufkraft fehlte. Zur Abhilfe der festgestell-

ten Mißstände empfahl die Kommission vor allem Maßnahmen, die eine Hebung der Bildung und Gesittung bewirken sollten. Unter weiteren Vorschlägen war auch der, für eine Verbesserung des Verkehrsnetzes zu sorgen.
In diesem Sinne bedeutsam war der Anschluß der Provinz Preußen an das deutsche Eisenbahnnetz. 1849 bewilligte der Landtag, der aufgrund der oktroyierten konstitutionellen Verfassung vom Dezember 1848 (Revision 1850) gewählt worden war, ausreichende Mittel für den zum Erliegen gekommenen Bau der Ostbahn, der daraufhin zügig fortgesetzt wurde (Kabinettsorder vom 7. Dezember 1849). Die Verspätung des Bahnbaus in Richtung Osten erklärt sich vor allem dadurch, daß den privaten Eisenbahngesellschaften der Bau von langen Strecken in ein dünn besiedeltes Land und der Betrieb auf ihnen zu riskant erschienen war. Für die ausbleibende Privatinitiative hatte schließlich der preußische Staat aufgrund der ihm obliegenden Verantwortung eintreten müssen. 1852 erreichte die Ostbahn Dirschau, 1853 Königsberg; die Brücken über die Weichsel bei Dirschau und über die Nogat bei Marienburg wurden 1857 in Betrieb genommen. 1860 reichte die Strecke 150 Kilometer über Königsberg hinaus bis nach Eydtkuhnen an der Grenze zu Russisch-Litauen. Die Strecke verlief über Bromberg, das damit als erste Stadt der Provinz Posen Bahnanschluß erhalten hatte; seit 1873 gab es die Abkürzung über Konitz, durch die Tucheler Heide hindurch. Ebenfalls seit 1873 wurde Ostpreußen auch auf einer Strecke über Posen und Thorn erreicht, die über Deutsch Eylau und Osterode nach Allenstein und Insterburg weiterführte. Mit dem Wirksamwerden dieser Verbindungen trat die Bedeutung der durchgehenden Fernverkehrsstraßen zurück. Die Straßen hatten nunmehr vor allem der Erschließung des Landes zu dienen, wobei der in Ostpreußen zu verzeichnende Rückstand auch trotz großer Anstrengungen nicht aufgeholt werden konnte, weniger noch als in Westpreußen der dortige. Im Jahre 1875 kamen auf 100 Quadratkilometer Fläche 10,7 Kilometer befestiger Straße, während es in Schlesien 14,4 Kilometer und in Hessen gar 51,6 Kilometer waren. Behindert wurde der Bau und die Unterhaltung von Straßen in Ostpreußen dadurch, daß es hier kein geeignetes Steinmaterial gab; der Vorschlag, Kiesstraßen zu bauen, fand, da auf den schweren Böden des Nordens der Provinz kaum ausführbar, keine Nachfolge.
Von der Verbesserung der Verkehrsverbindungen mit der Mitte und dem Westen Deutschlands profitierte vor allem Danzig, das seit 1852 von Dirschau her an die Ostbahn angeschlossen war. Dabei hatte sich die Stadt an einem Bahnanschluß zunächst wegen ihrer vorzüglichen Verbindungen zu Wasser nur wenig interessiert gezeigt. Durch die Franzosenzeit und die Agrarkrise danach stark geschädigt, war sie auf Initiative Theodor von Schöns vom preußischen Staate so nachhaltig gefördert worden, daß sie ihre aus den napoleonischen Zeiten herrührende Kriegsschuld schon 1860 abgetragen hatte (während Königsberg erst 1901 dieser Schuld ledig war). Den Aufschwung Danzigs beförderten der Übergang Englands im Jahre 1846 zum Freihandel, der Wegfall des dänischen Sundzolls 1857 und der Krimkrieg von 1854 bis 1856, der die russische Getreideausfuhr nur über die Ostsee erlaubte. In der dreißigjährigen Amtszeit des Oberbürgermeisters Leopold von Winter, eines gebürtigen Schwetzers, die 1862 begonnen hatte, wurde Danzig zur Großstadt; Wasserleitung, Kanalisation, Schulbauten sowie Schlacht- und Viehhof waren in ihrer Zeit vorbildlich, ja anderwärts noch unbekannt. Hatte die Stadt 1862 rund 82 800 Einwohner gezählt, so waren es 1910 doppelt so viele. Auch Elbing, obwohl nicht so begünstigt wie Danzig, erlebte einen Aufstieg. Hier war vor allem die Industrie das Rückgrat des Wohlstandes, namentlich der 1837 begründete Schiffsbau von Ferdinand Schichau und die Zigarrenfabrik Loeser und Wolff. 1939 hatte Elbing etwa 86 000 Einwohner. Auch Thorn, nicht nur Festungs-, sondern auch wie in früheren Zeiten Handwerker- und Handelsstadt, blühte seit der Mitte des Jahrhunderts und konnte seine Ein-

wohnerzahl bis zum Beginn des 20. Jahrhunderts verdoppeln (1905: 31 801), während Kulm, wo die städtische Selbstverwaltung fortlaufend unter ungeeignetem Personal litt und das Klima für Geschäfte und fruchtbare Arbeit fehlte, zu Jahrhundertbeginn erst 10 000 Einwohner zählte. Wie Danzig war Königsberg vornehmlich Handelsplatz, wobei der Handel zu Lande bald den zu Wasser übertraf.

Die Entwicklung der Städte bedeutete auch eine Stärkung des traditionsreichen altpreußischen Liberalismus, den Heinrich Rickert von Danzig und Max von Forckenbeck von Elbing nach Berlin trug, wo jener zu einem großen Parlamentarier und dieser zum Oberbürgermeister aufsteigen sollte. Als 1865 die Königsberger Stadtverordneten den Berliner Stadtkämmerer Hermann Wilhelm Hagen, einen Sohn ihrer Stadt, zum Oberbürgermeister gewählt hatten, versagte die Regierung ihre Bestätigung und setzte einen Kommissar ein, der das Amt zwei Jahre lang verwaltete. Hagen hatte sich 1862 als Landtagsabgeordneter im sogenannten Heeres- bzw. Verfassungskonflikt hervorgetan und damit das Mißfallen der Staatsregierung erregt. Die liberale Opposition hatte den König in Fragen der von diesem erstrebten dreijährigen Dienstpflicht, der Landwehr und der monarchischen Kommandogewalt bis an die Schwelle der Abdankung gedrängt, zu der es nur infolge der Bereitschaft Bismarcks, das Ministerpräsidentenamt zu übernehmen und notfalls auch ohne Etat zu regieren, nicht gekommen war. In den Zusammenhang dieses grundstürzenden Kampfes gehört die Gründung der radikalliberalen Deutschen Fortschrittspartei vom Juni 1861, an der Ost- und Westpreußen hervorragenden Anteil hatten. Die von dem Ende der Reaktionszeit und dem Beginn der »Neuen Ära« nach der Erkrankung des Königs im Herbst 1858 erweckten Hoffnungen waren verflogen, und die vielfach als Anachronismus empfundene Krönung Wilhelms I. am 18. Oktober 1861 zu Königsberg, die darin liegende starke Betonung des monarchischen Prinzips hatten allen Optimismus vollends als ungerechtfertigt und den Wahlsieg der Fortschrittspartei nur wenige Wochen später als Folge erscheinen lassen. Freilich waren die Krönungsfeierlichkeiten auch für die Königsberger Bevölkerung ein wirklich großes Fest gewesen. »Für beide Krönungen, die von 1701 wie die von 1861«, so stellt Fritz Gause, der Historiograph der Stadt, fest, »war Königsberg nur Schauplatz der Handlung, die Bürgerschaft nur Zuschauer. Sie haben aber doch diesem Schauplatz einen lange anhaltenden Glanz verliehen und die Königsberger in ihrem Bewußtsein gestärkt, daß ihre Stadt mehr war als der Vorort einer Provinz, daß ihr die Geschichte den besonderen Rang einer Krönungsstadt gegeben hat.«

Der Sieg der preußischen Truppen bei Königgrätz über die österreichischen und seine politischen Folgen, die Tatsache, daß plötzlich der Weg zur deutschen Einigung offen zu stehen schien, veränderten die politische Stimmung nicht nur in Ostpreußen. Die Linksliberalen büßten ihre starke Stellung ein. Man gewährte Bismarck im Landtag und anderswo »Indemnität«, also Straflosigkeit. In den Norddeutschen Reichstag von 1867, der nach dem allgemeinen und gleichen Wahlrecht gewählt worden war, entsandte die Provinz fast ausschließlich konservative Abgeordnete. Schon in den Zeiten des Verfassungskonflikts mochte es in der nordöstlichen Grenzprovinz für eine kompromißlose Opposition in Fragen der Landesverteidigung, wie sie die Liberalen betrieben hatten, an Verständnis gefehlt haben. In dem nach dem Dreiklassenwahlrecht gewählten preußischen Landtag indessen stellte die Fortschrittspartei noch zwischen 1870 und 1882 bis zu 75 Prozent der aus Ostpreußen kommenden Abgeordneten, während die Konservativen und die Freikonservativen mehrfach gar keinen Sitz erringen konnten. Erst recht herrschte im preußischen Provinziallandtag entsprechend der Einstellung der ostpreußischen grundbesitzenden Schichten der Liberalismus vor, auch hier bis 1882. Etwas Vergleichbares gab es sonst nur noch in der Rheinprovinz.

Auch das Wirksamwerden der Provinzialordnung des Jahres 1875, der 1872 eine Kreisordnung vorausgegangen war, hatte darin also keine Wende eintreten lassen. Nach der Provinzialordnung vom 29. Juni 1875 wurden die Mitglieder des Landtags in Abkehr vom ständischen Prinzip durch die Kreistage und in den Stadtkreisen durch den Magistrat und die Stadtverordneten gewählt. Der Landtag wählte den Provinzialausschuß, das beschließende Organ der provinzialen Selbstverwaltungskörperschaft, das den Landesdirektor, das ausführende Organ, beaufsichtigte. Die Wahl des Landesdirektors oblag dem Landtag, der König hatte ihn zu bestätigen. Der Provinzialverband, wie die Selbstverwaltungskörperschaft insgesamt hieß, war für die Verwaltung der Staatschausseen, die Sozialfürsorge, für Landesmeliorationen, die Förderung von Wissenschaft und Kunst, das Wohnungs- und Siedlungswesen, die Elektrizitäts- und Gasversorgung sowie das Eisenbahnwesen zuständig. Der erste nach dem neuen Recht gebildete Provinziallandtag vom April 1876 wählte Heinrich Rickert zum Landesdirektor.
Dem Ende der Vorherrschaft des Liberalismus in Ostpreußen folgte auch dort die Meinungsführerschaft der Konservativen. Das hing mit der Entwicklung der Landwirtschaft zusammen, die ja die Existenzgrundlage der Provinz darstellte. Nach dem Übergang Englands zum Freihandel in den vierziger Jahren hatte sie einen beträchtlichen Aufschwung genommen und eine noch steigende Bedeutung für die Ernährung des deutschen Volkes gewonnen. Insbesondere der ostelbische Inlandsabsatz wurde aber in Frage gestellt, als Mitte der siebziger Jahre große Mengen preiswerten amerikanischen Getreides den deutschen Markt überschwemmten. Das Dampfschiff, durch das die Transportzeiten verringert und die Transportkosten gesenkt worden waren, hatte es möglich gemacht. Hinzu kam russischer Roggen, der aufgrund von Handelsverträgen, die die Russen begünstigten, in beträchtlichem Umfange nach Deutschland gelangen konnte. Der Getreidepreis verfiel. Die ostdeutsche Landwirtschaft sah sich vor die Existenzfrage gestellt. Der Ruf nach einer Schutzzollpolitik wurde laut. Eine solche war aber mit liberalen Konfessionen unvereinbar. Daher setzte sich nun in Altpreußen ein konservativ-agrarischer Interessenstandpunkt durch.

*

Während der Ruf nach Schutzzöllen nicht ungehört geblieben war, 1879 vom Reichstag ein entsprechendes Gesetzeswerk verabschiedet wurde, machte sich in der ostdeutschen Landwirtschaft mehr und mehr ein Arbeitskräftemangel geltend. Er war das Ergebnis einer in ganz Europa verbreiteten Landflucht, die einem Leben in der Stadt mit seinem Chancenreichtum und seinen Verlockungen galt. Besonders in Ost- und Westpreußen, wo die klimatisch bedingte Kürze der Reifezeit im Feldbau zu einer Konzentrierung der Kräfte zwang, machte sich die Abwanderung schmerzlich bemerkbar. Auch forderten in dieser Region gerade die besseren, die schwereren Böden bei der Bearbeitung und Bestellung erhebliche Anstrengungen; oft mußten vier Pferde angespannt werden. Die Verwendung von immerhin billigeren, freilich weniger leistungsfähigen Saisonarbeitern war unumgänglich. Vor allem aber lag in der Landflucht der deutschen Bevölkerung die Chance des weniger anspruchsvollen polnischen Elements. Auch hier war – wenigstens zunächst – die Leistungsfähigkeit geringer als bei den Deutschen. In Westpreußen wurde seitens der Behörden beobachtet, daß insbesondere dort, wo Polen und Kaschuben ansässig waren, gewöhnlich die besseren Böden, deren Bearbeitung mehr Mühe und gutes Gerät erforderten, unkultiviert geblieben seien. In Westpreußen (und erst recht in Posen) war eine im Vergleich zum Polentum ins Gewicht fallende Schwächung des Deutschtums zu erwarten.

Königsberg (Pr.), Schloß, Sicht vom Kaiser-Wilhelm-Platz, mit Südwesteckturm (Abschluß durch Umgang und Helm 1866 nach einem Entwurf von Stüler), und Denkmal Kaiser Wilhelms I. Nach einer Radierung von Hugo Ulbrich.

Auf diese Weise verband sich das Problem des Arbeitskräftemangels auf dem Lande vor allem in Westpreußen (und mehr noch in der Provinz Posen) mit dem deutsch-polnischen Volkstumskampf. Nationale Kämpfe zwischen den Deutschen und den Polen hatte es zunächst in der Provinz Preußen nicht gegeben. Noch viel weniger standen die Deutschen im Gegensatz zu den übrigen Minderheiten – zu den Masuren und den Litthauern in Ostpreußen und zu den Kaschuben in Westpreußen. 1825 zählte die deutsche Bevölkerung Westpreußens etwa eine halbe Million Köpfe, was etwa 68 Prozent der dortigen Einwohnerschaft ausmachte; etwa 278 000 Einwohner waren Polen oder Kaschuben, die damit einen Anteil an der Einwohnerschaft von 32 Prozent hatten. Liberalen Forderungen, die nach der Niederschlagung des polnischen Aufstandes in Kongreßpolen gegen die Russen 1830 aufgekommen und schließlich, 1831, auch vom Provinziallandtag erhoben worden waren, nämlich der polnischen Sprache in der Öffentlichkeit mehr Raum zu gewähren, hatte König Friedrich Wilhelm III. unter dem Einfluß von Schön und des diesem nahestehenden Eduard Heinrich (von) Flottwell, eines gebürtigen Insterburgers, seit 1830 Oberpräsident der Provinz Posen, seine Zustimmung versagt. Ja, mehr noch: Angesichts des von den Polen gegenüber den Russen an den Tag gelegten unbeugsamen Selbständigkeitsstrebens war man von bisher der polnischen Nationalität erwiesenen Großzügigkeiten abgerückt. Unter dem »romantischen« König Friedrich Wilhelm IV., der anders als sein Vater der Pflege der polnischen Individualität Berechtigung zuerkannte, deshalb auch in Posen Oberpräsident Flottwell abberufen hatte, war wie schon zuvor in Posen auch in Westpreußen eine polnische Agitation wirksam geworden, ohne freilich vorerst irgendeine Bedeutung zu erlangen. Eine Stärkung erfuhr das Polentum dann insofern, als der Staat nach 1850, in der Reaktionszeit also, die Kirchen als Bündnispartner im Kampf gegen die Demokratie gebraucht und in diesem Zusammenhang dem polnischen Klerus auch in Westpreußen (wie in Posen schon 1842) die Zweisprachigkeit in fast allen Schulen zugestanden hatte. Wenn damit der Polonisierung ganzer Gemeinden Tür und Tor geöffnet worden war, so hatte auch der Wiederaufstieg der deutschen Landwirtschaft in der Provinz dem Druck des polnischen Volkstums weiteren Raum gegeben. Der seit den dreißiger Jahren stark begünstigte Großbesitz, in den sich mehr und mehr das deutsche Bürgertum eingekauft hatte, schloß die Entwicklung eines kaufkräftigen ländlichen Mittelstandes weitgehend aus, so daß in den Städten auf die Länge das deutsche Bürgertum geschwächt und der Zuzug eines ländlichen polnischen Publikums gefördert wurde.

Seit dem Zusammenbruch des polnischen Aufstandes von 1863 gegen die Russen – an dem sich Freiwillige aus Westpreußen beteiligt hatten, dessen Übergreifen auf Preußen aber verhindert worden war – bauten die Polen auch an der unteren Weichsel ihre Stellung in der Gestalt eines Gemeinwesens aus – beharrlich und in aller Stille. Den Anfang machte Ende der sechziger Jahre in Löbau, in der Ostecke Westpreußens, ein Kreditverein. Andere Vereine der verschiedensten Art folgten im Laufe der Zeit. Daneben etablierte sich ein polnisches Pressewesen. Das Ziel war allüberall Selbsthilfe und polnisch-nationale Propaganda. 1858 hatte der deutsche Bevölkerungsanteil in Westpreußen mit 69,1 Prozent einen Wert erreicht, der nicht mehr übertroffen werden sollte. 1905 betrug er nur noch 65 Prozent. Was die Konfessionen anbetraf, so verminderte sich der Anteil des Judentums an der westpreußischen Bevölkerung zwischen 1871 und 1905 von zwei auf ein Prozent, während der Anteil der Katholiken im selben Zeitraum von 48,8 auf 51,4 Prozent anstieg. Das Deutschtum war in die Defensive geraten. Die Abwehr seitens des preußischen Staates beschränkte sich zunächst darauf, daß 1864/65 das Deutsche wieder (wie vor König Friedrich Wilhelm IV.) alleinige Schulsprache wurde, außer im Religionsunterricht und im Kirchengesang.

Die Reichsgründung von 1871 mußte den Volkstumskampf verschärfen. War doch mit diesem Datum Altpreußen Teil eines deutschen Nationalstaates geworden (nachdem die Provinzen Preußen und Posen 1851 auf Antrag des Gesandten von Bismarck nach gerade erst erfolgter Aufnahme aus dem Deutschen Bunde zur Betonung des preußischen Eigengewichts wieder ausgeschieden waren). Denn konnten sich die Polen allenfalls als Angehörige eines wenn auch deutsch geprägten, so doch prinzipiell übernationalen Staates wie Preußen verstehen, so waren sie im Deutschen Reich als einem Gehäuse für die deutsche Nation im vollen Wortsinne zu einer Minderheit geworden. So kam es, daß Bismarck in den siebziger Jahren den von der Sorge um das Reich getragenen Kulturkampf gegen den politischen Katholizismus auch gegen das politische Polentum richtete. Denn dessen rührigster Verfechter war stets der polnische Klerus gewesen, während nun der politische Katholizismus, d. h. die neugegründete Zentrumspartei, im Polentum eine kräftige Stütze fand. Hier wie dort sah der Reichsgründer »Reichsfeinde« am Werke.
Unter der Kulturkampfgesetzgebung riefen insbesondere die preußischen Maigesetze von 1873 Unruhe hervor. Beinhalteten sie doch unter anderem die Verstaatlichung des Personenstandswesens und damit die Einführung der Zivilehe. Das Gesetz über die Vorbildung und Anstellung der Geistlichen verlangte von diesen die Ablegung eines deutschen Kulturexamens, um ihre Vertrautheit mit dem deutschen Geiste sicherzustellen. Zudem hatten die Bischöfe nach demselben Gesetz die Besetzung eines geistlichen Amtes dem Oberpräsidenten anzuzeigen, der ein Einspruchsrecht hatte. Dabei bestand die Verpflichtung, jedes vakante Pfarramt innerhalb eines Jahres dauerhaft wiederzubesetzen. Zuwiderhandlungen konnten mit Geldstrafen, auch mit der Beschlagnahmung des Vermögens, ja sogar – aufgrund eines Reichsgesetzes vom 4. Mai 1874 – mit Aberkennung der Staatsangehörigkeit und der Verweisung vom Reichsgebiet geahndet werden. Dennoch hat die katholische Kirche Westpreußens den genannten Bestimmungen keine Folge geleistet. Ihre Amtsträger haben in Kauf genommen, daß sie eine der angedrohten Strafen traf bzw. diese erlitten. Bereits 1872 war gesetzlich die geistliche durch die staatliche Aufsicht über alle öffentlichen und privaten Schulen bzw. Erziehungsanstalten ersetzt worden; die Lokal- und Kreisschulinspektoren wurden hinfort durch den Staat ernannt. Gemeint war der polnisch gesinnte Klerus, dessen Einfluß die Schule möglichst weitgehend entzogen werden sollte. Nach einem Erlaß des Oberpräsidenten der Provinz Preußen, Carl von Horn, vom 24. Juli 1873 blieben von dem Gebot des Deutschen als alleiniger Unterrichtssprache der Religionsunterricht und der Kirchengesang nur mehr auf der untersten Stufe ausgenommen.
Fast zwei Jahrzehnte später, am 31. Juli 1892, nach seiner Entlassung also, bekannte Bismarck seinen Zuhörern auf dem Marktplatz zu Jena: »Es bröckelt uns langsam alles wieder ab, was wir mühsam im Osten unserer Grenzen … germanisch aufgebaut haben. Wir hätten den ganzen Kulturkampf entbehren können, wenn die polnische Frage nicht daran hing. Aber sie hing daran. Denn wir hatten damals zur Zeit der sogenannten katholischen Abteilung [im preußischen Kultusministerium] den Nuntius nicht als fremden Diplomaten in Berlin, sondern inmitten des preußischen Ministeriums in Gestalt einer Abteilung, die ursprünglich gestiftet worden war, die Rechte des Königs der Kirche gegenüber zu vertreten, und die schließlich dahin gekommen war, tatsächlich die Rechte der Kirche und der Polen dem Könige gegenüber zu vertreten.«
Nachdem der Kulturkampf von der katholischen Bevölkerung, nicht zuletzt der polnischsprachigen, indem sie zur Kirche gehalten hatte, zum Scheitern gebracht worden war und aufgegeben werden mußte, dauerte der Kampf mit dem nationalpolitischen Polentum fort. In einer großen Rede zur Polenfrage im Preußischen Abgeordnetenhaus in Berlin am 28. Januar 1886 stellte Bismarck fest, daß »der Kampf ums Dasein zwischen den bei-

den Nationen, die auf dieselbe Scholle angewiesen sind, unvermindert« sei und, »man kann sagen, mit verstärkten Kräften fortgeführt« werde. Das Eigentümliche sei, »daß in diesem Kampf nicht etwa, wie man im Auslande vielfach glaubt und wie unsere Optimisten meinen, die deutsche Bevölkerung die Siegerin ist und der Germanismus fortschreitet, sondern umgekehrt; die polnische Bevölkerung macht ganz zweifellose Fortschritte«. Angesichts einer sich beschleunigenden Abwanderung von Deutschen im Osten (in Westpreußen zwischen 1880 und 1890 197 600 gegenüber 99 200 zwischen 1871 und 1880, in Ostpreußen im Verhältnis von 210 700 zu 86 500) schritten Bismarck, der Oberpräsident der Provinz Posen, Robert Graf von Zedlitz-Trützschler, und der Bromberger Regierungspräsident Christoph von Tiedemann noch im Frühjahr 1886 zur Tat. So konnte am 26. April im preußischen Landtag das Gesetz »betreffend Beförderung deutscher Ansiedlungen in den Provinzen Posen und Westpreußen« verabschiedet werden, das die Grundlage für eine öffentlich geförderte Ansiedlung von deutschen Arbeitern und Bauern bieten sollte. Zur Ausführung des Vorhabens wurde eine staatliche »Ansiedlungskommission« mit Sitz in Posen unter der Leitung des dortigen Oberpräsidenten ins Leben gerufen. In Westpreußen betraf deren Tätigkeit vor allem den Regierungsbezirk Marienwerder und in diesem die von der Polonisierung besonders bedrohten Kreise Löbau, Strasburg, Briesen, Kulm, Schwetz, Thorn, Tuchel und Flatow. Der Siedlungsgrund sollte mit Hilfe eines eigens gebildeten Fonds durch den Ankauf von Domänengut und vor allem polnischem Gutsbesitz gewonnen werden, während deutscher Großgrundbesitz zu schonen war. Später war auch der Ankauf von einzelnen bäuerlichen Höfen möglich, wenn diese in polnische Hand überzugehen drohten, wovon die nationale Mehrheit im Kreistag abhängen konnte. Mit Hilfe zweier in Posen und Danzig begründeter Banken wurden sie in staatliche Rentengüter umgewandelt, wobei ein Wiederkaufsrecht bestand. Die staatsbürgerlichen Rechte der Polen wurden mit dem Gesetz nicht angetastet.

Die unmittelbar dem Staatsministerium unterstellte Ansiedlungskommission war nach dem Willen der beiden Oberpräsidenten bestrebt, die antipolnische Stoßrichtung ihrer Tätigkeit hinter dem Gesichtspunkt einer Verbesserung der Landeskultur zurücktreten zu lassen. In Westpreußen wußte die Behörde auch tatsächlich auf Vorstellungen von Landräten hin größere Härten zu vermeiden. Doch war das Bemühen um Mäßigung angesichts der die Öffentlichkeit erfüllenden nationalpolitischen Propaganda, wie sie vor allem der 1894 in Posen gegründete »Verein zur Förderung des Deutschtums in den Ostmarken« betrieb, seit 1899 »Deutscher Ostmarkenverein«, zunehmend behindert. Die Erfolge der Ansiedlungskommission waren zunächst ermutigend; es gelang in der ersten Zeit durchaus, polnischen Grundbesitz zu erwerben, meist auf dem Wege der Zwangsversteigerung. Denn es gab genug polnische Güter, die in einem schlechten wirtschaftlichen Zustand waren. Auch an Stellenbewerbern – namentlich aus Westdeutschland – fehlte es nicht.

Doch bald setzte polnische Gegenwehr ein. Überschuldeter polnischer Besitz wurde entweder gestützt oder von polnischen Parzellierungsgesellschaften mit dem Ziel eigener Siedlung aufgekauft. Diese war vornehmlich für heimgekehrte polnische Wanderarbeiter aus Berlin, von der Ruhr und anderswoher bestimmt, die ihre Ersparnisse in Genossenschaften (Volksbanken) eingezahlt hatten, weshalb den Parzellierungsgenossenschaften reichlich Kapital zur Verfügung stand. Diesen Bemühungen kamen Änderungen des Genossenschaftsrechts und die uneingeschränkte Einführung des Prinzips der Rentengüter in Preußen einschließlich der Möglichkeit der Erlangung von Staatskrediten zugute. Beides war Ergebnis des polenfreundlichen Kurses des nachbismarckischen Kanzlers und preußischen Ministerpräsidenten von Caprivi. Wenn auch den Polen die Möglichkeiten, aus diesen Regelungen für ihr Siedlungswerk Gewinn zu ziehen, nach dem

Abgang Caprivis und der Aufkündigung seiner Versöhnungspolitik stark beschnitten wurden, so fiel es doch der Ansiedlungskommission immer schwerer, polnischen Besitz zu erwerben, zumal polnische Gutsbesitzer, die an sie verkauften, öffentlich des nationalen Verrats bezichtigt wurden. So fand sie sich auf den freien Markt verwiesen, auf dem indessen die Preise infolge der deutschen wie der polnischen Ankaufspolitik stark gestiegen waren. Daher wurde 1898 und 1902 der an sich schon bedeutende Ansiedlungsfond aufgestockt. Versuche, polnische Siedlung durch extensive Auslegung gesetzlicher Bestimmungen zu behindern, scheiterten an der Rechtsprechung des Preußischen Oberverwaltungsgerichts. Nach der Jahrhundertwende griff die polnische Siedlung sogar auf Ostpreußen über, zuerst auf die Kreise Osterode und Neidenburg. »Die Energie, mit der die Polen die Abwehr des deutschen Angriffs auf ihrem Boden in Szene gesetzt haben«, so schrieb später Reichskanzler Fürst Bülow in seinem Buche *Deutsche Politik*, »verdient Bewunderung«.
Da die Ansiedlungskommission aufgrund des immer dünner werdenden Angebots an Grund und Boden und infolge der hohen Preise in ihrer Arbeit mehr und mehr eingeschränkt war, schritt die Preußische Staatsregierung zur Vorlage eines Enteignungsgesetzes, dessen Vereinbarkeit mit rechtsstaatlichen Prinzipien in der Öffentlichkeit stark umstritten war. Nach eingehender Debatte in den beiden Häusern des preußischen Landtags und manchen Einschränkungen wurde der Entwurf 1908 verabschiedet. Das Gesetz legte der Kommission das Recht bei, eine Fläche von bis zu 70 000 Hektar im Wert bis zu 50 Millionen Mark auf dem Wege der Enteignung gegen Entschädigung zu erwerben, wenn in den jeweiligen Fällen das Deutschtum nur durch eine Stärkung deutscher Niederlassung und diese nur durch neue Ansiedlungen erhalten werden konnte. Das Gesetz wurde zwar jahrelang überhaupt nicht und dann im Jahre 1912 einmal für 1652 Hektar und dann niemals wieder angewendet, stärkte aber durch die Unruhe, die es in der nichtdeutschsprachigen Bevölkerung erzeugte, wie durch das Aufsehen, das es im Ausland erregte, das organisierte Polentum. Insgesamt gelang der Ansiedlungskommission bei gewaltigen finanziellen Aufwendungen nicht mehr, als den Rückgang der deutschen Bevölkerung in den Provinzen Posen und Westpreußen zum Stillstand zu bringen. Zwischen 1886 und 1914 kaufte sie 461 000 Hektar Boden, davon nur 127 000 aus polnischer Hand. Auf diesem Grund und in 300 neuen Dörfern lebte schließlich eine deutsche Bevölkerung von rund 150 000 Personen, unter ihnen reichlich 110 000 Zugewanderte, was bei einer Gesamtbevölkerung beider Provinzen von (1910) rund 3,8 Millionen respektabel genannt werden kann. Im Regierungsbezirk Marienwerder waren von insgesamt 6025 Siedlern nur 1128 aus Binnendeutschland gekommen. Im übrigen blieben die Deutschen in Westpreußen trotz aller Abwanderungsverluste und trotz der Mäßigkeit des Zugangs von deutschen Siedlern über die Provinzialgrenzen hinweg gegenüber dem Polentum in der Mehrzahl.

*

Inzwischen war die Provinz Preußen politisch in ihre beiden Bestandteile zerfallen. Seit dem 1. April 1878 gab es auf dem Boden des alten Ordenslandes wieder zwei Provinzen. Hauptstadt der neugebildeten Provinz Westpreußen war das wohlhabend gewordene Danzig, das, um nicht länger hinter Königsberg zurückstehen zu müssen, die Verselbständigung des Weichsellandes mitbetrieben hatte. Für diese mochte wohl auch der Umstand den Ausschlag gegeben haben, daß die Bereitschaft der Westpreußen erschöpft war, sich im Provinziallandtag weiter von den zahlenmäßig stärkeren Ostpreußen majorisieren zu lassen, zumal sie mit deren traditionellem Liberalismus nur wenig harmo-

nisierten. In Ostpreußen trat man mehrheitlich gegen die Teilung ein und versuchte sie zu verhindern, an der Spitze Oberpräsident von Horn. Innenminister Graf Eulenburg, der die Erhaltung der Provinz in ihrem bisherigen Bestande für wünschenswert hielt, meinte sich dem Wunsche der Westpreußen nicht versagen zu sollen, räumte auch ein, daß die Provinz doch reichlich groß sei. Im tieferen aber hatte die Tatsache auf die Teilung hingewirkt, daß in Westpreußen – je weiter die Zeit fortschritt, desto mehr – zwei Problemkomplexe zu bewältigen waren, die Ostpreußen nicht bzw. nicht in einem vergleichbaren Maße beschäftigten: der Volkstumskampf und die Industrialisierung.
Wenn es in Westpreußen auch Ansätze zu einer Industrialisierung gab, so war die Provinz doch im Jahre ihrer Neukonstituierung noch ein Agrarland. Im Jahre 1882 waren in der Land- und Forstwirtschaft 60,55 Prozent aller Berufstätigen beschäftigt, während der preußische Durchschnitt bei 43,64 Prozent lag. Lediglich 19,29 Prozent aller Beschäftigten waren Industrie, Bergbau und Bauwesen zuzurechnen. Einem Ausbau der Industrie standen die massiven Standortnachteile des deutschen Nordostens im Wege, die große Entfernung der Rohstoffquellen und die weiten Wege zu den Abnehmern des Produzierten sowie, mit den darin liegenden Risiken verbunden, ein akuter Kreditmangel. Eine Industrialisierung Westpreußens war aber, um die Lebensfähigkeit der gesamten Preußenlande zu sichern, erwünscht. Damit im Zusammenhang stand die erstrebte Festigung des deutschen Volkstums im Weichselland; industrielle Regsamkeit mußte einen Arbeitskräftebedarf entstehen lassen, der nach herrschender Meinung aus Gründen der Qualifizierung nicht durch polnische Zuwanderer zu befriedigen war, sowie auch die Abwanderung reduzieren helfen.
Voraussetzung für das Gelingen einer Industrialisierung war ein weiterer Ausbau des Eisenbahnnetzes, also die Verbesserung der Verkehrsverbindungen sowie die Verringerung der Transportzeiten und -kosten. Bereits 1870 war die Eisenbahnverbindung Berlin-Stettin-Stolp-Danzig dem Verkehr übergeben worden, und 1873 die Strecke Berlin-Frankfurt a.O.-Posen-Thorn. 1877 wurde die Linie Marienburg-Deutsch Eylau-Soldau-Mława-Warschau fertig, womit das polnische Hinterland angeschlossen war. 1882/83 kam die Verbindung Thorn-Danzig hinzu, die Kulmsee, Graudenz, Marienwerder und Stuhm Verbindungen in die neue Zeit eröffnete. 1900 wurde der Hauptbahnhof von Danzig gebaut. Der Hafen der Stadt gewann insbesondere für die Ausfuhr fortlaufend an Bedeutung. Infolge des anfänglich mangelhaften Eisenbahnanschlusses war Danzig für die polnische Ausfuhr nur noch teilweise in Frage gekommen, so daß die Polen ihren Getreideexport statt dessen über Königsberg und Stettin abgewickelt hatten. Nun aber gewann vor allem die Rohrzuckerausfuhr an Bedeutung, nachdem die Zuckerrübenproduktion und -verarbeitung im Lande erheblich ausgeweitet worden war. In Kulmsee arbeitete mit 1912/13 fast fünf Millionen Zentnern zu Rohrzucker verarbeiteter Zuckerrüben die größte Zuckerfabrik Europas. In Danzig und Neufahrwasser waren Raffinerien entstanden. Die allmähliche Stärkung von Industrie und Gewerbe sowie die Steigerung der landwirtschaftlichen Produktion im Lande führten im Danziger Hafen auch zu einer Steigerung des Umschlags von Importgütern, von Eisenwaren, landwirtschaftlichen Maschinen, Salz, Heringen und Wein.
Industriestandorte waren neben Danzig Elbing, Graudenz, Thorn und andere Städte. Als Branchen hatten sich neben der Verarbeitung von land- und forstwirtschaftlichen Erzeugnissen die Textilindustrie, die Metallverarbeitung sowie der Maschinen- und Schiffsbau etabliert. Als der große Förderer der Industrialisierung Westpreußens wirkte Oberpräsident Gustav von Goßler, der von 1891 bis 1902 im Amte war. Er plante in engem Kontakt mit den zuständigen Berliner Ministerien, der Wirtschaft sowie Bank- und Kreditinstituten, namentlich der als Staatsbank fungierenden Preußischen Seehand-

Unternehmer und Industriepionier Ferdinand Schichau (1814–1896).

lung, und hatte dabei West- und Ostpreußen und die Provinz Posen im Auge. Er bemühte sich auch um die Stützung notleidender Betriebe. Die Standortnachteile des Preußenlandes mußten, so gut es ging, durch Intervention ausgeglichen werden. Er sah, »daß der Staat eingreifen mußte, um Kapital- und Arbeitsmarkt, Verkehrs-, Absatz- und Kreditverhältnisse so zu steuern, daß auch der Osten zu seinem Recht kam« (K. von der Groeben).

Die Erfolge der Industrie- und Gewerbepolitik in Westpreußen hielten sich in Grenzen. Doch waren Fortschritte unübersehbar, etwa im Regierungsbezirk Danzig. Waren hier 1875 in den Gewerbezweigen Metallverarbeitung, Maschinen- und Schiffsbau (Schichau), Steine und Erden, Holz und Schnittstoffe und in der Baubranche 15 925 Personen tätig gewesen, so wurden 1907 in demselben Bereich 49 809 Erwerbstätige gezählt. Der Erfolg von Goßler und anderer ist auch an den gewerblich-technischen Lehranstalten abzulesen, die in jenen Jahren in Westpreußen entstanden. Es waren dies zunächst die Königliche Baugewerkschule in Deutsch Krone und die Königliche Maschinenbauschule in Graudenz. Hinzu kamen in Schneidemühl (Provinz Posen) und Danzig-Langfuhr Gewerbe- und Haushaltungsschulen sowie in Schneidemühl, Danzig, Elbing und Thorn gewerbliche Fortbildungsschulen, Lehrwerkstätten und Handelsschulen. Vor allem aber gelang es von Goßler, der vor seiner Berufung als Oberpräsident preußischer Kultusminister gewesen war, in Danzig eine Technische Hochschule heimisch zumachen, die am 6. Oktober 1904 durch Kaiser Wilhelm II. feierlich eingeweiht wurde. Mit dieser Gründung wurde die erklärte Absicht verfolgt, zu einer weiteren Industrialisierung des Landes anzuregen.

Schloß Cadinen, auf altem Ordensbesitz im Kreis Elbing, 1898 durch Kaiser Wilhelm II. erworben und als Mustergut betrieben. Letzter Besitzer: Prinz Louis Ferdinand von Preußen, der nachmalige Chef des Hauses Hohenzollern.

Der Lehrkörper der Hochschule bestand aus 28 ordentlichen Professoren, zwölf Dozenten und vier Lektoren. Neben den technischen Abteilungen stand eine Abteilung für Allgemeine Wissenschaften. Die Technische Hochschule Danzig wurde neben der Universität Königsberg zu einem zweiten geistigen Mittelpunkt im deutschen Nordosten. Dessen historisches Gedächtnis sah sich jetzt insofern gestärkt, als neben dem Staatsarchiv Königsberg ein Staatsarchiv Danzig seine Pforten öffnete. Die Gräben, die der Kulturkampf im Lande aufgerissen hatte, versuchte Oberpräsident von Goßler nach Kräften zu schließen, wobei er aber jederzeit auf einer Beachtung des staatlichen Charakters der Volksbildung bestand.

*

Als im Jahre 1890 die Schutzzollpolitik der Reichsleitung ihr Ende fand, war das ganz im Sinne der deutschen Industrie, die sich im Schutze der Zollbarrieren genug gestärkt hatte und sich nun auf dem freien Weltmarkt beweisen wollte und mußte. Anders ging es der Landwirtschaft, die des Zollschutzes weiterhin bedurft hätte. Die Folge davon war eine Organisierung agrarischer Interessen im Sinne des verflossenen Protektionismus durch den »Bund der Landwirte« (1893), die in Ost- und Westpreußen, entsprechend den mannigfachen Erschwernissen, denen dort die Landwirtschaft unterworfen war, eine starke Unterstützung fand. Freilich trat bald eine Besserung der Lage ein, die eine allmähliche Erholung der Landwirtschaft zur Folge hatte. Zum einen waren ihr günstige Handelsverträge geschlossen worden, zum anderen billigte der Reichstag im Dezember 1902 auf Vorlage des Reichskanzlers von Bülow eine Erhöhung der Getreidezölle, so daß die deut-

schen Produzenten von dem Bedarf der enorm gewachsenen Großstädte und Industriegebiete profitieren konnten.
Wie in Westpreußen wurde auch in Ostpreußen »innere Kolonisation« betrieben, d. h. man suchte durch die Bildung von bäuerlichem Eigentum die Abwanderung zu bremsen. In diesem Sinne wurde als öffentlich-rechtliche Institution die Ostpreußische Landgesellschaft tätig. Hinzu trat die Schaffung des Agrarkredits. Zuständig für ihn wurden in Ostpreußen die Bank der Ostpreußischen Landschaft, die in den neunziger Jahren gegründeten Spar- und Darlehenskassen, über die die Landräte die Aufsicht führten, und die Raiffeisen-Genossenschaften, in Westpreußen entsprechende Institute. Neben dem Kredit wurden auch Bezug und Absatz sowie das Molkereiwesen genossenschaftlich organisiert, was insgesamt eine Milderung der Unterschiede zwischen Groß- und Kleinbesitz bewirkte. Seit 1913 galt das 1912 für Posen und Westpreußen erlassene Besitzbefestigungsgesetz, das der Entschuldung von Grundbesitz mit öffentlichen Mitteln diente, auch in Teilen Ostpreußens. 1896 waren aufgrund eines Gesetzes vom 30. Juni 1894 ebenso wie in allen anderen preußischen Provinzen als Organe der landwirtschaftlichen Selbstverwaltung Landwirtschaftskammern eingerichtet worden, die ihren Sitz in Königsberg und Danzig genommen hatten. Seit 1893 wurde in Ostpreußen, gefördert durch die Staatsregierung und die Provinz, unter dem Einsatz erheblicher öffentlicher Mittel die Dränierung der schwereren und daher meist undurchlässigen Böden betrieben, d. h. eine Entwässerung mittels eines Rohrsystems, um nach den langen Wintern eine schnellere Erwärmung und damit ein schnelleres Heranreifen der Bodenfrüchte zu erreichen, was bei der kurzen Vegetationsperiode in Ostpreußen von entscheidender Bedeutung sein konnte. 1928 sollte erst die Hälfte der dränierungsbedürftigen Ackerfläche entsprechend eingerichtet sein. In Westpreußen war man um die Jahrhundertwende noch mit der Bewässerung der sandigen Tucheler Heide beschäftigt, mit der man bereits in den vierziger Jahren begonnen hatte.
Im Jahre 1905 kam zu den beiden ostpreußischen Regierungsbezirken Königsberg und Gumbinnen noch der Regierungsbezirk Allenstein hinzu. Seit langem schon wußte man um die Notwendigkeit, die Verwaltungseinheiten der mittleren Ebene zu verkleinern; die Entfernung der masurischen Kreise des Regierungsbezirks Königsberg von der Regierungshauptstadt betrug – zum Teil deutlich – mehr als 100 Kilometer. Der neue Regierungsbezirk wurde durch die Ermlandkreise Allenstein und Rößel, den oberländischen Kreis Osterode, die masurischen Kreise Ortelsburg und Neidenburg (sämtlich bisher Reg.-Bez. Königsberg) sowie Sensburg, Lötzen, Lyck und Johannisburg (bisher Reg.-Bez. Gumbinnen) gebildet. Bei dem Zustandekommen dieser Neuordnung spielte auch die Tatsache mit, daß gegen Ende des Jahrhunderts in Masuren eine Polenagitation begonnen hatte, die auf die polnische Abkunft der dortigen alteingesessenen Bewohner zielte. Den Behörden war dadurch bewußt geworden, daß hier, was Verkehr, die kleinbäuerliche Landwirtschaft, Meliorationen und die Volksbildung anbetraf, noch manches nachzuholen war. Das aber ging kaum über große Distanzen hinweg. Zur Steigerung des Wohlstandes in dem neuen Regierungsbezirk trug übrigens der Umstand bei, daß Allenstein, seit 1884 Garnisonsstadt, Standort einer Division und später sogar eines Korps wurde. Die Einwohnerzahl stieg von 7610 im Jahre 1880 auf 39 155 im Jahre 1930. Zum Wahrzeichen der Stadt wurde das zwischen 1912 und 1915 im niederländischen Neorenaissancestil erbaute neue Rathaus. Die polnische Agitation blieb im übrigen ohne jede meßbare Wirkung, da die Masuren, obwohl sie teilweise noch die angestammte masurische Sprache sprachen, sich zumeist dem deutschen Volke zugehörig empfanden.
Im ersten Jahrzehnt des 20. Jahrhunderts hatte sich in Ost- und Westpreußen eine ermutigende Konsolidierung der wirtschaftlichen Verhältnisse eingestellt, die bei allen noch

der Lösung harrenden Fragen dem Land den größten je in seiner Geschichte erreichten Wohlstand ermöglichte und auf eine gedeihliche Weiterentwicklung der allgemeinen Verhältnisse hoffen ließ. Die Ertragslage der Landwirtschaft war nunmehr mit der in den anderen preußischen Provinzen durchaus vergleichbar; auch der kleinere Besitz wurde intensiv bewirtschaftet. Die Wirte und die Arbeitskräfte, eingeschlossen die polnischen, hatten an Professionalität gewonnen. Der Viehbestand war stetig verbessert worden; Westpreußen zeichnete sich durch seine Pferde aus. Ein großes Verdienst an dem Entwicklungsstand der Landwirtschaft kamen den seit 1880 entstandenen landwirtschaftlichen Winterschulen und den ländlichen Fortbildungsschulen zu. Mit alldem im Zusammenhang stand ein weiterer Aufschwung des Gewerbes und des Handels in beiden Provinzen. Neben den Großmühlen, den Gutsbrennereien, den Zuckerfabriken und einer Düngemittelfabrik in Danzig standen Zellstoffabriken in Königsberg, Tilsit und Memel. 1901 wurde der durch das Frische Haff führende Königsberger Seekanal zwischen der Pregelmündung und Pillau nach der modernen Schiffahrt Rechnung tragenden Erweiterungen dem Verkehr übergeben. Die Breite betrug nun 30 Meter, die Tiefe 6,7 Meter. 1902 bis 1906 wurde der Königsberger Innenhafen ausgebaut; der Ausbau des Außenhafens sollte folgen: Weitere Vorhaben betrafen die Verwirklichung des alten Planes eines Masurischen Kanals, den Bau einer dritten Fernbahnstrecke Berlin-Königsberg über Münsterwalde bei Marienwerder und den Bau eines Hauptbahnhofes in der Provinzialhauptstadt. Nur dieser, bereits seit 1896 von der Bahnverwaltung geplant, konnte, freilich erst am 19. September 1929, seiner Bestimmung übergeben werden.

*

Hatte die moderne Zivilisation im Preußenlande verspätet Einzug gehalten, so waren es doch Ostpreußen, die in der Erkenntnis und der künstlerischen Verarbeitung der »neuen Wirklichkeit« des Industriezeitalters auf den Feldern der Wirtschaft und des Soziallebens bahnbrechend vorangingen: Arno Holz, Max Halbe und Hermann Sudermann. »Noch einmal«, so schreibt Helmut Motekat, »sollte die deutsche Dichtung aus dem geistigen Raum des einstigen Ordenslandes Preußen einen starken und richtungsweisenden Impuls erhalten. Er war freilich schwächer und in seinen Nachwirkungen weniger bedeutsam als der jener unwiederholbaren Sternstunde der deutschen Geistesgeschichte, die sich in dem ostpreußischen Dreigestirn Hamann – Kant – Herder ereignete. Er gab aber zu dem Zeitpunkt, als der einstmals so aufbruchsfrohe Geist des 19. Jahrhunderts in der spätbürgerlichen Lebensform der Gründerzeit konventionell geworden und erstarrt war, der deutschen Dichtung und dem deutschen Theater ein neues zeitgemäßes Selbstverständnis und damit die Voraussetzung neuer schöpferischer Dynamik.«

Arno Holz war 1863 in Rastenburg geboren worden und wirkte in Berlin. Mit seinem »konsequenten Naturalismus« bewirkte er eine Erneuerung des Dramas und des Theaters in Deutschland; mit der *Familie Selicke* von 1890 schuf er gemeinsam mit Johannes Schlaf eine Art Musterdrama des deutschen Naturalismus. Der Naturalist sollte sein Ziel darin sehen, alles Wahrnehmbare möglichst vollkommen zu erfassen und mittels äußerster Verfeinerung der Sprache unter Ausschöpfung aller ihrer Ausdrucksmöglichkeiten exakt wiederzugeben. In seiner Komödie *Sozialaristokraten* (1896) sowie den Trauerspielen *Sonnenfinsternis* (1908) und *Ignorabimus* (1912) versuchte Holz sich daran mit steigendem Erfolg, zu dem ihm auch seine parallel dazu vorangetriebenen Arbeiten an seinem lyrischen *Phantasus*-Werk den Schlüssel boten. Dramatische und lyrische Dichtung waren für ihn eng miteinander verbunden. Auch mit seiner Lyrik, einer neuen, nur noch mit Wortsinn, Wortton und Rhythmus sowie dem Druckbild operierenden »Wortkunst«,

Königsberg, Speicher.

Hermann Sudermann, Lithographie von Hans Fechner.

suchte er eine extreme Steigerung der Wirklichkeitshaltigkeit zu erreichen, wobei er mehr Romantiker als Naturalist war. Holz wirkte zum einen auf Gerhart Hauptmann, Hermann Sudermann und Max Halbe, zum anderen aber auch auf die Lyrik des Jugendstils, des Expressionismus und den Dadaismus, die in manchem nicht ohne ihn zu denken sind. Der Begründer des »konsequenten Naturalismus«, »der in einer an Gottsched erinnernden rationalen Einstellung zur Kunst, deren Gesetz in einer mathematischen Formel erfassen zu können glaubte«, erweist sich nach Motekat »in seinem schöpferischen Werk als der romantischste aller Romantiker unter den Dichtern Ostpreußens.«

Hermann Sudermann war 1857 in Matzicken bei Heydekrug als Sohn mennonitischer Eltern geboren worden und wirkte wie Arno Holz in Berlin. Er errang durch seine naturalistischen Dramen *Die Ehre* (1889), *Sodoms Ende* (1890) und *Heimat* (1893) literarischen und Theaterruhm. Zuvor war er schon als Erzähler hervorgetreten, als der er anders als in seinem dramatischen Werk, in dem es außer in seinem *Johannisfeuer* (1900) um großstädtische Themen und Milieus geht, den heimatlichen Raum am Memelstrom, in der Memelniederung und am Kurischen Haff als Schauplatz und als Herkunftsort seiner Menschen nutzt. Für den Erfolg damit zeugen die Romane *Frau Sorge* (1887), *Der Katzensteg* (1888), die Erzählung *Jolanthes Hochzeit* (1892) und vor allem die *Litauischen Geschichten* (1917). Wenn Ernst Wichert und Ludwig Passarge das Verdienst zukommt, die preußischen Litauer literarisch entdeckt zu haben, so stellt Motekat als Landsmann Sudermanns fest, so wurden diese durch dessen *Litauische Geschichten* »zum nicht nur volkskundlich interessanten, sondern als Menschenart liebenswerten Neugewinn für die

deutsche erzählende Literatur, ehe sie fünfzig Jahre später im Sturm der osteuropäischen Katastrophe untergingen oder in alle Welt zerstreut wurden.«
Max Halbe war 1865 in Güttland an der Mottlau im Kreise Dirschau geboren worden und wirkte zuerst in Berlin, dann in München. Hatte Sudermann Preußisch Litthauen in die deutsche Literatur eingeführt, so war und blieb für Halbe das Weichselländische der Wurzelboden seiner Kunst. Das galt schon für sein naturalistisches Drama *Eisgang* (1892), dem sein Erfolgsdrama *Jugend* (1893) folgte, ein Liebesdrama, das in seiner sinnenhaften Diesseitigkeit den Nerv der Zeit traf. Sodann ließ Halbe den materialistischen Naturalismus zugunsten der Metaphysik, des Mystischen und des Geheimnisträchtigen zurücktreten. In diesem Sinne schrieb er die Dramen *Mutter Erde* (1897) und *Der Strom* (1903), der von Gerhart Hauptmann sehr geschätzt wurde. Das Mystische suchen auch seine wenig erfolgreichen historischen Dramen. Noch im Winter 1939/40 schrieb Halbe nach alten Plänen das Hohenstaufendrama *Kaiser Friedrich II.*, das das Danziger Theater aus Anlaß des 75. Geburtstages des Dichters im Jahre 1940 zur Aufführung brachte. Von Interesse ist auch dessen erzählerisches Werk, für das hier der Roman *Die Tat des Dietrich Stobäus* aus dem Jahre 1911 stehen soll. Noch in seinem Todesjahr 1944 schrieb Halbe auf seinem oberbayerischen Wohnsitz bei Neuötting an einem Roman mit dem Titel *Die Friedensinsel*, der Danzig in der Zeit des Dreißigjährigen Krieges mit Martin Opitz als Hauptgestalt zum Gegenstand hatte. Doch bevor sich noch für das Danzig der Gegenwart Frieden in Katastrophe und Untergang wendete, nahm der Tod dem unermüdlichen Autor, der Ehrenbürger Danzigs und Marienburgs war, die Feder aus der Hand.

*

Aus all der friedlichen Arbeit am Beginn des 20. Jahrhunderts, aus dem Planen, Denken und Dichten riß das Land der Erste Weltkrieg heraus. Es mag ein Licht auf das Sicherheitsgefühl der Deutschen damals und ihre friedliche Gesinnung werfen, wenn man sieht, daß Ost- und Westpreußen nicht auf einen Einfall russischer Truppen vorbereitet waren. Weder die zuständigen Ministerien noch die oberste militärische Führung hatten Vorkehrungen getroffen. Dabei wußten die Verantwortlichen, daß nach einem Kriegsausbruch die Bedrohung durch Rußland sofort akut wurde, da dem Schlieffenplan folgend das militärische Hauptgewicht Deutschlands nach Westen verlegt worden war und zur Verteidigung Ost- und Westpreußens nur die drei östlichen Armeekorps, das I., das XVII. und das XX., sowie das I. Reservekorps, die 3. Reservedivision, die 1. Kavalleriedivision und vier Landwehrbrigaden zur Verfügung standen, alles zusammengefaßt in der 8. Armee. Man wußte auch von der natürlichen Ungunst des Landes, davon also, daß – wie es schon frühere Generationen schmerzlich erfahren hatten – die ostpreußische Landschaft wenig Anhalt zur Verteidigung bot, erst die Weichsel ein schwer zu nehmendes Hindernis darstellte.
Am Mobilmachungstage, dem 1. August 1914, indessen stand in Ostpreußen jedermann die drohende Gefahr vor Augen. Die sonst allgemeine Kriegsbegeisterung fehlte hier. Gustav Radbruch, der spätere Reichsjustizminister, 1914 als außerordentlicher Professor nach Königsberg berufen, hielt später in seinen Erinnerungen die Stimmung dieses Tages fest: »Königsberg, die Grenze nah, der Feind vor den Toren. Kein Begeisterungsjubel: Schicksalsernst. Tausende auf den Straßen, aber keine geballten Massen, keine Reden, keine Lieder: Im aufgestörten Schwarm jeder für sich allein. Geräuschlos alle wie auf Filzsohlen. Nur verschlossene Gesichter, nach innen gewandte Augen, Ohren taub für jede äußere Stimme. Eines gemeinschaftlichen Schicksals gewaltige Faust hat in aller Leben gegriffen, aber noch nicht die eine Schicksalsgemeinschaft über allen gestiftet: unbe-

greiflich gestörtes Einzelgeschick liegt noch verworren vor jedes einzelnen innerem Blick, ein anderes für jeden, einen jeden in sich selbst verschließend … Um Mitternacht ferner, dann naher Gesang heller junger Stimmen: ›Goldne Abendsonne‹ – Wanderer, ohne Ahnung des vollzogenen Schicksals, vom Sonntagsausflug heimgekehrt. Letzter sorgenfreier Friedenslaut für wie, wie lange Zeit?«
Der Russe kam schneller als erwartet. Er griff zunächst im Osten an. Nach Grenzkämpfen bereits im August (bei Bialla, Soldau und Stallupönen) und russischen Einbrüchen im östlichen Ostpreußen kam es noch im selben Monat (19. bis 20. August) zur Schlacht bei Gumbinnen. Sie ging auf einen Entschluß des Oberbefehlshabers der 8. Armee, Generaloberst von Prittwitz und Gaffron, zurück, die russische Njemen-Armee anzugreifen. Trotz vielversprechender Erfolge bei zahlenmäßiger Unterlegenheit brach er aber die Schlacht ab, da ihn Nachrichten vom Andringen der russischen Narew-Armee im Süden Ostpreußens erreicht hatten. Er entschloß sich zudem, hinter die Weichsel zurückzugehen.
Nach dem Abbruch der Schlacht von Gumbinnen war es das Ziel der Russen, sich Königsbergs und seiner Festung zu bemächtigen. Zur Verteidigung der Hauptstadt standen auch nach Verstärkungen entlang des Pregels und der Deime nur mangelhaft ausgerüstete Verbände bereit. Seit dem 25. August begannen die Russen gegen die deutsche Front vorzufühlen. Durch Beschießungen am 28. und am 30. August wurde Tapiau stark in Mitleidenschaft gezogen. Zu einem russischen Angriff auf Königsberg kam es jedoch nicht.
Bereits in Friedenszeiten war man sich darüber im klaren gewesen, daß der Kette der Masurischen Seen bei der Verteidigung Ostpreußens eine wichtige Rolle zukommen mußte. Erlaubte es das natürliche Hindernis doch, die Vereinigung von Osten und von Süden her angreifender russischer Verbände zu verhindern und sie nacheinander zu bekämpfen. Es handelte sich dabei um die sogenannte Waldsperre mit ihrem Zentrum bei Lötzen und der westlich der Stadt gelegenen Festung »Boyen«. Diese war mit Kriegsbeginn in Verteidigungszustand versetzt worden. Am 18. August hatte der russische Einfall im Südosten begonnen, Zehntausende von Flüchtlingen vor sich her treibend. Aus dem Raume Lyck in nordwestlicher Richtung vorstoßend, waren die Russen zum Zeitpunkt der Schlacht von Gumbinnen bereits östlich von Lötzen angelangt, das aber die von Gumbinnen her sich nach Westen zurückziehenden deutschen Truppen hatte decken können.
Doch war inzwischen in der Obersten Heeresleitung entschieden worden, daß die 8. Armee nicht hinter die Weichsel zurückgenommen, sondern zusammen mit anderen Verbänden der von Süden herandrängenden Narew-Armee entgegengestellt werden sollte. Kaiser Wilhelm II. war zu der Meinung gelangt, daß ein Verlust Ostpreußens – wenn auch nur für kurze Zeit – nicht hingenommen werden könne. So hatte er General von Prittwitz abberufen und General von Hindenburg zum Oberbefehlshaber gemacht, dem der soeben im Westen bewährte General Ludendorff als Generalstabschef beigegeben worden war. Um gegen die überlegene Narew-Armee erfolgversprechend vorgehen zu können, wurden alle verfügbaren Kräfte herangezogen, so daß nach Osten, gegenüber der langsam vorangehenden Njemen-Armee, nur noch hinhaltender Widerstand geleistet werden konnte, die Festung »Boyen« etwa sich selbst überlassen blieb. Für den Angriff nach Süden sollte sie Flankenschutz gewähren. Freilich drangen die Russen von Südosten her, Lötzen in einem großen Bogen im Osten umgehend, bis Angerburg und darüber hinaus nach Westen vor, während sie von Süden her auf Sensburg und Bischofsburg marschierten. Lötzen-»Boyen« erhielt eine russische Aufforderung zur Übergabe, hielt aber stand, wodurch es, insbesondere durch Fesselung russischer Kräfte, zum Gelingen der nunmehr im Gang befindlichen Großoperation gegen die Narew-Armee, der Schlacht von Tannenberg, beitrug.

Die Schlacht begann mit einem Angriff der Russen am 23. August bei Frankenau, Lahna und Orlau, nordwestlich von Neidenburg. Die Mitte der Russen zielte in Richtung Allenstein, das sie am 27. August besetzten. In wechselvollen harten Kämpfen wurde die russische Angriffsformation im Westen und im Osten von Hindenburg wie mit einer gewaltigen Zange umfaßt. Nach tagelangen Kämpfen fiel Hohenstein am 28. August in deutsche Hand. Nach dem Abzug der Russen aus Allenstein am selben Tage gelangten deutsche Kräfte noch bis Ortelsburg. Als zur selben Zeit Neidenburg zurückgewonnen und sogar Muschaken östlich davon erreicht worden war, drohte den Russen eine Einschließung. Diese vollendete sich am 29. August, als Kurken und Orlau im Südwesten und Willenberg im Südosten erreicht wurden. Aus dem Kessel gab es für das Gros der Narew-Armee kein Entrinnen; Entsatzversuche von außen her scheiterten. Am 30. August streckten 92 000 von 190 000 Russen (denen 150 000 Deutsche gegenübergestanden hatten) die Waffen, darunter zwei Kommandierende Generale; der Oberbefehlshaber Samsonow erschoß sich. Der der Gefangenschaft entgangene Rest der Armee ging auf die befestigte Narew-Linie zurück. 350 Geschütze und gewaltige Mengen Kriegsmaterials fielen in die Hände des Siegers. Eine der gewaltigsten Schlachten der Weltgeschichte war geschlagen. Die Leiche des russischen Oberbefehlshabers wurde 1916 nach Rußland überführt. Preußische Forstbeamte errichteten ihm einen Gedenkstein mit der Inschrift: »General Samsonow, der Gegner Hindenburgs in der Schlacht bei Tannenberg. Gef. den 30. August 1914.«
Währenddessen hatte es die Njemen-Armee, die unter dem Befehl des aus Estland gebürtigen Generals Paul Edler von Rennenkampff stand, weithin an Initiative fehlen lassen. Nach der Niederlage der Narew-Armee war sie hinter die Deime, die Alle und den Omet, einen rechten Zufluß der Alle, zurückgegangen, um sich dort zur Verteidigung einzurichten; der rechte Flügel lehnte sich an das Kurische Haff an, der linke an den Mauersee. Hindenburg entschloß sich aufgrund einer Weisung der Obersten Heeresleitung vom 31. August zum Angriff unter Umfassung des Südflügels (Mauersee). Der Vormarsch begann am 6. September. Bei Johannisburg, Bialla und Arys kam es zu Gefechten; Lötzen wurde befreit. Seit dem 9. September machte sich von Süden her die Narew-Armee wieder bemerkbar und störte die deutschen Operationen auf dem rechten Flügel. Am 10. September brach General von Rennenkampff die Schlacht an den Masurischen Seen, wie sie in den Geschichtsbüchern genannt wird, ab und trat den Rückzug an. Es kam nunmehr für die deutschen Truppen darauf an, den Russen den Weg abzuschneiden. Besonders wichtig war die Sperrung der Straßen- und Eisenbahnverbindung Insterburg-Gumbinnen-Kowno. Doch mündete die Verfolgung in derart harte Kämpfe, daß Hindenburg die Umfassung und Einschließung der Russen durch Eindrehen in die nördliche bzw. nordöstliche Richtung nicht gelang. Die Verfolgung wurde am 12. September wieder aufgenommen und am 14. September abgebrochen. Die deutschen Korps hatten die Linie Suwałki-Mariampol-Schaki-Tilsit erreicht.
Eine Vernichtung der Russen, die bis zuletzt auch an der Südgrenze, insbesondere bei Lyck, aktiv gewesen waren und Landwehr, Landsturm sowie Ersatztruppenteile gebunden hatten, war nicht gelungen, doch die Njemen-Armee für die nächsten Wochen kampfunfähig gemacht. 45 000 Russen waren in Gefangenschaft geraten; die Gesamtverluste sollen nach russischen Quellen 100 000 Mann betragen haben. Zudem büßten die Russen 150 Geschütze ein.
Es schlossen sich im Oktober und im November 1914 insbesondere im Osten die Herbstkämpfe an, bei Eydtkuhnen und Schirwindt, bei Lyck und Marggrabowa, bei Tollmingkehmen und Stallupönen, bei Lötzen und dem reichlich 15 Kilometer südlich davon gelegenen Seehöhe (an der Südspitze des Buwelnosees, später Martinshagener See), bei Soldau und Neidenburg sowie an der Rominter Heide. Diese ging bis Anfang November

verloren. Am 16. November nahm General Otto von Below die von ihm neuerdings befehligte 8. Armee, die nach Abgaben für die Herbstoperationen in Polen nur noch aus sechseinhalb Infanteriedivisionen und einer Kavalleriedivision gegenüber 19 russischen Infanteriedivisionen und viereinhalb russischen Kavalleriedivisionen bestand, auf die sogenannte Angerapp-Stellung zurück. Diese war seit Anfang Oktober durch sieben Pionierkompanien und mehrere tausend Zivilarbeiter ausgebaut worden. Sie reichte von der Szeszuppe, einem linken Nebenfluß der Memel, bei Lasdehnen (seit 1938 Haselberg) in einer Ausbuchtung nach Westen bis Mallwischken (später Mallwen), hinter der Eymenis, einem Nebenfluß der Inster, und dann wieder in einem weiten Bogen nach Osten um Gumbinnen herum, um oberhalb von Darkehmen an die Angerapp heranzuführen und sich an diese und die untere Goldap anzulehnen. Der Endpunkt war Groß Strengeln, östlich von Angerburg und des südlich davon liegenden Seengebietes. Pillkallen, Stallupönen, die Rominter Heide, Goldap und Lyck waren in russischer Hand.
Es handelte sich hierbei um die 10. russische Armee. Gegen diese plante der zum Generalfeldmarschall beförderte von Hindenburg nach der Jahreswende 1914/15 einen Angriffsschlag zu führen, wozu die Oberste Heeresleitung im Januar ihre Zustimmung gab. Beabsichtigt war eine beiderseitige Umfassung der Russen in den Räumen Insterburg-Tilsit sowie Johannisburg und Bialla-Augustow. Dazu wurden drei neuaufgestellte Korps sowie das XXI. Armeekorps von der Westfront herangeführt. Der Angriff begann am 7. Februar. Er kam, namentlich auf den tiefverschneiten Waldwegen der Johannisburger Heide, nur langsam voran. An der leicht zu sperrenden Seenschranke bei Lyck und Rajgrod stieß die 8. Armee auf heftigsten Widerstand, der erst am 14. Februar gebrochen werden konnte. Nach großen Anstrengungen gelang es in der Frühe des 17. Februar, Augustow einzunehmen, wobei 6000 Russen in Gefangenschaft gerieten; eine Einschließung des dort eingesetzten russischen Korps war jedoch nicht möglich. Indessen konnte in der Südostecke des Augustower Forstes ein Ring um dort verbliebene Truppenteile, die sich heftig wehrten, gelegt und diese zur Waffenstreckung gezwungen werden, trotz von Grodno her mit überlegenen Kräften unternommener Entlastungsangriffe.
Am 22. Februar war die Winterschlacht in Masuren zu Ende. 100 000 Russen waren in Gefangenschaft geraten, 300 Geschütze und umfangreiches Kriegsmaterial in deutsche Hand gelangt. Ostpreußen war – nur um Memel und Tauroggen sollte es im März noch Kämpfe geben – vom Feinde frei, die Flüchtlinge konnten in ihre Heimatorte zurückkehren und mit dem Wiederaufbau des Zerstörten beginnen. Obwohl die Russen im Lande nur zuletzt planmäßige Zerstörungen und Verwüstungen angerichtet hatten, waren die Schäden beträchtlich. 39 Städte und 1900 ländliche Ortschaften hatten Zerstörungen hinnehmen müssen. 40 000 Gebäude waren vernichtet worden, etwa 60 000 wiesen mehr oder minder große Beschädigungen auf. Auf der Schadensliste standen ferner 135 000 Pferde, 250 000 Rinder und 200 000 Schweine. 13 600 Personen aller Altersstufen waren nach Rußland verschleppt worden, 4000 von ihnen kehrten niemals wieder zurück.
Der Wiederaufbau der Provinz begann sofort. Schon im September war eine Königliche Kriegshilfskommission für Ostpreußen eingesetzt worden. An ihrer Spitze stand Adolf Tortilowicz von Batocki-Friebe auf Bledau, der neue Oberpräsident der Provinz Ostpreußen und vormalige Präsident der dortigen Landwirtschaftskammer; sein Vorgänger von Windheim war abberufen worden, als Flüchtlingsströme den Aufmarsch zur Schlacht von Tannenberg zu stören gedroht hatten. Am 7. Juli 1916, als die Kommission zum letzten Male zusammentrat, war ein gutes Stück der zu leistenden Arbeit bereits getan oder wenigstens auf guten Wegen. »Bedenkt man, daß zu den Mitarbeitern Batockis hohe Beamte der preußischen Staatsverwaltung und die Organe der provinziellen Selbstver-

Ortelsburg, Hauptstraße und zugleich Marktplatz. Die Bebauung ist ein Zeugnis für den Wiederaufbau nach den Kriegszerstörungen von 1914.

waltung gehörten, so wird man sagen dürfen, daß das Gelingen des Wiederaufbaus Ostpreußens mitten im Kriege zu den Ruhmesblättern in der Geschichte der preußischen Staatsverwaltung gehört und seine Parallele nur in der Retablissementspolitik Friedrich Wilhelms I. und Friedrichs des Großen findet« (B. Schumacher).

Doch blieben die Preußische Staatsregierung und die nachgeordneten Behörden sowie der Provinzialverband in ihrem Wirken nicht allein. Im ganzen Reich regte sich nationale Solidarität und Opferbereitschaft für die ferne Provinz. Eine »Ostpreußenhilfe« wurde ins Leben gerufen, in deren Rahmen die meisten deutschen Großstädte für zerstörte ostpreußische Stadtgemeinden die Patenschaft übernahmen, preußische Provinzen für verwüstete ostpreußische Landkreise sorgten.

Im Besonderen sichtbar und für das Land nicht selten prägend wurde die seit 1915 betriebene bauliche Wiederherstellung der von den Zerstörungen betroffenen Städte, Dörfer und Landstriche. Für sie war eine Abteilung der Kriegshilfskommission zuständig, der reformerische Architekten wie Otto Walter Kuckuck aus Königsberg und Hugo Wagner aus Berlin angehörten. Der »Deutsche Bund Heimatschutz«, die »Vereinigung der Berliner Architekten«, der »Verband deutscher Architekten- und Ingenieurvereine« und der »Deutsche Werkbund« setzten sich für einen bei aller gebotenen Schnelligkeit wohlüberlegten Wiederaufbau ein. Dementsprechend wurden Bauberatungsstellen eingerichtet, denen die Bauherren, wollten sie in den Genuß staatlicher Hilfen kommen, ihre Pläne vorlegen mußten. Diese wurden daraufhin geprüft, ob die vorgesehenen Bauten in das jeweilige Stadtbild und in die ostpreußische Landschaft hineinpaßten. Kriegshilfsvereine, die in Deutschland und im Ausland entstanden, wollten diejenigen Vorhaben finanzieren, die über einen bloßen Wiederaufbau hinaus das Stadtbild zu verbessern versprachen. Obwohl mehr als fünfhundert Architekten, die den verschiedensten Schulen angehörten, sich zur Mitarbeit bereiterklärten, fiel das bauliche Ergebnis ein wenig uniform und stilistisch zumeist konventionell aus. In vielem kamen die Lehren Paul Schultze-Naumburgs zur Geltung, die dem sogenannten Heimatschutz galten und sich die Erneuerung der Architektur wie des Kunstlebens überhaupt aus den Kräften des Volkstums zum Ziele setzten. Zu einem vorzüglichen Beispiel wurde Gerdauen, das der Architekt Heinz Stoffregen aus Bremen zusammen mit dem Bauberater Engler »romantisch«, am historischen Erscheinungsbild süddeutscher Städte orientiert, neugestaltete. Im August 1917 beehrte der Kaiser die Stadt mit seinem Besuch, um sich ein Bild vom Stande des Wiederaufbaus zu machen.

Trotz der fortschreitenden Beschwernisse des Krieges konnte bis zu dessen Ende über die Hälfte des Wiederaufbaus geleistet werden. Der Rest war in der Not der Nachkriegszeit nur mühsam zu bewältigen. In jener dem Wiederaufbau gewidmeten Kriegszeit ist es gewesen, daß 20 000 Deutsche aus Polen und Wolhynien, beides inzwischen von deutschen Truppen besetzt, in Ostpreußen eine neue Heimat fanden. 1917 dachte man daran, hier auch etwa 2000 Finnen anzusiedeln, die sich als Freiwillige im deutschen Heere bewährt hatten. Da sich diesen aber durch die russische Revolution und die Befreiung Finnlands die Möglichkeit eröffnete, in die Heimat zurückzukehren, ließ man diesen Plan wieder fallen. Der alte Gedanke, die Weiten des Preußenlandes, namentlich nach Bevölkerungsverlusten, durch Kolonisten zu füllen, war noch immer lebendig.

Teil V:
Republik und Führerstaat

8. Nachkriegsnot und Nationalsozialismus, Krieg und Untergang

Von der Revolution bis zur Eroberung der Preußenlande durch die Sowjets (1918–1945)

Die Niederlage Deutschlands im Weltkrieg 1918 hatte für Ost- und Westpreußen über das allen Deutschen gemeinsame Schicksal hinaus schmerzliche, in manchem grundstürzende Folgen. Diese waren, was die territorialen Verhältnisse anbetraf, zunächst noch nicht zweifelsfrei zu erkennen. Freilich gelang es den Polen schon bald, vollendete Tatsachen zu schaffen. Am 27. Dezember brach in Posen ein offener Aufstand aus, der Anfang Januar zur Abtrennung des größten Teiles der Provinz vom Reich führte. Einem Übergreifen der polnischen Empörung auf das Bromberger Gebiet sowie auf West- oder gar Ostpreußen wurde deutscherseits mit Waffengewalt Widerstand entgegengesetzt. Es entstanden Freiwilligenkorps und Heimatwehren. Diese Vorkehrungen waren erfolgreich, zumal die polnische und die kaschubische Bevölkerung Westpreußens ruhig blieb.

Freilich heißt das nicht, daß die inneren Verhältnisse West- und Ostpreußens wohlgeordnet gewesen wären. Arbeiter- und Soldatenräte hatten Teile der rechtmäßigen Staatsgewalt außer Kraft gesetzt, in ihrer Mehrzahl aber in Zusammenarbeit mit den Oberpräsidenten um die Erhaltung von Ruhe und Ordnung gerungen. In Königsberg waren etwa 40 000 meuternde Soldaten zusammengeströmt; im von der sogenannten Volksmarinedivision besetzten Schloß suchte ein Exekutivausschuß (Siebener Ausschuß genannt) die Provinz Ostpreußen zu regieren und so dem Rätesystem Dauer zu verleihen. Zu diesem Zwecke unterhielt er auch Kurierverbindungen zu der nicht mehr weit entfernten Roten Armee in Kurland, so daß der Provinz die Bolschewisierung drohte.

Demgegenüber versuchten sich Oberpräsident von Batocki und die auf ihrem Posten verbliebenen Beamten mit Hilfe regierungsfreundlicher Truppen zu behaupten. Batocki konnte sich dabei der Hilfe von August Winnig bedienen, der Generalbevollmächtigter des Deutschen Reiches in den baltischen Staaten gewesen und im Januar 1919, von Berlin mit umfassenden Vollmachten ausgestattet, zum Reichs- und Staatskommissar für Ost- und Westpreußen ernannt worden war. Batocki und Winnig gelang es schließlich mit Freiwilligenformationen am 3. März 1919, das Regime der Roten Matrosen im Handstreich zu beseitigen.

Die Lage blieb trotz dieses Erfolges labil. Denn die Rote Armee war den ostpreußischen Grenzen sehr nahe gekommen. Auch mußte man im Regierungsbezirk Gumbinnen auf das Eindringen von Banden gefaßt sein, die in Litauen infolge der dort herrschenden Unordnung entstanden waren. Und endlich drohten von Warschau her, das offiziell Anspruch auf die Grenzen des Jahres 1772 erhoben hatte, bis zu dem neben Westpreußen auch das

Königsberg (Pr.), Schloß von Osten mit Hauptwache, Friedrichsbau (nach Plänen von Schultheiß von Unfriedt seit 1706 erbaut, zu einem Drittel verwirklicht) und Haberturm (aus der Ordenszeit).

Ermland zur Krone Polen gehört hatte, militärische Übergriffe. Die Befürchtung, daß es Polen sogar auf ganz Ostpreußen abgesehen habe, war in der Bevölkerung weit verbreitet und wurde von der Verwaltung geteilt. Die militärische Schwäche des den Waffenstillstandsbedingungen unterliegenden Deutschen Reiches mußte die Gefahr um so größer erscheinen lassen, als Warschau Anstalten machte, die Schwäche Sowjetrußlands zur Erkämpfung der Grenze von 1772 im Osten zu nutzen.

Trotz inneren Aufruhrs und der Gefährdung von außen hatten am 19. bzw. am 26. Januar in Ost- und in Westpreußen die Wahlen zur Verfassungsgebenden Deutschen Nationalversammlung und zur Preußischen verfassungsgebenden Landesversammlung ordnungsgemäß stattfinden können. Der Aufforderung zur Wahlenthaltung, die die polnische Agitation an die polnischsprachige Bevölkerung Westpreußens gerichtet hatte, waren nur 25 Prozent der Wahlberechtigten dieses Personenkreises gefolgt. Doch bahnte sich auf der Versailler Friedenskonferenz unter dem Einfluß des französischen Premiers Clemenceau im Gegensatz zu den Absichten der USA und Großbritanniens eine Polen stark begünstigende Regelung der Territorialfrage an. Am 7. Mai 1919 wurden die Friedensbedingungen bekannt, die im Nordosten neben der Abtretung der Provinz Posen auch die eines Großteils der Provinz Westpreußen an Polen vorsahen.

Die Empörung darüber sowie die Entschlossenheit, sich einem derartigen Friedensdiktat nicht zu beugen, waren in ganz Ostdeutschland einhellig. Jene Abgeordneten der Nationalversammlung und der Preußischen Landesversammlung, die in den betroffenen preußischen Ostprovinzen gewählt worden waren, traten am 22. Mai zu einem Ostparlament zusammen, wobei eine Hälfte, ein »Aktionsausschuß Nord« mit Sitz in Danzig, für Ost- und Westpreußen zuständig war. Der bereits früher entstandene Ostpreußische Heimatdienst und die Volksräte Posens und Westpreußens (die im Geiste des Selbstbestimmungsrechtes ein vertrauensvolles Verhältnis zur polnischsprachigen Bevölkerung such-

ten) bildeten einen Fünfzehnerausschuß, der mit dem Ostparlament zusammenzuarbeiten hatte. Erbitterung und Verzweiflung führten schließlich zu dem Plan, aus den betroffenen Provinzen einen »Oststaat« zu bilden, der durch eine Trennung von Deutschland diesem den Einmarsch alliierter Truppen ersparen sollte, der ja drohte, wenn der Friedensvertrag wegen der geforderten Abtretungen im Osten – was man für sicher ansah – nicht unterschrieben wurde. Der Oststaat wollte sich mit eigenen Mitteln und mit Hilfe der im Baltikum stehenden Freikorps gegen das den Provinzen zugedachte Schicksal wehren. Der Einwand der deutschen Heeresleitung, daß derlei unausführbar sei, ließ es aber nicht zu einer Inangriffnahme dieses Planes kommen.
Am 28. Juni 1919 setzten Vertreter der deutschen Reichsregierung in Versailles ihre Unterschriften unter den Friedensvertrag. Danach wurde dem Deutschen Reich die Abtretung des größten Teils der Provinz Westpreußen sowie der ostpreußischen Stadt Soldau mit dem südlichen Teil des Kreises Neidenburg (Soldaugebiet) an das wiedererstandene Polen auferlegt. Soldau mit seiner überwiegend deutschen Bevölkerung fiel deshalb an Polen, weil sonst mit dieser Stadt die Eisenbahnlinie Warschau-Mława-Thorn deutsches Territorium berührt hätte. Danzig und seine Umgebung sowie die Niederung zwischen Weichsel und Nogat erhielten den Status einer Freien Stadt unter dem Schutze des Völkerbundes, freilich mit stark eingeschränkter Souveränität zugunsten Polens, während die Stadt Memel und jenes Gebiet der Provinz Ostpreußen, das nördlich des Memelstromes lag, als »Memelland« zur Disposition der ehemaligen aliierten Kriegsgegner Deutschlands gestellt, 1923 aber von Litauen annektiert wurden. Dieses bezog sich mit seinem Anspruch auf litauisch sprechende Einwohner eines seit je zu Altpreußen

Tilsit, Abendstimmung an der Memel, seit 1919 Grenzfluß zum »Memelland«, überspannt von der 416 Meter langen Königin-Luise-Brücke, errichtet in den Jahren 1904–1907. Links im Bild der Turm der zwischen 1598 und 1612 erbauten Deutschen Kirche oder Lutherkirche (nach Verfall nach dem Zweiten Weltkrieg gesprengt).

gehörigen Gebietes. In den vier östlich der Weichsel und der Nogat gelegenen Kreisen Westpreußens, Marienburg, Stuhm, Marienwerder und Rosenberg, sowie im südlichen Ostpreußen, den masurischen Kreisen Neidenburg, Ortelsburg, Sensburg, Johannisburg, Lyck, Oletzko (seit 1933 Treuburg) und Lötzen, in den ermländischen Kreisen Allenstein-Stadt, Allenstein-Land und Rößel, auch in dem oberländischen Kreis Osterode, sollte eine Volksabstimmung stattfinden.

Am 10. Januar 1920 trat der Friedensvertrag in Kraft. Die deutschen Truppen hatten sich aus allen vom Friedensschluß betroffenen Gebieten zurückzuziehen. Ins Kulmerland sowie in Pommerellen, d. h. in den übrigen zur Abtretung bestimmten Teil Westpreußens, rückte polnisches, ins Memelland französisches und in die Abstimmungsgebiete englisches und italienisches Militär ein. In Danzig begann unter einem englischen Oberkommissar die Ausarbeitung einer Verfassung des neuen Freistaates. Die an der Weichsel stehenden deutschen Truppen hatten nur mit Mühe davon abgehalten werden können, die abzutretenden Lande mit der Waffe zu verteidigen. Allgemein herrschte das Gefühl vor, von der Reichsregierung verraten, der Willkür der früheren Kriegsgegner überantwortet worden zu sein. Batocki hatte, da er ein Befürworter der Oststaat-Pläne gewesen war, am 26. Juni 1919 als Oberpräsident von Ostpreußen zurücktreten müssen. An seine Stelle war im Juli desselben Jahres August Winnig getreten.

Nach Ausbruch des Kapp-Putsches am 13. März 1920 trat Winnig zusammen mit dem Kommandierenden General des Wehrkreises I in Königsberg, General Ludwig von Estorff, entsprechend der Stimmung im Lande, auf die Seite der Empörer. Beide teilten gemeinsam mit Wolfgang Kapp, in Ostpreußen als Generallandschaftsdirektor von nicht unbeträchtlichen Verdiensten, die Sorge vor einem Übermächtigwerden des Kommunismus und waren zudem angesichts der bevorstehenden Volksabstimmung bestrebt, das Land vor politischen Spaltungen zu bewahren. Winnig und Estorff wurden nach dem schnellen Zusammenbruch des Kapp'schen Unternehmens zusammen mit dem Regierungspräsidenten von Gumbinnen, Magnus von Braun, der dem Oberpräsidenten auf dessen Ersuchen hin gefolgt war, und den 13 Gumbinnener Landräten, die auf Anweisung gehandelt hatten, vom Amte suspendiert und abberufen. Dabei waren die Betroffenen weder in die Verschwörung verstrickt noch über sie im Bilde gewesen. Nachfolger Winnigs als Oberpräsident wurde Ernst Siehr, Rechtsanwalt und Notar, bereits vor 1918 Stadtverordneter von Tilsit und, als Mitglied der Fortschrittlichen Volkspartei, Reichstagsabgeordneter sowie seit Januar 1919 für die Deutsche Demokratische Partei (DDP) Mitglied der Verfassungsgebenden Nationalversammlung. Er blieb bis zum Herbst 1932 im Amte.

Die nach dem Versailler Friedensvertrag vorgesehenen Abstimmungen, mit denen sich große polnische Hoffnungen verbanden, fanden, überwacht durch Interalliierte Kommissionen in Marienwerder und Allenstein, am 11. Juli 1920 statt. Sie waren von Arbeitsgemeinschaften, gebildet von allen politischen Parteien außer den Unabhängigen Sozialdemokraten (USPD), vorbereitet worden. In den westpreußischen Kreisen (Abstimmungsgebiet Marienwerder) wurden 96 894 Stimmen (92,28 Prozent) und in den ostpreußischen Kreisen (Abstimmungsgebiet Allenstein) 363 209 Stimmen (97,8 Prozent) für Ostpreußen (und damit für Deutschland) abgegeben. Danach ergaben sich für die beim Deutschen Reich verbliebenen Teile der bisherigen Provinz Westpreußen folgende territoriale Zuordnungen: Jene vier westpreußischen Kreise, die zum Abstimmungsgebiet gehört hatten, also Marienburg, Stuhm, Marienwerder und Rosenberg, wurden zusammen mit Stadt und Kreis Elbing (bisher Regierungsbezirk Danzig) als »Regierungsbezirk Westpreußen« (Regierungssitz Marienwerder) zur Provinz Ostpreußen geschlagen. Aus den westpreußischen Kreisen Deutsch Krone, Flatow und Schlochau, die, anschließend

an Pommern, bei Deutschland geblieben waren, die beiden letzteren freilich reduziert, entstand zusammen mit Resten der Provinz Posen und der Stadt Schneidemühl als Hauptstadt 1922 die Provinz Grenzmark Posen-Westpreußen, mit 7715 Quadratkilometern Fläche und (1933) 337 578 Einwohnern die kleinste der preußischen Provinzen. Nach ihrer Auflösung 1938 kamen die westpreußischen Teile unter Bildung eines Regierungsbezirks »Grenzmark Posen-Westpreußen« (Regierungssitz Schneidemühl) zur Provinz Pommern, zu der bereits seit 1920 die bei Deutschland verbliebenen Teile der westpreußischen Kreise Karthaus und Neustadt (ohne die Kreisstädte) gehörten. Gleichsam als Rache für das Wahlverhalten der Bevölkerung in den Abstimmungsgebieten vertrieben die Polen aus dem Soldaugebiet, in dem trotz großer deutscher Mehrheit nicht abgestimmt worden war, über 6000 Menschen. Etwa zwei Drittel von ihnen kehrten zurück, nachdem die Reichsregierung in Warschau interveniert hatte.
Ostpreußen war vom Reich abgetrennt. Die Westgrenze des »polnischen Korridors« durchschnitt elf größere Straßen und vier Eisenbahnlinien. Der Bahnverkehr durch den Korridor erfolgte in Zügen, die in Konitz bzw. Marienburg verschlossen bzw. wieder geöffnet und von preußischen und polnischen Polizisten begleitet wurden. Daneben verkehrten sogenannte gemischte Züge (mit besonderen Wagen für den Transit), die in Czersk, Pr. Stargard und Dirschau hielten. Am 29. Januar 1920 hatte Polen den Durchgangsverkehr Schneidemühl-Bromberg-Thorn-Allenstein unterbrochen. Durch die politische Störanfälligkeit des Transits veranlaßt, war zuvor schon für die Route Swinemünde-Zoppot-Pillau ein staatlich unterstützter »Seedienst Ostpreußen« ins Leben gerufen worden, der in der Zeit der Volksabstimmung dem von Polen behinderten Transport abstimmungsberechtigter Ost- und Westpreußen aus dem Reich gedient hatte. Die Schiffe (private, seit 1925 auch reichseigene) verkehrten im Sommer täglich und im Winter vier- bis fünfmal in der Woche, seit 1927 ab/bis Memel, seit 1930 ab/bis Libau, seit 1933 ab/bis Travemünde und seit 1934 ab/bis Kiel. Am 1. Juni 1922 wurde der Güterverkehr durch den Korridor hindurch aufgenommen. Am 1. Februar 1923 trat ein Abkommen über den Güter- und Tierverkehr zwischen der Reichsbahn und der Polnischen Staatsbahn in Kraft. Für eine ungestörte Telegraphen- und Telephonverbindung sorgte seit 1920 ein 60 Kilometer langes Seekabel.
Die neue Grenze zog neben den östlichen Kreisen Pommerns, der Grenzmark und Danzig vor allem Ostpreußen und hier insbesondere die Landwirtschaft in Mitleidenschaft. Es fielen die westpreußischen und posenschen Absatzmärkte (und die im westlichen Rußland) weg. Weitere Wege für ihre Produkte kosteten mehr. Nach dem Ende der Inflation 1923 sollte noch ein Preissturz auf dem Weltmarkt hinzukommen. Die Bedeutung des Beitrags der Landwirtschaft der Provinz zur Ernährung der Reichsbevölkerung wurde durch den Umstand vermehrt, daß die deutsche Landwirtschaft zu einer Verbesserung der deutschen Zahlungsbilanz beizutragen hatte. Eine solche war nämlich nur durch eine Verminderung der Nahrungsmitteleinfuhr zu erreichen, die durch eine Produktionssteigerung der heimischen Landwirtschaft wettgemacht werden mußte. Und dabei stand eben die ostdeutsche Landwirtschaft deutlich schlechter da als die im Westen und im Süden. Magnus von Braun sprach in einer Denkschrift von 1930, der Zeit, in der er Generaldirektor der Raiffeisengenossenschaft war, von einer Katastrophe. »Kürzere Vegetationsperiode, mehr Arbeitskräfte und Angespann, größere Absatzferne charakterisieren den Osten«, so brachte er seinen Lesern die Lage in Erinnerung. »In Ostpreußen entfallen auf 1000 Quadratkilometer 341 Kilometer Chausseen, in Westfalen 563 Kilometer. An vollspurigen Eisenbahnen entfallen in Ostpreußen auf 1000 Quadratkilometer 88, im Rheinland 183. Ostpreußen bezahlt heute wegen der Absatzferne seine Produktionsmittel zehn bis zwölf Prozent teurer und erhält zehn bis zwölf Prozent weni-

Das reichseigene und vom Reichsverkehrsministerium betriebene Motorschiff »Preußen« wird wegen geringen Manövrierraumes im Pillauer Hafen achteraus in das offene Fahrwasser geschleppt.

ger für seinen Absatz, steht also 20 bis 24 Prozent ungünstiger als der Landwirt des Westens da.«

Nach Zwangswirtschaft, Inflation und Preisverfall waren Kapitalmangel und Verschuldung die größten Hindernisse, die einer Gesundung und ersprießlichen Fortentwicklung gerade der ostdeutschen Landwirtschaft im Wege standen. Zwar hatte die Inflation zwangsläufig als eine große Entschuldung gewirkt. Doch war die Landwirtschaft genötigt gewesen, ihre Ernte 1923 gegen Papiermark zu verkaufen und stand daher nach der Währungsumstellung auf die Rentenmark auf Goldfuß bei geringen Erntevorräten ohne Betriebskapital da. Mit der somit bereits für die Frühjahrsbestellung 1924 notwendigen Inanspruchnahme von Betriebsanlaufkrediten hatte eine neue Verschuldung eingesetzt, zumal Steuern, Löhne, Sozialabgaben und der Zinsfluß für Kredite ständig stiegen. Gestehungskosten und Absatzpreise konnten immer weniger miteinander in Einklang gebracht werden. So kam es, zumal auch zu einer Verbesserung der Absatzverhältnisse das Kapital fehlte, schließlich dahin, daß im Herbst 1929 die Verschuldung der preußischen Landwirtschaft 4342,3 Millionen Mark betrug, woran die ostpreußische einen Anteil von 1010,1 Millionen Mark hatte. 1927 betrug in Preußen die Fläche der zwangsversteigerten Grundstücke das Doppelte derjenigen von 1913. Höfe lagen verlassen, der Grund unbeackert da. Zwischen 1925 und 1933 gingen in Ostpreußen 435 Betriebe in einer Größe von über 100 Hektar verloren. Abgewanderte Landarbeiter vermehrten in den Städten die Zahl der Arbeitslosen. Nicht zuletzt als Folge davon hatten nur 30 bis 40 Prozent der etwa 1000 Industriebetriebe Ostpreußens ausreichende Beschäftigung.

Auch als Mittel hiergegen wurde das seit Jahren in Gang befindliche Siedlungswerk betrieben. Dessen übergeordnetes Ziel war eine zeitgemäße Fortentwicklung der hergebrachten agrarischen Struktur im Sinne wirtschaftlich vernünftiger Betriebsgrößen,

wobei der Zug bereits seit den achtziger Jahren des 19. Jahrhunderts zu mehr mittelbäuerlichen und weniger Großbetrieben ging. Diese Entwicklung wurde durch Artikel 155 der Weimarer Reichsverfassung von 1919 und die durch ihn gebotene Auflösung der Fideikommisse, d. h. die Liquidierung des gebundenen, bestimmten Familien unveräußerlich vorbehaltenen Besitzes, erleichtert. Die Grundlage bot das Reichssiedlungsgesetz vom 11. August 1919. Gemeinnützige Siedlungsunternehmen wie die Ostpreußische Landgesellschaft hatten für alle anfallenden Betriebe in einer Größe von über 125 Hektar ein Vorkaufsrecht. Besitzveränderungen und Zusammenbrüche ergaben mehr Masse als verwertet werden konnte. Enteignungen schieden so weitgehendst aus. In Ostpreußen stellten die Familien Dohna, Dönhoff, Eulenburg und Brünneck-Bellschwitz selbst Siedlungsland zur Verfügung. Freilich kam die Siedlung nur langsam voran, da es auch dem Staate an Finanzmitteln fehlte und es die oft schlechte Wirtschaftslage an kapitalkräftigen Siedlern mangeln ließ und die meisten von ihnen infolge des Preisverfalls bei landwirtschaftlichen Produkten die Siedlungsrenten nur schwer aufbringen konnten. Zwischen 1919 und 1928 wurden im Deutschen Reich auf 259 457 Hektar Fläche 26 343 Neusiedlerstellen geschaffen, 20 Prozent davon in Ostpreußen.
Doch hatte für die Ernährung des deutschen Volkes auch der Großbesitz weiter seine Bedeutung, zumal sich durch die Abtretungen im Osten die landwirtschaftliche Nutzfläche vermindert hatte. 60 Prozent des Getreidebedarfs und 72 Prozent des Kartoffelbedarfs wurden in Deutschland durch den ostelbischen Großbesitz gedeckt. Bedeutung hatten auch seine Pferdezucht- und Saatgutbetriebe, während Mittel- und Kleinbetriebe sich durch hochstehende Viehzucht auszeichneten. Für die ostdeutsche Landwirtschaft aller Kategorien, namentlich die ostpreußische, war aber das Problem der Schulden und das der Zinsen bis zum Ende der zwanziger Jahre nicht gelöst worden – trotz der Hilfen der Preußischen Staatsregierung und des Reichs wie der Begründung des Ostfonds im Jahre 1926 und der »Ostpreußenhilfe« sowie verschiedener anderer Fördermaßnahmen in den Jahren 1928/29. Durch die »Ostpreußenhilfe« wurden vorerst immerhin rund 1100 Bauernwirtschaften und 1500 größere Betriebe gerettet. Preußens Kräfte waren begrenzt. »Preußen hat ... auf territorialem Gebiete die Last des Versailler Friedensdiktats, des Ruhreinbruchs und der besetzten Gebiete allein oder doch fast allein zu tragen«, so schrieb Ferdinand Hoff, preußischer Landtagsabgeordneter der DDP 1928/29 in einer offiziellen Schrift seiner Partei. »Überall willkürlich gezogene, wirtschaftlich und politisch unsinnige Grenzen: Oberschlesien, Ostpreußen, der Polnische Korridor, das Memelgebiet, Nordschleswig, das Saargebiet, Eupen-Malmedy. – Viel zu spät und dabei völlig ungenügend hat sich das Reich an die Pflicht erinnert, hier die Last tragen zu helfen. – Auch vor dem Kriege lag Preußen allein die Pflicht ob, den preußischen und damit den *deutschen Osten* gegen den Ansturm des Slawentums zu schützen. – Finanziell war ihm das damals möglich, weil ihm in den *preußischen Staatseisenbahnen* eine bedeutsame, nicht auf Steuern beruhende *Einnahmequelle* zur Verfügung stand. Mindestens 300 Mio. M. flossen jährlich aus dieser Quelle. – Nachdem Preußen das große Opfer gebracht hat, die Eisenbahnen an das Reich abzugeben, ist diese Einnahmequelle versiegt, da nennenswerte Gegenleistungen des Reichs für die Abgabe dieses wichtigen Vermögensobjektes nicht vorliegen. Die Überschüsse der Reichseisenbahn fließen jetzt in den Reparationsfonds.«
Es war verkannt worden, daß die ostpreußische Not nicht einfach nur eine Folge der Abtrennung der Provinz vom Reich, sondern eine von dieser freilich verschärfte Ausprägung einer allgemeinen Nachkriegskrise war, der des besiegten Deutschen Reiches zumal, der der Landwirtschaft im speziellen. All das, auch die fortlaufende Bedrohung Ostpreußens durch Polen ließ die Menschen zwischen Weichsel und Memel zu der deut-

schen Republik, durch die sie sich in ihren Nöten alleingelassen fühlten, kein Vertrauen fassen.

Noch zu Beginn der dreißiger Jahre wurden von polnischer Seite, darunter auch von offiziellen Stimmen, unter Mißachtung des Selbstbestimmungsrechtes Ansprüche auf Teile Ostpreußens, gelegentlich auch auf die ganze Provinz, erhoben. Damit im Zusammenhang standen militärische Spekulationen, die in Polen immer wieder an die Öffentlichkeit gelangten und die durch die in den Versailler Friedensbestimmungen begründete Unfähigkeit Deutschlands ermuntert wurden, ausreichende Verteidigungsvorkehrungen zu treffen. Mit Unterstützung und Beteiligung der Gutsbesitzer hatte sich als Antwort darauf in Ostpreußen ein freiwilliger Grenzschutz gebildet.

Es war der preußische Innenminister Albert Grzesinski (SPD), der die in den geschilderten Umständen liegenden Gefahren erkannte. Er bereiste Ostpreußen im Juni 1927, hielt in Königsberg eine Rede, in der er die Bedrohung der Provinz durch Polen zum Mißvergnügen Warschaus deutlich beim Namen nannte, und legte dem preußischen Ministerrat eine Denkschrift mit den Ergebnissen seiner Reise vor. Er tat darin dar, daß Preußen gerade in seiner republikanischen Staatsform ein Interesse daran haben müsse, die dem demokratischen Gedanken nicht zugeneigte Bevölkerung des Ostens für sich zu gewinnen und durch konkretes Handeln sinnfällig zu machen, daß der neue Staat trotz seiner Einbuße an Macht und trotz der allgemeinen Finanznot willens und imstande sei, eine aktive Ostmarkenpolitik zu betreiben. Die erheblichen Mittel, die man dafür benötige, würden, staatspolitisch gesehen, nicht nutzlos angewendet sein. Dringend nötig sei es, den Stillstand des Wirtschaftslebens zu überwinden. Die ostpreußische Bevölkerung, die sich als vom Staate vergessen empfinde, müsse in ihrer Widerstandskraft gestärkt werden. Grzesinski, der gebürtiger Pommer war, verband seine Ausführungen mit der Vorlage eines Zehnjahresplanes zur Lösung der Verkehrs-, Kredit- und Siedlungsprobleme sowie zur Erledigung kultureller Aufgaben.

Freilich hatte diese Denkschrift des preußischen Innenministers keinerlei erkennbare Folgen; nicht einmal erörtert wurde sie im preußischen Kabinett, für das sie doch bestimmt war. Immerhin brach sich jetzt aber die Erkenntnis bahn, daß die Not Ostpreußens bei all ihren Sonderbedingungen als eine Erscheinungsform der allgemeinen deutschen Nachkriegskrise zu werten sei und zu entsprechendem Handeln zwinge. Anstoß dazu gab Reichspräsident von Hindenburg, der »Retter Ostpreußens« von 1914, der sich schon früh zum Anwalt in derselben Sache gemacht hatte, mit einem Brief an Reichskanzler Hermann Müller vom 18. März 1930, der sogenannten Osterbotschaft. Die Folge war das »Gesetz über Hilfsmaßnahmen für die notleidenden Gebiete des Ostens (Osthilfegesetz)« vom 31. März 1931. Es sah umfassende Umschuldungs- und Entschuldungsmaßnahmen vor. Eine der Durchführungsverordnungen dazu, und zwar die vom 21. Oktober 1932, die auf Magnus von Braun, nunmehr Reichsminister für Ernährung und Landwirtschaft, zurückging, sah eine Sanierung des in Ostpreußen stark entwickelten Genossenschaftswesen vor. Das Gesetz galt zunächst für Ostpreußen sowie die Grenzbezirke Pommerns, der Grenzmark und Ostschlesiens, später aber für alle preußischen Provinzen. Aufgrund der Bestimmungen über die Schuldenregulierung vom 1. Juni 1933 wurde es im ganzen Reichsgebiet angewendet. Verschuldete Betriebe wurden durch Schuldenkonsolidierung, Schuldenkürzung, die Gewährung von Neukredit oder eine Betriebsberatung saniert. Nachdem der Staat aufgrund einer verzweifelten Haushaltslage 1931 die von ihm geleistete Kreditbürgschaft hatte zurückziehen müssen, half die Industrie mit einer Aufbringungsumlage für die notwendigen Kredite. Bis 1936/37 wurden rund 562 Millionen Mark Kredite und aus Reichsmitteln weitere 500 Millionen zur Stützung des kleinen Besitzes und der Pachtungen vergeben.

In den dreißiger Jahren stellte sich – zumal auch die Preiserlöse auf dem innerdeutschen Markt besser wurden – allmählich eine Gesundung der ostpreußischen Landwirtschaft ein. Sie war nur zu einem Teile Ergebnis der staatlichen Hilfsmaßnahmen, zum anderen aber der Agrarwirtschaft selbst zu danken. Diese hatte unter dem Druck der Verhältnisse ihren Betrieb und den Vertrieb durchgreifend modernisiert und den west- wie den mitteldeutschen Markt intensiv gepflegt. Das gelang nicht zuletzt deshalb, weil das landwirtschaftliche Fachschulwesen, das seit dem Ende des 19. Jahrhunderts aufgebaut worden war, nicht zuletzt in Ostpreußen auf hohem Niveau stand. In diesem Zusammenhang ist auch das Landwirtschaftliche Institut der Universität Königsberg zu nennen, das eine stetige Erweiterung erfuhr.
Die Gesundung der Landwirtschaft verbesserte auch die Lebensbedingungen für Gewerbe und Industrie, ja ließ an deren weiteres Wachstum denken, das wiederum den Absatz landwirtschaftlicher Produkte fördern und Industriewaren verbilligen mußte. Dem darniederliegenden, einst blühenden ostpreußischen Handwerk half auch die Selbstverwaltung. Im Jahre 1922 war durch die Vereinigung der Handwerkskammern Königsberg und Gumbinnen zu einer »Handwerkskammer für das östliche Preußen« eine schlagkräftige Organisation (auch zuständig für den Regierungsbezirk Westpreußen) entstanden. Umfangreiche Meliorationen, die Schaffung landwirtschaftlicher Kleinbetriebe und weitausgreifende Straßenbauten (1938 verfügten Ostpreußen, Hinterpommern und die Grenzmark Posen-Westpreußen über 14 472, 8795 bzw. 2810 Kilometer Reichs- bzw. Gemeindestraßen, davon 121 Kilometer Reichsautobahn) verbesserten bis 1939 die Beschäftigungslage und sorgten für günstigere Standortbedingungen der Wirtschaft. Der Anteil von Gewerbe und Industrie am Wirtschaftsleben Ostpreußens wuchs fortlaufend. Die Zahl der eisen- und metallverarbeitenden Betriebe vermehrte sich von 451 mit 8440 Arbeitern im Jahre 1932 auf 739 mit 22 300 Beschäftigten im Jahre 1937. Bedeutend auch im Reichsmaßstab waren das Baugewerbe (Bauindustrie und Bauhandwerk) und die Sperrholzerzeugung (15 Prozent der deutschen Produktion).
Unter den Bedingungen des allmählichen Aufstieges kamen die 1920 gegründete Königsberger Ostmesse, die den Standortnachteil der vom Reich abgetrennten Provinz ausgleichen sollte, indem sie diese zu einer Drehscheibe des ostmitteleuropäischen Handels machte, sowie das 1916 entstandene Institut für ostdeutsche Wirtschaft (später in Institut für osteuropäische Wirtschaft und im Zweiten Weltkrieg in Institut für Ostforschung umbenannt) erst so recht zu Bedeutung. Der Königsberger Hafen wurde erweitert. Freilich litt er unter der litauischen Konkurrenz Memels (auch unter der lettischen Rigas) und vor allem unter der polnischen der aufstrebenden Hafenstadt Gdingen, die weitaus niedrigere Frachtsätze anbieten konnte. So erreichte bei aller Belebung der Handelsbeziehungen nach dem Kriege der Osthandel Ostpreußens kaum ein Drittel der durchaus bescheidenen Vorkriegswerte.
Bei allen sich schließlich doch einstellenden wirtschaftlichen Erfolgen war die Entwicklung dahin nicht gradlinig verlaufen. Einen harten Einbruch stellte die seit Herbst 1929 durchschlagende Weltwirtschaftskrise dar, die von einschneidender politischer Bedeutung war. Hatte die Weimarer Koalition (SPD, DDP und Zentrum) bei den Wahlen zur Preußischen verfassungsgebenden Landesversammlung am 26. Januar 1919 in Ostpreußen noch 74,1 Prozent der abgegebenen Stimmen auf sich vereinigen können, so waren es bereits bei der Landtagswahl vom 20. Februar 1921 nur noch 39,3 Prozent gewesen, während die rechten Parteien (von den Deutschnationalen bis zur Deutschen Volkspartei) in demselben Zeitraum ihren Stimmenanteil von 22,1 Prozent auf 45,9 Prozent gesteigert hatten. Seit der Landtagswahl vom 24. April 1932, bei der die Rechte nur noch elf Prozent erzielte, bekannten sich viele ihrer bisherigen Anhänger (und auch

Königsberg (Pr.), Hafen, Kranbrücken am Aschhof (nahe dem Güterbahnhof und dem Ende der Ostbahn sowie unweit der Bahnüberquerung in Richtung Pillau), rechts im Bild Stauer in Erwartung ihrer Heuer.

solche der Weimarer Koalition) zum Nationalsozialismus, für den damals 45,6 Prozent aller Stimmen abgegeben wurden, während dieser bei der Landtagswahl vom 5. März 1933 sogar auf 55,7 Prozent kam. Das übertraf deutlich den preußischen Durchschnitt. Dieser lag bei der Landtagswahl 1932 bei 36,3 und bei der Landtagswahl 1933 bei 44 Prozent.

*

Während Ostpreußen, wiewohl nach innen wie nach außen gefährdete Provinz, seine Stellung allmählich konsolidieren konnte, büßte im polnisch gewordenen Teil Westpreußens (rund 62 Prozent der 1920 aufgelösten Provinz) das Deutschtum in kurzer Frist seine Stellung zu großen Teilen ein. Die Zahlen zur Bevölkerungsentwicklung jener Jahre sprechen eine erschreckende Sprache. In dem abgetretenen Gebiet (von 15 853 Quadratkilometern Fläche) hatten 411 410 Deutsche (43 Prozent) mit 432 812 Polen (47 Prozent) und 104 332 Kaschuben (zehn Prozent) zusammengelebt, wobei ein nicht unerheblicher Teil der Bevölkerung mit polnischer oder kaschubischer Muttersprache in politischer, wirtschaftlicher und kultureller Hinsicht dem Deutschtum zugerechnet werden durfte. Dagegen lebten schon 1931 (nach der Volkszählung vom selben Jahre) in Pommerellen, das nach neuestem Verständnis mit dem zu Polen gekommenen Teil Westpreußens identisch war, nur noch 104 992 Deutsche, was 9,9 Prozent der Gesamtbevölkerung ausmachte. Eine deutsche private Zählung von 1934 ergab immerhin noch einen Anteil von 107 555 Köpfen.
Bei den vorstehend angeführten Zahlen, 1931 bzw. 1934 betreffend, handelt es sich um das Ergebnis einer polnischerseits planmäßig betriebenen Verdrängung des Deutschtums aus den abgetretenen Gebieten, die man nur auf diesem Wege zu Bestandteilen des wie-

dergeborenen polnischen Staates machen zu können glaubte. Nach einem aus dem Jahre 1930 stammenden Bericht des gebürtigen Thorners und späteren Danziger Senatspräsidenten Hermann Rauschning, der seinerzeit in der Kulturarbeit der deutschen Volksgruppe in Posen stand, kam es zu einer Überwachung und Behinderung des deutschen Vereinswesens und zu einer Erschwerung der kulturellen Arbeit der Deutschen. »Es gab kein Gebiet, auf dem nicht zielbewußter Druck angewandt wurde, um die Deutschen zur Abwanderung zu bewegen.« Schon in den Jahren 1919 bis 1921 verließen mindestens 400 000 Deutsche den sogenannten polnischen Korridor (also Pommerellen und Posen), bis 1926 weitere 200 000 und bis 1931 nochmals 25 000. Inbegriffen in diese Zahlen waren auch Ausweisungen, nämlich solcher Deutscher, die Beamte gewesen waren oder zwischen 1908 und 1920 nicht ununterbrochen in den an Polen gefallenen Gebieten gelebt hatten. Am stärksten war der Rückgang des Deutschtums in den Städten, wo man der deutschen Bevölkerung, den Arbeitern, den Angestellten und den kleinen Gewerbetreibenden, die wirtschaftliche Grundlage leichter entziehen konnte als auf dem Lande, wo Landbesitz ein größeres Beharrungsvermögen verlieh. So verminderte sich die deutsche Bevölkerung in den Städten Pommerellens und Posens auf ganze 15 Prozent des Vorkriegsstandes, während es auf dem Lande schließlich immerhin noch 45 Prozent waren. In Thorn, wo vor dem Kriege 66 Prozent der Einwohnerschaft deutsch gewesen waren, zählte man am Ende noch vier, in Graudenz mit nach der Volkszählung von 1910 sogar 85 nur noch siebeneinhalb Prozent. Knapp 200 000 Personen dürften es gewesen sein, die ihr Deutschtum, um politischem Druck auszuweichen oder auch um Enteignungen zu entgehen, nicht mehr bekannten. 300 000 Deutsche beharrten auf ihrem Deutschsein und verblieben in der Heimat, ein Drittel davon in Pommerellen.

Der Bewahrung des Deutschtums der auf polnischem Staatsgebiet Zurückbleibenden dienten verschiedene kulturelle Einrichtungen. Zu diesen zählten zunächst die Presseorgane *Posener Tageblatt* und die Bromberger *Deutsche Rundschau*. Hinzu kamen deutsche Privatschulen und eine »Deutsche Bühne« in Bromberg. Der Bewahrung des deutschen wissenschaftlichen Erbes in den früheren Provinzen Posen und Westpreußen dienten die bereits 1885 begründete »Deutsche Historische Gesellschaft in Polen« mit Sitz in Posen und die ebenda erscheinende *Deutsche Wissenschaftliche Zeitschrift in Polen*, die Hermann Rauschning, Kurt Lück und Alfred Lattermann prägten, sowie der der Geschichte und der Landeskunde Westpreußens gewidmete »Copernicus-Verein« in Thorn mit seiner seit 1878 erscheinenden Zeitschrift. Zu nennen sind auch die »Deutsche Gesellschaft für Kunst und Wissenschaft« in Bromberg und der »Deutsche naturwissenschaftliche Verein« in Posen.

Den stärksten Zusammenhang unter den Deutschen im sogenannten Korridor und die festeste Verbindung mit dem Reich stiftete die evangelische Kirche, der etwa 90 Prozent der Deutschen in Polen angehörten. Da ihr die Polen ein Verbleiben in der preußischen Landeskirche verwehrt hatten, war eine »Unierte Evangelische Kirche in Polen« entstanden, an deren Spitze Generalsuperintendent Paul Blau mit dem Konsistorium in Posen stand. Blau, der gebürtiger Thüringer war, hatte schon vor dem Kriege in Posen amtiert.

Die Existenz der Deutschen auf dem Lande bedrohte insbesondere die seit 1919 vorbereitete polnische Agrarreform, die den Gutsbesitz auf jeweils 180 Hektar beschränken und den Rest gegen nur geringe Entschädigung enteignen wollte. Denn bei der Ausführung dieses Reformwerkes, das im Dezember 1925 seinen Abschluß fand, wurde die deutsche Minderheit stark benachteiligt, dasselbe als Waffe gegen das Deutschtum eingesetzt. Wiederholte Beschwerden der Betroffenen beim Völkerbund in Genf, die von der deutschen Reichsregierung unterstützt wurden, hatten Erfolg. Doch kam Polen einer

Anordnung des Völkerbundes, für eine Gleichbehandlung des deutschen Grundbesitzes mit dem polnischen zu sorgen, nicht nach. So belief sich der Verlust, den die Polen mit ihrer grundsätzlich sicher berechtigten, ja notwendigen Landreform dem deutschen Grundbesitz beibrachten, auf etwa 600 000 Hektar.

Der polnische Angriff auf das Deutschtum in der Stadt konzentrierte sich auf das Schulwesen. Der polnische Staat ließ mehr und mehr die ihm nach dem Minderheitenrecht vom Völkerbund auferlegte Pflicht, deutsche Elementarschulen zu errichten, unerfüllt und nötigte so viele deutsche Schulkinder, polnische Schulen mit bestenfalls mangelhaftem Deutschunterricht zu besuchen. Im Jahre 1931 waren es im Korridorgebiet 47 Prozent aller deutschen Schulkinder, in Pommerellen gar 71 Prozent. Um der auf diese Weise heraufbeschworenen Gefahr einer Polonisierung des Nachwuchses zu begegnen, behalf sich die deutsche Minderheit mit der Errichtung von Privatschulen. Erschwerend hierbei wirkte der Mangel an Finanzmitteln. Dieser betraf vor allem das höhere Schulwesen, das ganz von der Minderheit getragen werden mußte. Außerdem hatten die deutschen Privatschulen mit Behinderungen durch die polnischen Behörden zu kämpfen, die aufgrund der staatlichen Schulaufsicht möglich waren. In dem polnisch gewordenen Teil Westpreußens überlebten von den höheren Lehranstalten die Goetheschule in Graudenz und die Eichendorffschule in Dirschau; das deutsche Gymnasium in Thorn hingegen wurde 1932 polonisiert.

All dies geschah, obwohl sich Polen gegenüber den Siegern des Weltkrieges zur Erfüllung von Bestimmungen zum Schutz nationaler Minderheiten verpflichtet hatte, obwohl in Polen keine Sondergesetze für Deutsche bestanden, die Verfassung von 1921 vielmehr die Gleichberechtigung aller Staatsbürger gebot, und obwohl die Deutschen in ihrer großen Mehrheit ihre staatsbürgerlichen Pflichten treulich erfüllten. Die Lage der deutschen Minderheit verschlechterte sich noch dadurch, daß der Deutsch-polnische Nichtangriffspakt vom Januar 1934 zu ihren Rechten nichts aussagte, aber von einer »Nichteinmischung in die inneren Angelegenheiten« der jeweils anderen vertragschließenden Macht sprach. Zudem kündigte Polen im selben Jahre den mit den Weltkriegsalliierten geschlossenen Minderheitenschutzvertrag von 1919 auf. Am 5. November 1937 kam es dann aber zur Unterzeichnung einer Deutsch-polnischen Minderheitenerklärung, in der es unter Punkt 1 hieß: »Die gegenseitige Achtung deutschen und polnischen Volkstums verbietet von selbst jeden Versuch, die Minderheit zwangsweise zu assimilieren, die Zugehörigkeit zur Minderheit in Frage zu stellen, oder das Bekenntnis der Zugehörigkeit zur Minderheit zu behindern.«

Auch die Freie Stadt Danzig war das Objekt von Polonisierungsbemühungen des jungen polnischen Staates. Dabei hatten von den rund 360 000 Staatsbürgern des Freistaates, der mit einer Fläche von 1893 Quadratkilometern die Größe des damaligen Saargebietes hatte, bei der Volkszählung im Jahre 1923 nur 6788 Polnisch als Muttersprache angegeben. Polen war sogar darum bemüht gewesen, die Stadt durch den Versailler Friedensvertrag zugesprochen zu bekommen. Aber wie ihm die Mächte die deutsche Stadt politisch versagt hatten, so unterstellte sie ihm Rom auch kirchlich nicht. Statt die Katholiken Danzigs im Verbande des nun in Polen liegenden Bistums Kulm-Pelplin zu belassen, begründete der Vatikan 1925 für nach dem Stande von 1924 140 297 Gemeindeglieder (das waren 36,8 Prozent der Gesamtbevölkerung) eigens ein Bistum Danzig. Die evangelische Kirche verblieb unter einem Generalsuperintendenten in der preußischen Landeskirche. Unter dem Schutze und unter der Garantie des Völkerbundes stehend und mit eingeschränkter Souveränität versehen, war Danzig immerhin ein Staatswesen, das mit dem Gulden auch über eine eigene Währung verfügte, die sich für die Wirtschaft des Freistaates als wertvolle Grundlage erweisen sollte. Polonisierungsbestrebungen knüpften an

Danzig, im Hintergrund die Marienkirche.

den Rechten an, die Polen nach dem Versailler Vertrag und dem mit Danzig abgeschlossenen Pariser Vertrag von 1920 im Freistaate hatte. Es waren dies zum einen Mitwirkungsrechte im Hafen (die Polens Weg zum Meer verbürgen sollten) und Verfügungsrechte über das Eisenbahnwesen; zum anderen hatte Polen mit Danzig eine Zollunion (mit Unterstellung der Freien Stadt unter die polnische Zollgesetzgebung und den polnischen Zolltarif) schließen dürfen und die auswärtige Vertretung des Freistaates übertragen bekommen.
Auf seinen Rechten aufbauend und zugleich die ihm gesetzten Schranken überschreitend, versuchte Warschau die vor allem auf Betreiben Englands nach Maßgabe seiner Interessen in der Ostsee konstituierte Selbständigkeit der Freien Stadt Danzig auszuhöhlen und diese für einen Anschluß an Polen bereit zu machen. Vorstöße gingen vor allem in zwei Richtungen. Zum einen verletzten die Polen die Danziger Posthoheit. Sie nahmen das ihnen in Versailles verliehene Recht, im Danziger Hafen einen eigenen Post-, Telegraphen- und Telephondienst zu unterhalten, zur Grundlage für den Aufbau einer eigenen Danziger Post. Der darin liegende Übergriff wurde vom Völkerbund hingenommen. Zum anderen richteten sich die Polen auf Danziger Gebiet auch militärisch ein. Im Gegensatz zur Entmilitarisierung des Freistaates, wie sie aufgrund eines ausdrücklichen Beschlusses des Völkerbundsrates in der Danziger Verfassung von 1922 verankert werden sollte, hatten sie es schon früh unter Vermittlung des Völkerbundrates erreicht, daß ihnen von den Danzigern ein besonderer Platz zum Löschen, Einlagern und zur Weiterbeförderung von Kriegsbedarf und Sprengstoffen sowie die Stationierung dazugehöriger Wach- und Aufsichtsmannschaften zugestanden worden waren. 1924/25 wurde durch Beschluß des Völkerbundrates als Ort dafür die von der Toten Weichsel und der Ostsee umflossene Halbinsel Westerplatte bestimmt und den Polen dort eine Wachmannschaft von zwei Offizieren, 20 Unteroffizieren und 66 Mann genehmigt, letzteres gegen den Widerstand des Freistaates. Im weiteren setzte Polen für seine Kriegsschiffe im Danziger Hafen Sonderrechte durch. Schon im Januar 1921 hatte der britische Völkerbundskommissar Haking in einer Denkschrift die Überzeugung geäußert, daß es Warschau in seiner Bemühung um militärische Präsens auf dem Territorium des Freistaates nicht um den Schutz Danzigs gehe, sondern darum, »seinen völkischen Charakter zu vernichten und es faktisch, wenn auch nicht rechtlich, der Republik einzuverleiben«.
Gefährlicher für die alte Hansestadt und ihr Staatswesen war ein Wirtschaftskrieg, den Warschau gegen sie führte. In diesem Zusammenhang kam es zu einem Boykott Danziger Waren in Polen; davon wurden nur diejenigen Firmen verschont, die sich in Danzig der Kontrolle von polnischen Zollinspektoren unterwarfen. Das war gegen die Zollverwaltungshoheit des Freistaates gerichtet, die diesem als Verwaltungseinheit im polnischen Zollgebiet durch den Pariser Vertrag eingeräumt worden war. Schließlich schufen sich die Polen seit 1924 an der Stelle des etwa 20 Kilometer von Danzig entfernten Fischerdorfes Gdingen mit Hilfe französischer Fördermittel einen eigenen Kriegs- und Handelshafen, der dem Freistaat vollends das Wasser abgraben sollte. Tatsächlich nahm der Warenumschlag in Gdingen (polnisch Gdynia) Jahr für Jahr zu, bis er 1933 den Danzigs zum ersten Male übertraf (6,1 gegen 5,2 Millionen Tonnen); die Bevölkerungszahl der jungen Hafenstadt erreichte in den dreißiger Jahren über 100000. Diesen Aufbauerfolg vor ihren Grenzen, der ihre Existenz gefährdete, mochten die Danziger nicht für möglich gehalten haben. Der Senat klagte im Mai 1930 beim Völkerbund dagegen, da Polen ja gemäß Völkerbundsentscheid von 1921 verpflichtet war, vom Danziger Hafen vollen Gebrauch zu machen. Andererseits mußte der forcierte Ausbau Gdingens den polnischen Rechten in Danzig die Grundlage entziehen. 1931 entschied der Völkerbundsrat unter anderem zugunsten des Freistaates, daß Polen verpflichtet sei, den Danziger Hafen »voll

auszunutzen«. Freilich mußte das ohne jede greifbare Folge bleiben. Denn gerade der Erfolg, mit dem Danzig seine Selbständigkeit verteidigt hatte, war für die Polen zu dem Grund dafür geworden, das gewaltige Vorhaben Gdingen auf sich zu nehmen.
Die durch den Wirtschaftskrieg hervorgerufenen Spannungen wurden durch verschiedene militärische Demonstrationen Polens verschärft. Am 2. August 1931 erklärte General Edward Rydz-Śmigły, der spätere Marschall und militärische Nachfolger Piłsudskis, Polen werde bald »gegen den Erzfeind Deutschland« marschieren und in einem ersten Zug den »Zwergstaat Danzig« besetzen. Im März 1933 verstärkte Polen eigenmächtig seine militärische Präsens auf der Westerplatte, mußte aber nach Protesten Danzigs in Genf auf Veranlassung des Völkerbundes zum alten Stand zurückkehren.
Derlei Reden und Taten, mit denen seit Anfang der dreißiger Jahre der Freistaat Danzig unverhüllt bedroht wurde, hatte mit Befürchtungen zu tun, die Polen für sich und seine Existenz mit dem Aufschwung der nationalsozialistischen Bewegung in Deutschland verband, die die Nachkriegsordnung von Versailles in einer bisher unerhörten Weise in Frage stellte. Die nationalsozialistische Partei war angesichts der vielfältigen Gefährdung Danzigs auch dort durchgedrungen. Sie regierte den Freistaat seit dem 20. Juni 1933, nachdem eine von ihr durchgesetzte vorzeitige Volkswahl am 28. Mai für sie eine absolute Mehrheit der Mandate (51 Prozent) ergeben hatte.

*

Die nationalsozialistische »Machtergreifung« im Reich am 30. Januar 1933 mußte sich zunächst vor allem in der Staatsverwaltung bemerkbar machen. Die Verwaltung der Provinz Ostpreußen gestaltete sich so wie die der anderen preußischen Provinzen und die der früheren deutschen Bundesstaaten: Bewährtes wurde in vielen – freilich unter Abkehr vom Prinzip der Selbstverwaltung – fortgeführt, die Rechtsstaatlichkeit wurde partiell gewahrt, sah sich aber dort, wo sich die Machtfrage stellte, außer Kurs gesetzt, wie überhaupt die staatliche Ordnung mehr und mehr durch Eingriffe der neuen Machthaber in Frage gestellt wurde. Von großer Bedeutung war der personalpolitische Wechsel des Jahres 1933, der sich als einschneidender erweisen sollte als der von 1918/19.
Oberpräsident Wilhelm Kutscher (seit Herbst 1932) blieb zunächst im Amt und betrieb in Übereinstimmung mit Erich Koch, seit 1928 NSDAP-Gauleiter von Ostpreußen, die Absetzung des Königsberger Oberbürgermeisters Hans Lohmeyer. Diese stand nicht ursächlich mit dem Machtantritt der Nationalsozialisten im Zusammenhang, wurde aber durch die neuen Verhältnisse – vor allem durch die »Reinigung« der noch frei gewählten Stadtverordnetenversammlung – erleichtert. Der Grund lag in der Tatsache, daß die Stadt Königsberg nach den Jahren der Weltwirtschaftskrise vor einer Finanzkatastrophe stand; der Stadtbank und der Stadtsparkasse drohten die Zahlungsunfähigkeit. Kutscher holte Hellmuth Will, den Finanzreferenten des Preußischen Ministeriums des Innern, nach Königsberg, wo dieser am 5. Mai 1933 kommissarisch an die Stelle des am 9. März suspendierten Lohmeyer trat und am 1. Oktober desselben Jahres ordnungsgemäß zum Oberbürgermeister bestellt wurde. Will gelang es, das drohende Finanzdebakel abzuwenden, indem er die Stadt für die Stadtbank bürgen ließ und für das Jahr 1933 einen Haushaltsausgleich zustande brachte. Will, der aus einer alten ostpreußischen Familie stammte, blieb bis zum Untergang Königsbergs im Jahre 1945 im Amte, ging mit den Verteidigern der Stadt in Gefangenschaft und wurde aus dieser erst nach zehn Jahren entlassen.
Neben Kutscher wurden zunächst noch zwei der vier bisherigen Regierungspräsidenten im Amte belassen, und zwar der von Marienwerder, Karl Johann Ferdinand Budding, ein

Kenner der sich an der Weichsel stellenden Polenfrage (seit 1925), und der von Königsberg, Werner Friedrich (seit 1932). Freilich trat an die Stelle von Kutscher, der als Konservativer von agrarischen Kreisen unterstützt wurde, schon am 1. Juni 1933 Gauleiter Erich Koch, der aus Elberfeld stammte und damals 37 Jahre alt war. Reichspräsident von Hindenburg, der Koch zu ernennen hatte, erklärte sich nur widerstrebend damit einverstanden, daß in Ostpreußen der höchste Repräsentant der nationalsozialistischen Partei zugleich auch der des Staates war, was freilich in der Zukunft der Normalfall werden sollte.

Bei der Besetzung eines Regierungspräsidiums wählte Koch ausnahmslos unter den nach Berufserfahrung und Karriere in Frage kommenden Verwaltungsbeamten aus. Das galt auch für den Stellvertreter des Oberpräsidenten, Hermann Bethke, seit 1940 Paul Hoffmann, dieser zuvor Regierungspräsident von Königsberg. Als Regierungspräsidenten von Gumbinnen hatte Koch mit Herbert Rohde den 1920 im Zusammenhang mit dem Kapp-Putsch abgesetzten Landrat des Kreises Goldap berufen. Dagegen fanden sich unter den Landräten verdiente Parteigenossen ohne Vorbildung und Erfahrung, oft in Verbindung mit dem Amt des Kreisleiters, was das Einverständnis des Preußischen bzw. des Reichsinnenministeriums voraussetzte. Im Jahre 1939 hatten in der Provinz nur 15 von 33 Landräten die Vorbildung zum Richter oder zum Verwaltungsbeamten.

Erich Koch zählte zu den nicht nur um ihre politische Machtstellung besorgten, zielbewußten und tatkräftigen Gauleitern, wenn ihm auch Willkür und Korruption nicht fremd waren. In den ersten Jahren widmete er sich mit Energie der Verwirklichung eines von ihm ins Auge gefaßten Aufbauplanes, »Erich-Koch-Plan« genannt. Diesem lag der nicht neue Gedanke zugrunde, daß der Bestand der Provinz nur durch eine Stärkung von Industrie und Gewerbe zu sichern war, die allein für eine für notwendig befundene Neuansiedlung von Menschen die wirtschaftliche Grundlage bieten konnten. Insofern bewegte sich Koch in den Fußstapfen seiner Vorgänger von Goßler und von Batocki, die freilich in ihren Bemühungen über Ansätze nicht hinausgelangt waren. Ein umfassendes Aufbauprogramm wurde vorgelegt und von Hitler selbst sanktioniert. Die provinzialen Planungsbehörden und ein neugeschaffenes Landesgewerbeamt wurden tätig; alle zivilen und militärischen Dienststellen waren zur Mitwirkung verpflichtet. Bis zum Beginn des Zweiten Weltkrieges wurden 18000 neue Arbeitsplätze geschaffen, während man freilich 280000 für nötig hielt. Entwürfe der Landesplanung, die etwa die Erweiterung Königsbergs um Universitäts- und Krankenhausviertel vorsahen, blieben ganz unausgeführt.

Koch ließ den mit der Verwirklichung des Aufbauprogramms betrauten Behörden und Stellen weitgehend freie Hand. Auf dem Oberpräsidium in Königsberg, aber auch in den Regierungen herrschte, so das auch aus eigener Anschauung gewonnene Urteil Klaus von der Groebens, »ein freier Geist«, und die Beamten hielten »fest zusammen«. »Die Verwaltung vom grünen Tisch war verpönt, man war bemüht, in lebendiger Fühlung mit der Bevölkerung zu bleiben. Dem Vertreter des Oberpräsidenten, welch letzterer die leitenden Beamten kaum kannte, fiel die eigentliche Verwaltung der Provinz zu, ihr (Bethke[s] und Hoffmann[s]) kameradschaftliches Verhältnis zu allen Mitarbeitern kam der Geschlossenheit zugute.«

Doch war die nationalsozialistische Personalpolitik unterhalb der Ebene der Regierungspräsidenten ein Übel, das sich im Laufe der Zeit naturgemäß vergrößerte und in die Tiefe wirkte. Fritz-Dietlof Graf von der Schulenburg, als Nationalsozialist im Sinne von »Sozialismus und Preußentum« und Gregor Strasser ursprünglich ein Gefolgsmann Erich Kochs, mußte das in seiner Eigenschaft als Personalreferent im Oberpräsidium erfahren. So bekannte er einmal, daß er »von drei freien Stellen zwei durch Parteileute besetzen«

müsse, von denen er wisse, daß sie »nicht geeignet« seien, »Städte und Kreise zu führen«. Abstoßend wirkte auf ihn auch das Geschäftsgebaren der mit seiner Unterstützung begründeten »Erich-Koch-Stiftung«, die der Beförderung des »Erich-Koch-Planes« dienen sollte, aber bald als Wirtschaftsimperium, zu dem sie rasch geworden war, den persönlichen Machtinteressen Kochs dienstbar gemacht wurde. Enttäuscht sah sich von der Schulenburg ferner durch die mehr und mehr zutage tretende Selbstgefälligkeit des Gauleiters und den um ihn herum in Szene gesetzten Kult sowie durch die Herablassung seiner engsten Umgebung. Am 31. Dezember 1935, nachdem er Landrat in Fischhausen geworden war, erinnerte er Koch in einem Brief an die Ziele der ostpreußischen Gauleitung vor 1933: »Kampf gegen Interessenegoismus der Reaktion wie überhaupt jedes Standes, weitmöglichste Einheit von Partei und Staat, Kampf gegen Bonzentum und Korruption, für ein sauberes und leistungsfähiges nat.soz. Führertum«. Die Voraussetzungen dafür sah er nun als gefährdet an. Das Auftreten der nunmehr Verantwortlichen habe nichts von der »Bescheidenheit und Einfachheit«, die man in der Kampfzeit gepredigt habe; überdies werde Kochs Name »in byzantinistischer Form immer wieder in den Vordergrund gedrängt«. In der Personalpolitik, in die man ihm als verantwortlichem Referenten hineinregiert und aus der man ihn schließlich herausgedrängt habe, herrsche ein verheerender Mangel an Zucht und Auslese; statt dessen sei sie von einer »falsch verstandenen Kameradschaft« zu den alten Kämpfern getragen. Im Oktober 1934 hatte von der Schulenburg, der sich später im Widerstand gegen Hitler wiederfand und diesen mit seinem Leben bezahlen mußte, an seine Frau geschrieben, im Reich wie in Ostpreußen habe sich die »falsch verstandene Parole« durchgesetzt, »die Partei befiehlt dem Staat«. Überall dränge »die Partei gegen den Staat«.

Auch im alltäglichen Leben machte sich der Nationalsozialismus bemerkbar. Bei einer totalitären Ideologie und Bewegung, die sich des Staates bemächtigte, konnte es nicht anders sein. Freilich blieb in Ostpreußen als ein gewisses Gegengewicht hierzu ein starker Traditionalismus prägend. Wie in Schlesien kam es in einem größeren Umfange zu einer Umbenennung von Städten und Gemeinden. Slawische und litauische Namen sollten verschwinden. Um von der Größenordnung des Eingriffs einen Eindruck zu vermitteln, seien hier als Beispiel die Gemeinden herausgegriffen, die von der Eisenbahnlinie Königsberg-Tilsit bedient wurden. Erhalten blieben auf dem Streckenstück bis Labiau die Ortsnamen Trausitten, Kuggen, Nautzken, Pronitten und Kuth. Sodann wurde aus Stellienen Deimetal, aus Schelecken Schlicken, aus der Station Laukischken (als Ortsname erhalten) die Station Mauern (Ostpr.), aus Szargillen Eichenrode, aus Mehlauken Liebenfelde, aus Uszballen Mühlenau, aus Skaisgirren Kreuzingen und aus Alt Weynothen Weinoten. Von 22 Bahnstationen (ohne die Bahnhöfe von Königsberg und Tilsit) trugen acht neue Namen.

Ungeachtet der Vorbehalte, die gegenüber dem Nationalsozialismus bestanden, gegenüber seinen täglichen Erscheinungsformen, angesichts des Ordinären und Geistlosen, das sich mit ihm verband, war der Kredit der neuen Herren im Volke groß. Es verbreiteten sich wie auch sonst im Reiche Zuversicht und Optimismus. Die reichlich 100 000 Arbeitslosen der Provinz wurden bei Meliorationen sowie im Wege- und Eisenbahnbau beschäftigt, Notstandsarbeiten, für die kurzfristig Geld bereitgestellt worden war. Die Landwirtschaft sah nach ihrer Entschuldung neuen Gewinnen entgegen und benötigte zusätzliche Arbeitskräfte, so daß sogar Arbeitslose aus Westpreußen und Danzig als Erntehelfer eingestellt werden konnten. Bald übertraf die Wirkung der allgemeinen wirtschaftlichen Auftriebskräfte die der Notstandsarbeiten bei weitem. Die Darstellung dieser Tatsachen durch die nationalsozialistische Propaganda, die keinerlei fremdes Verdienst anerkennen wollte, tat ein Übriges. Übergriffe auf dem System mißliebige Bürger

Königsberg (Pr.), Blick vom Schloßturm auf den Kaiser-Wilhelm-Platz sowie auf die Kantstraße und die Kneiphofer Langgasse.

und Verstöße gegen die Rechtsstaatlichkeit und den Anstand wurden zumeist als unvermeidliche Begleiterscheinungen der »nationalen Revolution« angesehen, die vorübergingen. Die Ausstoßung der Juden aus der deutschen Volksgemeinschaft mochte freilich manche Zweifel erregen. Doch der Anteil der Juden an der ostpreußischen Bevölkerung war zu gering, als daß das parteiamtlich inszenierte Judenpogrom vom 9. November 1938 größeres Aufsehen erregt hätte; nur die jüdische Gemeinde zu Königsberg, die 1928 3800 Glieder gezählt hatte und im Oktober 1938 noch 2086 Glieder umfaßte, war von Bedeutung. Immerhin verbreitete es sich als ein großer Eindruck, daß der Landrat von Stallupönen, Wichard von Bredow, braune Brandstifter davon abzuhalten vermocht hatte, die Synagoge der Kreisstadt anzuzünden. Er war der betreffenden SA-Einheit in seiner Reserveoffiziersuniform und mit geladener Pistole entgegengetreten und hatte sie damit zum Abzug nötigen können.

Ein knappes Jahr später wurden aus den 28 cm-Geschützen des Schulschiffes »Schleswig-Holstein«, eines Linienschiffes und fast 40 Jahre alten Kämpen, jene berühmten Salven auf die Westerplatte abgegeben, mit denen der Zweite Weltkrieg begann. Damit waren die friedlichen Bilder eines Besuches der Kriegsmarine in Danzig bei noch sommerlichem Wetter wie weggewischt, und der Himmel über der Danziger Bucht verdüsterte sich von den Bränden, die die schweren Granaten in ihrem Ziel hervorgerufen hatten. Zugleich durchlebten die Deutschen in Polen und somit auch die in Pommerellen qualvolle, blutige Tage. Die Kriegsgefahr, der Ausbruch des Krieges und die Enttäuschung der Hoffnungen, die sie mit ihm verbunden hatten, hatten unter den Polen Verwirrung, ja eine Psychose ausgelöst, die sie, auch nach einer Erklärung für den raschen militärischen Zusammenbruch suchend, in den Deutschen eine »Fünfte Kolonne« der deutschen Wehrmacht sehen ließ, die sich der »Diversion« gegen ihre Obrigkeit schuldig gemacht hätten. Die Deutschen in Polen »mußten zudem auch als Ersatzfeind für den nicht greifbaren Hitler herhalten.« Mit diesem wurden sie »identifiziert, als ›Hitlerowcy‹ beschimpft, als Feinde behandelt« (H. Rasmus). Eine »Jagd auf Deutsche« war die Folge. Ressentiments und Haß gegen die Deutschen und alles Deutsche, die jahrelang durch die staatliche Propaganda genährt worden waren, kamen zum Ausbruch; das Vorgehen der Masse gegen evangelische Kirchen und Geistliche zeigt, daß dabei auch der polnisch-katholische Akzent nicht fehlte. Doch war die Gewalttätigkeit dieser Tage nicht nur das Ergebnis spontaner Leidenschaftlichkeit, durch Rat- und Hilflosigkeit ausgelöster Haßausbrüche, gegen die die Obrigkeit nichts oder kaum etwas unternahm; schon seit 1937 hatten die Starosteien Listen von Deutschen vorbereitet, die im Kriegsfalle zu verhaften waren, angeblich unzuverlässiger deutscher Elemente. Diese Listen boten vor und nach Kriegsbeginn die Unterlage für eine Verhaftungsaktion sowie für nachfolgende Verschleppungsmärsche, bei denen gegen die in Richtung Osten fortgeführten Deutschen zahllose Brutalitäten und Gewalttaten sowie auch Morde verübt wurden. Es handelte sich dabei in ganz Polen um schätzungsweise etwa 15 000 Personen, allein aus dem Raum Westpreußen und Posen 10 000; etwa 2200 der verschleppten Deutschen kamen um. Todesopfer forderten auch die Ausschreitungen in den Städten, insbesondere in Bromberg (»Bromberger Blutsonntag«), und das Vorgehen polnischer Soldaten gegen deutsche Kameraden. Die Gesamtzahl der Toten ist unbekannt. Es dürften mindestens 4500 gewesen sein, 1500 in Westpreußen (einschließlich der Räume Bromberg und Wirsitz), 2000 im Posener Gebiet und 1000 im restlichen Polen.

Es steht außer Frage, daß die Deutschen in Polen für derlei keinen Anlaß gegeben hatten. In ihrer großen Mehrheit waren sie dem polnischen Staat, den sie sich nicht als Obrigkeit ausgesucht hatten, loyale Staatsbürger gewesen, die ihn auch in der Stunde der Not nicht im Stiche ließen; die deutschen Männer waren fast ausnahmslos den an sie ergangenen Gestellungsbefehlen gefolgt und mit ihren polnischen Kameraden in den Krieg gegen Deutschland gezogen. Ebensowenig waren sie es, die den nationalsozialistischen Vernichtungskampf gegen das Polentum nach dem Untergang des polnischen Staates trugen; bei den nationalsozialistischen Funktionsträgern und Aktivisten war vielmehr die Ansicht verbreitet, man müsse aus den vormaligen Volksdeutschen erst »richtige und gute Deutsche« machen. Auch die Zusammenfassung der waffenfähigen Volksdeutschen zu einem »Selbstschutz«, der, bis ein funktionstüchtiger Polizeiapparat zur Verfügung stand, für Sicherheit sorgen sollte, änderte nichts daran, daß sie Geschichte und Politik erlitten, freilich auch in Unrechtstaten verstrickt wurden. Das nationalsozialistische Bestreben, in den beiden 1920 an Polen abgetretenen preußischen Provinzen den polnischen Bevölkerungsteil durch Aussiedlung zu reduzieren und den dadurch freiwerdenden Platz durch Volksdeutsche aus dem Baltikum, Wolhynien und Bessarabien aufzufüllen, machte sich in Westpreußen mit weniger Härte bemerkbar; die meisten Polen wurden hier nicht aus ihrer Heimat vertrieben. Konnten sie in den nächsten Jahren auch von einem wirtschaftlichen Aufschwung profitieren, so litten sie doch unter dem scharf antikirchlichen Kurs des Regimes und unter der Verdrängung der polnischen Sprache aus der Schule.

Zeigte der Nationalsozialismus gegenüber den besiegten Polen – insbesondere in Posen, das nun Gau Wartheland hieß – sein wahres Gesicht, so hatte es, als noch vor Kriegsbeginn das Memelland auf Druck der Reichsregierung hin von Litauen an Deutschland zurückgegeben worden war, den Anschein gehabt, als gehe es lediglich um eine Revision von Versailles. Die Statue der Borussia nahm ihren angestammten Platz in Memel, von dem sie die Litauer verbannt hatten, wieder ein und erneuerte damit die Erinnerung an das denkwürdige Jahr der Zuflucht des Königspaares und des Hofes in der Stadt nach

Memel, Borussia-Denkmal.

dem Zusammenbruch von 1806, der sie hundert Jahre später gewidmet worden war. »An einem strahlenden Frühlingstag, dem Geburtstag Kaiser Wilhelms I., marschierten das ostpreußische Infanterieregiment I aus Königsberg und die Radfahrabteilung aus Tilsit in Memel ein«, erinnert sich Hans von Herwarth, der damals zu dem deutschen Generalkonsulat in Memel abgeordnet worden war, an jenen 22. März 1939, an dem das Memelland in die Provinz Ostpreußen, und zwar in den Regierungsbezirk Gumbinnen, zurückkehrte. »Besonders freudig wurde der Bernhardiner bejubelt, der die große Trommel der Regimentskapelle zog. Gleichzeitig lief ein Zerstörergeschwader in den Hafen von Memel ein. Hitler stand auf der Kommandobrücke eines Zerstörers und schritt dann langsam an Land. Vielleicht hatte er sich an Lohengrin und dem Schwan inspiriert, es war auf jeden Fall ein gut inszeniertes und eindrucksvolles Spektakel.«

Die Provinz Westpreußen entstand freilich nicht wieder. An ihre Stelle trat (unter Einschluß von Bromberg, das ja früher zur Provinz Posen gehört hatte) entsprechend der nationalsozialistischen Vermischung von Staat und Partei und dem Zentralismus des nationalsozialistischen Führerstaates ein Reichsgau Danzig-Westpreußen, dem auch der bisherige Regierungsbezirk Westpreußen (Marienwerder) angeschlossen war.

Der Reichsgau umfaßte 26 055 Quadratkilometer und wurde von rund 2 179 000 Menschen bewohnt. Davon waren über 61 Prozent Polen und etwa 38 Prozent Deutsche. Der Sitz des Gauleiters und Reichsstatthalters, des bishergen Gauleiters von Danzig, Albert Forster, war Danzig; die Verwaltung verteilte sich auf die Regierungsbezirke Marienwerder, Danzig und Bromberg. Zu dem letzteren gehörten neben den Stadtkreisen Bromberg und Thorn die Landkreise Bromberg-Land, Kulm, Schwetz, Thorn-Land, Tuchel, Wirsitz und Zempelburg, während der Regierungsbezirk Danzig die Stadtkreise Danzig, Gotenhafen (Gdingen), Elbing und Zoppot sowie die Landkreise Danzig, Elbing, Großes Werder, Berent, Dirschau, Karthaus, Konitz, Neustadt und Preußisch Stargard umfaßte. 1942 wurde der Regierungsbezirk Danzig aufgelöst und das Regierungspräsidium mit der Behörde des Reichsstatthalters vereinigt. Von den 63 Landratsämtern in den Reichsgauen Danzig-Westpreußen und Wartheland wurden 40 mit Parteifunktionären ohne Verwaltungsausbildung besetzt (mit Schwerpunkt im Norden), zumeist in Personalunion mit dem Amt des Kreisleiters der NSDAP. Fachliches Versagen auf dieser Ebene wurde vielfach durch eine Verstärkung der Aufsicht der Regierungspräsidenten über die nachgeordneten Behörden ausgeglichen. Im Amt des Regierungspräsidenten hatte sich wie in Ostpreußen die traditionelle Verwaltung noch am ehesten erhalten, weshalb man seitens der Partei bestrebt war, ihre Befugnisse zugunsten des Reichsstatthalters oder der Landräte zu reduzieren. Die Vollmachten des Reichstatthalters waren in einem beträchtlichen Umfang eigenen Rechts. Die Amtsinhaber in Danzig und in Posen nahmen auch die Befugnis, Polizeiverordnungen zu erlassen, für sich in Anspruch und hatten damit Erfolg, da der Reichsinnenminister nicht von seinem Recht Gebrauch machte, in den Reichsgauen Reichs- und preußisches Landesrecht einzuführen. Insofern war von vornherein die Grundlage dafür gelegt, daß die Polen und erst recht die Juden in den eingegliederten Gebieten entsprechend den nationalsozialistischen Zielen weitgehend rechtlos gemacht werden konnten.

In die Provinz und damit zugleich den Gau Ostpreußen eingegliedert wurden außer dem Soldau-Gebiet der »Suwałki-Zipfel« (zum Regierungsbezirk Gumbinnen) und Masowien, d. h. ein großer Teil der Wojewodschaft Warschau mit neun Landkreisen (zum neugebildeten Regierungsbezirk Zichenau, polnisch Ciechanów).

Auch der Kriegsbeginn hatte in der ostpreußischen Bevölkerung kaum Unwillen gegen das nationalsozialistische Regime erregt. Der Krieg gegen Polen, von dem man sich zwischen Weichsel und Memel lange Jahre zu Recht bedroht gefühlt hatte, »genoß eine Art

Bis in das Jahr 1944 hinein herrschte in Ostpreußen tiefer Friede. An der Pfarrkirche in Steinbeck bei Königsberg (erb. gegen Ende des 15. Jahrhunderts).

Volkstümlichkeit« (K. von der Groeben). Erst der Rußlandfeldzug (der eine Vergrößerung des Regierungsbezirks Zichenau um südlich des Narew gelegene Gebietsteile brachte) ließ in der Stimmung des Landes eine Wende eintreten. Die Winterkrise 1941/42 und die Abberufung Walther von Brauchitschs als Oberbefehlshaber des Heeres in demselben Zusammenhang, eines Soldaten, der von seiner Zeit als Befehlshaber des Wehrkreises I in Königsberg her im Lande hohe Achtung genoß, schwächten die Siegesgewißheit und erregten Zweifel an der obersten Führung, die sich im weiteren verstärkten.
Seit dieser Zeit war auch der Widerstand gegen Hitler und den Nationalsozialismus in der Provinz heimisch. Carl Goerdeler, der ehemalige Zweite Bürgermeister von Königsberg und 1935 aus dem Amt geschiedene Oberbürgermeister von Leipzig, aus Marienwerder stammend, in Schneidemühl geboren, war schon vor dem Kriege unermüdlich gegen das Regime tätig gewesen. Heinrich Graf von Lehndorff auf Steinort am Mauersee (auf dessen Besitz sich während des Rußlandkrieges das Oberkommando des Heeres eingerichtet hatte) führten Erlebnisse beim Vormarsch in Rußland unter die gegen Hitler und sein System Verschworenen. Er war ein »noch jugendlicher Herr und Heger eines uralten, aus der Deutschordenszeit stammenden Familienbesitzes ..., als Jäger in Bruch, Feld [und] Wald zu Hause, offen, hilfsbereit« (E. Zeller). Die Scham als Preuße und als Deutscher angesichts der Untaten der SS, die er angesehen hatte, brannte in ihm. Nach der Flucht vor seinen Häschern und der Einkerkerung schrieb er seiner Frau aus dem Gefängnis: »Du wirst immer davon überzeugt sein, daß ich nicht leichtfertig Eure Zukunft zerstört habe, sondern einer Idee diente, von der ich glaubte, daß sie Rücksicht auf Familie und Privates nicht rechtfertigt. Mein Einsegnungsvers: ›Wachet, steht im Glauben, seid männlich und seid stark!‹ soll mich bis zuletzt leiten.«
Ost- und Westpreußen waren, abgesehen vom Beginn des Krieges und den Zeiten der Vorbereitung des Rußlandfeldzuges, in denen die Preußenlande als Bereitstellungsraum und Aufmarschgebiet gedient hatten, bis zum Spätsommer 1944 nicht von militärischen Operationen betroffen worden, auch vom Luftkrieg nicht, der bis dahin namentlich den Westen des Reiches schwer heimgesucht hatte. Doch nach dem Zusammenbruch der Heeresgruppe Mitte Juni/Juli 1944 näherten sich die Sowjets der ostpreußischen Grenze, und am 27. sowie am 29. und am 30. August 1944 legten britische Bomberverbände die Innenstadt Königsbergs in Schutt und Asche. Die Feier des vierhundertjährigen Bestehens der Universität, die auf die Zeit vom 6. bis zum 9. Juli vorverlegt worden war, hatte bereits unter gespenstischen Umständen stattgefunden; als man nach dem Festakt, auf dem der Alma mater Albertina durch Reichsminister Rust noch neue Lehrstühle zum Geschenk gemacht worden waren, ins Freie trat, konnte man von ferne bereits die Salven der sowjetischen Artillerie hören.
In der ersten Oktoberhälfte brachen die Sowjets in das Gebiet des früheren Memellandes ein und stießen bis zum Kurischen Haff und zur Ostseeküste vor, so daß die Front seit Ende Oktober entlang der Memel verlief. Nur die Stadt Memel konnte noch behauptet werden. Am 16. Oktober überschritten sowjetische Truppen nach Luftangriffen auf Gumbinnen und Insterburg im Raume Gumbinnen und Goldap mit Stoßrichtung auf Königsberg die Reichs- und Provinzialgrenze. Der Einbruch auf einer Breite von etwa 150 Kilometern konnte von der deutschen 4. Armee unter General Hoßbach bis Anfang November (Rückeroberung Goldaps) auf eine Tiefe von rund 40 Kilometern begrenzt werden. Deutsche Soldaten stießen dabei in dem Dorfe Nemmersdorf (Kreis Gumbinnen) auf die erschütternden stummen Zeugen eines Massakers, das die Sowjets unter der dortigen Zivilbevölkerung angerichtet hatten. Hitler verließ im November sein ostpreußisches Hauptquartier »Wolfsschanze« bei Rastenburg, wo er am 20. Juli ein auf Widerstandskreise des Heeres zurückgehendes Attentat überlebt hatte. Die Front gegenüber den

Deutsche Panzer (im Vordergrund) haben Anfang November 1944 Goldap zurückerobert.

sowjetischen Armeen, in deren Rücken die deutsche Kurland-Armee stand, hielt indessen fürs erste.

Was sollte mit der Zivilbevölkerung der Provinz geschehen? Im Königsberger Oberpräsidium war in Abstimmung mit der Wehrmacht ein detaillierter Räumungsplan ausgearbeitet worden, der seit dem Frühsommer 1944 fertig vorlag. Seit dem Zusammenbruch der Heeresgruppe Mitte im Sommer hatte die militärische Führung auf eine Räumung der Grenzkreise gedrängt, was vom Oberpräsidenten, Gauleiter Koch, kategorisch abgelehnt worden war. Die Räumungspläne wurden unter Verschluß gehalten; der Reichsverteidigungskommissar Paul Dargel, im übrigen Regierungspräsident von Zichenau, hatte davon nur im akuten Notfall Gebrauch zu machen, wobei allerdings die Tiefe des Räumungsgebietes höchstens 30 Kilometer betragen sollte. Zudem waren der Landesbauernschaft und den Verwaltungsbehörden Besprechungen mit dem Ziel einer Festlegung der Weichselübergänge für den Fall einer Räumung der Provinz untersagt worden. Koch verbot es mithin allen ihm unterstellten Behörden und Amtsträgern, entsprechend der mit Händen zu greifenden Wirklichkeit zu handeln und damit ihrer Verantwortung gegenüber der Provinz und ihrer Bevölkerung gerecht zu werden. Nach dem sowjetischen Einbruch im Oktober hatten militärische und zivile Stellen Koch das Zugeständnis abringen können, daß ein etwa 30 Kilometer breiter Streifen hinter der nunmehr bereits im Lande stehenden Front geräumt werden durfte. Die von der Räumung betroffene ländliche Bevölkerung verblieb aber in der Provinz. In dieser befanden sich gegen Jahresende noch rund 1,755 Millionen Menschen (gegenüber 2,340 Millionen im März 1944). Etwa 100 000 waren im früheren Memelland und in den überrollten östlichen Grenzkreisen in die Hände der Sowjets gefallen. Die deutsche Einwohnerschaft des Gaus Danzig-Westpreußen, wo ebenfalls keine Räumung vorgesehen war, betrug im Jahre 1944 (eingeschlossen die der Stadt Danzig) 711 000 Personen.

Koch setzte, statt Vorkehrungen zu treffen für den Fall, der nicht sein durfte, Vertrauen in den »Ostwall«, der mit allen verfügbaren Arbeitskräften gebaut worden war und weiter vervollständigt wurde. Nachdem schon das Heer Befestigungsplänen nähergetreten war, hatte Koch als erster Gauleiter und ohne Weisung von oben am 16. Juli 1944 für Ostpreußen den Bau einer Schutzstellung an der Ostgrenze der Provinz befohlen. Innerhalb von drei Monaten waren eine Memel-Stellung, eine Inster-Angerapp-Stellung, eine Hohenstein-Stellung, eine Ortelsburger Waldstellung, eine Heilsberg-Stellung, eine Deime-Stellung und eine Frischingsstellung entstanden. Bis in den November hinein arbeiteten an den Befestigungswerken noch 45650 Männer, Frauen und Jugendliche, 11000 allein bei Königsberg und an der Küste. Am 1. November war der Bau einer Masuren-Stellung begonnen worden, der am 19. desselben Monats abgeschlossen werden konnte. Die an den unvollendeten Masurenkanal angelehnte Anlage umfaßte einen 70 Kilometer langen Graben vorne und einen solchen von 50 Kilometern Länge dahinter. Der Masurenkanal sollte als Panzerhindernis dienen, mußte aber, da er zufror, durch einen Panzergraben dahinter ersetzt werden. 6000 Arbeiter hatten zu dem Werk 15 Tage gebraucht.

Doch mußten Befestigungsanlagen auch besetzt werden. Das erschien um so schwerer, als die dafür bestimmten Festungstruppen als Ersatz für die hohen Personalverluste des Feldheeres in dieses eingereiht worden waren. So kam es Ende September 1944 zur Schaffung des »Deutschen Volkssturms« (»Erlaß des Führers« vom 25.9.1944). Doch sollte dieser bald zu mehr als nur zum Festungsdienst verwendet werden, zumal im Osten, wo in einem beträchtlichen Maße Kampftruppen abgezogen wurden, die Hitler in den Stand versetzen sollten, im Westen noch einmal offensiv zu werden (Ardennen-Offensive). Die Aufstellung des Volkssturmes ging auch auf Anregung Erich Kochs zurück. Sein Argument, nur örtliche Führungskräfte könnten den Volksaufstand organisieren (wie Nettelbeck, Andreas Hofer und auch der ostpreußische Landsturm von 1813 gezeigt hätten) hatte dazu gedient, den Volkssturm zu einer Sache der Partei (nicht zu der der SA oder gar der der Wehrmacht) zu machen. Am 4. Oktober waren die Kreisleiter Ostpreußens von Koch mit den Volkssturmplänen bekannt gemacht worden. Die deutsche Öffentlichkeit, die betroffene Wirtschaft und auch die Behörden erfuhren erst am 19. Oktober durch die Veröffentlichung des Erlasses Hitlers vom 25. September in den Tageszeitungen von der Bildung des Volkssturms; am folgenden Tage erschien der Erlaß im Reichsgesetzblatt. Er war zusammen mit einer Rede abgedruckt worden, die Heinrich Himmler am 18. Oktober als Reichsführer SS und Befehlshaber des Ersatzheeres bei einem ersten Appell des Volkssturms und zur Vereidigung ostpreußischer Volkssturmmänner gehalten hatte. Ort dieser offiziellen Inaugurierung des Volkssturmes am 131. Jahrestag des Endes der Völkerschlacht von Leipzig war die Exerzierhalle der Marwitz-Kaserne zu Bartenstein. Am 4. November vereidigte Koch eine Volkssturmformation in dem soeben zurückeroberten Dorf Nemmersdorf, dem Ort der sowjetischen Greuel, den die nationalsozialistischen Machthaber propagandawirksam von einer internationalen Medizinerkommission untersuchen ließen.

Sommer und Frühherbst hatten, so sehr sie von schweren Sorgen erfüllt und von Vorboten des Kommenden verdüstert worden waren, das Land in seinem ganzen Glanz erstrahlen lassen. »Noch einmal, ehe die Kriegswalze darüber hinging«, so schrieb Hans Graf von Lehndorff zwei Jahre später als Zeuge jener Tage, »entfaltete sich meine ostpreußische Heimat in ihrer ganzen rätselvollen Pracht. Wer die letzten Monate mit offenen Sinnen erlebte, dem schien es, als sei noch nie vorher das Licht so stark, der Himmel so hoch, die Ferne so mächtig gewesen. Und all das Ungreifbare, das aus der Landschaft heraus die Seele zum Schwingen bringt, nahm in einer Weise Gestalt an, wie es nur in der Abschiedsstunde Ereignis zu werden vermag.«

Am 16. Oktober 1944 begaben sich die letzten Bewohner der in Ebenrode umbenannten Stadt Stallupönen auf die Flucht vor den über die Reichsgrenze vordringenden Sowjets. Die evangelische Pfarrkirche von 1726 wurde kurz darauf zerstört.

In den Kämpfen um Ostpreußen 1945 gingen auch Schloß Beynuhnen und die hier der Öffentlichkeit zugänglichen Kunstsammlungen Fritz von Fahrenheids unter. Neben 270 Gemälden waren hier 250 Abgüsse antiker Plastiken und Originale aus der römischen Kaiserzeit zu bewundern gewesen.

Das Schicksal Ost- und Westpreußens erfüllte sich im Fortschreiten der sowjetischen Offensive, die in den Frühstunden des 13. Januar 1945 losgebrochen war. Die 3. weißrussische Front drang im Einbruchsraum der Oktoberschlacht vor, nahm am 16. Januar Pillkallen/Schloßberg, am 22. Insterburg und stand Ende des Monats vor Königsberg. Die 2. weißrussische Front, die am 15. Januar aus dem Narewbrückenkopf Pułtusk heraus zum Angriff angetreten war, stieß in Richtung Thorn und Elbing vor, erreichte am 19. Januar Soldau, am 21. Allenstein, am 23. Mohrungen und am 26. Januar bei Tolkemit das Frische Haff, womit Ostpreußen vom übrigen Reich abgeschnitten war, Elbing konnte noch behauptet werden (bis zum 9. Februar), während Bromberg am 27. und Thorn am 30. Januar verlorenging. Die Sowjets hatten somit die Linie Elbing-Graudenz (Nogat-Weichsel) erreicht, wobei die Festung Graudenz noch bis Anfang März in deutscher Hand blieb; südlich davon hatten sie die Front schon sehr viel weiter vorangetrieben, so daß in den letzten Januartagen bereits Schneidemühl eingeschlossen war.

Der Ende Januar noch in deutscher Hand befindliche ostpreußische Raum wurde durch eine Linie begrenzt, die von Tolkemit am Frischen Haff in südöstlicher Richtung nach Wormditt verlief, dann nach Osten abbog, der Alle über Heilsberg nach Bartenstein folgte und in nordnordwestlicher Richtung an das Frische Haff bei Brandenburg zurücklenkte, wo sie an den Belagerungsring von Königsberg Anschluß fand, außer dem noch das westliche Samland mit Neukuhren, Rauschen, dem Hafen Pillau und der früheren Kreisstadt Fischhausen gehalten wurde. In diesem Raume drängten sich Hunderttausende von Menschen zusammen, die die Häfen Pillau, Danzig und Gotenhafen (Gdingen)

zu erreichen suchten, um – besonders nachdem mit der sowjetischen März-Offensive gegen Ostpommern der letzte Fluchtweg nach Westen abgeschnitten worden war – über See der Katastrophe zu entgehen. Diese hatte für sie mit der Flucht von Haus und Hof begonnen, zu der sie in der Regel, den ausgegebenen Evakuierungsbefehlen folgend, zu spät aufgebrochen waren. Bei der Flucht über winterliche Straßen und Wege, die die Vielzahl der Flüchtlingstrecks und Wehrmachtstransporte kaum fassen konnten, hatte es oft Stockungen gegeben, so daß nicht wenige Flüchtlinge von der Roten Armee überrollt worden waren, wobei sie wie die auf andere Weise in deren Hände Gefallenen seitens der in vielem zuchtlosen und haßerfüllten Soldateska furchtbare Grausamkeiten mit oft tödlichem Ausgang über sich ergehen lassen mußten, zumindest aber Zwangsarbeit zu leisten hatten oder das Schicksal der Deportation erlitten. Der ostpreußische Adel teilte dieses Schicksal, ja wurde zu einer besonderen Zielscheibe der bolschewistisch aufgehetzten Kampftruppen. Manche seiner Angehörigen zogen drohenden Erniedrigungen und Qualen für sich und ihre Kinder den Tod von eigner Hand vor, wollten im übrigen den Sturz der adeligen Welt und die Katastrophe des Vaterlandes nicht überleben. »In wenigen Wochen sanken die berühmten Häuser Ostpreußens dahin, Fin[c]kenstein mit den Erinnerungen an Napoleon, Beynuhnen [Kreis Angerapp] mit der größten privaten Antikensammlung Ostpreußens, die Eulenburgischen Häuser Gallingen [bei Bartenstein], Prassen [Kreis Rastenburg] und Wicken [Kreis Bartenstein] mit ihren reichen Sammlungen, Dönhoffstädt [Kreis Rastenburg] mit Kunstsammlungen und einer großen Ahnengalerie, Blumberg [Kreis Braunsberg] und Gr. Wohnsdorff [bei Friedland] mit den Erinnerungen an den Oberpräsidenten v. Schön und den Minister Freiherrn v. Schroetter, Auer [Kreis Mohrungen] mit einer großen Bibliothek mit mittelalterlichen Handschriften, das ehemalig Truchseßsche Waldburg, Mittelpunkt der Kurkenfelder Güter des Freiherrn v. Wrangel [Kreis Gerdauen], mit einer berühmten Rokoko-Bibliothek und einem berühmten Park mit ausländischen Blumen, Neudeck [Kreis Rosenberg] mit Erinnerungen an den Generalfeldmarschall [und Reichspräsidenten von Hindenburg], oder sie blieben völlig ausgeplündert als stumme Zeugen einstiger Größe zurück« (W. Görlitz).
Es waren Einheiten der Kriegsmarine und Schiffe der Handelsmarine, die in einer großangelegten Operation unter der Leitung von Admiral Konrad Engelhardt etwa zweieinhalb Millionen Zivilisten und verwundeter Soldaten nach Westen brachten, während auf dem Landwege schätzungsweise nur 500 000 Menschen entkommen waren. Dabei gewannen die Sowjets auch in der Küstenregion mehr und mehr an Boden; am 27. März waren sie in Danzig eingedrungen, deren Altstadt sie durch Brandstiftung fast völlig vernichteten. Pillau wurde erst am 25. April aufgegeben. Königsberg hatte am 9. April kapituliert. Zu dem Zeitpunkt der Gesamtkapitulation der deutschen Wehrmacht waren nur noch die Halbinsel Hela, die Weichselmündung bei Schiewenhorst und ein Stück der Frischen Nehrung im Raume Steegen-Stutthof in deutscher Hand. In dem seit 1940 in Stutthof bestehenden nationalsozialistischen Konzentrationslager (vorher SS-Sonderlager vor allem für Polen) waren bis zu dieser Stunde rund 85 000 Inhaftierte umgekommen.
Am Tage der deutschen Kapitulation gegenüber den Sowjets in Berlin-Karlshorst, dem 9. Mai 1945, hielten sich in Ostpreußen noch etwa eine halbe Million Deutscher auf, während in Ostpommern, im Raum Danzig und in Westpreußen etwa 1,5 bis zwei Millionen deutscher Menschen zurückgeblieben waren, von denen viele Tausende aus Ostpreußen stammten. Bis zum Sommer erhöhte sich infolge Rückwanderung Geflüchteter nach Kriegsende die deutsche Einwohnerschaft Ostpreußens auf etwa 800 000 Menschen. Sodann erfolgte bis Ende 1947 die erste Welle der Vertreibung. Die Verluste an Menschenleben in Ost- und Westpreußen infolge von Kriegseinwirkung und Vertreibung werden auf 400 000 bis 600 000 geschätzt.

Mit dem vorstehend geschilderten katastrophalen Geschehen war die über 700 Jahre währende deutsche Geschichte des Preußenlandes und mit ihr die des deutschen Ostens zu Ende gegangen. Eine junge Kölnerin, die von Herbst 1941 bis zur Flucht in dem Walddorf Gertlauken im Kreise Labiau als Lehrerin Dienst getan hatte, schrieb unter dem 30. Juni 1945 in ihr Tagebuch: »Ich denke an Gertlauken. Wie viele mögen noch leben, welches Schicksal haben sie ertragen müssen? Nur die Natur wird sein wie immer, unberührt vom Unmenschlichen. Die stillen, dunklen Wälder, die Dünen, der Gesang der Wellen am Strand der Nehrung, und über allem der weite, weite Himmel.«

Epilog:

Zwischen gestern und morgen

1. Ost- und Westpreußen in polnischer und in sowjetischer Hand

Was das Nachkriegsschicksal des Preußenlandes und der noch in ihm lebenden deutschen Menschen betraf, so wurde in der von Stalin, Truman und Attlee unterzeichneten Potsdamer Erklärung vom 2. August 1945 (fälschlich oft »Potsdamer Abkommen« genannt) zum einen der Anspruch der Sowjetunion auf Einverleibung Nordostpreußens (bisher zu den Regierungsbezirken Königsberg und Gumbinnen gehörig) in ihr Staatsgebiet unterstützt. Zum anderen wurden der übrige Teil Ostpreußens und die Teile Westpreußens, die 1920 nicht an Polen abgetreten worden waren, wie alle anderen Gebiete des Deutschen Reiches nach dem Stande von 1937, die östlich einer die untere Oder und die Lausitzer Neiße entlang verlaufenden Linie lagen, »unter die Verwaltung des polnischen Staates« gestellt. Der ehemaligen Freien Stadt Danzig wurde keine Erwähnung getan, woraus zu schließen sein dürfte, daß sie nach Ansicht der drei Alliierten (der polnischen Auffassung folgend) 1937 ebenso wie die 1920 von Deutschland abgetretenen Teile Westpreußens zu Polen gehörte. Die deutsche Bevölkerung der unter polnische Verwaltung gestellten deutschen Gebiete war auszusiedeln.

Polnischerseits wurden, noch ehe diese Regelung getroffen worden war, vollendete Tatsachen geschaffen, was selbstverständlich mit Genehmigung und Ermutigung durch die Sowjets geschah. Bereits am 5. Februar 1945 hatte der polnische Staatspräsident Bierut in einer Pressekonferenz bekanntgegeben, daß Polen in den Reichsgebieten östlich der Oder-Neiße-Linie die Zivilverwaltung übernommen habe. Noch im selben Monat wurde das südliche Ostpreußen an den Wojewoden von Białystok übergeben, der zum Bevollmächtigten der provisorischen polnischen Regierung für die bisherige Provinz Ostpreußen, soweit sie nicht von den Sowjets beansprucht wurde, ernannt worden war. Nach einem Dekret der polnischen Regierung vom 2. März 1945 verfiel jeder Besitz des Deutschen Reiches und von Personen deutscher Volkszugehörigkeit der Beschlagnahme. Wenn man Polen in Potsdam nur die Verwaltung der fraglichen Gebiete zugestand, ihm diese aber nicht zusprach, so wog doch der darin liegende Vorbehalt angesichts der gebotenen Entdeutschung nur gering.

Die polnische Verwaltung war von Anfang an bestrebt, Ostpreußen als historische Einheit zu zerschlagen und die angebliche »natürliche Verbindung« einzelner Teile der Provinz zu Polen zu berücksichtigen. Wenn nach einem Beschluß des Polnischen Ministerrates vom 7. Juli 1945 der frühere ostpreußische Regierungsbezirk Westpreußen zu der neubegründeten Wojewodschaft Danzig kam (freilich ohne den Kreis Rosenberg), so wurde damit immerhin der alte westpreußische Zusammenhang gewahrt; gänzlich unhistorisch war hingegen die durch denselben Beschluß verfügte Zuordnung der Kreise Lyck, Treuburg und Goldap zur Wojewodschaft Białystok. Der verbleibende ostpreußische Rest wurde zu einer Wojewodschaft Allenstein zusammengefaßt, zu der 1950 noch der Kreis

Soldau und der westpreußische Kreis Löbau (Verwaltungssitz Neumark) kamen. Bestandteil der Wojewodschaft Danzig war auch der pommersche Kreis Lauenburg.

Die größte Schwierigkeit, vor der die polnische Verwaltung in allen ihnen übertragenen deutschen Gebieten stand, war die, die geflüchtete und vertriebene deutsche Bevölkerung wenigstens der Zahl nach durch polnische Siedler zu ersetzen – insbesondere auf dem Lande. Unzutreffend ist daher die verbreitete Ansicht, die Annexion der deutschen Ostgebiete und die Vertreibung der hier ansässigen Menschen sei notwendig gewesen, um jenen Polen, die ihrerseits aus den nunmehr sowjetisch gewordenen polnischen Ostgebieten vertrieben worden waren, den »Repatrianten«, eine neue Heimat bieten zu können. Den rund 8,6 Millionen Deutschen, die aus den Ostgebieten des Deutschen Reiches und aus Polen geflüchtet oder von dort vertrieben worden waren, standen höchstens 1,5 Millionen Menschen gegenüber, die das 1939 von der Sowjetunion einverleibte östliche Polen hatten verlassen müssen. Diese stellten denn auch nicht den größten Anteil an der neuen Bevölkerung der ostdeutschen Gebiete. Im polnischen Ostpreußen, auf dessen Gebiet 1939 etwa eine Million Menschen gelebt hatten, standen 1948 324 000 »Umsiedler« aus Zentralpolen 122 000 »Repatrianten« von jenseits des Bug gegenüber. Im Ermland und in Masuren verschonte man die angestammte Bevölkerung weitgehend von der Austreibung, da sie, angeblich lediglich germanisiert, wie bereits früher für das polnische Volkstum in Anspruch genommen und eben auch benötigt wurde. Diese »Autochthonen«, 1946 etwa 65 000 Personen neben 98 500, die in der polnischen Statistik als Deutsche bezeichnet werden, machten 1957 in den Kreisen Allenstein, Sensburg, Ortelsburg und Bischofsburg noch 66, 56, 27 bzw. 21 Prozent der Gesamtbevölkerung aus. Noch Jahre später betrug ihr Anteil in den südermländischen Kirchspielen nach polnischen Angaben zwischen 50 und 95 Prozent. Da der Siedlerstrom aus Großpolen bescheiden blieb, wurden zunächst auch außerhalb Masurens und des Ermlandes Deutsche trotz aller Bedenken als »unentbehrliche Arbeiter« geduldet (1947 noch 33 000). Bemerkenswert stabile Verhältnisse ergaben sich in den der Wojewodschaft Danzig zugehörigen Kreisen Putzig, Neustadt, Karthaus, Berent, Dirschau und Preußisch Stargard. Denn hier lebte die Masse der polnischen und der kaschubischen Bevölkerung Westpreußens, während ein großer Teil der deutschen Einwohner bereits nach 1920 von den polnischen Behörden verdrängt worden war. Insgesamt aber hatten seit 1945 zwei Drittel der Bevölkerung der Wojewodschaft Danzig (deren Gebiet im Oktober 1943 von rund 1,2 Millionen Menschen bewohnt worden war) ihre Heimat verlassen müssen.

Infolge der geringen Besiedlung auf dem Lande mußten zahlreiche Dörfer abgebrochen werden; die Ziegelsteine dienten dem Wiederaufbau Warschaus, die Äcker wurden zu Brachland. Für die Mitte der fünfziger Jahre ist errechnet worden, daß die Brache im polnischen Ostpreußen etwa zehn Prozent der 1945 übernommenen landwirtschaftlichen Nutzfläche betrug. Ermittlungen nach polnischen Statistiken ergeben für das Gebiet des Regierungsbezirks Allenstein ein Anwachsen des Anteils des Waldes an der Gesamtfläche von 23,6 Prozent im Jahre 1939 auf 28 Prozent im Jahre 1953. Entsprechendes gilt erst recht für den sowjetischen Teil Ostpreußens. Auch die Städte litten unter dem katastrophalen Bevölkerungsrückgang; die kleinsten sanken nicht selten zu Landgemeinden ab. Die Einwohnerzahl von Mohrungen und Stuhm (um zwei Beispiele anzuführen) fiel von 8400 bzw. 7400 im Jahre 1939 auf 7600 (1968) bzw. 6800 (1970). Nur in den größeren Städten – an der Spitze Allenstein – wurde als Folge des Aufbaus von Apparaten kommunistischer Verwaltungs- und Wirtschaftslenkung zuweilen bereits in den fünfziger Jahren der Umfang der Vorkriegsbevölkerung überschritten.

Dementsprechend stand es mit der ost- und westpreußischen Landwirtschaft, die auch an einem – ideologisch bedingten – Überwiegen der Kleinwirtschaften (Durchschnittsgröße:

7,44 Hektar), andererseits aber an der Verstaatlichung bzw. Sozialisierung der Großlandwirtschaft litt (wobei der überstürzte Abbau der Kollektivierung seit dem Herbst 1956 auch wieder – wenigstens zunächst – die landwirtschaftliche Produktion störte). Zudem wußten die Neusiedler den hohen Stand der von ihnen vorgefundenen Landwirtschaft nicht zu nutzen und somit auch nicht zu halten. Nicht nur, daß schadhaft gewordene Maschinen nicht repariert oder ersetzt wurden – was zunächst an der hoffnungslosen Ersatzteillage und dem Zurückbleiben der Neuproduktion lag –; das Niveau der Berufsbildung der zu wenigen neuen Wirte und das Maß ihrer Berufserfahrung waren zu gering, so daß der Landbau in Ost- und Westpreußen »von einer einst wohlberechneten intensiven Fruchtwechselwirtschaft ... zu einer vereinfachten, extensiven Getreide-Kartoffelwirtschaft« überging (E. Bahr). Auch ließen es die Neusiedler an der Seßhaftigkeit fehlen. In den Staatsgütern kam es häufig zu Mißwirtschaft, einem Absinken der Arbeitsmoral und zum Diebstahl von Staatseigentum. Schätzungen besagen, daß nach zehn Jahren polnischer Verwaltung der Ernteertrag nicht mehr als zwei Drittel der Vorkriegsernte betrug. Um die Viehzucht stand es infolge von Arbeitskräfte- und Futtermangel (dieser infolge einer Vernachlässigung der Weiden) kaum besser. Der Arbeitskräftemangel ließ es auch kaum zu einer geordneten Forstwirtschaft kommen; oft beschränkte man sich lediglich darauf, die noch aus deutscher Zeit in den Wäldern lagernden Nutzholzbestände abzutransportieren.

Auch auf dem Gebiete der Industrie und des Handwerks war selbst zehn Jahre nach Kriegsende der Vorkriegsstand bei weitem noch nicht wieder erreicht worden. Zu wesentlichen Teilen verantwortlich dafür waren die Sowjetisierung der gewerblichen Wirtschaft und damit Enteignungen (insbesondere deutschen Besitzes) sowie als Folge davon die Zerschlagung des Mittelstandes. Die Großbetriebe in Danzig und Elbing waren weitgehend unversehrt in die Hände der Sowjets gefallen, vor ihrer Übergabe an die Polen aber gründlich demontiert worden. Im Rahmen des Sechsjahresplanes 1950–1955 wurde besonderes Gewicht auf den Aufbau der Werften (insbesondere der Betriebe der Firma Schichau in Elbing und Danzig sowie der Danziger Werft, der vormaligen Kaiserlichen Werft), ihrer Zuliefererbetriebe und den Maschinenbau gelegt. Schiffsneubauten waren, da erfahrene Fachleute fehlten, erst nach der Entsendung von sowjetischen Technikern nach Danzig möglich geworden. Ihre Qualität sowie die Produktivität der Betriebe blieben unbefriedigend. Vor dem Hintergrund des Aufbaus und der besonderen Förderung einer staatlichen Fischerei, namentlich der Hochseefischerei, für die jahrelang Holländer, insbesondere als Schiffsführer und Ausbilder, in polnischen Diensten standen, entwickelte sich die fischverarbeitende Industrie befriedigend. Dem Wirksamwerden einer funktionstüchtigen Bauwirtschaft ging vielerorts das Ausschlachten und damit oft genug die Zerstörung vorhandener Bauten durch Privatpersonen und auch parteistaatliche Stellen voraus. Parteichef Gomulka warf noch im Juni 1957 den Wojewodschaftskomitees seiner Partei vor, sie hätten in den ehemaligen deutschen Gebieten eine »Politik der Plünderung und der Ausbeutung« getrieben, als seien die Polen »in diesen Gebieten fremde Besatzungstruppen, die sich darauf konzentrierten, vor ihrem Abzug noch alles, was irgendeinen Wert habe, abzureißen und in Sicherheit zu bringen.« Die Bautätigkeit der ersten Jahre beschränkte sich fast ausschließlich auf die größeren Städte, insbesondere auf den Wiederaufbau Danzigs, das die Polen stets für sich in Anspruch genommen hatten und dessen nunmehrigen Besitz sie zu einem nationalen Eigentum machen wollten.

Von großer Bedeutung war in Westpreußen die Wiederherstellung der in den letzten Monaten des Krieges und auch noch danach beschädigten Eisenbahnstrecken. Denn fast alle über die Häfen Danzig und Gdingen ein- und ausgeführten Güter wurden von dort zum Bestimmungsort bzw. von der Produktionsstätte dorthin mit der Eisenbahn befördert. Das galt vor allem für die oberschlesische Kohle, die der wertvollste Exportartikel Polens war. So wurden bereits 1946 die Strecken Marienburg-Soldau-Mława-Warschau und Thorn-Marienwerder-Marienburg (-Danzig) wieder instandgesetzt. Zu Jahresende 1947 waren nach der amtlichen Statistik im Bereich der Eisenbahndirektion Danzig, zu dem auch Soldau, Thorn und Konitz gehörten, etwa 90 Prozent des Bestandes der Normalspurstrecken (2999 von 3316 Kilometer) wieder in Betrieb. In Ostpreußen ging es nicht so schnell voran. Im Jahre 1946 wurde vermutlich erst die Hälfte des Streckenbestandes der Vorkriegszeit wieder betrieben. Dabei ist zu berücksichtigen, daß zu den erheblichen Kriegszerstörungen Demontagen durch die Sowjets kamen, so der vollständige Abbau der Strecken Rastenburg-Angerburg (33 Kilometer), Rößel-Rastenburg (18 Kilometer) und Sensburg-Bischofsburg-Ortelsburg (72 Kilometer). 1952 hatten bis auf Rößel alle Kreisstädte wieder Eisenbahnanschluß. Offenbar wurde aber dem Eisenbahnbau in der Wojewodschaft Allenstein keine große Bedeutung beigemessen. Vor 1945, so hieß es in einer zeitgenössischen Warschauer Fachveröffentlichung, sei »die Dichte des Netzes wirtschaftlich unbegründet« gewesen. »Daher erfordern auch nicht alle Eisenbahnstrecken einen Wiederaufbau.«

Bis 1964 war die Bevölkerung in den gesamten polnisch verwalteten deutschen Ostgebieten auf 92 Prozent der Einwohnerzahl von 1939 angewachsen, während man polnischerseits den Gleichstand mit der deutschen Bevölkerung bereits für 1962 vorausgesagt hatte. Auch 1968 war dieses Ziel noch nicht erreicht; es fehlten noch 350 000 Menschen. Am 1. Januar 1967 betrug die Bevölkerungsdichte pro Quadratkilometer im Vergleich zum 17. Mai 1939 in den ostpreußischen Landkreisen Allenstein 34 (44), Angerburg 33 (34), Bartenstein 45 (57), Braunsberg 41 (63), Goldap 35 (52), Johannisburg 27 (31), Lötzen 48 (56), Marienburg 110 (173), Neidenburg 31 (35), Sensburg 40 (44) und Treuburg 39 (44). Infolge des Bevölkerungswachstums der nächsten Jahre konnte das vorstehend dokumentierte lang anhaltende Defizit ausgeglichen werden, wenn auch die Zuwachsraten vornehmlich den Städten zugute kamen. Sie bildeten nämlich die Unterlage für die Industrialisierungspolitik des Parteichefs Gomulka und die seines Nachfolgers Gierek. Die Ertragslage in der Landwirtschaft erfuhr auf lange Sicht durch die weitgehende Rücknahme der Kollektivierung auf dem Lande im Gefolge des »Frühlings im Oktober« 1956 (Auflösung von über 80 Prozent aller landwirtschaftlichen Produktionsgenossenschaften) eine merkliche Besserung.

Größte Anstrengungen unternahm die polnische Verwaltung auf dem Felde der Kulturarbeit, namentlich auf dem des Schulwesens. Ziel war die Verschmelzung der Neusiedler mit ihrer ganz unterschiedlichen Herkunft und ihren eigenen Prägungen zu einer neuen Landsmannschaftlichkeit sowie die Einbeziehung der eingesessenen Masuren, Ermländer und Kaschuben und damit – und darauf lag die Betonung – deren Polonisierung. Hierin mußte sich in Ost- und Westpreußen wie anderswo der Erfolg der »Wiedergewinnung der Westgebiete« entscheiden. Von dem in Polen nur widerwillig gemachten Zugeständnis deutschsprachiger Schulen war bezeichnenderweise das »autochthonische« südliche Ostpreußen (wie auch Oberschlesien) ausgenommen. Die einzige in den deutschen Ostgebieten erscheinende deutschsprachige Zeitung, die Breslauer *Arbeiterstimme*, durfte hier nicht bezogen werden. Schon seit März 1945 war in Masuren und im Ermland (wie in Oberschlesien) der Gebrauch der deutschen Sprache in Gottesdiensten sowie bei kirchlichen Amtshandlungen verboten. Im übrigen ging es im polnischen Schul- und Bildungswesen, abgesehen von der Volksbildung, um die Erziehung zum Kommunismus.

Dem Ziele der Polonisierung dienten auch das (erstmalig bereits 1926 begründete) Baltische Institut in Thorn und das Masurische Institut in Allenstein sowie in dessen Nachfol-

ge seit 1961 die »Wissenschaftliche Kętrzyński-Stiftung«, deren Aufgaben zeitweilig, gemäß temporär geltender zentralistischer Tendenzen, auf das Posener Westinstitut übertragen worden waren. In dieselbe Richtung wirkten diverse umgestaltete deutsche Heimatmuseen. Das Schwergewicht der Arbeit dieser und anderer Einrichtungen lag nicht im Wissenschaftlichen oder Populärwissenschaftlichen, sondern in der propagandistischen Nutzbarmachung der Geschichte und der Landeskunde für eine Verschmelzung der autochthonen mit der Neubevölkerung im Zeichen des Polentums, wobei die historischen Grenzen Ost- und Westpreußens zum Zwecke einer allmählichen Auslöschung der Tradition des Preußenlandes im Gedächtnis der Menschen überschritten wurden.
Vieles von dem, was vorstehend von dem polnischen Teil Ostpreußens zu berichten war, gilt in verstärktem Maße für das sowjetische Nord-Ostpreußen. Doch ein wesentlicher qualitativer Unterschied ist hierbei hervorzuheben: Während die Polen ihren Anteil an Ostpreußen mit patriotischem Eifer und nationalistischer Leidenschaft zu einem geistig begründeten Besitztum der Nation zu machen trachteten, nutzten die Sowjets ihren Anteil an der alten Provinz, der flächenmäßig ein unbedeutendes Anhängsel der russischen Sowjetrepublik war (und heute dasselbe für Rußland ist), lediglich zu militärischen Zwecken und behandelten ihn im übrigen wie ein Beutestück. So hat denn Polen bald nach Kriegsende die Herausgabe des Aktenbestandes »Regierungsbezirk Allenstein« aus den 1944 in die Gegend von Helmstedt verlagerten Teilen des Staatsarchivs Königsberg verlangt, ebenso jener Bestände der Stadtarchive von Danzig und Elbing, die an denselben Ort verbracht worden waren, und das Geforderte 1947 auf Anweisung der britischen Militärregierung in Deutschland auch bekommen, während die Sowjets ein entsprechendes Verlangen niemals vorbrachten. Die beiden Teile, in die Ostpreußen 1945 zerschlagen worden war, sind jahrzehntelang hermetisch voneinander abgetrennt gewesen und gehen bis heute ganz unterschiedliche Wege. Der Fernsehjournalist Klaus Bednarz stellte einmal in einer seiner Sendungen fest, die beiden Teile Ostpreußens hätten nur die Vergangenheit gemeinsam.

2. Ost- und Westpreußen ohne die Heimat

Herausgerissen aus allen heimatlichen, beruflichen und oft genug auch aus den familiären Bindungen, sahen sich die Flüchtlinge und Vertriebenen »im Reich« darauf verwiesen, in organisatorischen Zusammenschlüssen wenigstens halbwegs Ersatz für das Verlorene zu suchen und sich einen neuen sozialen Zusammenhang zu schaffen. Es ist ein Ostpreuße gewesen, auf dessen Betreiben hin sich schon Anfang Juni 1945 in Hamburg eine »Notgemeinschaft der Ostdeutschen« zusammenfand: der Königsberger Rechtsanwalt Linus Kather. Die »Notgemeinschaft«, deren erster Vorsitzender Kather war, umfaßte vor allem Ostpreußen und Schlesier. Sie vereinigte sich am 15. Februar 1946 wiederum in Hamburg mit den daneben entstandenen landsmannschaftlichen Zusammenschlüssen zu einer »Arbeitsgemeinschaft deutscher Flüchtlinge e.V.«. Waren die Landsmannschaften wenige Tage vorher von der britischen Militärregierung verboten worden, so traf dieses Schicksal am 4. Mai 1946 auch die wiederum von Kather geführte »Arbeitsgemeinschaft« – und zwar in dem Augenblick, in dem unter ihrem Dach sämtliche Flüchtlings- und Vertriebenenorganisationen in der britischen Zone zusammengeschlossen werden sollten. Am 18. Mai wurden alle hier bestehenden Vereinigungen von Flüchtlingen und Vertriebenen verboten; kurze Zeit später ordneten die Amerikaner dasselbe für ihre Zone an. In der französischen und in der sowjetischen Zone war die Gründung entsprechender Vereinigungen verhindert worden.

Kather nannte das damit ergangene Koalitionsverbot einen »Akt brutaler und schändlicher Willkür«. In seinem 1964 erschienenen Buch *Die Entmachtung der Vertriebenen* schrieb er: »Dieselben Leute, die sich rühmen, das deutsche Volk zur Demokratie erziehen zu wollen, mißachteten eines der Grundprinzipien jeder wahren Demokratie.«

Den westlichen Alliierten, namentlich den Briten, war die Ungeheuerlichkeit der von ihnen mitzuverantwortenden Vertreibung und ihres Ausmaßes bewußt, und sie erwarteten daher, daß von den Heimatvertriebenen, wenn diese sich erst einmal verbandsmäßig formiert hätten, politische Sprengkräfte ausgehen würden. Das mochte um so mehr gelten, als die Deutschen noch gestern die ganze Welt das Fürchten gelehrt hatten. Schon vor der Verhängung des Koalitionsverbotes durch die Engländer hatten sich in deren Zone auch deutsche Politiker (aus den Reihen der CDU und der SPD) gegen die Bildung von ostdeutschen landsmannschaftlichen Verbänden ausgesprochen. Sie waren zum einen von der Militärregierung abhängig; zum anderen aber wollten sie sich, bedrängt durch die zahlreichen Nöte des Nachkriegsalltags, wenigstens Auseinandersetzungen mit organisierten Flüchtlingen und Vertriebenen ersparen. Wie Kather in seinem genannten Buche feststellt, wurde den Vertriebenen »der Elan des ersten Schocks« genommen. Es blieb ihnen »nichts anderes übrig, als in die Parteien zu gehen«. Diese stellten sich notgedrungen der gewaltigen Aufgabe der Eingliederung der Heimatlosen in die deutsche Nachkriegsgesellschaft, hielten aber die Frage der Rückkehr in die Heimat und der deutschen

Grenzen im Osten, auf deren Regelung sie keinerlei Einfluß hatten, im Hintergrund. »Die zehn Millionen Heimatvertriebenen und die drei Millionen Flüchtlinge aus der Sowjetischen Besatzungszone blieben«, wie Gerhard Ziemer schreibt, »politisch unsichtbar. Bevor sie wirtschaftlich eingegliedert worden waren, waren sie es schon politisch.« Die Frage der Ostvertriebenen war unter Kontrolle; den Westmächten und den deutschen Parteien unliebsame politische Pendelschläge waren ausgeschlossen. Die »Charta der deutschen Heimatvertriebenen« vom 5. August 1950 mit ihrem Verzicht auf Rache und Vergeltung sowie der Betonung des Europagedankens bot dann die dementsprechende Grundsatz- und Kursbestimmung.

Inzwischen hatten sich die Vertriebenen mühsam aus Vorformen des Verbandswesens herausgearbeitet. Es kam schließlich auch zur Gründung der Landsmannschaft Ostpreußen. Sie konnte am 3. Oktober 1948 in der Hamburger Elbschloßbrauerei aus der Taufe gehoben werden. Ein Jahr später entstand die Landsmannschaft Westpreußen. Der »Bund der Danziger« war schon 1946 begründet worden. Hilfreich waren die Folgen des Kalten Krieges, in dem die Westmächte die Deutschen als Verbündete im Kampf gegen den kommunistisch beherrschten Osten nötig hatten. So hatten die Amerikaner in ihrer Zone das Koalitionsverbot für Vertriebene bereits 1947 aufgehoben; in der britischen Zone blieb es noch bis 1949 in Kraft. Daher kam es erst am 9. April 1949 zur Gründung eines »Zentralverbandes der vertriebenen Deutschen« (ZvD), aus dem im November 1951 in Hannover der »Bund vertriebener Deutscher« (BvD) mit Linus Kather als Vorsitzenden wurde. Im August 1949 hatten sich die Landsmannschaften ihrerseits zu den »Vereinigten Ostdeutschen Landsmannschaften« (VOL), seit 1952 »Verband der Landsmannschaften«, zusammengeschlossen. Aus diesen beiden Organisationen wurde 1957 der »Bund der Vertriebenen. Vereinigte Landsmannschaften und Landesverbände e.V.« (BdV).

Die in Hamburg beheimatete Landsmannschaft Ostpreußen wird von Heimatkreisgemeinschaften (analog den ostpreußischen Landkreisen) und Landesgruppen (analog den Bundesländern) unterbaut; gewählte Heimatkreisvertreter und Delegierte der Landesgruppen bilden die Ostpreußische Landesvertretung. Entsprechend baut sich die in Münster/Westf. beheimatete Landsmannschaft Westpreußen auf. Verbandsorgane sind die seit 1950 zuerst alle zwei Wochen und später wöchentlich erscheinende Zeitung *Das Ostpreußenblatt* sowie die bereits seit 1949 zweimal im Monat herauskommende Zeitschrift *Der Westpreuße*.

Die erste Satzung der Landsmannschaft Ostpreußen wies dieser vier Aufgabenkomplexe zu. An erster Stelle stand die »Pflege der heimatlichen Kultur« und auch die »Förderung kulturschaffender Ostpreußen«. Dabei sind an hervorragenden Unternehmungen, die erst in den späteren Jahren möglich waren, das 1981 in der Residenz Ellingen in Mittelfranken eröffnete »Kulturzentrum Ostpreußen«, das 1958 in Lüneburg begründete »Ostpreußische Jagdmuseum« und das daraus entwickelte und 1987 ebenfalls in Lüneburg eröffnete »Ostpreußische Landesmuseum« sowie die seit 1971 bestehende »Ost- und Westpreußen-Stiftung in Bayern«, beheimatet in Oberschleißheim bei München, zu nennen. Letztere geht übrigens auf die 1915 gegründete »Münchener Ostpreußenhilfe« zurück, die 1920 im Zusammenhang mit den Volksabstimmungen als »Verein heimattreuer Ost- und Westpreußen« wiedererstanden war. Anknüpfend an diese alte Tradition, übernahm im Jahre 1978 die Bayerische Staatsregierung die Patenschaft für die Landsmannschaft Ostpreußen. Für Westpreußen kommen an entsprechenden Einrichtungen das Westpreußische Landesmuseum in Münster/Westf. und das »Haus Hansestadt Danzig« (Danziger Landesmuseum) in Lübeck hinzu.

Punkt 2 und 3 der ersten Satzung der Landsmannschaft Ostpreußen geboten Hilfe bei wirtschaftlichen Notständen und Unterstützung gemeinnütziger Bestrebungen. Dem fol-

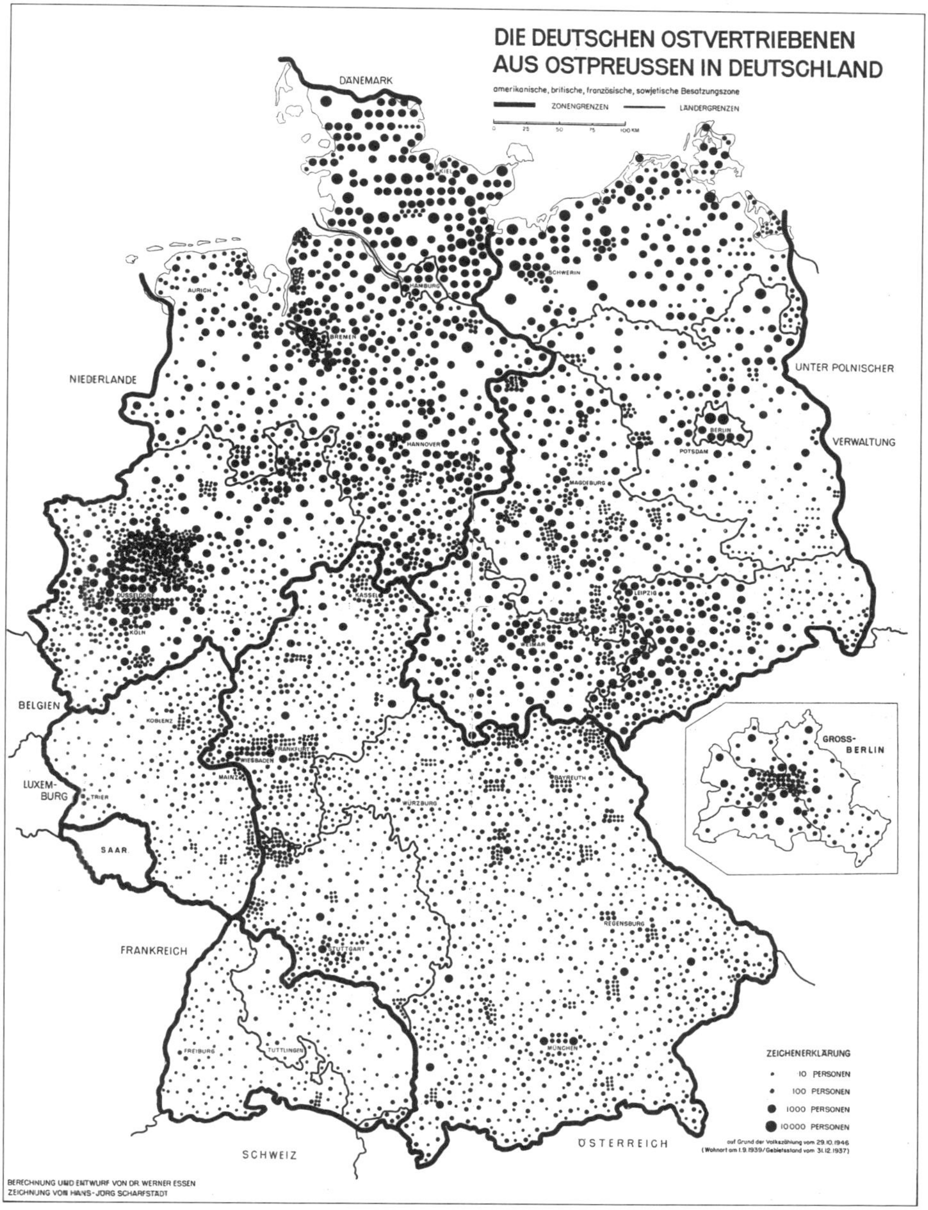

Nach der Wohnstatistik vom April 1964 lebten von den damals in der Bundesrepublik ansässigen rund 1,5 Millionen Ostpreußen 13,3 Prozent in Schleswig-Holstein, 3,7 Prozent in Hamburg, 21,1 Prozent in Niedersachsen, 2,1 Prozent in Bremen, 35,7 Prozent in Nordrhein-Westfalen, 5 Prozent in Hessen, 3 Prozent in Rheinland-Pfalz, 9,1 Prozent in Baden-Württemberg, 4,9 Prozent in Bayern, 0,1 Prozent im Saarland und 2 Prozent in Berlin West. Aus der Sowjetischen Besatzungszone bzw. DDR liegen keine vergleichbaren Zahlen vor. Im Herbst 1946 hatten sich dort rund 491 000 Ostpreußen aufgehalten. (Karte aus: Atlas östliches Mitteleuropa, hg. v. Theodor Kraus u. a., Verlag Velhagen & Klasing, Bielefeld 1959.)

gend, wirkte die Landsmannschaft ebenso wie ihre westpreußische Schwester intensiv an der wirtschaftlichen und sozialen Eingliederung der Landsleute in die neue Heimat mit. Für in Ostpreußen verbliebene Landsleute wirkte und wirkt bis heute die »Bruderhilfe Ostpreußen«.

Erst an vierter und letzter Stelle ihrer ersten Satzung bestimmte es die Landsmannschaft Ostpreußen als ihr Ziel: »Durch alle geeigneten Maßnahmen zu erreichen, daß die Provinz Ostpreußen als deutsches Land mit einem einheitlichen Deutschen Reich in Frieden und Freiheit wieder vereinigt wird.« Das Schwergewicht der Arbeit der Landsmannschaften lag auf der Eingliederung der Landsleute in die wirtschaftliche, soziale und politische Ordnung der Bundesrepublik Deutschland; eine eigenständige deutschlandpolitische Rolle spielten sie entsprechend der parteipolitischen Dominierung der Vertriebenenverbände nicht. »Die Bundesregierung und die politischen Parteien der Bundesrepublik«, so Gerhard Ziemer, »waren bereit, den Vertriebenen wirtschaftlich zu helfen. Sie verlangten dafür aber auch ihre politische Eingliederung ohne eine weltanschauliche oder politische Sonderstellung. Mit dem Problem Ostdeutschland als einem Faktum der deutschen Vergangenheit wollte sich die Bundesrepublik in ihren Anfangsjahren nicht belasten. Ihr Blick war in die Zukunft gerichtet. Die großen landsmannschaftlichen Treffen mit Hunderttausenden von Teilnehmern, die in der Bundesrepublik die größten Menschenversammlungen unter freiem Himmel waren, hat man geduldet, weil man sie nur als kulturelle Heimatveranstaltungen ansah, auch wenn manche Redner auf diesen Tagungen andere Töne anschlugen.« Und die Vertriebenen schickten sich in die ihnen zugedachte Rolle, auch lange nachdem die Lizenzierung der Parteien aufgehoben worden war. Namentlich vor dem Hintergrund der politischen und moralischen Verwüstungen, die der Nationalsozialismus hinterlassen hatte, fehlte es ihnen an einer »gemeinsamen Bezugsgröße« (G. Ziemer). So blieb auch der »Bund der Heimatvertriebenen und Entrechteten« (BHE) Episode. Ein politisch selbständiger Vertriebenenpolitiker wie Linus Kather verlor in der CDU den Boden unter den Füßen und wanderte über den BHE zur NPD.

Erst als sich die Möglichkeit eines Verzichts auf die deutschen Rechtspositionen in der Frage der Ostgebiete, d. h. die Verbindlichkeit des Territorialstandes von 1937, andeutete, meldeten sich die Vertriebenenverbände politisch zu Wort. Das geschah zuerst im Zusammenhang mit einer Denkschrift der Evangelischen Kirche in Deutschland (EKD), die 1965 unter dem Titel *Die Lage der Vertriebenen und das Verhältnis des deutschen Volkes zu seinen östlichen Nachbarn* veröffentlicht wurde. Es war der spätere Sprecher der Landsmannschaft Ostpreußen, Joachim Freiherr von Braun (1972-74), Mitbegründer, Vorstandsmitglied und Geschäftsführer des »Göttinger Arbeitskreises Ostdeutscher Wissenschaftler«, der diesem Votum für ein weniger hartes Vertreten des deutschen Rechtsstandpunktes eine eingehende Antwort entgegensetzte. Sie erschien 1966 als Buch unter dem Titel *Gericht ohne Gnade? Ein evangelischer Christ und Staatsbürger zur Ost-Denkschrift des Rates der EKD.* »Der Verzicht auf staatliche Rechte«, so resümierte er, »kann menschliches Verstehen nicht fördern; er muß aber das Vertrauen zu Deutschland neuerlich beeinträchtigen, dessen Staatsführung einst fremde Rechte brach, das heute aber seine angeblich fehlende Rechtsbindung durch die Mißachtung seiner und seiner Bürger Rechte sogar bestätigen würde.« Härter noch entbrannte der Kampf im Zusammenhang mit der »neuen Ostpolitik« der SPD und der sozialliberalen Koalition nach 1969. Doch hielten sich die organisierten Vertriebenen dabei im wesentlichen im Rahmen des von der CDU/CSU-Fraktion im Bundestag gegen die Koalition Vorgebrachten. Dadurch wurden sie aber in die parteipolitische Polarisierung hineingezogen. SPD-Genossen in Verbandsfunktionen vermochten sich in ihrer Partei nicht mehr zu halten. So ging es Reinhold Rehs, zwischen 1966 und 1971 Sprecher der Landsmannschaft Ostpreußen und nach dem Unfalltod Wenzel Jakschs 1966 auch Präsident des Bundes der Vertriebenen. Er sah sich (wie später Herbert Hupka von der Landsmannschaft Schlesien) genötigt, die SPD-Fraktion des Bundestages zu verlassen und in die CDU/CSU-Fraktion überzuwechseln. Die Landsmannschaft Westpreußen war in allen diesen Kämpfen nicht in demselben Maße berührt wie ihre ostpreußische Schwester, denn die Provinz Westpreußen bestand ja 1937 nicht mehr, und nur Reste ihres einstigen Gebietes gehörten damals noch zum Deutschen Reich. Die Grenzfrage trat hier hinter dem Verfechten des Rechtes auf die Heimat zurück. Heute gilt das für alle Vertriebenenverbände, und seit die Polen die in den Heimatgebieten zurückgebliebenen Deutschen als Minderheit anerkennen, gilt ihre Sorge auch der Wahrung der Rechte, die den Landsleuten als Angehörigen einer Minderheit zustehen, und damit der Erhaltung ihres Deutschtums.

Im übrigen aber bleibt die Aufgabe bestehen, für das deutsche Volk und die gesamte Kulturwelt die Erinnerung an den deutschen Osten mit seiner vielhundertjährigen Geschichte und somit auch an das alte Preußenland wachzuhalten. Vornehmlich vermag es die Dichtung, eine versunkene Welt in ihrer Natur, in ihren Menschen und dem, was diese in ihr an Werken der Kultur schufen, zu vergegenwärtigen, zumal wenn der Dichter dem von ihm Geschilderten einst zugehörte. Für Altpreußen sei hier nur auf die beiden bedeutendsten Künstler verwiesen. Der eine ist Siegfried Lenz, geboren 1926 in Lyck, dessen Zeitromane und Erzählungen in der norddeutschen Küstenlandschaft und im heimatlichen Masuren spielen, das detailreich und in seiner ganzen Lebensfülle dem Leser vor Augen gestellt wird, wobei »das naturwüchsige Prinzip des masurischen Humors« als Gegensatz zu der in der Geschichte wirkenden Gewalt (Th. Elm), also als Humanum erscheint. Der andere ist Günter Grass, geboren 1927 in Danzig, der durch sein erzählerisches Werk seine Vaterstadt zu »der bekanntesten, im kollektiven Bewußtsein am meisten mit Reflexionen und Empfindungen befrachteten Stadt des versunkenen deutschen Ostens«, zu einem »Teil der Weltliteratur« (Th. Hinz) gemacht hat.

Ist dichterische Vergegenwärtigung vergangenen Lebens gleichsam nur ein Nebenprodukt eines viel weiter greifenden künstlerischen Wollens, so stehen die nimmermüde Geschichtsforschung und die abbildende Geschichtsschreibung ganz im Dienste der Kenntnis und Erkenntnis des Abgelebten. In diesem Sinne tätig für Ost- und Westpreußen wie für alle anderen Regionen des deutschen Ostens waren nach dessen Untergang zunächst einmal die vielen Einzelnen, die als Flüchtlinge, oft in Fortsetzung und Vollendung des noch daheim Konzipierten und Begonnenen das historische Schrifttum und damit das Wissen über die Heimat bereicherten. Sodann galt es, institutionelle Rahmen zu schaffen, in denen neue Forschung organisiert und betrieben werden konnte. Genannt seien der Göttinger Arbeitskreis, die von dem 1915 in Königsberg geborenen Historiker Walther Hubatsch herausgegebene Schriftenreihe *Studien zur Geschichte Preußens*, die »Copernicus-Vereinigung zur Pflege der Heimatkunde und Geschichte Westpreußens« und die wie diese schon vor 1945 (seit 1923) bestehende und im Westen erneuerte Historische Kommission für ost- und westpreußische Landesforschung. Als 1952 mit Mitteln des Bundesministeriums für gesamtdeutsche Fragen der Band *Ordensland Preußen* in der Reihe des Dehio-*Handbuchs der deutschen Kunstdenkmäler* erscheinen konnte, schrieb der Herausgeber, der 1888 in Danzig geborene Kunsthistoriker Ernst Gall, in seinem Vorwort, der bereits 1944 druckfertige Band sei angesichts des seither Geschehenen zu einem »Buch der Erinnerung geworden, die niemals erlöschen möge«. Es sei in die Hand derer gelegt, »denen diese Erinnerung als wesentlicher Teil deutscher Vergangenheit und deutschen Lebens teuer ist und bleiben möge«.

3. Die Deutschen aus Litauen

Nach der amtlichen Volkszählung des Freistaates Litauen von 1923 waren von den insgesamt 2 028 971 Einwohnern des Landes 29 231 Deutsche, was einen Anteil von 1,4 Prozent entsprach. Juden (153 743 an der Zahl, das sind 7,6 Prozent der Bevölkerung) wurden extra gerechnet. Es ist von einem sogenannten Streudeutschtum zu sprechen, das sich im wesentlichen aus Bauern und Handwerkern zusammensetzte und infolgedessen einer Intelligenzschicht, aus der Führungskräfte hätten hervorgehen können, entbehrte. Im Parlament war es mit zwei Abgeordneten vertreten, zu denen im Mai 1926 fünf memeldeutsche Abgeordnete kamen. Das Memelland genoß einen Selbstverwaltungsstatus mit einem eigenen Landtag. Es zählte 1925 bei 2417 Quadratkilometern Fläche 141 645 Einwohner, von denen 43,5 Prozent als deutsch, 25,2 Prozent als memelländisch (was darunter auch immer zu verstehen war) und 27,6 Prozent als litauisch bezeichnet wurden. Nach einer im Reich verbreiteten Vorstellung sollte es Aufgabe der Memeldeutschen sein, das Deutschtum in Litauen zu stützen. Doch gab es zwischen den beiden Volksgruppen kaum Verbindungen.

Die Deutschen waren durch eine sporadische Zuwanderung in die litauischen Städte im Mittelalter ins Land gekommen. Das hieraus entstandene deutsche Bürgertum zeigte sich für die lutherische Reformation empfänglich, die durch den Handel von Deutschland her ins Land gekommen und der Verbreitung und Festigung des Deutschtums in Litauen förderlich war. 1550 entstand in Kaunas (deutsch: Kauen) eine evangelisch-lutherische Gemeinde. Als Förderer des Protestantismus in Litauen wirkten Herzog Albrecht von Preußen und die neugegründete Universität Königsberg. 1547 wurde hier Luthers *Kleiner Katechismus* ins Litauische übersetzt und mit ihm die erste Buchveröffentlichung in dieser Sprache zum Druck befördert. Die Reformation fand in Litauen weite Verbreitung, wurde aber durch die seit 1568 durch die Jesuiten betriebene Gegenreformation zurückgedrängt, was eine nachhaltige Schwächung des Deutschtums in den Städten bewirkte. Dafür faßte dieses nun aber in den kleinen Städten und auf dem Lande Fuß. Protestantisch gewordene litauische Magnaten hatten deutsche Bauern, Handwerker und Kaufleute ins Land gerufen. Die so in Gang gesetzte Wanderungsbewegung führte zur Gründung der Städte Johannesburg (Schoden) und Birsen (Biržai) und dauerte trotz der Gegenreformation und der Rückkehr vieler polnischer und litauischer Adeliger zur alten Lehre an. Das städtische Deutschtum namentlich in Kaunas und Wilna erfuhr im 17. und im 18. Jahrhundert weitere nachhaltige Schwächungen, zwischen 1648 und 1655 durch Russen- und die auch auf Ostpreußen übergreifende Tatareneinfälle sowie zwischen 1709 und 1714 durch die den ganzen Nordosten heimsuchende Pestepidemie. In Kaunas schädigte zusätzlich noch ein Stadtbrand das städtische Bürgertum, dem überdies in den zur Gesundung des städtischen Gemeinwesens in Handel und Gewerbe zugelassenen Juden eine starke Konkurrenz erwuchs. Zudem verstärkte sich um die Mitte des 18. Jahrhunderts der katholisierende Druck der polnischen Geistlichkeit, so daß es zu einer Abwanderung zahlreicher deutscher Bürgerfamilien kam. Gleichwohl erledigte sich damit die Stellung des städtischen Deutschtums in Litauen nicht. Um 1840 lebten in Kaunas 600 bis 700 Deutsche. In Wilna bestand in derselben Zeit ein Teil der Handwerkerschaft aus Deutschen.

Deutsches Bürgertum hatte es auch im Lehrkörper der Wilnaer Hohen Schule gegeben, 1579 als Jesuitenakademie gegründet, nach 1773, nach der Auflösung des Jesuitenordens, als »Hauptschule des Litauischen Großfürstentums« und nach 1803 als kaiserlich russische Universität fortgeführt sowie schließlich nach dem polnischen Aufstand von 1830/31 geschlossen. Doch waren die in einem beachtlichen Umfang an der dortigen Lehre beteiligten deutschen Gelehrten nicht in Litauen beheimatet, sondern nur für kürzere oder längere Zeit von fernher nach Wilna berufen worden.

Überlebte in der litauischen Stadt das deutsche Bürgertum lediglich, und zwar in mehr oder minder reduziertem Umfang, so führte die Kolonisation der litauischen und auch der polnischen Magnaten, die niemals zum Stillstand gekommen war, im 18. Jahrhundert zu einem Zustrom von deutschen Handwerkern und Bauern auf das Land, der sich zum Ende des Jahrhunderts hin verstärkte. Seit der Dritten Teilung Polens 1795, mit der der links der Memel gelegene Teil Litauens an Preußen fiel und Teil des neuostpreußischen Kammerbezirks Białystok wurde (bis 1806), gab es einen – freilich begrenzten – Zuzug von Deutschen dorthin, der erst mit dem Ersten Weltkrieg endete. Die nordöstlich von Tilsit gelegene Herrschaft Tauroggen, die (zusammen mit der Herrschaft Serrey) seit dem späten 17. Jahrhundert im Besitze des Hauses Brandenburg war, ohne staatsrechtlich zu Brandenburg-Preußen zu gehören, und 1793 zu Rußland kam, erfreute sich eines besonders lebhaften Zustroms von deutschen Handwerker- und vor allem Bauernfamilien und infolgedessen einer gedeihlichen Entwicklung. Die Nähe Ostpreußens (die Stadt Tauroggen ist von Tilsit nur etwa 35 Kilometer weit entfernt) gab hierfür den Ausschlag.

Nach der Napoleonischen Zeit wanderten namentlich in das westliche Litauen deutsche Bauern aus Ostpreußen und – zwischen 1830 und 1850 – auch aus anderen Teilen Deutschlands ein. Vereinzelt kamen sogar Gutsbesitzer. Ursache hierfür war vor allem die Krise der Landwirtschaft in den Herkunftsgebieten, namentlich in Ostpreußen nach den Befreiungskriegen. Evangelische Kirchengemeinden und deutsche Schulen entstanden.

Im Norden und im Nordosten Litauens ließen sich einige deutsche Adels- und Müllerfamilien aus Kurland nieder. Dem litauischen Adel und den russischen Behörden war die deutsche Zuwanderung im Interesse der Landesentwicklung höchst willkommen.

Seit etwa um 1860 versiegte der Strom deutscher Bauern nach Litauen, wofür auch der Beginn einer sich allmählich verschärfenden Russifizierung verantwortlich sein mag; seit 1887 war es Ausländern gesetzlich nicht mehr möglich, Landbesitz zu erwerben. In den neunziger Jahren begann sogar eine Rückwanderung von Deutschen. Andererseits hatte um die Mitte des Jahrhunderts eine Einwanderung von deutschen Arbeitern und Technikern nach Litauen eingesetzt; der Bau und der Betrieb der Eisenbahnstrecke Eydtkuhnen-Kaunas-St. Petersburg hatte einen vielfältigen Arbeitskräftebedarf nach sich gezogen. Aus einer Kolonie deutscher Eisenbahner im dem Dorfe Wirballen an der Grenze zu Ostpreußen entstand das Eisenbahnerstädtchen Kybarten, das am Ende des Ersten Weltkrieges von etwa 2000 Deutschen bewohnt wurde. Die dünngesäten Industriebetriebe Litauens standen unter deutscher Leitung und waren überwiegend mit deutschen Arbeitern besetzt. Herausragend in Litauen waren die Eisenwerke der Familie Tillmanns (gegründet 1868) und der Gebrüder Schmid (gegründet 1879) in Kaunas. Um die Jahrhundertwende lebten in Kaunas 4500 Deutsche.

Für den Zusammenhang der verstreut lebenden Deutschen in Litauen war die evangelisch-lutherische Kirche von entscheidender Bedeutung. Sie stellte vor dem Ersten Welt-

Memeler Dampfboot

DIE HEIMATZEITUNG ALLER MEMELLÄNDER

gegr. 1849

Das »Memeler Dampfboot«, 1849 von C. E. Teubert und A. Stobbe als freisinnige Zeitung in Memel gegründet, erschien zuerst als Wochenblatt, seit 1872 als Tageszeitung. Nach der Einnahme Memels durch die sowjetischen Truppen im Herbst 1944 gab es noch einige Ausgaben in Heiligenbeil. Seit 1948 wurde es von F. W. Siebert als »Memeler Rundbrief« in Oldenburg i. O. herausgegeben; ab 1950 erscheint es monatlich unter dem alten Titel als Zeitschrift der Vertriebenen aus dem Memelgebiet.

krieg das einzige Band dar, das sie vereinte. Sie allein verbürgte den Erhalt ihrer Sprache und ihr Deutschsein, obwohl ein erheblicher Teil ihrer Angehörigen litauisch oder lettisch war. Die Reformation war ja aus Deutschland gekommen. Die kulturell integrierende Kraft der evangelischen Kirche war um so erstaunlicher, als die materielle Ausstattung der Kirchengemeinden dürftig und daher ihre Möglichkeiten, volksbildend zu wirken, äußerst begrenzt waren. Hinzu kam noch, daß sich das kirchliche Schulwesen infolge der Russifizierung, die nach dem polnisch-litauischen Aufstand von 1863 voll eingesetzt hatte, massiv behindert sah. »Allein der Tatsache, daß die Deutschen in der Regel der evangelisch-lutherischen Kirche angehörten und sich dadurch von den katholischen Litauern unterschieden, war es zuzuschreiben, daß sie als Minderheit bis in die Mitte des 20. Jahrhunderts überdauerten« (H. Stossun).

Der Erste Weltkrieg brachte den Deutschen in Litauen nach anfänglichen Repressalien durch die Russen eine wesentliche Verbesserung ihrer Lage. Denn zwischen März und September 1915 wurde Litauen von deutschen Truppen besetzt. Die deutsche Militärverwaltung, namentlich General Ludendorff als Stabschef des Oberbefehlshabers Ost bis Ende August 1916 und seither der damals berufene Oberbefehlshaber Ost, Feldmarschall Prinz Leopold von Bayern, selbst, richteten deutsche Grundschulen ein, während Pläne, eine höhere deutsche Schule zu begründen, unausgeführt blieben. Erstmals wurde der Grundstein zu einer systematischen deutschen Volksbildung gelegt. Nach dem Ende der deutschen Militärverwaltung fehlte es nicht an Bemühungen, die geschaffenen Schulen zu erhalten. Das Gemeinschaftsgefühl der Deutschen hatte eine nachhaltige Stärkung erfahren; es beschränkte sich nicht mehr auf den kirchlichen Rahmen, politisierte sich gewissermaßen. Im übrigen wurde nun in Deutschland die Existenz einer deutschen Minderheit in Litauen erstmals weiteren Kreisen bekannt. Anderseits taten sich mit der schrittweisen, zunächst vom Deutschen Reich beförderten und nach Kriegsende ohne Rücksicht auf die deutschen Interessen betriebenen staatlichen Unabhängigkeit Litauens für die Deutschen dort neue Hindernisse auf.

Der litauische Staat gewährte zwar gemäß seiner Verfassung und seinen gegenüber dem Völkerbund eingegangenen Verpflichtungen seinen Minderheiten weitgehende Autonomierechte. Doch ließen sich diese nur unvollständig verwirklichen. Der Ausfüllung der Rahmengesetze stand das Bemühen eines kleinen Volkes entgegen, seine soeben gewonnene Staatlichkeit durch die Herstellung einer möglichst großen inneren Geschlossenheit zu befestigen, was sich auch in einem überhitzten Nationalgefühl dartat. Mit der Volkszählung von 1923 verband sich in diesem Sinne der Versuch, die Zahl der Deutschen in Litauen herunterzurechnen. In Pässen wurden Namen von Deutschen litauisiert. Da die Pässe bei der Einschulung von Kindern vorgelegt werden mußten, hatte das zur Folge, daß die Zahl der deutschen Volksschulen abnahm; waren es im Jahre 1922 noch 23 gewesen, so 1938 noch ganze sechs. Da die Finanzkraft der Eltern sehr gering war, konnten die durch die Minderheit zu unterhaltenden Schulen ohnehin nur mit Hilfe des Deutschen Reiches bestehen, die durch die Kulturpolitische Abteilung des Auswärtigen Amtes und durch den Verein (seit 1938: Volksbund) für das Deutschtum im Ausland (VDA) geleistet wurde. Eine deutsche Lehrerbildungsanstalt gab es in Litauen nicht, Lehrkräfte von auswärts, namentlich aus Deutschland, wurden aber von den litauischen Behörden nicht zugelassen, was ebenfalls zur Schließung von Volksschulen führte. Ende der dreißiger Jahre konnten sechzig bis siebzig Prozent der deutschen Kinder im Land keine deutsche Schule besuchen. Analphabetentum insbesondere unter den nicht in der Stadt lebenden Deutschen war die Folge. Das innerkirchliche Leben der Lutheraner wurde durch nationale Konflikte vergiftet; die Litauer wollten die traditionell tonangebende Rolle der Deutschen nicht mehr dulden und wurden darin von der litauischen Regierung bestärkt, während die Deutschen, eingedenk der Rolle, die die Kirche für das Überleben der Minderheit spielte, die Führung nicht aus der Hand geben wollten.

Zur Vertretung der deutschen Interessen war 1920 in Kaunas die »Partei der Deutschen Litauens« gegründet worden, die eine Kulturautononie und die Gleichberechtigung der Deutschen in Litauen mit den übrigen Nationalitäten erstreiten wollte. Doch spielte die Partei, die sich 1935 auflöste, im politischen Leben des Landes und im Bewußtsein der deutschen Bevölkerung eine nur geringe Rolle. Daneben bestand seit 1924 ein »Kulturverband der Deutschen Litauens«, der sich auch für außerkulturelle Belange einsetzte und zwischen 1931 und 1941 die *Deutschen Nachrichten für Litauen* herausgab, nachdem die »Partei der Deutschen Litauens« die *Litauische Rundschau* hatte erscheinen lassen. Die Initiatoren dieser Bestrebungen waren Reichsdeutsche und Deutschbalten, während das Interesse daran in der zumeist in den unteren sozialen Schichten beheimateten eigenen Klientel zu wünschen übrig ließ. Dem Kulturverband gelang in Kaunas der Aufbau und die Erhaltung einer Deutschen Oberrealschule, des späteren Deutschen Gymnasiums, das zum kulturellen Mittelpunkt der Deutschen in der Hauptstadt und ihrer Umgebung wurde.

Was das Bekenntnis zum Deutschtum anbetraf, so waren die Bauern und die kleinen Handwerker frei, während sich in den Städten Geschäftsleute und Angestellte, insbesondere solche im öffentlichen Dienst, darin zurückhalten mußten. Insbesondere diesen wurde immer häufiger die Verpflichtung abgenommen, ihre Kinder in litauischen Schulen erziehen zu lassen. Schließlich drohte auch Angestellten in der Privatwirtschaft der Verlust des Arbeitsplatzes, wenn sie sichtbar zu ihrem Deutschtum standen. Die Tätigkeit des Kulturverbandes wurde von der Polizei überwacht. Der von den Litauern ausgeübte Assimilierungsdruck begünstigte bei den Deutschen im übrigen Affinitäten zum Nationalsozialismus, wie dessen Erfolge ihr nationales Selbstbewußtsein stärkten.

Die Behandlung, die der litauische Staat seinen deutschen Staatsbürgern angedeihen ließ, erklärt sich auch aus den deutsch-litauischen Spannungen im Zusammenhang mit der Memelfrage. Der nördlich der Memel gelegene Teil der Provinz Ostpreußen war am 15. Februar 1920 an den General Odry für Frankreich als dem Vollmachtträger der alliierten Botschafterkonferenz übergeben und seither als Memelland bezeichnet worden. Die Abtretung nahm ihre Rechtfertigung daraus, daß knapp die Hälfte der Bewohner des betreffenden Gebietes bei einer früheren Volkszählung das Litauische als ihre Familiensprache angegeben hatte. Wie wenig das einen Anhalt für das politische Bekenntnis bieten konnte, war durch das Ergebnis einer Umfrage der Franzosen zur Einführung eines litauischen Schreib- und Leseunterrichts im Memelland enthüllt worden. Es hatte auf 1,8 Prozent zugunsten des Litauischen gelautet. Die Hoffnung der Franzosen war dahin gegangen, durch eine Dreingabe des Memelgebietes eine Vereinigung Litauens mit Polen zu erreichen, im Sinne des sogenannten Cordon sanitaire, der Deutschland nach Osten hin

Memel, Theater und Simon-Dach-Brunnen mit Reliefporträt des Dichters (geboren am 29. Juli 1605 in Memel) und der Bronzefigur des »Ännchens von Tharau«. Dieses Ensemble wurde in jüngerer Zeit wiederhergestellt.

politisch abschließen sollte. Doch das in Kaunas herrschende Großlitauertum, wegen der Entreißung des Wilnaer Gebietes im Oktober 1920 durch Polen zu diesem bald in einem scharfen Gegensatz stehend, hatte die französische Rechnung durchkreuzt. Entsprechend seiner Forderung nach bedingungslosem Anschluß an Litauen unter Versagung jeglicher Autonomieregelungen, waren im Schatten der französischen Ruhrbesetzung am 10. Januar 1923 litauische Freischaren, in Wirklichkeit zumeist beurlaubte Soldaten, in das Memelland eingedrungen und hatten dieses besetzt. Nach der Kapitulation der französischen Besatzung war bereits am 16. Februar 1923 von der alliierten Botschafterkonferenz die litauische Souveränität über das Memelgebiet anerkannt worden, allerdings unter der Bedingung, daß die von ihr gewährte Autonomie gewahrt bleibe. Auf alliierter Seite hatte man gehofft, Litauen so über den Verlust des Wilna-Gebietes hinweghelfen und damit zur Befriedung des litauisch-polnischen Verhältnisses beitragen zu können, was sich freilich als illusorisch erweisen sollte.

Das für das Memelland schließlich maßgebende Autonomiestatut, das von einer Völkerbundskommission ausgearbeitet worden war, hatte Litauen am 30. Juli 1924 ratifiziert und am 1. September desselben Jahres als Staatsgesetz verkündet. Dem Buchstaben nach zu urteilen handelte es sich dabei um die Garantie einer echten Territorialautonomie, die dem Lande in der Gesetzgebung, der Rechtsprechung, der Verwaltung, den Finanzen und in der Kulturpflege eine Sonderstellung im litauischen Staatsverband zuwies. Die Legislative wurde einem Landtag, die Exekutive einem Direktorium übertragen. Von der Regierung in Kaunas wurde ein Gouverneur ernannt, der nicht Memelländer sein durfte und seinerseits einen Landespräsidenten berief, diesen aber nicht absetzen konnte. Der Landespräsident, der zu seiner Amtsführung des Vertrauens des Landtags bedurfte, ernannte vier Landesdirektoren, die aus dem Memelland stammen mußten. Ferner unterlagen die Memelländer einer Militärdienstpflicht, die erst am 1. Januar 1930 wirksam wurde. Eine Anrufung des Völkerbundes war nur über eine dem Völkerbundsrat angehörende Macht möglich. Die erste Sitzung des ersten Landtages hatte am 23. November 1925 stattgefunden. In ihm hatten 27 deutsch gesinnte zwei litauisch gesinnten Abgeordneten gegenübergestanden.

Bald war es zu Verstößen Litauens gegen das seine Verfügung über das Land erheblich einschränkende Memelstatut gekommen, besonders nachdem in Kaunas an die Stelle des Parlamentarismus eine Diktatur und die Erklärung des Kriegszustandes getreten waren. Fast ein Jahr lang hatte man auch in Memel ohne Parlament regiert; die Pressefreiheit war weitgehend suspendiert worden. Die großlitauischen Übergriffe galten vor allem der deutschen Schule. All das bedingte Konflikte mit dem Deutschen Reich, das in der Person des Reichsaußenministers Stresemann sich im Völkerbund der Sache der Memelländer annahm. Kaunas durfte freilich den großen Nachbarn nicht zu sehr herausfordern. Daher hatte es schon Rücksichten in der Kirchenfrage genommen, im deutsch-litauischen Verhältnis seit je ein Politikum. So waren von Litauen am 31. Juli 1925 in einem in Berlin geschlossenen Vertrag mit dem Evangelischen Oberkirchenrat dem Memelländischen Synodalverband entgegen ursprünglicher Absichten Selbständigkeit und feste Beziehungen zur altpreußischen Mutterkirche zugestanden worden. Zeigten 1928 ein zwischen dem Deutschen Reich und Litauen geschlossener Grenz- und Schiedsvertrag und 1929 ein Handelsabkommen eine Besserung der Beziehungen an, so verschlechterten sich diese wieder, als die litauische Regierung 1932 das memelländische Direktorium absetzte und 1934 gegen den Willen des Landtags einen Litauer zum neuen Präsidenten des Direktoriums machte. Die deutscherseits daraufhin verhängten Importbeschränkungen für landwirtschaftliche Produkte aus Litauen bescherten diesem eine schwere Wirtschaftskrise. Das Wirksamwerden nationalsozialistischer Einflüsse im Memelland bekämpfte die litauische Regierung mit Polizeiverboten, einem Landesverratsprozeß sowie hohen Zuchthaus- und Gefängnisstrafen. Dennoch war Deutschland 1936 zu Wirtschaftsgesprächen mit Kaunas bereit, hatten doch die Importsperren auch die deutschen Bauern in Litauen und im Memelland geschädigt; es verlangte aber eine Änderung der litauischen Memelpolitik, namentlich die Achtung der Autonomie. Auf dieser Grundlage wurde ein Waren- und Grenzverkehrsabkommen abgeschlossen. 1938 liberalisierten die Litauer ihr Regime im Memelland und hoben schließlich im Oktober desselben Jahres das Kriegsrecht dort auf. Angesichts des scharfen Konflikts, der nach wie vor zwischen Litauen und Polen schwelte, hatte es sich wie schon 1928 (als es mit dem deutsch-polnischen Verhältnis ebenfalls schlecht stand) empfohlen, Berlin entgegenzukommen.

Nach der Rückkehr des Memellandes in den Verband des Deutschen Reiches im März 1939 waren die Tage des Freistaates Litauen gezählt. Denn in dieser Zeit erstrebte Deutschland mit der Sowjetunion einen Interessenausgleich, der mit dem Hitler-Stalin-Pakt vom 23. August desselben Jahres zustandekam. In Abänderung des geheimen Zusatzprotokolls durch einen Grenzvertrag vom 28. September fiel auch Litauen wie das gesamte Baltikum in die sowjetische »Interessensphäre«. Sogleich nötigte die Sowjetunion dem Lande einen Beistandspakt und eine Stationierung von 10 000 Mann Truppen auf, versprach aber noch, die litauische Wirtschaftsordnung zu achten. Im Juni 1940 mußten die Litauer in eine Besetzung durch die Sowjets willigen, zu der es am 15. und am 16. Juli kam. Eine unter diesen Umständen durchgeführte Parlamentswahl führte zur Bildung einer »Volksregierung«, die die UdSSR darum bat, Litauen in ihren Staatsverband aufzunehmen. Dem wurde bereits am 3. August entsprochen. Das Ende der staatlichen Selbständigkeit Litauens und der Beginn der Sowjetisierung des Landes waren gekommen. Ihnen entsprachen gemäß Grenzvertrag vom 28. September die Aussiedlung der in

Ev.-Luth. Kirche in der Deutschen Straße in Wilna. Nach der Rückgabe des Gebäudes konnte die Kirche mit Spenden aus aller Welt restauriert und 1995, 440 Jahre nach der ersten Grundsteinlegung, wieder geweiht werden.

Litauen lebenden Deutschen zwischen Januar und März 1941, die »Heimkehr ins Reich«, wobei die Sowjets eine Entschädigung für das zurückbleibende Umsiedlervermögen zahlten. In 34 Trecks, 19 Lastkraftwagentransporten, 70 Eisenbahnzügen und einem Fußgängertreck wurden insgesamt 50142 Personen aus Litauen in das Deutsche Reich gebracht. Später erhöhte sich diese Zahl durch Personen, die zuvor schon aus Litauen ausgereist und nachträglich als Umsiedler anerkannt worden waren, auf 52870. Mitgeführt wurden außer dem Handgepäck 52014 Kubikmeter Hausrat, 3922 Rinder, 5143 Schweine, 6800 Schafe, 28165 Stück Geflügel und 5904 Pferde.

Die Umsiedlung ins Reich wurde von den Litauer Deutschen wenn nicht als Gelegenheit zu einem Neuanfang, so doch als Rettung vor dem Bolschewismus verstanden. Die Aufnahme in Deutschland rechtfertigte aber die von den Neuankömmlingen gehegten Hoffnungen zumeist nicht. Die Bedingungen einer soliden Neuexistenz waren, zumal für die vielen Landwirte, kaum gegeben. Das wußten auch die Verantwortlichen in Staat und Partei. So reifte in ihnen nach dem Beginn des Rußlandfeldzuges im Juni 1941 und den ersten großen militärischen Erfolgen der Entschluß, Litauendeutsche in ihre alte Heimat, die im Sommer von der Wehrmacht erobert worden war, als Pioniere einer neuen Ostkolonisation zurückzuführen. In Verwirklichung dieses Vorhabens wurden zwischen 1942 und 1944 mehr als 20000 Umsiedler nach Litauen zurückgebracht, wo sie in der Regel aber nicht auf ihrer heimischen Scholle, sondern auf Grund und Boden angesetzt wurden, von dem zuvor Litauer, Polen oder Russen vertrieben worden waren. Obwohl von der nationalsozialistischen Volkstumspolitik als Herren des Landes bezeichnet, war das Verhältnis der deutschen Rückwanderer zu den Litauern oft nachbarschaftlich. Wirtschaftlich ging es ihnen besser als im Reich. Aber spätestens Ende Juli 1944 befanden sie sich abermals auf dem Weg nach Westen, nun auf der Flucht vor der unaufhaltsam vordringenden Sowjetarmee. Nicht wenige wurden von dieser eingeholt und in das zum zweiten Male sowjetisch gewordene Litauen zurückgebracht. Sie durften oft genug, wie manche aus der verwüsteten Heimat herübergekommene Ostpreußen, unter diesen auch elternlose Kinder, die Hilfe der Litauer erfahren, ehe sie als Spätaussiedler in die Bundesrepublik Deutschland kamen.

In Deutschland sind die Litauendeutschen in der Landsmannschaft der Deutschen aus Litauen e.V. mit Sitz in Oberhausen zusammengeschlossen, die derzeit rund 1200 Mitglieder zählt. Als Dokumentations- und Kulturzentrum dient ihnen das Haus der Deutschen aus Litauen in Arnsberg in Westfalen. Außerdem wirkt für sie das Hilfskomitee der evangelischen Deutschen aus Litauen in Bottrop.

Anhang

Ausgewählte Quellentexte*

*Friedrichs II. Goldene Bulle über das Preußenland***

... Gott hat darum unser Kaisertum über alle Könige der Erde erhöht ..., damit Sein Name in dieser Welt verherrlicht und der Glaube unter den Heidenvölkern verbreitet werde ... Bruder Hermann[1] ... hat uns in aller Ergebenheit vorgetragen, daß unser getreuer Konrad, Herzog von der Masau und Kujau, für das Kulmerland und das Land zwischen seiner Mark und dem Gebiet der Preußen ihm und den Brüdern Vorsorge treffen will. Danach sollen die Brüder die Mühe auf sich nehmen und bei günstiger Gelegenheit zur Ehre und zum Ruhme des wahren Gottes in das Preußenland einziehen und es besetzen ... Wir erteilen diesem Meister Vollmacht, mit den Kräften seines Hauses[2] ... in das Preußenland einzurücken. Wir genehmigen und bestätigen diesem Meister, seinen Nachfolgern und seinem Hause für alle Zeit, daß sie das genannte Land, das sie vom Herzog Konrad nach dessen Versprechen erhalten werden, ferner jedes Gebiet, das ihnen dieser vielleicht sonst überläßt, schließlich, was sie mit Gottes Gnade in Preußen erobern, mit den Gerechtsamen ... wie ein altes Reichsrecht in Freiheit ohne Dienstleistung und Steuerpflicht ... innehaben und niemand für dieses ihr Land Rechenschaft schuldig sind ..., daß (sie) die Obrigkeitsrechte haben und ausüben, wie sie dem mit den besten Rechten ausgestatteten Reichsfürsten in seinem Lande zukommen. [Es folgt das Verbot an andere, hiergegen irgend etwas zu unternehmen.] Sollte jemand solches wagen, so wisse er, daß er einer Strafe von tausend Pfund Goldes verfällt, zur Hälfte unserer Kammer, zur Hälfte dem Geschädigten.

**Rimini 1226. März. Preußisches Urkundenbuch (fortan: Pr. U. B.) I 1, n. 56. Übersetzung nach Bühler, Ordensritter und Kirchenfürsten. Leipzig 1927. Teubners Quellensammlung II, 98: Lüdtke/Carstenn, Ostmark I (5498), 3. Aufl.

[1] von Salza, vierter Hochmeister des Deutschen Ordens (1209–1239).

[2] D. h. des Deutschen Ordens.

* Mit den Texten wurden die Erläuterungen in den Fußnoten bis auf wenige Zusätze der jeweiligen Quellenpublikation entnommen.

*Christburger Vertrag. 7. Februar 1249**

[Durch Vermittlung eines päpstlichen Legaten schließt der Deutsche Orden mit den bisher feindlichen Preußen einen Vertrag; der Orden erweitert ihnen das Erbrecht], stellt ihnen frei, nach ihrem Willen für Lebens- und Todesfall über ihre bewegliche Habe zu verfügen; ebenso im Notfall die unbewegliche zu ihrem Nutzen zu verkaufen an Deutsche, Preußen oder Pommern, wenn sie nur Gewähr bieten, daß sie nach dem Verkauf nicht zu den Heiden oder Feinden der Ordensbrüder fliehen. [Bei Testamenten zugunsten einer Kirche oder von Geistlichen muß die Erbmasse innerhalb Jahresfrist verkauft werden, sonst zieht der Orden das Legat ein.] Denn der Meister und die Brüder bilden eine Kirche und Konvent und erhielten alles Land in Preußen von der römischen Kirche zu Lehen. Darum darf ohne besondere Erlaubnis des Papstes kein Land an die Herrschaft einer andern Kirche oder Geistlichen übergehen ... Die Preußen und ihre rechten Söhne können Geistliche werden und in ein Kloster treten; auch die vornehmen Geschlechts sind, dürfen mit dem Rittergürtel geschmückt werden. Alle persönliche Freiheit wird zugestanden, solange sie den katholischen Glauben halten, der römischen Kirche ... ergeben bleiben und sich gegen Meister, Brüder und Orden treu halten. Die Neubekehrten, besonders aus Pomesanien, Warmien und Natangen,[1] von uns belehrt, daß alle Menschen gleich seien, wenn sie nicht durch Sünde fallen ... gelobten für sich und ihre Kinder, die Toten nebst Pferden, Menschen, Waffen, Kleidern und Kostbarkeiten nach heidnischem Brauch nicht zu verbrennen oder begraben, sondern sie christlicher Sitte nach auf Kirchhöfen beizusetzen. Sie versprechen, dem Götzen Kurche, den sie jährlich einmal aus Ähren schaffen, sowie anderen Göttern hinfort nicht zu opfern ..., ferner nicht Tulissonen und Ligaschonen[2] unter sich zu dulden, Männer, die bei Leichenfeiern als Priester ... die Laster der Verstorbenen oft als Verdienst rühmen und, gen Himmel gerichtet, lügnerisch rufen, sie sähen den Toten zu Pferde, in glänzender Rüstung, mit großem Gefolge gen Himmel fliegen, einen Sperber in der Hand. [Sie entsagen der Vielweiberei und Verwandtenehe, wollen keine Kinder mehr aussetzen, Geborene spätestens nach 8 Tagen zur Taufe bringen und alle Ungetauften binnen 1 Monats taufen lassen bei Verlust der Güter und des Landes. Auch werden sie 22 Kirchen bauen], so schön, daß sie lieber dort Andacht üben als in den Wäldern ... Sie haben versprochen, sich in keine verbotenen Bündnisse ... gegen den Meister und die Brüder einzulassen und zu all ihren Feldzügen bereit und nach Vermögen gerüstet zu sein. Wir (die Brüder) versprechen dafür, jeden nach Kräften zu befreien, der auf Kriegszügen in Gefangenschaft der Heiden oder Feinde gerate.

* Pr. U. B. I 1, n. 218. Übersetzung nach Ewald, Die Eroberung Preußens durch die Deutschen. Halle 1872–1886. Teubners Quellensammlung II, 98: Lüdtke/Carstenn, Ostmark I (5498), 3. Aufl. Gemäß dem Manifest Friedrichs II. an die baltischen Völker (1224) werden die Preußen durchaus als gleichberechtigt behandelt. Die Urkunde läßt einen Blick zu auf die Glaubensanschauungen der Preußen. Anders spiegelt sich das nach 100 Jahren beim Ordenschronisten.

[1] Küstenstrich zwischen Ossa und Pregel.

[2] Heidnische Priesterbezeichnungen

*Aus den Statuten und Gesetzen des Deutschen Ordens. 13. Jahrh.**

Drei Dinge bilden die Grundfeste jeglichen geistlichen Lebens: die Keuschheit ewiglich; der Verzicht eigenen Willens, d. h. Gehorsam bis in den Tod; das Gelöbnis der Armut, daß der ohne Eigentum lebe, der diesen Orden empfängt ... Wenn man da eins zerbräche, so wäre die Regel ganz gebrochen. Nur als Ganzes darf der Orden besitzen Gut und Erbe,

Land und Äcker, Weingärten, Mühlen, Festen, Pfarren, Kapellen, Zehnten u. a., danach, wie ihm Privilegien verliehen sind. Er mag auch Leute: Weib, Mann, Knechte und Diener zu ewigem Recht besitzen.
[Als ursprünglicher Spittelorden soll er Spitäler unterhalten.] Es ist ein Orden zur Ritterschaft gegen Feinde des Kreuzes und des Glaubens. Daher sind ... Rosse, Waffen, Knechte, und was sonst zum Kampf gehört, gestattet. Am Sattel, Zaum und Schild sollen weder Gold, noch Silber, noch andre weltliche Farbe sein. Sattel, Schaft und Schild dürfen keine Überdecken haben.
[Jagd mit Meute und Beize mit Federspiel sind den Brüdern verboten.] Aber Raubzeug: Wölfe, Luchse, Bären, Löwen mögen sie jagen, nicht zur Kurzweil, sondern zu gemeinem Nutzen, und Vögel schießen zur Übung.
Es ist eine Schuld: wenn ein Bruder an Orten, wo sich ein Haus[1] befindet, mit weltlichen Leuten zusammen ißt und trinkt; wenn ein Bruder jemanden mit Scheltworten oder Spott oder Vorwerfen einer bereits abgebüßten Schuld in Betrübnis versetzt. [Darauf steht 1–3 Tage Buße mit Züchtigung.] Es ist eine schwere Schuld: wenn ein Bruder wissentlich und ohne Not bei Leuten schlechten Rufes herbergt; wenn ein Bruder seine Hand freventlich legt an einen andern Bruder. [Einstweiliger Verlust des Mantels.] Es ist eine schwerere Schuld: wenn ein Bruder einen Christenmenschen im Zorn oder mit Vorbedacht ... verwundet, daß Blut fließt; wenn ein Bruder ... gemeinsam mit andern bösen Rats gepflogen hat gegen den Meister oder seinen Vorgesetzten; wenn ein Bruder entweicht und Gehorsam und geistliche Zucht von sich wirft [Jahrbuße unter den Sklaven oder Knechten]. Die allerschwerste Schuld ist: wenn ein Bruder aus Verzagtheit von dem Heer oder der Fahne entflieht; wenn ein Bruder von den Christen zu den Heiden entweicht, um bei ihnen zu bleiben, auch wenn er seinen Glauben nicht verleugnet. [Ausstoßung aus dem Orden ohne Gnade.]

* Hrsg. von Max Perlbach. Halle a. d. S. 1890. Übertragung. Teubners Quellensammlung II, 98: Lüdtke/Carstenn, Ostmark I (5498), 3. Aufl.
1 Ordensburg.

*Aus der »Kulmischen Handveste«**

Je zahlreichere und härtere Leiden die Bewohner des Kulmer Landes und zumal der Städte Kulm und Thorn sowohl um der Verteidigung des christlichen Glaubens als auch um der Fortschritte unseres Ordens willen ertragen werden, um so eifriger und tatkräftiger wollen und müssen wir sie überall, wo wir es mit Recht können, unterstützen. Daher gewähren wir diesen Städten für ewige Zeiten die Freiheit, daß ihre Bürger sich ihre Richter[1], die unserem Orden und ihrer Gemeinschaft genehm sind, jährlich selbst wählen mögen. Diesen Richtern bewilligen wir dauernd den dritten Teil der Geldstrafen, welche für schwerere Verbrechen verhängt worden sind, und gestehen ihnen die für kleinere, alltägliche Vergehen verhängten Strafen, nämlich soweit sie zwölf Pfennige und weniger betragen, ganz zu. ...
[Es folgen Bestimmungen über das der Stadt Kulm verliehene Land, über Wald-, Fischereigerechtsame u. dgl.] Wir setzen aber fest, daß in diesen Städten für alle Zeiten bei allen Entscheidungen das Magdeburgische Recht angewandt werde. ... Wenn aber irgendein Bedenken hinsichtlich des Rechtes selbst oder der Entscheidungen entsteht, so soll die Auslegung bei dem Rate der Stadt Kulm nachgesucht werden, denn wir wollen, daß diese Stadt die Hauptstadt und die vorzüglichste sei unter allen, die zwischen Weichsel, Ossa und Drewenz bereits erbaut sind oder noch erbaut werden. ...

[Folgen Bestimmungen über die Weichselfähre, über Schenkungen, über das Pfarrland und das Patronatsrecht des Ordens, Rechtsstreitigkeiten u. ä.]
Wir befreien auch die vorgenannten Bürger von allen ungerechten Abgaben und erzwungenen Einquartierungen und anderen unrechtmäßigen Ausgaben und dehnen diese Gnade auf alle ihre sonstigen Güter aus.
Ferner haben wir gedachten Bürgern die Güter, die sie von unserem Orden anerkanntermaßen besitzen, zu flämischem Erbe überlassen, ihnen selbst und ihren Erben beiderlei Geschlechtes, für ewige Zeiten, als freien Besitz, abgesehen von den Dingen, die wir im ganzen Lande für unseren Orden zu beanspruchen für gut fanden. Wir beanspruchen nämlich für unseren Orden auf ihren Gütern alle Seen, Biber, Salzquellen, Gold- und Silbergruben und alles Metall außer dem Eisen. [Es folgen Bestimmungen über den Anteil der Bürger und des Ordens an den genannten Dingen; ferner Verfügungen über Jagdrecht und Verkaufsrecht bürgerlicher Besitzungen.]
Wir bestimmen, daß jeder, der vierzig oder mehr Hufen von unserem Orden kauft, mit vollständiger Waffenrüstung und einem geharnischten Streitrosse sowie mit den dazu gehörigen Waffen und zwei anderen Reitern Kriegsfolge leisten soll; wer aber weniger besitzt, soll mit einer Plata und anderen leichteren Waffen sowie mit einem für solche Bewaffnung passenden Pferde unseren Brüdern folgen, sooft er dazu aufgefordert werden wird, gegen die Preußen, die gewöhnlich Pomesanier genannt werden, und gegen alle Bedränger des Kulmer Landes. Sobald aber die Pomesanier mit Gottes Hilfe im Kulmer Lande nicht weiter mehr zu fürchten sein werden, sind alle vorgenannten Bürger von sämtlichen Kriegsdiensten befreit; nur müssen sie zur Landesverteidigung, wie vorgesehen, mit unseren Brüdern bis zur Weichsel, Ossa und Drewenz allen Einfällen gegenüber ins Feld ziehen.
Desgleichen bestimmen wir, daß jeder, der ein Erbe von unserem Orden besitzt, unseren Brüdern fortab einen kölnischen Pfennig oder statt seiner fünf kulmische Pfennige sowie ein Gewicht von zwei Mark Wachs entrichten soll zur Anerkennung unserer Oberherrschaft und zum Zeichen, daß er seine Güter von unserem Orden hat und unserer Gerichtsbarkeit untersteht. Dafür werden wir unsererseits ihm gnädigst gegen diejenigen, die ihm Unrecht zugefügt haben, beistehen und, soweit wir es vermögen, unseren Schutz verleihen. Den vorgenannten Zins müssen die Bürger alljährlich am Tage des hl. Martin bzw. in den darauf folgenden vierzehn Tagen entrichten. [Folgen die Strafen für unpünktliche Zinszahlung, für Versäumnis der Kriegspflicht und für Nichtinnehaltung der Verträge mit dem Orden.]
Wir verfügen auch, daß von den Gütern der genannten Bürger von jedem deutschen Pfluge ein Scheffel Weizen und ein Scheffel Roggen ... und von jedem polnischen Hakenpfluge ein Scheffel Weizen jährlich an den Bischof der Diözese anstatt des Zehnten geliefert werde. Wenn aber der Bischof noch andere Abgaben von gedachten Bürgern einfordern sollte, so wird der Orden für sie eintreten.
Auch bestimmen wir, daß nur eine Münze, und zwar die kulmische, im ganzen Lande gelten soll, und daß die Denare[2] von reinem, unverfälschtem Silber geprägt werden sollen. [Folgen weitere Einzelheiten über Münze, Maß usw. sowie die Zeugen des Vertrages.]

* Pr. U. B. I 1, 77 u. 183. Teubners Quellensammlung II, 98: Lüdtke, Ritterorden. Das (lateinische) Privileg wurde am 28. Dezember 1233 vom Hochmeister Hermann von Salza und Landmeister Hermann Balk den beiden Städten Kulm und Thorn erteilt und 1251 erneuert. Bald darauf entstand die erste Übertragung ins Deutsche.

[1] Obrigkeit.

[2] Ursprüngl. altrömische Silbermünze, als Bezeichnung für eine solche fast während des ganzen Mittelalters üblich.

*Die Siedler in Preußen**

Großgrundbesitzer Dietrich von Tiefenau. 1236[1]

Wir Bruder Hermann[2] verleihen ... mit Zustimmung unsers Kapitels dem Edlen Herren Dietrich von Dipenau die Burg Klein-Queden und fügen hinzu ... dreihundert flämische Hufen. [Es folgen Lage und Grenzen.] Das verleihen wir ihm und seinen Erben beiderlei Geschlechts nach ewigem Erbrecht zu besitzen. [Sie] haben unserm Orden dafür jährlich als Zins zu geben ein Markpfund Wachs und einen kölnischen Pfennig; statt des Zehnten von jedem deutschen Pfluge einen Scheffel Weizen und einen Scheffel Gerste. [Freiheit, das Gut zu verkaufen] außer an einen Polen oder Pommern. [Der Käufer übernimmt zum Zins] Stellung zweier Reisigen und eines Knappen mit voller üblicher Bewaffnung gegen alle Feinde des Ordens.

Ansiedlung polnischer Ritter. Vor 1239[3]

... Jeglicher polnische Ritter soll sein Lehen erblich besitzen derart, daß beide, er und seine Erben unserm Orden schuldig sein sollen zu dienen in Polen, Pommern und Preußen, wie oft sie zu Heerfahrten und Botschaften geheischen werden. [Statt des Zinses ist der Zehnte zu geben, dazu von jedem Hintersassen für den] Haken[4] ein Skot und soviel Flachs, wie ein polnisch Twitich beträgt, und von jedem Pflug zwei Skot und gleicher Weise zwei Twitich.

Katharina von Panthkau vergibt 50 Hufen. 1302[5]

... Wir, Katharina, Herrin des Dorfes Bandtken, verleihen, eins mit unsern Erben, ... dem vorsorglichen Manne Walter, Schultheiß im genannten unsern Dorfe ... 50 Hufen zu kulmischem Recht.[6] Den neuen Siedlern bewilligen wir sieben Freijahre ... Nach Ablauf zinsen sie uns von jeder Hufe 14 Skot und 2 Hühner jährlich. Der genannte Schulz Walter und seine Nachkommen werden nach Siedlerrecht die zehnte Hufe ewig frei besitzen. Wir geben ihm und seinen Erben das Schulzenamt mit einem Drittel der Gefälle und einem Krug[7], alles zu ewigem freien Besitz.

Aus städtischen Willküren[8]

(Danzig.) Gast[9] mit Gast darf nicht kaufschlagen. Alle ausländischen Gäste, die diese Stadt mit ihrer Handlung und Ware besuchen wollen, von ihnen soll kein Gast mit Gaste Geschäfte machen (koufslagen). So oft das geschieht, sollen sie der Stadt mit 10 guten Mark verfallen sein.

Von Gewinnung des Bürgerrechts: Alle die herkommen und sich mit uns zu ernähren gedenken, so sie würdig sind, sollen das Bürgerrecht gewinnen. Alle, die also unsere Bürger werden, sollen zumindest haben: eine Armbrust oder eine Lotbüchse, einen Schild und einen Eisenhut. Wer das nicht zu eigen hat, den soll man nicht als Bürger annehmen. Und wer kein Bürgerrecht besitzt, der soll weder Haus noch Hof haben.

Unser Bürger soll nicht anderswo Bürger sein: Wer unser Mitbürger ist, soll in keiner andern Stadt Bürger sein, auch dort nicht Erbe[10] oder liegende Gründe haben oder bebauen.

Vom Ausweichen gegenüber dem Bürgerrecht: Wäre jemand unser Bürger und lasse sich nicht bei uns nieder oder wohne schon unter uns, wandle aber in fremden Landen, der soll der Stadt den zehnten Pfennig von seinen Gütern geben.

Kein Fremder, der nicht Bürgers Kind, in dieser Stadt geboren, soll zum Handel zugelassen werden.
Niemand von unsern Bürgern soll seine Tochter verloben und einem Manne versprechen, der nicht vorher erst Bürgerrecht bei uns gewonnen hat.
(Kulm um 1400.) Niemand soll zusingen an den heiligen Festen, bei der Stadt Kür.[11] Alle, die mit ihnen betroffen werden, und alle, die ihnen geben, die sollen auch der Stadt Kür verfallen . – Auch soll niemand am Ostertage nach Schmackostern[12] reiten, und niemand soll sich am gleichen Tage schlagen vor [der Kirche] St. Georg, bei der Stadt Kür. Wer dem andern Pferde leiht zum Ritt nach Schmackostern, der verfällt auch der Stadt Kür.
(Danzig.) Man soll zu dem Lobelbier[13] nicht mehr denn einerlei Wein und einerlei Krude geben. Auch soll zu keiner Hochzeit mehr denn einmal gebeten werden, das soll zum Freitag und nicht zum Montag geschehen. Und am Sonntag soll man 8 Schüsseln geben und nicht mehr. Wer weniger geben will, der mag es tun. Am Montag, wenn die Braut zur Kirche geht, soll man am Vormittag 20 Schüsseln und am Abend 10 Schüsseln gelben und nicht mehr. Und man verschenke 12 Paar Schuh, 8 Paar leinene Kleider und 8 Schleiertücher und nicht mehr.

* Quellensammlung II, 98: Lüdtke/Carstenn, Ostmark I (5498), 3. Aufl. Der Deutsche Orden setzt hauptsächlich Großgrundbesitz aus, der dann auf seinem Lande kolonisiert. Auch christliche Nichtdeutsche werden angesetzt. Landesgesetze ergehen meist auf Anregung der Stände, d. h. des Adels und der Städte. Die Städte geben sich ihre Gesetze selbst.

1 Cod. dipl. Pr. I 45. Übersetzung.

2 Hermann Balk, Landmeister von Preußen 1230–1239. – 1 Pflug zumeist gleich 2 Hufen. Der Zins geht also hier von 150 Pflügen. 1 fläm. Hufe meist 16,81 ha.

3 Pr. U. B. I. 2. 247.

4 1 Haken meist = ein halber Pflug = 1 Hufe = 30 Morgen. – 1 Skot = zweieinhalb Schillinge = 1/24 preuß. Mark = rd. 3,70 RM. – 1 Twitich ist ein Scheffelmaß.

5 U. B. Pomes. XXII.

6 Das Recht ist niedergelegt in der Kulmer Handfeste von 1233 (s. o.).

7 Wirtshaus.

8 Übertragung aus Simson, Geschichte der Danziger Willkür; Semrau, Die Willkür der Stadt Kulm.

9 Fremder Kaufmann.

10 Stadtgrundstück.

11 Durch Singen betteln. Strafe nach der Willkür (= erkorenes Gesetz) der Stadt.

12 Bis 1945 war es noch Sitte, am 1. Osterfeiertage mit frischen Birkenreisern Befreundete früh aus den Betten zu jagen, d. h. zu schmackostern. Die Auslösung geschah durch Ei und Speck. Der Name entstammt dem Litauischen und bedeutet »schlagen«.

13 Verlobungsfest. Krude = (Gewürz)kraut.

*Folgen der Schlacht von Tannenberg. 15. Juli 1410**

Als die Schlacht vorüber und der Meister, Herr Ulrich von Jungingen, tot lag und der oberste Marschall, der Großkomtur und der Treßler[1]; als von den Gebietigern niemand davon kam, denn die Komture von Elbing, Danzig und Balga [Werner von Tettingen, Johann von Schönfeld, Graf Friedrich von Zollern] – die andern wurden alle erschlagen, nur wenig gefangen ... denn sie standen alle im Kampf – und die Leute, die herbeigeeilt waren zu Pferd und zu Fuß, aus allen Gebieten, bei Leib, Gut und Ehre, schier zahllos wurden sie erschlagen, daß Gott erbarme; als die Schlacht vorüber, da verweilte der König zwei Tage auf der Walstatt, ließ plündern die Erschlagenen und bewachen die Gefangenen, und ließ den Hochmeister tot liegen vor seinem Zelt zur Schmach vor allem Volk, und sandte ihn danach gen Osterode, die ihn weiter schickten nach Marienburg, am 4. Tage nach dem Kampf [18. Juli].
Großer Jammer kam über das ganze Preußenland, da sich Ritter und Knechte und die größten Städte [Thorn, Elbing, Braunsberg, Danzig] dem Könige zuwandten, die Brüder,

die noch verblieben waren, von den Häusern trieben, dem König die Burgen auslieferten und ihm Gefolgschaft und Treue schwuren. Der König fing alle mit Briefen, Versprechungen und Gaben – nirgends mehr wurde gehört von so großer Untreue und schneller Wandlung – so daß ihm das Land in einem Monat untertan wurde ...
Nun hatte unser Herr doch aus sonderlicher Lieb und Gnade erhalten den ehrwürdigen Herren, Herrn Heinrich von Plauen, Komtur zu Schwetz; der war nicht im Kampf, sondern hatte das Land zu Pommern mit den Seinen zu schützen. Auch sein Vetter, Heinrich Herr von Plauen, war nach Prußin gekommen. Er kam zu spät zum Kampf, wie das Gott haben wollte. Der war ein tapferer und tüchtiger Kriegsmann; er verstand viel vom Kriege, was dem Land zu großem Frommen wurde. Die kamen sofort nach Marienburg, fanden das Haus ungewarnt und bloß von Speise, Schießzeug und allem, das nötig gewesen wäre, um das Haus wehrhaft zu machen und zu halten ... So blieb dem von Plauen nichts eiliger zu tun, als Lebensmittel und andre Notdurft aus den Speichern vor und in der Stadt zu nehmen, Stadt und Vorstadt anzustecken und zu verbrennen und von den Höfen zu nehmen Kühe, Schafe, Schweine, Käse und Butter, um das Haus zu Marienburg damit zu versorgen. Und die Gebietiger, die da geblieben waren, warfen ihn mit dem Konvent auf und befahlen ihm des Hochmeisters Statt zu halten ... Leider aber kam gerade die Untreue von solchen, die Ehre und Gut vom Orden empfangen hatten, bevorzugt vor andern, was Gott an ihnen nimmer ungerächt lasse, denn große Trübsal und Leid kam über manche lieben Leute dadurch. Gar kläglich war, daß einige Ordensbrüder, teils gezwungen, teils aus eigenem Antrieb dem König die Burgen übergaben und von dannen führten, was sie konnten, an Gut und Geld. Ein Teil zog verstohlen seines Wegs fort aus dem Lande.
Es zog der König von Polen mit all seiner Macht vor das Haus Marienburg und belagerte es am 10. Tage [25. Juli] nach dem Kampf. Hätte er es gleich berannt, er hätte es gewonnen ohne Zweifel. Aber unserm Herrn behagte es anders. Er wollte den ehrbaren Orden noch gewähren lassen und in Gnaden erhalten ... Und als der König nun vor dem Haus Marienburg lag mit großer Macht: je länger er lag, je weniger er schaffte. Und die auf dem Hause wurden durch des Herrn Gnade sehr gestärkt, taten seinem Heer großen Schaden, fingen und erschlugen ihm gar viel Leut, daß er in der Schlacht nicht soviel Leute verlor wie vor der Burg. Sie rannten von dem Hause und liefen mit Macht gegen das Heer und schufen ihm großen Schaden, vornehmlich die Matrosen[2], – wenn die von dem Hause liefen, so hatte man Arbeit und Müh, sie wieder auf das Haus zu bringen -, daß der König mit den Seinen sprach: »Wir wähnten, sie wären von uns belagert; vielmehr werden wir von ihnen belagert.«
(1412)[3]: Auch sei nicht vergessen, daß der Hochmeister [Heinrich von Plauen] nach allgemeinem Rat seiner Gebietiger und des Meisters von Liefland, der damals bei der Verhandlung zum Elbing zugegen war, um guter Eintracht mit dem Lande willen in seinen Rat aufnahm etliche Ritter und Knechte nebst Bürgern aus den Städten[4], deren Treue er gewärtig sein konnte. Die schwuren zu des Hochmeisters und der Gebietiger Rat. Die sollten um des Ordens Angelegenheiten erfahren und mit Treu und Ehre raten helfen für das Land. Kämen sie auf des Ordens Häuser, so sollte man sie freundlich aufnehmen als des Ordens Getreue und Geschworene und gut behandeln, wie es sich gebührt.

* Johann von Posilges Forts. SS. rer. Pr. III 317 ff. Übertragung. Teubners Quellensammlung II, 98: Lüdtke/Carstenn, Ostmark I (5498), 3. Aufl.
1 Schatzmeister.
2 Danziger Schiffskinder.
3 ebd. S. 332.
4 20 vom Adel und 27 aus den Städten.

*Die Ermahnung des Karthäusers Heinrich Beringer. 1427/28**

Ehrwürdiger gnädiger Hochmeister, vor drei Jahren hatte euer Gnaden begehrt zu wissen die Gebrechen des Landes, ... wiewohl die Sachen leider allgemein und genug offenbar sind, so werden sie doch verschwiegen und zugedeckt, sie gehn wenig Leuten zu Herzen; ein jeder wie in einem Traum und Qualm schläft darin, niemandes Gewissen wird darum bewegt ... Da der Orden nach Preußen kam wie in ein gelobtes Land, da lebte man in der Furcht Gottes und hielt streng die Regel des Ordens und gab dem Lande ein gutes Vorbild. Da stand es gut. Aber da die Hoffart in vielen Dingen und Sachen sich erhob, da kamen Plagen und Jammer über das Land ... Wären die ehrbaren Herren bei der Eiche zu Alt-Thorn[1] nicht eines besseren Lebens gewesen, denn man jetzt lebt im Lande und zu leben gestattet, Gott hätte ihnen nicht so sehr geholfen. Darum, gnädiger Hochmeister, seid der König Josias, gedenket auf eine gute Umwandlung ..., so findet ihr das verlorene Buch wieder. Entschuldigt euch nicht damit, solches gebühre den Bischöfen: Ihr seid ein Fürst und Haupt des Landes. Hebt ihr an, die Bischöfe werden ohne Zweifel darob froh und euch willig folgen ... [Auch die Templer und Johanniter waren mächtig], sind nun weit verstreut ... um ihrer Hoffart und bösen Lebens willen hat man sie ... vertrieben ... [Gott gab den Juden das heilige Land, heut haben es wieder die Heiden]. Also steht es gleich mit dem Land zu Preußen, es hat einst den Heiden gehört und ist durch Gottes Fügung dem Orden überantwortet ... Stillt Sünde und Bosheit ..., auf daß Gott, der Allmächtige, dies Land dem Orden lasse und nicht wieder den Heiden gebe. Soll das geschehen ..., so müssen die folgenden Artikel und Sünden abgestellt werden:

Zuerst von den Gebietigern und Verwesern des Landes. Die versäumen leider zu halten die Gerechtigkeit Gottes und der Welt ... So kann man einem Gebietiger jetzt nicht mehr Leid tun, als wenn man ihm gegenüber das geistliche Recht erwähnt; sie sind dem gram und mögen es nicht nennen hören, da es ihrem Leben entgegen ist. [Auch das weltliche wird nicht eingehalten.] Törichte und verwegene Narren sprechen zu ihren Untergebenen: »Was ist Culmisch Recht?[2] Wir sind euer Recht!« Und kennt jemand sein Recht, das schriftlich festgelegt ist, so es den Gebietigern zuwider ist, verbietet man den Anwalt, es kommt vor kein Gericht, darum bleibt es verborgen ... Wird nicht nach der Herren Wille Recht gesprochen ..., so wollen sie [die Richter] hoch nehmen, drohen mit dem Turm und verbinden ihnen die Mäuler, daß sie das Recht zum Schweigen bringen müssen ... [Josaphat sagte den Richtern]: Man soll nicht ansehn die Personen ...

Im Jahr 26 geschah es, daß den Bauern im Werder[3] geboten wurde, Kaufhafer nach Marienburg zu bringen. Den Hafer, den Gott ihnen wachsen ließ, wollte die Herrschaft nicht haben. So mußten sie vom Söller[4] Hafer kaufen die Last für 6 Mark. Wie sie den Hafer auf das Schloß brachten, da wurde ihnen die Last mit 4 Mark bezahlt. Auch verloren sie an der Last 4 Scheffel. Weil solches geschieht, so wird das arme Land geplagt ... Um ein kleines Vergehen nimmt man große Buße ... Erhebt sich darum ein gemeiner Mann und zieht zum Hochmeister, klagt seine Not, daß er mit Weib und Kind verderbt werde, und der Hochmeister erkennt das und gibt ihm Hilfebriefe; ach, den legt man in den Turm, legt ihm noch mehr Buße auf, treibt ihn aus dem Gebiet, und er muß Haus und Hof mit großem Schaden verkaufen ...

Das Land wird auf mancherlei Weise geplagt: Von Jahr zu Jahr findet man neue Wege, die Armut zu beschweren mit ungewöhnlichen Scharwerken,[5] Kaufkorn und Hafer usw. Wenn die Leute es bisweilen nicht haben, so müssen sie es kaufen und der Herrschaft zuführen. Man bezahlt es ihnen, wie man will.

Etliche Gebietiger, Pfleger und Waldmeister handeln und zwingen die Leute, Rutenholz, Wagenschoß[6], Asche, Klappholz nicht allein zu hauen, sondern auch zu fahren in die Städte, so werden die geringen Leute mit Scharwerk sehr beschwert ... So ein Gebietiger einen Pfleger, Waldmeister oder Kämmerer einsetzt, gibt er ihm kein Einkommen, sondern er spricht: sie sollen sich von ihrem Gericht ernähren und die Kämmerer vom Kammeramt. O Herr Gott, wie geht es dabei den Leuten!

Auch wäre zu bestrafen, daß etliche Gebietiger maßlose Verschwendung treiben, zuweilen um eines Weibes willen ... und den Leuten geschieht damit ein böses Beispiel ... So wird leider die Keuschheit Mariä, zu deren Ehre der Orden gestiftet ist, verschmäht, und er hält sich zu der Unkeuschheit Helenas ... In den Konventen sollte man besonders Gott loben und dienen in den 7 Gezeiten, und dazu sollte man die Herren anhalten, die nichts zu tun haben. Man erfährt, daß das nicht geschieht, sondern unter der Kirche sitzen die Herren in den Kellern und Gemächern und quasen[7], und das geschieht nicht einmal, sondern recht häufig.

Vom gemeinen Volk, vor allem den Preußen: Wenig achtet man auf die Preußen, woran sie glauben, oder wie sie Christen sind. Sie halten noch die heidnische Art ... und kehren sich nicht an der Priester Predigt ... Etliche Gebietiger sollen zur Geistlichkeit sagen: Lasset Preußen Preußen bleiben! oder: einer möge die Seinen nicht mehr zwingen als der andre ... [Die Herren] zwingen sie oft, an Festtagen ohne Not zu scharwerken, nicht zur Ernte, sondern das ganze Jahr... Man denkt nur daran, sie zu beherrschen und auszunutzen mit Diensten und Arbeit, aber auf ihre Seligkeit ist man nicht bedacht. Das gibt Hoffart und Gier, verblendet die Herren, daß sie nicht erkennen können, warum sie solche Herrschaft im Lande zu Preußen haben, wo sie doch Fremdlinge, und wohin sie wie fremde Gäste hineingekommen sind ...

Gott hat lange und manches Jahr Geduld gezeigt und manche Plage und Abrechnung darum geschickt: die Zähne wurden stockig und ihr rechter Fuß gelähmt im Streit.[8] Man sehe noch zu, daß nicht die rechte Hand – das ist das Land zu Preußen, das billig des ganzen Ordens rechte Hand ist – abgehauen werde ...

Meineid, Ehebruch, Wucher findet man allgemein, und es wird nicht mehr als Sünde betrachtet ... das macht: etliche Herren stehen selbst danach.

Von der Priesterschaft: Eine gute Wandlung wäre auch unter der Priesterschaft not, denn sie gibt sich sträflich, ihr Leben ist mehr weltlich als geistlich. Der Acker wird von Jahr zu Jahr wertloser, die Leute verarmen, und was den Priestern werden sollte, das wird ihnen nicht ... [Die Gebietiger haben] von langer Zeit wenig geachtet, wie es um die Nahrung der Priester steht, ja man wähnt, sie haben zu viel ... man beraubt die Wohnungen nach der Priester Tode ... Wollen sie sich ernähren, so müssen sie mit Sorgen und weltlicher Arbeit danach trachten. Das aber ist wider Gott.

* SS. rer Pr. IV 454 ff. Übertragung. Teubners Quellensammlung II, 98: Lüdtke/Carstenn, Ostmark I (5498), 3. Aufl. Der Ermahnung liegt eine Konzilspredigt zu Elbing 1427 zugrunde, sie kann die Reform beeinflußt haben, hielt aber die Zwietracht im Deutschen Orden nicht mehr auf. Die Stände greifen ein, und es kommt zum Abfall von der Ordensherrschaft. Doch findet der Deutsche Orden auch Treue in jener erregten Zeit.

1 Hier wurde die erste Ordensfeste rechts der Weichsel errichtet. Die Eiche zeigte man Fremden voll Stolz.

2 Was schert uns das kulmische Recht nach der Handfeste von 1233.

3 Inseln im Weichseldelta.

4 Getreideboden.

5 Tagewerk auf dem Herrenhof.

6 Astfreie Eichenplanken, besonders für Bootsbau. – Asche = Holzasche. – Klappholz = gespaltenes Eichenholz für Faßdauben.

7 schwelgen.

8 Anspielung auf die Schlacht bei Tannenberg 1410.

*Abfall vom Orden**

(Absage: Thorn. 4. Februar 1454.)[1] Ehrwürdiger Herr Hochmeister! Nach eurer Wahl zum Hochmeister fordertet ihr Huldigung von uns, die wir willig taten, so ihr uns alle bei ... Recht und uns jährlich eine Tagfahrt halten würdet, zu richten Gewalt und Unrecht. Wir haben das ... vielmals gefordert, es geschah aber nicht... Auf solche Zusagen sind wir eure Mannen geworden und haben darauf eurer Würdigkeit gehuldigt ... Um der vielen Gewalt und des Unrechts willen, so uns von euch und dem Orden geschehen, sagen wir Ritterschaft und Städte des Bundes in Preußen euer Würdigkeit Huldigung auf und alle Pflicht von der Huldigung wegen.

Urteile. (Foliant A. Staatsarchiv Königsberg, Fol. 174. Um 1454.[2]) Der vergiftete lahme Drachen und Basilisk, Herr Hans von Baisen, aller Verräter ärgester, ... achtete nicht des Eides, damit er dem Herrn Hochmeister ... verpflichtet war, auch nicht des Eides, durch den er zu des Herrn Hochmeisters Rat geschworen ... sondern warf hinter sich alle Ehre, Redlichkeit, Wohltat, Gnaden und Eide in der härtesten Zeit ... und entwarf mit seiner Gesellschaft ... eine Absage der Huldigung und Mannschaft von des ganzen Bundes wegen, davon doch der gemeine Mann im Land wenig wußte ... O Judasrat, o falsche Tat, wie bist du arg statt gut, wie verrätst du so jämmerlich deine Herrschaft.

[Geschichten wegen eines Bundes. Um 1457.[3]] Sie huben den Bund an im Namen unsers Herrn und der unteilhaftigen Dreifaltigkeit und vollendeten ihn im Namen des Teufels, der da ist ein Säer und Mehrer des Krieges; denn Gott kann nicht sein, wo von Aufruhr, Krieg und Verrat gehandelt wird.

(Jüngere Hochmeisterchronik. Ende des 15. Jahrhunderts.[4]) [Die Städter bemächtigten sich mit Hilfe von Verwandten, die im Ordensdienst standen, der Burgen], fingen die Herren in ihren eigenen Häusern ... und verstießen sie aus den Schlössern ... sie vergaßen ihren Eid als Ordensdiener ... sie vergaßen des Ordens Brot, das sie noch in den Bäuchen hatten und des Ordens Kleider an ihren Hälsen ... [Der König von Polen vergaß Eide und Briefe, auf die er das Sakrament genommen], ohne Zweifel ein fein Königsstück; denn einem Christenkönig gebührt es sein Wort halten, wo doch der Sultan der Türken sich daran hält.

(Die Danziger Chronik vom Bunde. Nach 1466.[5]) [Einst ging es dem Land gut], war wo jemand, dem Gewalt geschah, [die frommen Hochmeister] standen davor mit Leib und Gut, sie befriedeten das Land ..., den Kaufmann beschirmten sie und taten niemand ein Leid, Frauen und Jungfrauen ließen sie bei Ehren; wie es aber nun gehalten wird, ist offenbar ... Wie sie täglich gegen unsre Privilegien ... verstoßen, ist offenbar. Wohl haben ihre Vorfahren einen Teil des Landes zum Christenglauben gebracht, aber das ist geschehen mit Hilfe und Kraft ... unsrer Eltern, die ihnen mit großer Mühe das Land erhalten haben.

Verhandlungen: (Danziger Rat an den Bundesbevollmächtigten in Thorn 11. Febr. 1454.[6]) ...Wiewohl wir dem Herrn Hochmeister und dem Orden die Mannschaft aufgesagt haben, so sind sie doch nicht unsere abgesagten Feinde, und wir können es deshalb nicht verantworten, daß man sie deswegen gefangen halten solle.

(Bericht in den Thorner Rezessen. Ende 1454.[7]) Die Landschaft und Städte warben um den Herrn König: Zumal das Land zu Preußen von alters her und die Herrschaft der Kreuziger daselbst hergekommen wäre von der Krone von Polen, was die Kreuziger selbst zugeben ... so solle billig niemand zu preußischen Landen Recht haben als Seine Königlichen Gnaden ... warum ihn alle Land und Städte zu ihrem rechten Herrn erwählt hätten, und bäten und forderten Seine Königliche Gnade auf, sie und die Lande wieder unter seine Herrschaft und Schutz zu stellen und ihr Herr zu sein, wie ihm das von Rechtswegen gebühre.

(Danziger Ratsboten schreiben aus Krakau. 3. März 1454.[8]) ... Über Zerstörung der Burgen ist viel verhandelt worden vor dem König und seinen Räten. Beschlossen wurde, daß niedergelegte Häuser gebrochen bleiben sollen, aber es soll ohne Rat und Mitwissen des Herrn Königs, der Lande und Städte kein Schloß mehr gebrochen werden. Darum, gute Freunde, habt ihr noch nicht gebrochen, so raten wir euch eindringlich, daß ihr abbrecht je eher, je lieber und ja, ehe wir heimkehren, denn dem Herrn König hängt die Lunge sehr auf Danzig.
(Dieselben am 4. März.[9]) [Daß die Danziger mit dem Hochmeister verhandeln, die Nachricht komme zu spät], wäre sie 8 Tage eher gekommen, es sollte noch weit sein, daß wir polnisch würden, denn wir hielten die Verhandlungen zurück gegen die Städte und das Land länger als 8 Tage, und es ging nicht nach unserm Willen. [Die Erfüllung der Versprechungen ist fern, der König will erst in Preußen die Privilegien erteilen], wir sträubten uns sehr dagegen, aber es hat uns nichts geholfen. Er will uns verbriefen, daß als Beamte nur Eingeborene gesetzt werden sollen, und hat uns den Pfundzoll[10] ewig zugesagt und anderes, was wir vor euch bringen werden. Wir hätten eine Zeit lang wohl gewünscht, daß wir eine halbe Meile über die Grenze gewesen wären, wir wollten nie wieder nach Polen gekommen sein. Alles, was wir taten, mußte durch Land und Städte geschehen, die haben sich uns verbürgt; gebe Gott, daß sie es uns wohl halten.

* Teubners Quellensammlung II, 98: Lüdtke/Carstenn, Ostmark I (5498), 3. Aufl.
[1] Akten der Ständetage IV, S. 300 ff. Übertragung.
[2] SS. rer. Pr. III 662. Übertragung.
[3] SS. rer. Pr. IV 77. Übertragung.
[4] SS. rer. Pr. V 138 f. Übertragung.
[5] SS. rer. Pr. IV 411. Übertr.
[6] Akten d. Ständetage IV 318. Übertragung.
[7] SS. rer. Pr. III 659 A. 1. Übertragung.
[8] Akten d. Ständetage IV 358 f. Übtr.
[9] Akten d. Ständetage IV 361 f. Übtr.
[10] Seehandelsabgabe, die die Städte ursprünglich von sich (als Hansen) erhoben, die aber der Orden für sich in Anspruch zu nehmen verstanden hatte.

*Inkorporationsurkunde König Kasimirs von Polen. 6. März 1454**

Wir Kasimir, von Gottes Gnaden König Polens ... Großherzog Litauens, Rußlands und Preußens, Herr und Erbe der Gebiete Königsberg, Elbing und Pommern ... Zur Ehre des allmächtigen Gottes, seiner Mutter, der Jungfrau Maria ... bringen wir zusammen, vereinigen ... und inkorporieren wir die Lande Preußen, Kulm, Königsberg, Elbing und Pommern ... dem Königreich Polen mit allen ... Rechten und Freiheiten der Großen des Königreichs: [Vornehmlich die Teilnahme an der Wahl und Krönung der künftigen Könige Polens] ... Wir versprechen für uns, unsre Erben und Nachfolger, daß wir ... die Bewohner vorgenannter Länder ... bei ihren Rechten, Freiheiten, Briefen, Privilegien ... belassen, sie stützen und verteidigen werden, [ferner die Aufhebung von Pfundzoll, von Schweinegeld in Pommerellen und von Strandrecht]. Zwar gehen alle Prälaten, Ritter, Edle, Bürger und Einwohner vorgenannter Lande in ... das Königreich Polen über, aber wir gewähren ihnen Vorrechte: Was die Besetzung der Würden und Ämter anlangt ..., so werden wir nur Einheimische, gemäß dem Brauch unsrer andern Länder damit betrauen. Alle wichtigen Sachen dieser Lande werden wir verhandeln mit dem gemeinen Landtag und ... beschließen; auch diese Länder ... in ihrem Bestand bewahren. [Wegen der Münze] wollen wir, daß sie an vier Orten: Thorn, Danzig, Elbing und Königsberg, geschlagen werde ... Damit während unsrer Abwesenheit den Landen keine Gefahr erwachse ..., werden wir vornehme Männer zu ihrer Regierung abordnen nach Anhören der Geistlichen, Räte und großen Städte.

* Privilegia der Stände des Herzogtums Preußen. S. 14 ff. Übersetzung. Teubners Quellensammlung II, 98: Lüdtke/Carstenn, Ostmark I (5498), 3. Aufl.

*Aus Luthers Sendschreiben: »An die Herren deutschen Ordens, daß sie falsche Keuschheit meiden und zur rechten, ehelichen Keuschheit greifen. Ermahnung«**

Gnade und Friede in Christo, Amen. Daß ich insonderheit an euch, meine lieben Herren deutschen Ordens, mich zu schreiben unterstanden habe und zu dem ehelichen Leben ... zu raten, laß sich eure Liebe nicht verwundern. Ich meine es ohne Zweifel gut, ... sintemal euer Orden fürwahr ein seltsamer Orden ist, derhalben am meisten, daß er Streit zu führen wider die Ungläublichen gestiftet ist, darum er muß das weltliche Schwert führen und weltlich sein und soll doch zugleich auch geistlich sein, Keuschheit, Armut und Gehorsam geloben und halten, wie andere Mönche. Wie sich das zusammen reime, lehrt tägliche Erfahrung und Vernunft allzuwohl. ...

Denn aufs erste ist das Vorteil in eurem Orden, daß er mit zeitlicher Nahrung versorgt ist, daß man das Gut kann unter die Herren austeilen und Landsassen, Amtleute oder sonst nützliche Leute draus machen. ... Und dennoch könnte ein solcher Deutscher Herr zum Streit, und besser denn jetzt, geschickt sein und wozu man sein bedürfte, und es würde also mit der Zeit eine recht ordentliche Herrschaft daraus, die ohne Gleißen und falschen Namen vor Gott und der Welt angenehm wäre.

Zum andern ist fast bei jedermann kein Zweifel, der deutsche Orden könnte dann allen seinen Untertanen leidlicher und angenehmer sein, als er jetzt ist. Denn man sieht, daß er jetzt schier weder Gott noch der Welt nütze ist; dazu sind sie verdächtig und nicht genehm, auch derhalben, daß ... jedermann seines Weibs und seiner Tochter sich besorgen muß. ...

Alle Dinge dringen, zwingen, locken und reizen euch zu dieser Zeit, und ihr tut daran Gott und seinem Wort eine große Ehre, gebt dazu den schwachen Gewissen ein tröstlich Beispiel, damit Gottes Wort wieder auf in Schwang käme. Nichts ist, das euch hierin hindert, denn der tollen Welt törichtes Urteil, daß sie sagen würde: Ei, tun die Deutschen Herren das? Aber weil wir wissen, daß auch der Welt Fürst gerichtet ist, sollen wir nicht zweifeln, daß auch solches und alle anderen Urteile der Welt vor Gott schon verdammt sind. Nur frisch und getrost hinan, Gott vor Augen gesetzt in rechtem Glauben, und der Welt mit ihrem Rumpeln, Scharren und Poltern den Rücken gekehrt, nicht hören noch sehen, wie Sodoma und Gomorra hinter uns versinken, oder wo sie bleiben. ...

* Ende 1523. Luthers Werke, Weimarer Ausgabe, Bd. 12, 228. Zur Datierung siehe H. Bornkamm, Luther in der Mitte seines Lebens (1979), S. 288, Anm. 17.

*Herzog Albrecht von Preußen an Luther**

Von Gottes Gnaden Albrecht, Marggraf zu Brandenburg, in Preußen Herzog.
Unsern gnädigen Gruß zuvor. Ehrwirdiger, Hochgelahrter, Lieber, Besonder! Wir setzen in keinen Zweifel, euch sei kundig und unverborgen, daß wir etlich Zeit mit Gesetzen der Menschen bestrickt, gefangen und umbgeben gewesen, aus welcher Finsternuß wir vermittelst der Hülfe Gottes und eurem Zuthun zum Licht der wahren Erkenntnuß kommen, also daß wir uns des Zeichen des Kreuzes verziehen, dasselbige abgelegt und den weltlichen Stand angenommen. Dieweil wir dann denselbigen, wie ihr und andere Christen gethan, gern mehren wollten, hat uns Gott der allmächtige diese Gnad verliehen, daß wir den Orden, den Gott eingesetzt[1], auch anzugehen in Willens. Haben uns derohalb mit der jetzigen Königlichen Majestät von Dennemarck[2] ältesten Tochter, Fräulein Dorothea, in Gott ehelich vermählet, beschlossen unsere fürstlich Hochzeit auf schierst künftigen Tag Johannis zu Königsberg in Preußen fürzunehmen.[3] Welchs wir euch, als unserm Geliebten, nicht haben wissen zu bergen, sondern thun euch ganz gütlich bitten, ihr wollet euch uf ernannte Zeit uf solch unsere Hochzeit verfügen, dieselbig helfen mit Freuden mehren und stärken, ob uns irgend ein trübs Wetter unter Augen wehen thät, daß wir zum Widerstand eures Trosts pflegen möchten.[4] Doch so wollen wir alle unser Sach Gott dem allmächtigen ergeben, der wird dieß und anders nach seinem göttlichen Willen mit uns wohl wissen zu ordnen. Des sein wir umb euer Person in sondern Gnaden. Königsberg Anno 1526.

* Luthers Werke. Briefwechsel bearbeitet von Enders, V, 325.
[1] Ehestand.
[2] Friedrich I.
[3] Die Hochzeit fand am 1. Juli 1526 auf dem Schloß zu Königsberg statt.
[4] Albrechts Befürchtungen, die er gegenüber der katholischen Partei hegte, trafen nicht ein.

*Das Lubliner Dekret. 16. März 1569**

Wir Sigismund August[1] tun kund, daß die Räte und sämtliche Stände aus Preußen Uns demütigst gebeten, daß sie zum Sitzen im Reichsrat auf den Reichstagen nicht gezwungen, sondern bei ihren Privilegien ... gnädigst erhalten würden. [Der König gebot dann Verhandlungen mit den Senatoren; die Preußen berufen sich auf das Privileg Kasimirs; es kommt zu keiner Einigung.] Drum haben Wir, der Wir der höchste und einzige Ausleger aller Gesetze und Privilegien sind, mit Zuziehung der Reichsräte ... erklärt – da wir begreifen, daß der König Kasimir ... die Lande Preußen mit dem Reich verknüpft und selbigem einverleibt [gleich Gliedmaßen dem Körper] – daß die Preußischen Räte, ob sie gleich gemeiniglich den Namen Landesräte führen ... billig und mit größtem Recht des Reiches und des Königs von Polen Räte können genennet werden ... Und weil das Privilegium zu Verhandlungen [mit dem Landesrat] keinen Ort ansetzt, so gibt es genugsam zu verstehen, daß ... vorkommende Sachen auch auf einem allgemeinen Reichstage ... nach vorheriger Berufung der Preußischen Landesräte verhandelt ... werden können ...
Deshalb gebieten Wir und befehlen kraft dieses unsers Dekrets den Preußischen Landesräten, daß sie auf diesem Reichstag ihre Plätze unter den Reichssenatoren einnehmen, den Preußischen Landboten, daß sie sich zu den Polnischen Landboten verfügen und mit Rat schlagen. [Wer dagegen handelt], so Wir doch von niemand vermuten, [wird bestraft]: die Räte ... wollen Wir der Senatorenwürde und ihrer Ämter entsetzen ..., die Landbo-

ten aber nebst den sämtlichen Einwohnern der Preußischen Lande werden wir dazu zu bringen wissen, daß sie alles ..., was auf dem Reichstag beschlossen, halten.[2]

* Übersetzung von Lengnich, Geschichte der Preußischen Lande II 389 ff. Teubners Quellensammlung II, 98: Lüdtke/Carstenn, Ostmark I (5498), 3. Aufl.

1 Der König nimmt den Preußen die Vorrechte aus der Inkorporationsurkunde. Staatsrechtlich sah sich das Kgl. Preußen nun zur Provinz herabgezogen. Doch leistete es noch lange Widerstand dagegen.

2 Nur die Landesräte (Bischöfe von Ermland, Kulm; Wojewoden von Kulm, Marienwerder, Pommerellen; Kastellane von Kulm, Elbing, Danzig) beugten sich. Sie schwächten dadurch den preußischen Widerstand.

*Königskrönung zu Königsberg im Jahre 1701**

Friedrich III. war über den glücklichen Ausgang seines Lieblingsplans dergestalt erfreut, daß er sich nicht einmal die Zeit nahm, zur feierlichen Krönung die schöne Jahreszeit abzuwarten, sondern noch im Winter, bereits einen Monat nach Abschluß des Kronenvertrags, am 17. Dez. 1700 mit seinem ganzen Hofstaat die Reise nach Königsberg antrat. Es war dies eine der größten Kavalkaden, die Deutschland erlebt hat. Der ganze Hof fuhr mit nach Preußen in 300 Karossen und Rüstwagen. Die königliche Begleitung, die in vier Abteilungen reiste, war so groß, daß außer den aus Berlin mitgeführten Pferden nicht weniger als weitere 30 000 zum Vorspann gebraucht wurden. Der König fuhr nur des Vormittags, zwölf Tage lang dauerte die Reise, und überall, wo er hinkam, war mittags Galatafel und Festlichkeit bis zum Abend. Die Königin fuhr ihr galanter Schwager, Markgraf Albrecht, der Herrenmeister des Johanniterordens zu Sonnenburg, in eigner Person, trotz Unwetter und Frost vom hohen Bock herab die Zügel führend, in gesticktem Sammetrock, mächtiger Perücke und seidnen Strümpfen. Der 18. Januar 1701 war zum Krönungstage bestimmt. Eine eigens niedergesetzte Kommission, an deren Spitze Herr v. Kolbe stand, hatte in einer besondern Druckschrift die Krönungsceremonien verkündet. Am 29. Dezember 1700 traf der Kurfürst in Königsberg ein.

Drei Tage vor der Krönung wurde sie durch prächtig gekleidete Herolde unter Dragonerbegleitung öffentlich in der Stadt ausgerufen. Den letzten Tag vor der Krönung stiftete Friedrich den schwarzen Adlerorden, den Orden von Oranien, wie er ursprünglich hieß, zum Angedenken seiner oranischen Mutter, am orangefarbenen Bande: er wurde die höchste Auszeichnung und Hofehre in Preußen.

Die zwanzig ersten Ritter waren:

I. von Fürstlichkeiten: 1. Der Kronprinz. – 2. 3. 4. die Markgrafen Philipp Wilhelm von Brandenburg-Schwedt, Albrecht und Christian Ludwig, die Halbbrüder Friedrichs. – 5. Der Prinz Ferdinand von Kurland, damals preußischer General, der als letzter Herzog des Kettlerschen Hauses 1737 starb. – 6. Der Herzog Friedrich Ludwig von Holstein-Beck, Gouverneur von Preußen.

II. von Hof-, Staats- und Militärbeamten: 7. Der Oberkammerherr v. Kolbe, der zugleich Ordenskanzler war. – 8. Der Feldmarschall Graf Barfuß. – 9. Der Obermarschall General Graf Lottum. – 10. Der Oberhofmeister des Kronprinzen General Graf Alex. Dohna-Schlobitten. – 11. Der erste Kammerherr und General Graf Christ. Dohna-Schlodien. – 12. Der Burggraf Friedr. Christoph Dohna v. Reichertswalde, Großneffe des unter Johann Sigismund berühmten Grafen Abraham Dohna, Ahnherr v. Reichertswalde und Lauk, gestorben 1734, 82 Jahre alt, Gemahl der Prinzessin Elisabeth Christine von Pfalz-Zweibrücken. Dieser Graf Dohna war Aeltester der Familie und ein vorzugsweise theologischer Herr, der fortwährend mit den berühmtesten reformierten Theologen über

Glaubenssachen korrespondierte. – 13. Der Generalkriegskommissar Graf Otto Dönhoff. – 14. Der General v. Tettau, Kommandant der Garde du corps. – 15. Der gewesene holländische Generalfeldzeugmeister v. Tettau, gestorben 1711 als preußischer Landesdirektor. – 16. Der Oberhofmeister der Königin Baron Bülow. – 17. 18. 19. 20. Die vier preußischen Oberräte: Der Landhofmeister v. Perband, gest. 1706. Der Oberhofmarschall Christoph v. Wallenrode, der zugleich damals gegraft ward, gest. 1711. Der Graf Christoph Alexander v. Rauschke, mit dem 1725 sein altes Geschlecht erlosch, und der Kanzler v. Kreytzen.

Am Krönungstage selbst, morgens, bereits vor acht Uhr, erschien Friedrich im großen Saale des Königsberger Schlosses im stattlichsten Krönungsornate: er trug ein Scharlachkleid, dessen Knöpfe Diamanten, je 3000 Dukaten an Wert, waren, und einen Mantel von purpurfarbnem Samt: er war über und über mit in Gold gestickten Kronen und Adlern bestreut und ward von einer prachtvollen Agraffe von drei großen Diamanten, eine Tonne Goldes wert, zusammengehalten. In diesem Ornate bestieg er den Thron im Saale des Königsberger Schlosses und empfing, nachdem er Sitz genommen, die vom Oberkammerherrn v. Kolbe auf den Knieen ihm präsentierte Krone, die er sich selber aufsetzte, und darauf die Huldigung der Prinzen des königlichen Hauses. Nach diesem Akt der Selbstkrönung begab er sich in die Zimmer der Königin, um diese zu krönen. Auch sie war im stattlichsten Ornate: sie trug ein Kleid von Goldstoff mit Ponceau-Blumen durchwirkt, in dem alle Nähte und die ganze Brust mit Diamanten bedeckt waren; dazu trug sie noch rechts an der Brust einen Strauß der schönsten Perlen und übrigens einen Purpurmantel mit goldnen Kronen und Adlern, ganz wie der König. Die Krone empfing sie knieend, aber, wie Pöllnitz erzählt, mit so völliger Unbefangenheit, daß sie während der langweiligen Ceremonie durch eine Prise Schnupftabak »sich eine angenehme Distraktion [Zerstreuung] zu machen versuchte, was der gravitätische König sehr übel vermerkte und dem Unterfangen durch eine Zurechtweisung seinen wohlverdienten Lohn zukommen ließ.«

Von den Zimmern der Königin begab sich um acht Uhr früh der feierliche Zug in die Kirche. Der König trug die Krone und das Scepter, den Schweif seines Mantels trug der Oberkammerherr Kolbe. Ihm voraus schritten in der Prozession die beiden Obermarschälle, die Grafen Lottum und Wallenrode, mit ihren Stäben, der Kanzler v. Kreytzen mit dem Siegel des Reichs, der Landhofmeister v. Perband mit dem Reichsapfel, beide auf Kissen getragen, endlich der Oberburggraf Ahasver v. Lehndorf (1686 vom Kaiser Leopold gegraft und das Jahr darauf vom großen Kurfürsten anerkannt) mit dem blanken Schwerte. Zwischen dem König und der Königin ging der Graf Dohna v. Reichertswalde mit dem Reichspanier und der Gouverneur von Preußen, Herzog Friedrich Ludwig von Holstein-Beck. Dessen Gemahlin trug die Schleppe des Mantels der Königin.

Den Gottesdienst übten die vom König neuernannten und geadelten zwei Bischöfe aus; von Benjamin Ursinus v. Bär, dem reformierten Bischof, ward das Brot und von dem lutherischen, Dr. Bernhard v. Sanden, der Kelch des Abendmahls gereicht und darauf von beiden an König und Königin die Salbung vollzogen.

Darauf ging die Prozession wieder in das Schloß zurück, wobei durch den Geheimen Kammerdiener, Hofrat Stosch, der damals auch geadelt ward, vom Pferd herab für 10 000 Thaler goldne und silberne Krönungsmünzen unter das Volk ausgeworfen wurden.

Um zwei Uhr fand das Krönungsbankett statt, im großen sog. moskowitischen Saale, bei verhüllten Fenstern und angezündeten Lichtern; die königlichen Majestäten speisten von goldnen Schüsseln.

In Nachahmung der kaiserlichen Krönung zu Frankfurt ward während des Banketts ein auf freiem Platze am Spieße gebratener Ochs, angefüllt mit Schafen, Ferkeln, Hasen,

Rehen, Hühnern und anderm Geflügel »als Zeichen von Seiner Majestät sich über Alles erstreckenden Herrschaft« dem Volke preisgegeben – und dazu sprang roter und weißer Wein aus zwei Springbrunnen. »Der, so des Ochsen Kopf erbeutet, darüber er einige Schnitte erlitten, ist von Ihrer Majestät mit Geld beschenkt worden.«
Nachdem der König von der Tafel sich erhoben hatte, wurden »die Minister, Cavaliere, Stände, Collegia und Corpora an unterschiedlichen Tafeln magnific gastiret.«
Abends war die Stadt prachtvoll erleuchtet und mit Tannenzweigen geziert, die Musik spielte, und Freudenfeuer brannten. Unter dem Geläute aller Glocken fuhr der König um sieben Uhr mit dem ganzen Hofe in sechzig Kutschen durch die illuminierten Straßen und besah »mit sonderlichem Vergnügen die schönen Emblemata vor den Häusern.«
Den folgenden Vormittag war Vorstellung und Handkuß für alle vornehmen inländischen Herren, und nachmittags für die Fremden und Gesandten.
Darauf folgten den ganzen Rest des Januar und den Februar hindurch neue Feste und Lustbarkeiten: in Anreden und Predigten gebrauchte man teils griechisch-römisch-mythologische Bilder nach dem schwulstigen Stile der Zeit in überschwenglichster Fülle und begrüßte den neuen König unaufhörlich als »zweiten Salomo«.
Am 8. März ging die Rückreise vor sich, aber ganz gemächlich; erst am 6. Mai zog der König wieder durch sieben Ehrenpforten in Berlin ein. Neue Feste und Lustbarkeiten folgten auch hier, das Ende derselben ward erst am 22. Juni durch ein großes Dank-, Buß- und Betfest gefeiert.

* Eduard Vehse: Geschichte des preußischen Hofes, Bd. 1, Stuttgart: Franckh'sche Verlagshandlung (1901).

*[Königl.] Instruction für den Etats-Minister v. Gaudi. Potsdam, 22. December 1775**

Abschr. Gen.-Dir.-Dept. Tit. III. Nr. 20

I. Aufgaben in Ostpreußen: Steigerung des Ämterertrages. – Feuerpolizei besonders in Königsberg. – Unterbringung der Invaliden. II. Verbesserungen in Westpreußen: Retablissement der Städte. – Zustände auf den Ämtern, Neuverpachtung. – Meliorationen an der Netze und am Goplowsee. – Betrieb auf dem Netzecanal. – Ansetzung von Schulmeistern. – Erwerb von Gütern durch Bürgerliche. – Ansetzung von Colonisten. – Bekämpfung der Wölfe. – Vermehrung des Schafviehbestandes. – Hausbau.
Da ich Euch zu Eurem Departement Ost- und Westpreußen anvertrauet, so habe Euch desfalls mit folgender besondern Instruction[1] versehen wollen:
1. Wegen Ostpreußen müsset Ihr darauf sehen, wenn Ämter zu verpachten sind, daß mehr dabei auf Meinen Nutzen gesehen und den Amtleuten nicht zu sehr favorisiret wird, denn zeithero sind zwischen den Kammern und den Pächtern noch immer viele Connivationes gewesen. Es können auch in Litthauen und Preußen die kleinen Vorwerker, wobei keine Brauereien, wo es sich thun läßt, zu Dörfern gemacht und durch Colonisten abgebauet und solche in Erbpacht ausgethan werden.
2. Sodann ist dorten noch die üble Gewohnheit, daß die Leute auf dem Lande noch so häufig die Parisichens[2] tragen; das ist ein großer Schaden für die jungen Bäume, indem die Rinde davon zu den Parisichen genommen wird und die Bäume dadurch verdorben werden. Ihr müsset Euch also Mühe geben, die Leute davon nach und nach abzubringen und sie zum Schuhetragen mehr gewöhnen lassen.

3. Sind die Feuer- und Löschanstalten, sowie auch die Polizeiverfassungen in den preußischen Städten, vorzüglich zu Königsberg, noch schlecht beschaffen und alle Meine Ordres wegen deren bessern Einrichtung noch immer nicht gehörig befolget worden. Es muß in allem daselbst wie zu Berlin reguliret werden, damit bei entstehendem Unglück das Feuer ebenso balde wieder gelöschet werden kann. Zu Königsberg ist in wenigen Jahren schon viermal Feuer entstanden, und jedesmal sind einige hundert Häuser abgebrannt. Davon hat man gar kein Exempel, und es kann auch damit schlechterdings nicht natürlich zugegangen sein; vielmehr soupçonnire mit Recht, daß entweder die Danziger aus Neid oder die Polen aus Haß und Bosheit Gesindel abgeschicket und durch dergleichen das Feuer anlegen lassen. Es muß daher gegen dergleichen Volk alle mögliche Präcaution genommen und die Polen von denen Wittinnen[3] des Nachts durchaus nicht davon weggelassen, vielmehr zu dem Ende Wachen ausgestellet, sämmtlichen Bürgern und Einwohnern aber auf das nachdrücklichste angedeutet werden, des Nachts keine dergleichen Leute in ihren Häusern und bei sich aufzunehmen und zu dulden; sie müssen auch des Morgens bei den Quartier-Commissarien angeben, wer in der Nacht etwa zu ihnen gekommen. Sind darunter nun Polen oder Danziger, so müssen solche gut observiret und examiniret und, wenn sie sich nicht recht legitimiren können, was sie eigentlich zu verrichten haben, sogleich aus dem Thore gewiesen werden. Und in Ansehung der Löschanstalten ist es so zu reguliren, daß die Zimmerleute und andern Gewerker, so dabei nöthig sind, prompt sich einfinden; man kann auch denn den promptesten einiges Praemium zur Aufmunterung reichen und der Nachahmung wegen. Und denn ist bei einem entstehenden Feuer das nothwendigste, gleich einige der benachbarten Häuser abzudecken oder gar niederzureißen, um das Feuer desto eher zu dämpfen.
4. Will Ich auch, daß von den dortigen Kammern bei vacanten Posten, die sie zu besetzen haben, mehr wie bisher geschehen, auf die Unterbringung der Invaliden gesehen werden soll.
5. In Ansehung von Westpreußen, so ist eine Kammer zu Marienwerder und eine Deputation zu Bromberg etabliret. Ich bin mit deren Betragen bisher noch zufrieden gewesen, denn sie gehen immer auf den Grund der Sachen und nehmen sich ganz gut. Anlangend die Städte in Westpreußen, so sind die mehresten in den kläglichsten Umständen. Das einzige Elbing ist gut und zur Noth Marienburg, und Konitz passiret auch; alle die andern haben aber eine Verbesserung höchst nöthig. Ich habe dazu jährlich 100 000 Rthlr. ausgesetzet;[4] diese werden fürs erstere repartirt zwischen Mewe, Culm und Bromberg und etwas nach Graudenz. Es ist aber nicht genug, daß dafür Häuser gebauet, sondern es muß auch dahin gesehen werden, allerhand nützliche Manufacturen anzulegen und Handwerker anzusetzen; besonders fehlet es sehr an Apothekern, Stadtbalbier und dergleichen, und die Leute wissen nicht, wo sie sich bei Krankheiten Raths erholen sollen. Es müssen daher hin und wieder in denen Städten nach Erfordern der Umstände dergleichen angesetzet werden (die Örter sind einerlei, wo sie nur nöthig sind), ferner alle Arten von Gerbers und Lederarbeiter, die da ein Haufen zu thun haben, indem so viel rohes Leder aus Polen kommt. Auch sind, in Bromberg und Graudenz etwa, Wagenmacher anzusetzen, welche solche Wagen anfertigen für die Polen, die sie sonst aus Danzig holen. Und wenn die Wolle taugt, dergleichen Schärfen[5] und Binden, wie die Polen tragen, anzufertigen, so kann auch davon eine Manufactur etabliret werden. Überhaupt muß die Kammer aufnehmen, was jeden Orts für Professiones und Handwerker fehlen, als Mauer- und Zimmermeister, Tischler, Schlösser, Schneider, Schuster und dergleichen mehr, was nur nöthig ist, und sodann die nothwendigsten aussuchen. Ich will denn sehen, dergleichen Meister zu verschaffen und Gesellen aus dem Waisenhause nehmen und solche dahin schicken. Es werden aller Arten Jahrmärkte angeleget, und ist also nothwendig, darauf

zu sehen, daß die Landleute in den Städten das, was sie gebrauchen, auch finden und kaufen können. Die an der Weichsel belegene Städte müssen vorzüglich erst retabliret werden, die Städte jenseits der Netze bleiben noch zur Zeit in statu quo; nur ist zu verhindern, daß die Juden sich nicht so sehr vermehren, auch müssen die Betteljuden möglichst zurückgehalten werden, denn sie rauben und stehlen nur. Hiernächst aber ist nothwendig, daß zwischen Driesen und Bromberg noch eine Stadt etabliret werde, die ordentlich und wo alles zu haben ist; denn die Distance von Driesen nach Bromberg ist gar zu weit. Es ist einerlei, was man für einen Ort von den da liegenden kleinen Städtchen dazu choisiret, wenn er nur dazu sich schickt.

6. Betreffend das platte Land, so ist ein Anschlag gemacht wegen Instandsetzung aller Wirtschaftsgebäude auf den Domänenämtern; der gehet aber an 600 000 Rthlr. und ist enorm[6], denn dafür können sämmtliche Gebäude ganz neu gebauet werden. Ich bin durch viele Starosteien gekommen, welches die jetzige Ämter sind, und habe die Gebäude recht gut gefunden. Ich supponire, daß einige Stallungen und Vorwerker in schlechtem Stande sein können; es ist aber in Überlegung zu nehmen, ob es nicht besser, lieber Dörfer daraus zu machen. Ihr werdet indessen alles näher examiniren und nachsehen, was unumgänglich nöthig ist.

7. Bei den Ämtern ist jetzt nichts zu thun, bis sie pachtlos sind; alsdann aber müssen die rechten principia regulativa in den Anschlägen beobachtet und nicht zugegeben werden, daß der Beamte mit dem Eigenthümer die Revenues theilet. Er muß zwar leben und was verdienen, das ist billig, und darnach sind auch die Anschläge einzurichten; nur theilen muß er sich nicht in dem Ertrage mit dem Eigenthümer. Bei der neuen Verpachtung rechne Ich ohngefähr, mit dem Ermeland und den geistlichen Gütern an der Netze, auf ein Plus von 50 bis 60 000 Rthlr., welches sich hiernächst ausweisen wird. Was die Dienste bei den Ämtern betrifft, so sind solche schon sehr heruntergesetzt, und muß deshalb wohl bleiben, wie es eingerichtet ist.

8. In der Ansehung der Holzungen, so ist die Tuchelsche Heide sehr mitgenommen und müssen viele Aufschläge gemacht werden; Ich rechne aber, wenn alles wieder in seiner Ordnung ist, daß jährlich für 10 000 Rthlr. Holz daraus zu verkaufen.

9. An der Netze und zwischen den Armen derselben und gegen den Goplower See zu sind noch sehr viele große Brücher und Moräste; die See soll auch mehr abgelassen und die Netze mehr navigabel gemacht werden. Alsdann können sehr ansehnliche Verbesserungen vorgenommen werden. Ich weiß aber nicht, wie viel von diesem Lande für Mich und an Particuliers gehöret, und habe Eurem Bruder, dem Geheimen Rath v. Gaudi[7] commitiret, solches zu examiniren und sodann einen Plan zu entwerfen, wie die Melioration zum besten anzufangen und das Land sodann zu nutzen. Mit vielem Rindvieh anzuschaffen, wird es daselbst wohl nichts sein, denn wo sollen die Leute die Butter absetzen? Nach Berlin ist es zu weit, es müßte nach Danzig sein. Deshalb glaube Ich, daß es besser ist, in den Gegenden Stutereien anzulegen. Was hiernächst die an der Netze wohnende von Adel durch diese Verbesserung gewinnen, darauf sollen sie Etablissements nach der Kammer Anweisung auf ihre Kosten machen, wozu ihnen aber nichts gebe. Ich erwarte also hierüber Eures Bruders Bericht.

10. Durch den angelegten Canal ist die Netze mit der Weichsel combiniret[8]; es sind aber zu dem Behuf ein Haufen Schleusen gebauet und zu deren Abwartung Schleusenbediente angesetzet, die Tractament haben müssen. Es soll daher ein Reglement gemacht werden, daß die Schiffer ein leidliches vom Kahn zur Besoldung der Schleusenbedienten entrichten. Diese Abgabe muß jedoch so gering als möglich sein, um den Schiffern die weite Fahrt, die an sich schon etwas schwer ist, durch starke Abgaben nicht noch mehr zu erschweren. Ihr könnet Euch darüber mit vernünftigen Kaufleuten besprechen, wie hoch

die Transportkosten sich wohl belaufen und wie nach dem Verhältnis das Schleusengeld zu reguliren.

11. Bin Ich genöthigt, in Westpreußen an 180 Schulmeister anzusetzen[9]. Die zu besolden, kostet an 12 000 Rthlr., wozu Ich vors erste einen Fonds von 200 000 Rthlr. ausgesetzet, um dafür von den polnischen Edelleuten Güter zu kaufen, und diese sollen sodann Schulgüter heißen, unter der Kammer Direction stehen und die Zinsen davon zur Besoldung der Schulmeister angewendet werden. Die Kammer hat auch bereits etwa 60 000 Rthlr. Güter im Handel und ist beordert, wenn der Handel zu Stande, davon zu berichten; denn will das Geld übermachen lassen. Das übrige Geld, so noch nicht für Güter anzulegen, bin Ich gesonnen, in Ostfriesland so lange unterbringen zu lassen, und soll die Ostfriesische p. Kammer die Zinsen dafür der Westpreußischen p. Kammer übermachen, um die Schulmeistere davon zu salariren. Lieber wäre es Mich indessen, wenn wir für das Geld könnten Güter ankaufen, um die garstigen Polen aus Meinem Lande loszuwerden. In welcher Absicht Ich auch

12. wohl verstatten will, daß einige, die auch nicht von Adel[10] sind, deren verschiedene darum angehalten, in Westpreußen sich ankaufen können – nur in Ostpreußen kann solches nicht verstattet werden –, um nur die Polen wegzukriegen. Was aber deutsche Familien sind, die sind gut und müssen beibehalten werden. Und wenn die Edelleute denn nur ordentlich wirtschaften lernen, so gedenke mit der Zeit, daß sie wohl in bessere Umstände kommen sollen.

13. Bei Ansetzung der Colonisten ist auf Sachsen und thüringische Leute, auch auf teutsche Polen zu sehen, aber auf keine Stockpolen, denn die taugen gar nichts; und da es auch zwischen Driesen bis nach Fordon herauf sehr an Obst fehlet, so muß man suchen, einige Pfälzer dahin zu ziehen, die wissen damit Bescheid und können Baumschulen von allen Sorten Obst anlegen, und die Leute wissen mit dem Pflanzen und Abwarten der Bäume umzugehen. Wenn das erst im Stande, so können die Leute trocken Obst machen, theils zur eigenen Consumtion, theils zum Verkauf. Es ist das immer eine Ressource mit, wenn etwa ein anderer Articul ausfällt, womit die Leute sich helfen können.

14. Es gehen auch noch viele Wölfe aus Polen in die Tuchelsche Heide über. Diese zu vertilgen, sind die Eisen zum besten zu gebrauchen, und muß also auch damit fleißig continuiret werden, weil die Wolfsjagden die Unterthanen nur beschweren.

15. Die Vermehrung des Schafviehbestandes ist auch eine nöthige Sache, und ist eine Nachweisung zu formiren, wie viel Wolle jährlich gewonnen, wie viel davon in der Provinz verarbeitet und wie viel und wohin davon verkauft wird; desgleichen auch in Ansehung des Getreides, wie viel von allen Sorten in guten, mittlen und schlechten Jahren gewonnen, wie viel zur innern Consumtion der Provinz erfordert wird, wie viel sodann zum Verkauf noch übrig bleibet oder am Bedarf noch fehlet. Ferner müssen auch die Landräthe angehalten werden, ordentliche Seelenlisten, wie auch vom Viehstande zu führen und solche alle 6 Monate an die Kammer einsenden und dabei den Zu- und Abgang richtig und zuverlässig angeben.

16. Endlich habe Ich auch wegen des Baues der Häuser annoch zu erkennen geben wollen, daß in den Gegenden, wo Lehm zu finden, man Wellerwände machen muß, welches denn an der Weichsel und an der Netze entlang füglich angehet; wo aber kein Lehm gefunden wird, als gegen Putzig zu und nach der neumärkischen Grenze, fallen die Wellerwände weg. Indessen müssen aber doch die Häuser überhaupt etwas besser und honetter gebauet werden.

Dieses sind Meine generale Idées, so Euch hierdurch bekannt machen wollen. Eure nähere Bearbeitung und Mir bekannter Diensteifer wird Euch schon dahin führen, Meiner Intention nach allen Eueren Kräften nachzufolgen und die bessere Aufnahme besonders der Provinz Westpreußen auf alle nur mögliche Weise zu befördern. In welcher Absicht denn es nothwendig ist, sobald Ihr mit Eurem Departement ganz im Train seid und Euch von allen dahin einschlagenden Sachen und auch von dem Kassenwesen völlig au fait werdet gesetzet haben, daß Ihr selbst eine Reise nach Westpreußen machet und Euch eine vollkommene Kenntnis von der Localität dieser Provinz verschaffet.

* ACTA BORUSSICA. Behördenorganisation, 16. Bd., 1. Teil, bearb. v. E. Posner, St. Skalweit, P. Baumgart und G. Heinrich, Berlin und Hamburg: Paul Parey 1970.

[1] Vgl. dazu die ausführliche Cab.-Ordre an Domhardt d. d. Graudenz, 7. Juni 1776 (gedr. bei Rudolph Stadelmann [Hrsg.]: Preußens Könige in ihrer Thätigkeit für die Landeskultur, Teil 2 [= Publikationen aus den K. Preußischen Staatsarchiven, 11], Leipzig 1878, S. 447 ff. und bei Max Bär, Westpreußen unter Friedrich d. Gr., [Publikationen, 83], Bd. 1, S. 309 ff.).

[2] Im Volksmund »Pareetzken« genannt; aus Baumbast geflochtene Schuhe.

[3] Flache polnische Stromfahrzeuge für den Getreidetransport.

[4] Vgl. M. Bär, Westpreußen unter Friedrich d. Gr., Bd. 1, S. 409 ff.

[5] D. h. Schärpen (niedersächsisch »scherf«); lange, breite Bänder, über den Pelz zu tragen; populär »paß« genannt.

[6] Domhardts Bericht vom 19. Oct. 1775; gedr. bei M. Bär, a. a. O., Bd. 2, S. 296 f.

[7] Seit August 1774 Chef der Commission für den Netzedistrict, die 1775 Juni die Bezeichnung Kammerdeputation erhielt (vgl. Bär, a. a. O., Bd. 2, S. 106 ff.).

[8] Vgl. Bär, Bd. 1, S. 350 ff.

[9] Vgl. dazu Bär, Bd. 1, S. 550 ff.

[10] Vgl. Bär, Bd. 1, S. 368 ff.

*Ernst Moritz Arndt 1813 in Königsberg**

1.[1] Preußen[2] war im Jahre 1807 als Kriegsschauplatz der Russen und Franzosen fürchterlich verheert; im Frühling des Jahres 1812 war dies mit absichtlicher Grausamkeit geschehen: man hatte das Land durch die schrecklichen Durchzüge und Einquartierungen der Heerhaufen, dann durch Wegnehmung und Wegführung aller Hilfsmittel an Getreide, Pferden und Rindern bis aufs Mark ausgesogen und ausgeplündert. Und nun – wie vergaß dieses in tausend Wunden zerhauene und verblutete Preußen in der Lust der Abschüttelung und Befreiung alle seine Narben, ja seine noch offenen Wunden und scharte und rüstete sich zur Bewaffnung seiner Jugend und zum Vordermarsch der Deutschen für die Freiheit.

Hier ward die erste Landwehr von 30 000 bis 40 000 Mann errichtet; daneben wurden die aus Kurland zurückgekommenen preußischen Regimenter ergänzt; unter der Führung des Grafen von Lehndorf ward ein prächtiges Reiterregiment von Freiwilligen beritten gemacht. Das war eine Begeisterung in den Städten und auf dem Lande, auf den Straßen und in den Feldern, auf den Kathedern und Kanzeln und in den Schulen. ... Ich schrieb da ein Büchlein über Landwehr und Landsturm, woran ich Freude erlebt habe; es ist Monate später über ganz Deutschland hingeflogen ...

2.[3] Das waren Tage, ja das waren herrliche Tage, die junge Lebens- und Ehrenhoffnung sang und klang durch alle Herzen, sie klang und sang auf allen Gassen und tönte begeistert von Kanzel und Katheder. Der Bücherstaub und die Gelehrsamkeit ward von dem Sturmwind des Tages abgeweht, und der goldne Blütenstaub des fröhlichen Maientages der Hoffnung und des Mutes fiel auf die Stirnen, die jener sonst umgraut hatte; auch die Kältesten wurden warm, auch die Steifsten wurden gelenkig, sie glühten und zitterten in der allgemeinen Bewegung mit fort.

Ich erzähle eine prächtige Szene: Professor Delbrück hatte mich zu einem feierlichen actus des Gymnasiums geladen, dessen Scholarch [d. h. hier Leiter] er war. Alle Primaner

wollten ins Feld und gingen ins Feld, die meisten traten in ein Reiterregiment, welches Oberst Graf Lehndorf aus eitel Freiwilligen errichten wollte, die Pferd und Rüstung aus eigenen Mitteln schaffen konnten. …
Der von Delbrück geordnete actus im Gymnasium war der allerfeierlichste, Klopstockische Oden, Gleimsche Lieder, die Hermannschlacht und anders dergleichen überaussiges Deutsches und Preußisches wurden von den Schülern hergesagt; noch erinnert's mich, wie der Klopstockische Vers:

»Ha! dort kommt er mit Schweiß, mit Römerblute,
Mit dem Staube der Schlacht bedeckt! So schön war
Hermann niemals, so hat's ihm
Nimmer vom Auge geflammt!«[4]

in der Kehle eines Jünglings halb zerbrochen stecken blieb und wie der bei solchen Gelegenheiten immer und damals doppelt deutsch begeisterte Delbrück den Vers nun selbst über seine Lippen mit solcher erschütternden Bewegung heraausspringen ließ, daß alle Zuhörer miterschüttert in laute Jubeltöne ausbrachen.

* Teubners Quellensammlung II, 71. Lambeck: Feldzug in Rußland 1812.
1 Aus E. M. Arndt, »Erinnerungen aus dem äußeren Leben«. 1840.
2 Ost- und Westpreußen.
3 Aus E. M. Arndt, Meine Wanderungen und Wandelungen mit dem Reichsfreiherrn vom Stein. 1858.
4 Die erste Strophe von Klopstocks Ode »Hermann und Thusnelda«.

*Die Ständische Versammlung in Königsberg**

1.

Aus dem Protokoll der Versammlung[1]: »Der Geheime Justizrat von Brandt[2] macht zuvörderst der Versammlung bekannt, daß der Herr Landhofmeister[3] die ihm übergebene Vollmacht des Herrn Staatsministers vom Stein der Versammlung mitzuteilen versprochen habe, und, da solches noch nicht geschehen, hierum angesucht werden solle. Hierauf wurde ein Schreiben des Herrn Staatsministers vom Stein vorgelesen, worin Se. Exzellenz äußert, daß er diese Versammlung veranlaßt habe, um der Deliberation der Stände die Auswahl der Mittel zur allgemeinen Verteidigung des Vaterlandes anheim zu geben.
Die Versammlung geht einstimmig von dem Gesichtspunkt aus, daß ihre Beratungen nur dann auf einen richtigen und bestimmten Zweck gerichtet werden könnten, wenn solche von derjenigen Militärbehörde geleitet würden, welcher sowohl die Gesinnung Sr. Majestät des Königs als auch die eigentlichen Erfordernisse der Armee bekannt wären. In dieser Hinsicht wird eine Deputation an den Generalgouverneur von Ostpreußen Herrn Generalleutnant v. York, Exz., in Vorschlag gebracht und beschlossen. … Die Herren Abgeordneten erhalten den Auftrag, Se. Exz. zu ersuchen, daß Sie Ihre Vorschläge oder Forderungen durch einen schriftlichen Aufsatz bekannt machen möchte. …
Mit den rückkommenden Herren Deputierten trat Se. Exz. der Herr Generalleutnant von York selbst in die Versammlung und erklärte, daß er als Gouverneur von Preußen und als der treueste Untertan Sr. Majestät unseres teuersten Königs die Provinz, von deren Treue und Anhänglichkeit er völlig überzeugt wäre, zu einer kräftigen Verteidigung des Vaterlandes auffordere. Da jetzt die Kommunikation seines Truppenkorps mit Sr. Maj.

gehemmt wäre, so würde er kraft der Sr. Exz. als Generalgouverneur erteilten Autorität wie bisher so auch ferner handeln. Seine Pläne und Vorschläge könne er der gesamten großen Versammlung nicht spezialiter vorlegen, er wünsche aber, daß dieselbe eine Comité wählen möchte, welche diese Vorschläge von ihm anhöre, ihre Bemerkungen dann hinzufüge und dann, so diskutiert, der Versammlung vortrage.«

2.[4]

Der General York ging mit der Deputation selbst in die Versammlung, stellte die Lage der Sache dar und forderte das Land auf, zur Verstärkung der bewaffneten Macht gegen die Franzosen bei Sr. Maj. dem Könige auf allgemeine Landesbewaffnung anzutragen und, da kein Augenblick zu verlieren sei, mit den dazu nötigen Einleitungen sogleich vorzugehen. York sagte, er sei kein Redner, er spräche wie ein alter Soldat; aber seine Rede begeisterte dermaßen, daß ihm alles im höchsten Enthusiasmus beistimmte. Als er die Versammlung verlassen wollte und man ein Lebehoch ihm nachrief, kehrte er schnell um, gebot Stille und sagte: Auf dem Schlachtfelde, nicht hier!

3. Eingabe der Stände an den König vom 9. Februar 1813[5]

Treue und Anhänglichkeit an König und Vaterland, das sind die Tugenden, welche jeder Preuße von zarter Kindheit an sich zueignet, stets in treuer Brust nährt und nie, auch nicht in den schwersten Drangsalen, verleugnet.
Mit diesen heiligen Gesinnungen versammelten wir uns im Auftrage der Provinzen Ostpreußen, Westpreußen vom rechten Weichselufer und Litthauen in gesetzlicher Form, um zu beraten, welches Opfer wir Ew. Königlichen Maj. und dem teuren Vaterlande bringen könnten, um in der jetzigen Lage der Dinge unsere Treue und Anhänglichkeit an König und Vaterland nicht in Worten zu zeigen, sondern in Taten übergehen zu lassen. Wir wandten uns an Ew. Königlichen Maj. höchsten Stellvertreter im Militär, den hochverehrten Generalleutnant v. York, den treuesten Diener Ew. Königl. Maj., den wärmsten Verteidiger des Vaterlandes. Gern und willig schlug er uns die Mittel vor, dem Vaterlande zu nützen, und unter diesen die Errichtung einer Landwehr zur Vermehrung der Streitkräfte und Verteidigung des Landes. ... Seinen Händen haben wir [den Entwurf zur Organisation einer Landwehr] anvertraut, daß er durch ihn Ew. Königl. Maj. hoher Bestimmung übergeben werde. Nur was unser allgeliebter Landesvater will, wollen wir, nur unter seiner erhabenen Leitung Preußens und Deutschlands Schmach rächen, für die Selbständigkeit unsers teuren Vaterlandes kämpfend siegen oder sterben. ...[6]

* Teubners Quellensammlung II, 71: Lambeck, Feldzug in Rußland 1812.
1 Aus den Papieren von Schöns, VI, 75 ff.
2 Er hatte in Vertretung des erkrankten Regierungspräsidenten v. Auerswald den Vorsitz übernommen. Über die unerquicklichen Erörterungen, die vorausgegangen waren, vgl. Max Lehmann, Frh. vom Stein III (1905), 236 ff. Zudem: Gerhard Ritter, Stein (1954), 413 ff. Die Versammlung begann ihre Beratung am 5. Februar.
3 Der Regierungspräsident von Auerswald.
4 Aus der Selbstbiographie des Ministers von Schön in den Papieren v. Schöns VI, 54 f.
5 Aus den Papieren v. Schöns VI, 110 f.
6 Der König antwortete erst am 17. März, er wolle, daß die getroffenen Anordnungen der Organisierung nicht unterbrochen würden, ungeachtet sie von denen, die für die übrigen Provinzen getroffen seien, abwichen. Nach und nach solle die Landwehr in Preußen die Verfassung derer der übrigen Provinzen erhalten. An demselben Tage unterzeichnete der König die »Verordnung über die Organisation Landwehr« für die ganze Monarchie.

*Aus der Schrift: Woher und wohin? oder der preußische Landtag im Jahre 1840**

[Im Jahre 1840] fragte der König vor seiner Huldigung: »Welche Zusicherungen wollt Ihr preußischen Stände[1] bestätigt haben?« Und der Landtag antwortete: Nur die Vollführung dessen, was im Jahre 1815 und späterhin in ständischer Hinsicht zugesagt ist, und zwar wünschen wir General-Stände, die auf Erfordern Rat geben, damit die obersten Administrations-Beamten der ständischen Versammlung gegenüber nicht wie bei den Provinzial-Landtagen über die Landtage zu stehen kommen. Und so antworteten die Stände auf die Frage ihres Königs und mußten also antworten; denn der Fluch von Geschlecht zu Geschlecht würde sie getroffen haben, hätten sie jetzt vor ihres Königs Thron und von Gottes Angesicht die Wahrheit verleugnet und die Stimme ihres Gewissens und ihrer Überzeugung erstickt. Und wer gab diese Antwort? Nicht eigentum- und heimatlose Menschen, nicht gedankenleere Jünglinge, nicht momentan aufbrausende Geister, die nur blindhin nach Neuerungen haschen. Begüterte Männer, Männer von Urteil und gereifter Erfahrung, Männer in grauen Haaren stellten den Antrag, und zwar solche, welche, wenn ihr Verlangen zur Anarchie oder auch nur entfernt zur Illoyalität hinführen könnte, dadurch mehr verlieren würden, als das regierende Haus zu befürchten haben dürfte. … Und gegen wen ist der Antrag gestellt? Mit nichten gegen den Souverain, wohl aber gegen die Werkzeuge des Gouvernements, welche die Kulturentwickelung im Volke hemmen, das Volk in Unmündigkeit festhalten wollen und sich allein nur, gleich den katholischen Priestern, als Vollmündige betrachten.

Wohin, so dürfte man fragen, würde der Antrag führen? Was würde die Folge der Zusammenberufung von Generalständen sein? Sie würde allerdings die gewichtigsten Resultate mit sich führen; denn zunächst und vor allem werden die Generalstände die Verwaltung aller Angelegenheiten, welche nicht Gouvernements-, sondern National- und Kommunalsachen sind, sich zueignen. … Auf den Charakter und die Stimmung des Volkes wird dies den wohltätigsten Einfluß haben. Dem Souverain selbst gibt die ständische Repräsentation für die Würdigkeit und Tüchtigkeit seiner Beamten unfehlbar den besten, vielleicht den einzigen bleibend wirksamen Prüfstein. Wer vor die Stände zu treten hat, wer Rechenschaft über seine Verwaltung vor ihnen ablegen muß, kann nicht unwissend und kopflos sein, böser Wille aber muß schnell zu Schanden werden. Um so sicherer kann dann der Souverain darauf vertrauen, daß er stets zum rechten Amte den rechten Mann gewählt habe; und was für ihn und den Staat ein unschätzbares Glück ist, im öffentlichen Leben der ständischen Repräsentation finden alle Kabalen und Polizeikünste stets ein schnelles Ende. Nicht minder segensreich wirken die Generalstände auf den Geist der Gesetzgebung. Wer will und kann es leugnen, daß jetzt bei jeder vom Gouvernement ausgehenden Maßregel stets das Mißtrauen erwacht, ob die Beamten die Lage der Sache richtig erkannt und die Verhältnisse gehörig erwogen haben. Ganz anders, wenn die Maßregel von den Generalständen erörtert werden. In ihnen konzentriert sich die Kenntnis der Verhältnisse und Bedürfnisse des gesamten Volkes, und schon darum haben auch die mit von ihnen ausgehenden Gesetze stets die Meinung des Volkes für sich. Nur durch Generalstände kann und wird in unserem Lande ein öffentliches Leben entstehen und gedeihen. Ist der Tag dazu angebrochen, so läßt die Sonne sich nicht in ihrem Laufe gebieten. … Tritt für uns erst das volle öffentliche Leben ein, so sind wir unüberwindlich, und unser Thron steht dann auf einer Höhe da, auf der er nach dem Kulturstande des Volkes zu stehen verdient. Die Zeit der sogenannten väterlichen oder Patrimonialregierung, für welche das Volk aus einer Masse Unmündiger bestehen und sich beliebig leiten und führen lassen soll, läßt sich nicht zurückführen. Wenn man die Zeit nicht nimmt, wie sie ist, und das Gute daraus ergreift und es in seiner Entwickelung fördert, dann straft die Zeit.

* Teubners Quellensammlung I, 14: Lambeck/Rühlmann, 1815–1861, 3. Aufl. Die Schrift hat zum Verfasser den Minister Theodor von Schön. Sie findet sich in dem Werke »Aus den Papieren des Ministers und Burggrafen von Marienburg Theodor von Schön«, Bd. III, S. 230–239.

1 Stände der Provinz Preußen.

*Denkschrift, dem Präsidenten der Vereinigten Staaten W. Wilson am 8. Oktober 1918 in Washington von R. Dmowski vorgelegt**

Das Gebiet Polens

a) Das polnische Problem ist vor allem ein territoriales Problem. Gelegen zwischen Deutschland, dem größten Volk des Kontinents, das immer die Eroberung und Verschlingung Polens anstrebte, und Rußland, wo anscheinend die zersetzenden Kräfte die Oberhand gewinnen, und das wahrscheinlich nicht imstande sein wird, Polen wirksame Hilfe gegen einen deutschen Angriff zu leisten, muß Polen für sich selbst ein starker, vollkommen unabhängiger Staat sein, der imstande ist, für sich selbst zu sorgen und sich nach seiner eigenen Linie zu entwickeln. Es muß eine große schöpferische Demokratie in Osteuropa werden, eine Schanze gegen den deutschen Drang nach dem Osten, und gleichzeitig muß es sich gegen zersetzende Einflüsse wehren.

b) Damit Polen diesen Schwierigkeiten gewachsen sein kann, die unmittelbar aus den Bedingungen seiner Lage sich ergeben, sind folgende Grundlagen für es unerläßlich:

1. Es muß ein umfangreiches Gebiet umfassen und eine zahlreiche Bevölkerung besitzen,
2. seine Bevölkerung muß hinreichend einheitlich sein, um ihm innere Geschlossenheit zu sichern,
3. seine Grenzen müssen geographischen Bedingungen entsprechen, damit seine Unabhängigkeit von den Nachbarn gesichert wird. …

Das preußische Teilgebiet

e) Das polnische Gebiet im preußischen Staate zerfällt in vier Provinzen: Posen, Westpreußen und ein Teil Ostpreußens gehörten zum polnischen Staat bis zur ersten (1772) und zweiten (1793) Teilung Polens. Schlesien und der Hauptteil Ostpreußens gehörten zur Zeit der Teilungen schon nicht mehr zu Polen, umfaßten aber sprachlich polnische Gebiete. Die Anwendung der antipolnischen Ausnahmegesetze durch die deutsche Regierung beweist unwiderleglich die Stärke des nationalen polnischen Gedankens in der dortigen Bevölkerung. …

h) Diese ganze Tätigkeit des deutschen Volkes und der deutschen Regierung konnte den nationalen Widerstand der Polen nicht brechen. Die polnische Bevölkerung und der polnische Grundbesitz wuchsen beständig und der polnische Kaufmann ebenso wie die polnische Industrie faßten schnell Fuß in der Konkurrenz mit dem deutschen Handel und der deutschen Industrie. Das beweist die Kraft und die Lebensfähigkeit der polnischen Bevölkerung des gesamten Gebietes und ist zugleich das schlagendste Beispiel einer Regierung, die gegen den Willen und die Interessen des Volkes handelt, einer Regierung, die ihren destruktiven Charakter solange beibehalten wird, als die polnischen Provinzen einen Teil Deutschlands bilden werden.

i) [1. Posen:] …

l) 2. Westpreußen: Mit Ausnahme weniger östlicher Kreise gehörte dieses Gebiet bis zum Jahre 1772 zu Polen. Hierdurch hatte Polen den Zugang zum Meer. Die Besitznahme Westpreußens durch Friedrich II. versetzte nicht nur dem Gefühl der polnischen Bevölkerung einen schmerzhaften Schlag, sondern hatte auch den wirtschaftlichen Verfall Polens zur Folge.

m) Nach der Teilung verfiel Danzig, das einst die reichste Hafenstadt der Ostsee war; und die Statistik zeigt ein ganzes Jahrhundert hindurch Jahr für Jahr einen Rückgang seines Handels. Während der letzten 30 Jahre hat die deutsche Regierung, um die wirtschaftlichen Bedingungen der Stadt zu bessern und ihren deutschen Charakter zu stärken, sie zum Sitz des Hauptstabes der Ostarmee gemacht, umfangreiche Werftanlagen, eine technische Hochschule usw. geschaffen, aber trotz aller dieser Bemühungen blieb Danzig in wirtschaftlicher Hinsicht eine tote Stadt.

n) Die Germanisierung Westpreußens war schon seit der ersten Teilung Polens ständig das Hauptbestreben der preußischen Regierung. Die Folge davon war, daß das Deutschtum in diesem Gebiet erhebliche Fortschritte machte. Ein erheblicher Prozentsatz der Bevölkerung vergaß entweder die polnische Sprache und nahm an ihrer Stelle die deutsche an, oder hält bisher standhaft, aber insgeheim an seiner Muttersprache fest, indem er sie zu Hause im Familienkreise benutzt, öffentlich aber deutsch spricht. Aber sogar viele von denen, die längst polnisch zu reden vergessen haben, haben das Bewußtsein ihrer polnischen Abstammung bewahrt und fühlen sich im Herzen als Polen, obwohl sie nach außen häufig gezwungen sind, ihre Nationalität zu verheimlichen, um nicht die Möglichkeit eines Verdienstes zu verlieren. Denn es ist daran zu erinnern, daß die Regierung sowohl als private Arbeitnehmer die Beschäftigung von Polen ablehnen. Die amtliche preußische Statistik gibt als Zahl der polnisch sprechenden Bewohner Westpreußens nur 35 % an, aber diese Zahl ist um vieles höher gegenüber dem gegenwärtigen amtlichen Prozentsatz. Man kann mit Sicherheit annehmen, daß nach der Rückkehr dieses Gebietes an den polnischen Staat eine beträchtliche Mehrheit der Bevölkerung sich als polnisch angeben würde. Die amtlichen Ziffern über Danzig stellen diese Stadt als rein deutsche Stadt hin. Indessen erweisen private Forschungen, auf polnischem Wege vorgenommen, daß fast die Hälfte der Bevölkerung polnisch ist, wenn auch oberflächlich germanisiert. Die Kreise mit überwiegender polnischer Mehrheit liegen im südlichen Teil Westpreußens und längs des westlichen Ufers der Weichsel und der Danziger Bucht. In den westlichen Kreisen am Ufer der Ostsee gibt sogar die amtliche preußische Statistik eine polnische Mehrheit von 55–75 % an. Diese Kreise entsenden ständig polnische Vertreter zum Reichstag und zum preußischen Landtag, die niemals aufhören, gegen die zwangsweise Germanisierung ihres Gebietes zu protestieren.

o) Westpreußen muß nach dem Krieg aus folgendem Grunde zum polnischen Staat gehören:

1. Es war ein unabtrennbarer Teil des polnischen Staates vor den Teilungen.
2. Es ist polnisch auf Grund der polnischen Nationalität der Mehrheit seiner Bewohner, mit Ausnahme weniger Kreise, die allerdings germanisiert worden sind. (Einen Teil des germanisierten Gebietes an der Südwestecke dieses Teilgebietes könnte man in Austausch gegen östliche Teile Pommerns, die einen starken Prozentsatz polnischer Bevölkerung besitzen, in deutscher Hand lassen. Dadurch würde sich die polnische Grenze von Danzig aus weiter nach Westen verschieben.)
3. Die Rückgabe Westpreußens an Polen ist das einzige Mittel, diese Provinz wirtschaftlich zu heben, und ihr eine schnelle Entwicklung des Handels zu sichern.
4. Westpreußen, das mit seinem Gebiet die Mündung der Weichsel, des großen polnischen Stromes umfaßt, bildet den natürlichen Ausgang Polens zum Meer und ist für seine wirt-

schaftliche Unabhängigkeit und seinen ungehinderten Verkehr mit der Welt unbedingt erforderlich.

5. Der Verlust dieser Provinz durch Deutschland würde dessen Ostseeküste vermindern und die Gefahr beseitigen, die in seiner unbedingten und ungeteilten Herrschaft über dieses Meer liegt, einer Herrschaft, die nicht nur der politischen Unabhängigkeit der skandinavischen Völker schadet, sondern auch das Handelsmonopol Deutschlands mit Nordrußland fördert.

6. Die Rückgabe Westpreußens an Polen bildet den einzigen Weg, Polen die politische Unabhängigkeit von Deutschland zu sichern. Ohne Westpreußen wäre Polen im Westen und Norden von deutschem Besitz umgeben. So wäre es im Frieden völlig deutschen Einflüssen ausgeliefert, im Krieg aber von der Gefahr strategischer Einkreisung bedroht. Polen würde dadurch auf natürlichem Wege in die deutsche politische Einflußsphäre hineingezogen und tatsächlich ein Vasallenstaat Deutschlands werden, der sogar in seinen inneren Angelegenheiten deutschen Einflüssen ausgesetzt wäre. Polen würde statt eine Barrière zwischen Deutschland und Rußland zu sein, die deutsche Brücke nach Rußland werden.

7. Die Belassung Westpreußens in der Hand Deutschlands würde die Fortdauer des Regiments der Ungerechtigkeit, der Gewalt und der Übergriffe in diesem Gebiet bedeuten, und dieses Regiment sollte man nach dem jetzigen Kriege aus Europa vertreiben, der soviel Opfer von seiten der zivilisierten Völker mit sich gebracht hat.

p) 3. Ostpreußen: Das Gebiet besteht aus zwei in historischer Hinsicht verschiedenen Teilen:

1. Der kleinere westliche Teil, Ermland mit der Hauptstadt Allenstein, hat mit seiner polnischen und deutschen, katholischen Bevölkerung bis zu den Teilungen zum polnischen Staate gehört.

2. Der größere östliche Teil mit der Hauptstadt Königsberg, und einer Bevölkerung, die im Norden und in der Mitte aus Deutschen, im Süden aus Polen und im Osten aus Litauern besteht, sämtlich lutherischer Konfession, hat niemals einen unabtrennbaren Teil des polnischen Staates gebildet. Im Mittelalter wohnten hier die Preußen, ein jetzt zugrunde gegangenes Volk litauischer Abstammung und Sprache. Der Kreuzritterorden, der sich hier im 13. Jahrhundert niederließ, hat nach der Eroberung des Landes die Preußen teils ausgerottet, teils germanisiert. Als der Orden säkularisiert wurde, wurde das Herzogtum Preußen, das an seine Stelle trat, ein Lehensstaat Polens bis zur zweiten Hälfte des 17. Jahrhunderts. Es gab dem Königreich Preußen, dessen wesentlicher Bestandteil es wurde, den Namen. Der Besitz dieses abgesonderten Gebiets durch die Kurfürsten von Brandenburg, die später Könige von Preußen wurden, war immer die Hauptursache seiner feindlichen Haltung gegen Polen. Ihre Politik war natürlicherweise beherrscht von dem Bestreben, die politische Herrschaft an der unteren Weichsel zu vernichten, um ihre östliche Provinz mit dem übrigen Besitz der Hohenzollern zu verbinden. Dieses Ziel erreichte schließlich Friedrich der Große, und seine Verwirklichung war ein tödlicher Schlag für die Unabhängigkeit Polens.

q) Die deutschsprechende Bevölkerung Ostpreußens und einiger anliegender Kreise Westpreußens bildet eine geschlossene Gruppe, die zwischen dem nationalpolnischen Gebiet im Westen und Süden und dem ethnographisch-litauischen Gebiet im Osten eingeschlossen ist. Es ist also eine abgesonderte sprachliche Gruppe von etwa 1 500 000 deutschsprechenden Bewohnern. Das Bestehen dieses deutschen Vorpostens zwischen den Mündungen der Weichsel und der Memel, der zwei großen Flüsse Polens, war eine der Hauptursachen des Verfalls Polens und ist jetzt das Haupthindernis zum Aufbau eines wirklich unabhängigen polnischen Staates.

r) Die Frage Ostpreußens erfordert eine gründliche Auseinandersetzung. In sprachlicher Hinsicht ist der größte Teil des Gebietes deutsch. In geographischer Hinsicht gehört es zum polnischen Gebiet. In historischer und ethnographischer Hinsicht ist das Land nicht deutsch, da seine ersten Bewohner die Preußen waren, ein Zweig des litauischen Stammes, der später vom Ritterorden germanisiert worden ist. In wirtschaftlicher Hinsicht ist es ein Land, das sich in völliger Stagnation befindet. Durch eine Zollgrenze von Polen getrennt, zu dem es durch die Natur seiner Lage gehörte, mußte Ostpreußen eine verarmte Provinz mit einer dünnen Bevölkerung (144 auf die Quadratmeile, während Polen 260 zählt) bleiben. Was die sozialen Verhältnisse anbetrifft, so ist es fast ein mittelalterliches Land; es gibt dort große Besitzungen der preußischen Junker und die Masse der Bauern, die wie Sklaven behandelt und im Sklavengeist erzogen werden. Politisch endlich ist dies die Festung der preußischen Reaktion. Die extremen Konservativen des preußischen Landtags stammen überwiegend aus den ostpreußischen Wahlkreisen, wo die gefügigen Bauern sie wählen, indem sie nach dem Befehl ihrer Herren, der Großgrundbesitzer, stimmen. Deutsche öffentliche Angelegenheiten bekümmern diese Bauern überhaupt nicht, die noch die Erinnerung an ihre nichtdeutsche Abstammung bewahren. Sie beherrscht einzig der Schrecken, der ihnen seit den Kreuzritterzeiten eingeimpft ist, und der durch die heutigen Nachfolger des Ordens, die Landjunker, aufrechterhalten wird.

s) Die Regierung der Hohenzollern besaß die stärkste Stütze in der Aristokratie Ostpreußens, einer Kaste, die von feudalen Traditionen erfüllt ist und heute noch einen mittelalterlichen Geist hegt. Die Zerschlagung dieser reaktionären Klasse würde eines der Haupthindernisse für den sozialen und politischen Fortschritt Deutschlands beseitigen. Trotz ihrer reaktionären Gesinnung werden die Junker in Ostpreußen sogar von verhältnismäßig fortschrittlichen deutschen Elementen unterstützt, die sie für die Vormauer des Deutschtums im Osten halten, deren Fall einen Schlag für den deutschen Ehrgeiz in Osteuropa bedeuten würde.

t) Die richtige Lösung der ostpreußischen Frage würde nicht nur die Sicherung der Freiheit Polens, sondern auch in erheblichem Maße die Modernisierung des politischen Lebens Deutschlands zur Folge haben.

u) Wenn Ostpreußen ein zusammenhängender Teil des deutschen Gebiets bleiben soll, muß auch das polnische Westpreußen im Besitz Deutschlands bleiben.

v) Wenn Ostpreußen als gesonderter preußischer Besitz, von dem Hauptstamm des Landes durch die dazwischen liegenden polnischen Gebiete abgeschnitten, in deutscher Hand bleibt, wird es eine dauernde Quelle nie endenden Streites zwischen Polen und Deutschland sein, das beständig bemüht sein wird, auf Kosten Polens sich ein Bindeglied zu schaffen. Wenn Polen ein wirklich freies, von Deutschland unabhängiges Volk sein soll, so sind nur zwei Lösungen der ostpreußischen Frage möglich: entweder die Provinz Königsberg, d. h. der Teil Ostpreußens, dessen Bevölkerung deutsch spricht, muß mit dem polnischen Staat auf der Basis der Autonomie vereinigt oder es muß eine kleine unabhängige, mit Polen durch Zollunion verbundene Republik werden. In beiden Fällen muß in dieser Provinz eine weitgehende Agrarreform durchgeführt werden, unverhältnismäßig große Güter müssen durch Bauern besiedelt werden. Eine solche Reform würde die Basis für eine demokratische Entwicklung dieses Landes bilden.

w) Mit der wirtschaftlichen Union mit Polen würde eine neue Periode des Wohlstandes für dieses dünn besiedelte Land beginnen, in der Folge würde eine polnische Einwanderung erfolgen und schließlich die Verbindung zwischen beiden Ländern stärken. Man kann durchaus erwarten, daß die wirtschaftlichen Einflüsse hinreichen werden, um die Sonderstellung des Deutschtums und des Königsberger Landes zu zerstören, und daß dieses

Land ohne irgendeinen politischen Druck mit der Zeit polnisches Kerngebiet mit gemischter deutscher und polnischer Bevölkerung werden wird.
x) [4. Schlesien] ...

* Teubners Quellensammlung II, 100 [5500]. Übersetzung aus dem Polnischen nach: Paul Roth, Die Entstehung des polnischen Staates. Berlin 1926. III. Anlagen. S. 133 ff. Anlage 9. Am 5. Oktober hatte das Deutsche Reich um Waffenstillstand gebeten. – Roman Dmowski (1864–1939), einflußreicher Führer der polnischen Nationaldemokratie, vertrat Polen auf der Pariser Friedenskonferenz.

*Danzig im Zweiten Weltkrieg**

Gertlauken, 5. Juni 1942

Lieber Vater und liebe Mutter!

...

Ihr wißt, daß ich zu Pfingsten in Danzig war. Es ist nicht zu begreifen, daß es zur gleichen Zeit unvorstellbare Not, Angst und Schrecken gibt, während auf der anderen Seite Menschen Schönheit, Frieden, Ruhe »trinken« können. Ich mag kaum von den märchenhaften Pfingsttagen erzählen, man schämt sich fast. Danzig ist die schönste Stadt, die ich bisher kenne. Ich bin noch ganz voll davon.
Helgas Bekannte hatten uns ein feudales Hotelzimmer mit Bad und Telefon besorgt. Wie Helga und ich morgens durch eine enge Altstadtgasse gingen und vor uns den hohen, backsteinroten, leuchtenden Turm der Marienkirche sahen, war ich überwältigt. Ich kenne unseren Dom [den zu Köln] – wie anders dagegen diese Backsteingotik, schlicht, wuchtig und doch zart mit den vielen spitzen Türmen und den großen Fenstern. Der Kölner Dom steht frei, der Danziger inmitten der Altstadt, umgeben von Häusern, die winzig wirken, obwohl sie doch drei- und viergeschossig sind und wundervolle Giebel haben. Im Dom-Innern wandelt man durch einen Säulenwald unter Sternendecken.
Im Gegensatz zum wehrhaften Turm der Marienkirche wirkt der Turm des Rathauses zierlich. Und auf dem Langen Markt reihen sich die schönsten Giebelhäuser, hoch und schmal, nur zwei oder drei Fenster breit, aber überraschend tief. Eins habe ich besichtigt, das Uphagenhaus mit seiner Einrichtung aus dem 18. Jahrhundert. Ihr könnt Euch die Pracht und Heiterkeit nicht vorstellen. Solch ein Rats- und Kaufherr lebte wie ein Fürst.
Neben dem Rathaus steht der Artushof, er entspricht unserem Gürzenich, ein Festhaus der Bürger im späten Mittelalter. Romantisch ist die Langgase; zu jedem Haus führt eine Treppe hinauf, so vier bis fünf Stufen. Und dann das Zeughaus; zuerst dachte ich, es sei ein Schloß mit seinen Treppentürmen und prächtig verzierten Giebeln, überhaupt nicht mit unserem schlichten, dunklen Bau in der Komödienstraße zu vergleichen.
Zur Mottlau führen viele Tore, eines heißt Milchkannenturm mit Sahnekännchen, doch das Wahrzeichen ist natürlich das Krantor. Wenn man am Wasser steht und auf die vielen Speicherhäuser schaut, auf das wehrhafte Krantor und die alle Häuser überragende Marienkirche mit ihrem eckigen, wuchtigen Turm – also Vater, das müßtest Du sehen! Es ist an Schönheit, wenn auch ganz anders, nur mit unserem geliebten abendlichen Köln zu vergleichen – Köln von der Sünnerterrasse aus mit der kilometerlangen Lichterkette am Rhein, dem angestrahlten Dom, dem Stapelhäuschen und den Türmen von Sankt Martin.

Dabei weiß ich gar nicht, ob das alles in Köln überhaupt noch steht. Ich warte auf Deinen Bericht.
Am Pfingstsonntag holten uns Helgas Bekannte ab, ein kinderloses, nettes Ehepaar. Wir fuhren zuerst nach Oliva und besuchten die dortige Kirche. Der Eingang sieht merkwürdig aus: zwei riesige, schmale, aber dennoch massige Backsteintürme mit Schießschartenfenstern und spitzen Dächern und dazwischen die ebenso hohe und schmale barocke Schaufront mit Prunkportal und hohem Fenster. Weiter fuhren wir nach Zoppot. Die Sonne schien, und alle Welt war auf den Beinen. Eine Musikkapelle spielte zur Saisoneröffnung. Ein langer Steg führt vom Kurhaus in die Ostsee. Die Menschen flanierten oder sonnten sich in Liegestühlen. Weiter Himmel, blaue See, heitere Menschen, nichts von Krieg, ein schöner Tag!
...

* Marianne Peyinghaus: Stille Jahre in Gertlauken, Berlin: 1985, S. 41–43. Die Verfasserin, Kölnerin, war in Ostpreußen als Lehrerin eingesetzt.

*Der Luftangriff auf Königsberg am 29./30. August 1944**

Bis zu den britischen Luftangriffen im August 1944 war Königsberg von Bombenwürfen ziemlich verschont geblieben. Einige kleinere Angriffe russischer Flieger nach Beginn des Rußlandfeldzuges im Juni und Herbst 1941 hatten geringe Gebäudeschäden auf den Hufen verursacht, es waren aber nur wenige Menschenleben zu beklagen, darunter allerdings der Tod des Forstmeisters der Landwirtschaftskammer, Hämmerle.
Den ersten unerwarteten Angriff der britischen Luftflotte am 26./27. August, der fast ausschließlich den nördlichen Stadtteil Maraunenhof getroffen hatte, mit erheblichen Gebäudeschäden in der Cranzer- und der Herzog-Albrecht-Allee, und etwa 1000 Todesopfer forderte, hatte ich nicht in Königsberg erlebt; doch war schon bei diesem Angriff der Feuerschein über die 80 km hin bis nach Langheim, wo ich mich aufgehalten hatte, zu beobachten gewesen – ein Vorgeschmack auf das Kommende.
Bei dem dann folgenden Angriff in der Nacht vom 29. zum 30. August, bei dem 650 britische Bomber (beim ersten Angriff nur 200) durch den Abwurf der neuen Brandstrahl-Bomben und den dadurch ausgelösten Feuersturm fast die ganze Innenstadt Königsbergs vernichteten und mindestens 3500 Todesopfer forderten, hielt ich mich im Verwaltungsgebäude in der Königstraße auf. Mit dem Notstandsstab einschließlich der Sekretärinnen erlebten wir in dem nicht abgestützten Keller unter meinem Dienstzimmer bange Stunden, wenn bei der Explosion der Luftminen die Wände wackelten und uns das Fürchten lehrten. Erste Erkundigungen nach Beendigung des Bombardements gegen 2 Uhr früh schienen zu zeigen, daß unsere Dienstgebäude, aber auch das ganze Dreieck zwischen Roßgarten, Jägerhofstraße und Königstraße kaum getroffen waren. Wir erkannten nur kleinere Brände, aber vom nahen Roßgärter Markt aus mit dem Blick auf den vom Feuer umloderten Turm der alten Burgkirche war schnell das Ausmaß der Verheerungen zu erkennen. Wegen der Auswirkungen auf das Landkreisgebiet mußte ich mich schnellstens zur Befehlsstelle des Oberpräsidiums und der Gauleitung in Quednau durchzuschlagen versuchen, konnte dann durch die Königstraße, in der auch noch nicht viele Brände zu beobachten waren, und das Königstor die Umgehungsstraße und mein Ziel ohne Hindernisse erreichen. Aber die Hoffnung, daß unser Stadtviertel vom Schlimmsten verschont sein könnte, trog: Bei der Rückkehr in den frühen Morgenstunden fand ich alles in Schutt und Asche vor. Dem nach dem Angriff um sich greifenden Feuersturm waren alle Gebäu-

de, somit auch das Kreishaus, zum Opfer gefallen. Vollständig zerstört waren die schönen alten Häuser an der Königstraße, damit die Kreissparkasse und meine Wohnung, während bei den hinteren Büroräumen noch einige Wände standen. Fassungslos stand ich in der vom Rauch verdunkelten Morgensonne auf dem Trümmerhaufen, der von meiner schönen Wohnung und dem ehrwürdigen Gebäude übrig geblieben war und stocherte auf der Suche nach irgendeinem Überbleibsel in der Asche herum.
Durch die Zerstörung der Innenstadt waren etwa 150 000 Menschen obdachlos geworden und befanden sich auf der Flucht in die umliegenden Ortschaften. Wir haben damals etwa 100 000 Menschen in den Samlandgemeinden untergebracht, verpflegt und mit dem Nötigsten versorgt, was durch den Einsatz vieler freiwilliger Helfer, besonders auch denen der Organisation der NSV unterstützt wurde. Daß bei dieser Sofortaktion keine größeren Schwierigkeiten auftraten, war aber vor allem der Vorsorge der Kreisverwaltung zu danken. Ich hatte mich nicht bei der vorherrschenden Meinung beruhigt, daß ein größerer Terrorangriff westlicher Luftflotten auf Königsberg nicht zu befürchten sei, und war davon überzeugt, daß bei größeren Notständen ein dezentralisiertes Verwaltungssystem unverzichtbar sein würde. So hatten wir den ganzen Kreis in Notstandsbezirke aufgeteilt und für jeden Bezirk verläßliche Persönlichkeiten, teils Bürgermeister, teils Amtsvorsteher, mit umfassender Handlungsvollmacht ausgestattet. Bei jedem dieser Amtsträger stand eine Kiste mit den nötigsten Anweisungen über die Modalitäten der Unterbringung und etwa nötiger Beschlagnahmen, mit Lebensmittelkarten und Bezugsscheinen für den ersten Bedarf an Kleidung und Gebrauchsartikeln. Jeder wußte, daß er gemäß der Vollmacht sofort zu handeln hatte, wenn die zentrale Steuerung ausfiel.
So war es aber nun gekommen. Die Kreisverwaltung war total zerschlagen. Es war zwar eine Sammelstelle für das Personal in der Wohnung des Kreisamtmanns M. auf den Hufen, in der Waltherstraße, vorgesehen, es dauerte aber wegen der verschütteten Zufahrtswege und der Zerstörung auch vieler Wohnungen der Bediensteten tagelang, bis das Personal gesammelt und das erste behelfsmäßige Büro in der Waltherstraße eingerichtet werden konnte. Große Verdienste erwarben sich die Leiter der Abteilungen, die ihre Tätigkeit in selbstgefundenen Büros wenigstens behelfsweise aufnehmen konnten, die Bewirtschaftungsabteilungen kamen nur wenige Tage ins Stocken.
Der Leiter des Kreiswirtschaftsamtes, Kreisoberinspektor Stolz, berichtet über die erste Dienstbesprechung, die nach den Bombennächten in der Walterstraße stattgefunden hatte: *»Wir – die gesamte Kreisverwaltung – besaßen nun über Nacht keine, aber auch keine einzige Akte, alles war zu Schutt und Asche geworden. Selbst die Schreib- und Rechenmaschinen, die vorsorglich jeden Abend nach Dienstschluß in den Keller gebracht worden waren, waren durch die Hitze völlig unbrauchbar geworden. Eine Verwaltung ohne jedes Aktenmaterial – ein einmaliger und unglaublicher Zustand. Nur eine Akte, gewissermaßen die erste und einzige war vorhanden. Unser Landrat zog aus seiner Jackentasche sein persönliches Notizbüchlein, in dem er neben wichtigen dienstlichen Eintragungen die namentliche Liste seiner Kreisbeamten vorfand und nun konnte er die Arbeitseinteilung und erste Entscheidungen vornehmen.«*
In der Tat, wir hatten mit Bombenangriffen gerechnet, aber nicht damit, daß das gesamte Kreishaus mit dem gesamten Inhalt ein Raub der Flammen werden könnte. Heute ist es mir kaum mehr vorstellbar, wie es gelingen konnte, die Verwaltung ohne alle schriftlichen Unterlagen, so zum Beispiel auch nur über die Ortschaften und die Namen der Bürgermeister wieder in Gang zu bringen.
Es war sehr unbequem, daß die Büros nun so verstreut waren. Einige hatten wir nach Fischhausen, in das Alte Kreishaus verlegen müssen, in 30 km Entfernung. In meiner »Befehlsstelle« in der Walterstraße konnten nur die nächsten Mitarbeiter um mich sein.

Um wieder flexibler und effektiver verwalten zu können, mußte an eine baldige Zusammenführung der Dienststellen gedacht werden. Da in Königsberg jeder überhaupt verfügbare Raum verbrannt war, habe ich sofort den Wiederaufbau des zerstörten Kreishauses ins Auge gefaßt, natürlich nur der Gebäudeteile, von denen noch Mauern, zum Teil auch noch Dächer und Decken erhalten waren. Der in der Ukraine eingesetzte Kreisamtmann Marwinski organisierte die Beschaffung und den Transport des Bauholzes nach Königsberg, die benachbarten Kreise übernahmen die Herstellung von Fenstern, Türen und anderen Holzteilen in den dortigen Werkstätten. Unter aller gemeinsamer Anstrengungen waren die Arbeiten zu Weihnachten, also in drei Monaten, so weit gediehen, daß Anfang Januar die ersten Büroräume hätten bezogen werden können – ein Rekordergebnis auch angesichts der kriegsbedingten und bürokratischen Hindernisse und des Materialmangels in dieser Phase des Krieges. ...

* Klaus von der Groeben: Im Dienst für Staat und Gemeinschaft, Kiel: Lorenz-von-Stein-Institut 1995, S. 114–117. Verf. war Landrat des Kreises Samland, der 1939 aus den Kreisen Königsberg-Land und Fischhausen gebildet worden war, mit Dienstsitz in Königsberg.

Quellen- und Literaturverzeichnis

1. Übergreifendes

Robert ALBINUS: Lexikon der Stadt Königsberg Pr. und Umgebung, 2., erw. Aufl., Leer 1988.
Altpreußische Biographie.
Edward CARSTENN: Geschichte der Hansestadt Elbing. Mit Unterstützung der Stadt Elbing, Elbing 1937.
Karl Heinz CLAASEN: Elbing (Deutsche Lande/Deutsche Kunst, hrsg. von B. Meier), Berlin 1931.
Georg DEHIO: Deutschordensland Preußen, bearb. von Ernst Gall (Dehio, Handbuch der Deutschen Kunstdenkmäler), München und Berlin 1952.
Georg DEHIO: West- und Ostpreußen, bearb. von Michael Antoni, (Dehio, Handbuch der Kunstdenkmäler), München und Berlin 1993.
Richard DETHLEFSEN: Das schöne Ostpreußen, München 1916.
Fritz GAUSE: Geschichte der Stadt Königsberg in Preußen, 3 Bde. (= Ostmitteleuropa in Vergangenheit und Gegenwart, 10/I-III), Köln/Graz 1965, 1968 und 1971.
Gerhard von GLINSKI/Peter WÖRSTER: Königsberg. Die ostpreußische Hauptstadt in Geschichte und Gegenwart (= Ostdeutsche Städtebilder/VI), Berlin/Bonn 1990.
Karl HAUKE und Horst STOBBE: Die Baugeschichte und die Baudenkmäler der Stadt Elbing (Bau- und Kunstdenkmäler des deutschen Ostens, hrsg. von G. Grundmann), Stuttgart 1964.
Gerd HEINRICH: Geschichte Preußens. Staat und Dynastie, Frankfurt a. M./Berlin/Wien 1981.
Otto HINTZE: Die Hohenzollern und ihr Werk. Fünfhundert Jahre vaterländischer Geschichte, Berlin 1915 u. ö.
Walther HUBATSCH: Geschichte der evangelischen Kirche Ostpreußens, 3 Bde., Göttingen 1968.
Walther HUBATSCH (unter Mitarb. von I. Gundermann): Die Albertus-Universität zu Königsberg/Preußen in Bildern, Würzburg 1966.
Bernhart JÄHNIG: Die landesgeschichtliche Forschung des Preußenlandes (Ost- und Westpreußen) seit 1960 im Überblick. In: Jahrbuch für die Geschichte Mittel- und Ostdeutschlands 38 (1989), S. 81–141.
Erich KEYSER: Geschichte der deutschen Weichsellande, Leipzig 1940.
Erich KEYSER: Danzigs Geschichte, 2. Aufl., Danzig 1928.

Erich KEYSER: Danzig (Deutsche Lande/Deutsche Kunst, hrsg. von B. Meier), 4. Aufl., Berlin 1942.
Erich KEYSER: Die Baugeschichte der Stadt Danzig, hrsg. von E. Bahr (= Ostmitteleuropa in Vergangenheit und Gegenwart, 14), Köln 1972.
Carl von LORCK: Ostpreußische Gutshäuser. Bauform und Kulturgehalt (= Deutsche Baukunst im Osten, Bd. 3), Kitzingen 1953 (4. Aufl. unter dem Titel: Landschlösser und Gutshäuser in Ost- und Westpreußen, Frankfurt a. M. 1972).
Carl von LORCK: Dome, Kirchen und Klöster in Ost- und Westpreußen, 2., unveränderte Aufl., Frankfurt a. M. 1982.
Fritz MIELERT: Ostpreußen nebst dem Memelgebiet und der Freien Stadt Danzig (Monographien zur Erdkunde), Bielefeld und Leipzig 1926 (Nachdruck, Augsburg 1998).
Walther MITZKA: Deutsche Mundarten (= Studienführer, Gruppe I, Kulturwissenschaft), Heidelberg 1943.
Helmut MOTEKAT: Ostpreußische Literaturgeschichte. Mit Danzig und Westpreußen, München 1977.
Heinz NEUMEYER: Westpreußen. Geschichte und Schicksal. München 1993.
Ernst OPGENOORTH (Hrsg.): Handbuch der Geschichte Ost- und Westpreußens, Teil II, 1–2 und Teil III, Lüneburg 1994, 1996 und 1998.
OSTDEUTSCHE GEDENKTAGE. Lebensbilder und Ereignisse, Bonn 1972–2000.
Das östliche Deutschland. Ein Handbuch. Herausgegeben vom Göttinger Arbeitskreis, Würzburg 1959.
Karl PLENZAT: Die Ost- und Westpreußen. In: Der deutsche Volkscharakter. Eine Wesenskunde der deutschen Volksstämme und Volksschläge, hrsg. von M. Wähler, Jena 1937.
Gotthold RHODE: Geschichte Polens. Ein Überblick, 3., verbess. Aufl., Darmstadt 1980.
Gotthold RHODE (Hrsg.): Die Ostgebiete des Deutschen Reiches, 3., erweiterte und verbesserte Aufl., Würzburg 1956.
Schlachtfelder in Ostpreußen, hrsg. vom Wehrkreis-Kommando I, Königsberg (Pr.) 1932 u. ö.
Bruno SCHUMACHER: Geschichte Ost- und Westpreußens, 3. Aufl., Würzburg 1958 (zuerst Königsberg i. Pr. 1937).
Götz von SELLE: Geschichte der Albertus-Universität zu Königsberg in Preußen, 2., durchgesehene und verm. Aufl., Würzburg 1956 (zuerst Königsberg i. Pr. 1944).
Erich WEISE (Hrsg.): Ost- und Westpreußen (= Handbuch der historischen Stätten, Kröner-Tb., 317), Stuttgart 1966.
Carl WÜNSCH: Ostpreußen (Die Kunst im deutschen Osten), München und Berlin 1960.

2. Landes- und Volkskunde

Richard DETHLEFSEN (vgl. 1).
Walter GEISLER: Die Korridor-Landschaft. In: Erich Keyser (Hrsg.), Der Kampf um die Weichsel. Untersuchungen zur Geschichte des polnischen Korridors, Stuttgart, Berlin und Leipzig 1926.
Walter GEISLER: Die natürlichen Landschaften des Weichsellandes und ihre Bevölkerung; ebenda.
Friedrich LORENTZ: Sprache und Volkstum der Kaschuben; ebenda.
Friedrich MAGER: Die Landschaftsentwicklung der Kurischen Nehrung, Leipzig 1938.
Friedrich MAGER: Der Wald in Altpreußen als Wirtschaftsraum (= Ostmitteleuropa in Vergangenheit und Gegenwart, 7, 1.2), 2 Bde., Köln/Graz 1960.
Fritz MIELERT (vgl. 1).
Walther MITZKA (vgl. 1).
Karl PLENZAT (vgl. 1).

3. 1226–1466

Udo ARNOLD (Hrsg.): Die Hochmeister des Deutschen Ordens 1190–1994 (= Quellen und Studien zur Geschichte des Deutschen Ordens, 40), Marburg (Lahn) 1998.
Hartmut BOOCKMANN: Der Deutsche Orden, 3. Aufl., München 1989.
Hartmut BOOCKMANN: Ostpreußen und Westpreußen (Deutsche Geschichte im Osten Europas), Berlin 1992.

Hartmut BOOCKMANN: Zu den politischen Zielen des Deutschen Ordens in seiner Auseinandersetzung mit den preußischen Ständen. In: Jahrbuch für die Geschichte Mittel- und Ostdeutschlands 15 (1966), S. 57–104.
Friedrich BORCHERT: Burgen, Städte, deutsches Land. Baudenkmäler in Ost- und Westpreußen und ihre Geschichte, Essen 1991.
Edward CARSTENN (vgl. 1).
Erich CASPAR: Hermann von Salza und die Gründung des Deutschordensstaats in Preußen, Tübingen 1924.
Georg DEHIO (vgl. 1).
Herbert GRUNDMANN: Wahlkönigtum, Territorialpolitik und Ostbewegung im 13. und 14. Jahrhundert (1198–1378). In: Gebhardt, Handbuch der deutschen Geschichte, 9., neubearb. Aufl., Bd. 1, Stuttgart 1970.
Hermann HEIMPEL: Deutschland im späten Mittelalter (= Brandt-Meyer-Just, Handbuch der deutschen Geschichte, Bd. I, Abschnitt 5), Konstanz 1957.
Reinhold HEUER: Thorn (Deutsche Lande/Deutsche Kunst, hrsg. von B. Meier), 2. Aufl., Berlin 1941.
Josef LEINZ: Die Ursachen des Abfalls Danzigs vom Deutschen Orden. Unter besonderer Berücksichtigung der nationalen Frage. In: Jahrbuch für die Geschichte Mittel- und Ostdeutschlands 13/14 (1965), S. 1–59.
Heinz LINGENBERG: Die Anfänge des Klosters Oliva und die Entstehung der deutschen Stadt Danzig (= Kieler Historische Studien, Bd. 30), Stuttgart 1982.
Erich MASCHKE: Der deutsche Ordensstaat. Gestalten seiner großen Meister, 3. Aufl., Hamburg 1942.
Erich MASCHKE: Die inneren Wandlungen des deutschen Ritterordens. In: Geschichte und Gegenwartsbewußtsein. Festschrift für Hans Rothfels, Göttingen 1963.
Erich MASCHKE: Ritterorden. In: Religion in Geschichte und Gegenwart, Bd. 5 (1961), S. 1121 ff.
Johannes SCHULTZE: Die Mark Brandenburg, Bd. 1–3, Berlin 1961–1963.
Carl WÜNSCH (Vgl. 1).

4. 1466–1586

Albrecht von Brandenburg-Ansbach und die Kultur seiner Zeit. Ausstellung im Rheinischen Landesmuseum Bonn 16. Juni bis 25. August 1968. Katalog, zusammengestellt von Walther Hubatsch und bearbeitet von Iselin Gundermann, Düsseldorf o. J.
Heinrich BORNKAMM: Martin Luther in der Mitte seines Lebens. Das Jahrzehnt zwischen dem Wormser und dem Augsburger Reichstag. Aus dem Nachlaß herausgegeben von Karin Bornkamm, Göttingen 1979.
Walther HUBATSCH: Albrecht von Brandenburg-Ansbach. Deutschordens-Hochmeister und Herzog in Preußen 1490–1568 (= Studien zur Geschichte Preußens, Bd. 8), Heidelberg 1960.
Reinhold KOSER: Geschichte der brandenburgischen Politik bis zum Westfälischen Frieden von 1648, 2. Aufl., Stuttgart und Berlin 1913.
Michael G. MÜLLER: Zweite Reformation und städtische Autonomie im Königlichen Preußen. Danzig, Elbing und Thorn in der Epoche der Konfessionalisierung (1557–1660), Berlin 1997.
Jürgen PETERSOHN: Fürstenmacht und Ständetum in Preußen während der Regierung Herzog Georg Friedrichs 1578–1603 (= Marburger Ostforschungen, 20), Würzburg 1963.
Jürgen PETERSOHN: Staatskunst und Politik des Markgrafen Georg Friedrich von Brandenburg-Ansbach und -Bayreuth 1559–1603. In: Zeitschrift für bayerische Landesgeschichte 24 (1961), S. 229–276.
Theodor SCHIEDER: Deutscher Geist und ständische Freiheit im Weichsellande. Politische Ideen und politisches Schrifttum in Westpreußen von der Lubliner Union bis zu den polnischen Teilungen (1569–1772/93) (= Einzelschriften der Historischen Kommission für ost- und westpreußische Landesforschung, Bd. 8), Königsberg (Pr) 1940.

5. 1586–1688

Reinhold KOSER (vgl. 4).
Michael G. MÜLLER (vgl. 4).

Ernst OPGENOORTH: Friedrich Wilhelm. Der Große Kurfürst von Brandenburg. Eine politische Biographie, 2 Bde., Göttingen/Frankfurt a. M./Zürich 1971 und 1978.
Herman von PETERSDORFF: Der Große Kurfürst, Neuausgabe, Leipzig 1939.
Theodor SCHIEDER (vgl. 4).
Fritz WAGNER: Europa im Zeitalter des Absolutismus 1648–1789, 2. Aufl., München 1959.

6. 1688–1815

Ernst Moritz ARNDT: Erinnerungen aus dem äußeren Leben, 3., durchgängig verbesserte Aufl., Leipzig 1842.
Max BÄR: Westpreußen unter Friedrich dem Großen (= Publikationen aus den K. Preußischen Staatsarchiven, 83/84), 2 Bde., Leipzig 1909.
Ingeburg Charlotte BUSSENIUS (Bearb.): Urkunden und Akten zur Geschichte der preußischen Verwaltung in Südpreußen und Neuostpreußen 1793–1806, Frankfurt a. M./Bonn 1961.
Hans-Jürgen BÖMELBURG: Zwischen polnischer Ständegesellschaft und preußischem Obrigkeitsstaat. Vom Königlichen Preußen zu Westpreußen (1756–1806) (= Schriften des Bundesinstituts für ostdeutsche Kultur und Geschichte, Bd. 5), München 1995.
Johann Gustav DROYSEN: Das Leben des Feldmarschalls Grafen Yorck von Wartenburg, Bd. 1, 11. Aufl., Leipzig 1913.
Carl HINRICHS: Friedrich Wilhelm I. König in Preußen. Eine Biographie. Jugend und Aufstieg, Hamburg 1941.
Carl HINRICHS: Preußentum und Pietismus. Der Pietismus in Brandenburg-Preußen als religiös-soziale Reformbewegung, Göttingen 1971.
Hans HÜBNER: Der kulturelle Zustand Westpreußens am Ende der polnischen Zeit. In: Der Kampf um die Weichsel. Untersuchungen zur Geschichte des polnischen Korridors, hrsg. von Erich Keyser, Stuttgart, Berlin und Leipzig 1926.
Karl Joseph KAUFMANN: Westpreußen und Polen zwischen 1454 und 1772. Ebenda.
Walter MERTINEIT: Die fridericianische Verwaltung in Ostpreußen. Ein Beitrag zur Geschichte der preußischen Staatsbildung (= Studien zur Geschichte Preußens, Bd. 1), Heidelberg 1958.
Walter MERTINEIT: Ostpreußische Manufaktur- und Merkantilpolitik im 18. Jahrhundert. Ein Beitrag zur fridericianischen Verwaltungspraxis. In: Zeitschrift für Ostforschung 9 (1960), S. 481–492.
Helmut MOTEKAT (vgl. 1).
Gotthold RHODE: England und das Thorner Blutgericht 1724. In: Historische Zeitschrift 164 (1941), S. 496–528.
Gerhard RITTER: Stein. Eine politische Biographie. Neugestaltete Auflage, Stuttgart 1958.
Hans ROTHFELS: Ost- und Westpreußen zur Zeit der Reform und Erhebung (1931); in: ders., Bismarck, der Osten und das Reich, Darmstadt 1960.
Theodor SCHIEDER (vgl. 4).
Theodor SCHIEDER: Die preußische Königskrönung von 1701 und die politische Ideengeschichte. In: Altpreußische Forschungen 12 (1935), S. 64–86.
Friedrich TERVEEN: Gesamtstaat und Retablissement. Der Wiederaufbau des nördlichen Ostpreußen unter Friedrich Wilhelm I. 1714–1740 (= Göttinger Bausteine zur Geschichtswissenschaft, 16), Göttingen 1954.
Friedrich TERVEEN: Das Retablissement Ostpreußens im 18. Jahrhundert; in: Deutsche Ostsiedlung in Mittelalter und Neuzeit (= Studien zum Deutschtum im Osten, 8), Köln/Wien 1971.
Theodor WINKLER: Johann Gottfried Frey und die Entstehung der preußischen Selbstverwaltung. Neuauflage, Stuttgart 1957.

7. 1815–1918

Hartmut BOOCKMANN: Das ehemalige Deutschordensschloß Marienburg 1772–1945. Die Geschichte eines politischen Denkmals. In: Geschichtswissenschaft und Vereinswesen. Beiträge zur Geschichte historischer Forschung in Deutschland (= Veröffentlichungen des Max-Planck-Instituts für Geschichte, 1), Göttingen 1972.
Walter GÖRLITZ: Die Junker. Adel und Bauer im deutschen Osten. Geschichtliche Bilanz von sieben Jahrhunderten, 4., ergänzte und erweiterte Aufl., Limburg a. d. Lahn 1981.

Klaus von der GROEBEN: Provinz Ostpreußen. In: Verwaltungsgeschichte Ostdeutschlands 1815–1945. Organisation-Aufgaben-Leistungen der Verwaltung, hrsg. von Gerd Heinrich, Friedrich-Wilhelm Henning und Kurt G. A. Jeserich, Stuttgart/Berlin/Köln 1993.

Klaus von der GROEBEN: Provinz Westpreußen. Ebenda.

Wolfgang HOFFMANN: Das Ansiedlungsgesetz von 1904 und die preußische Polenpolitik. In: Jahrbuch für die Geschichte Mittel- und Ostdeutschlands 38 (1989), S. 251–285.

Walther HUBATSCH: Masuren und Preußisch-Litthauen in der Nationalitätenpolitik Preußens 1870–1920, Marburg (Lahn) 1966 (zuerst in: Zeitschrift für Ostforschung 14 und 15).

Walther HUBATSCH: Ansiedlungspläne für Finnen in Ostpreußen. In: ders., Unruhe des Nordens. Studien zur deutsch-skandinavischen Geschichte, Göttingen/Berlin/Frankfurt a. M. 1956.

Wolfgang KOHTE: Die staatliche Ansiedlungspolitik im deutschen Nordosten (1886–1914). Voraussetzungen, Ziele und Folgen. In: Deutsche Ostsiedlung in Mittelalter und Neuzeit (= Studien zum Deutschtum im Osten, 8), Köln/Wien 1971.

Manfred LAUBERT: Westpreußen im 19. Jahrhundert. In: Der Kampf um die Weichsel. Untersuchungen zur Geschichte des polnischen Korridors, hrsg. von Erich Keyser, Stuttgart, Berlin und Leipzig 1926.

Helmut MOTEKAT (vgl. I).

Hans-Jakob TEBARTH: Technischer Fortschritt und sozialer Wandel in deutschen Ostprovinzen. Ostpreußen, Westpreußen und Schlesien im Zeitalter der Industrialisierung (Historische Forschungen, hrsg. von der Kulturstiftung der deutschen Vertriebenen), Berlin 1991.

8. 1918–1945

Udo von ALVENSLEBEN: Besuche vor dem Untergang. Adelssitze zwischen Altmark und Masuren. Zusammengestellt und herausgegeben von Harald von Königswald, Frankfurt a. M./Berlin 1968.

Theodor BIERSCHENK: Die deutsche Volksgruppe in Polen 1934–1939 (= Beihefte zum Jahrbuch der Albertus-Universität Königsberg/Pr., 10), Kitzingen (Main) 1954.

Hans Viktor BÖTTCHER: Die Freie Stadt Danzig. Wege und Umwege in die europäische Zukunft. Historischer Rückblick, staats- und völkerrechtliche Fragen (= Forschungsergebnisse der Studiengruppe für Politik und Völkerrecht, Bd. 23), 3., durchgesehene und erweiterte Aufl., Bonn 1999.

Magnus Freiherr von BRAUN: Von Ostpreußen bis Texas. Erlebnisse und zeitgeschichtliche Betrachtungen eines Ostdeutschen, 2. Aufl., Stollhamm 1955.

Richard BREYER: Das Deutsche Reich und Polen 1932–1937. Außenpolitk und Volksgruppenfragen (= Marburger Ostforschungen, Bd. 3), Würzburg 1955.

Kurt DIECKERT/Horst GROSSMANN: Der Kampf um Ostpreußen. Ein authentischer Dokumentarbericht, 3., überarbeitete Aufl., München 1960.

Bruno GLEITZE: Ostdeutsche Wirtschaft. Industrielle Standorte und volkswirtschaftliche Kapazitäten des ungeteilten Deutschland, veröffentlicht vom Deutschen Institut für Wirtschaftsforschung, Berlin 1956.

Walter GÖRLITZ (vgl. 7).

Klaus von der GROEBEN (vgl. 7).

Klaus von der GROEBEN: Im Dienst für Staat und Gemeinschaft. Erinnerungen (= Quellen zur Verwaltungsgeschichte, hrsg. vom Vorstand des Lorenz-von-Stein-Instituts für Verwaltungswissenschaften an der Universität Kiel, 9), Kiel 1995.

Otto HEIKE: Das Deutschtum in Polen 1918–1939, Bonn 1955.

Ulrich HEINEMANN: Ein konservativer Rebell. Fritz-Dietloff Graf von der Schulenburg und der 20. Juli (Deutscher Widerstand 1933–1945. Zeitzeugnisse und Analysen), Berlin 1990.

Horst JABLONOWSKI: Die Danziger Frage. In: ders., Rußland, Polen und Deutschland. Gesammelte Aufsätze, Köln/Wien 1972.

Horst JABLONOWSKI: Wieviel Polen hat es vor dem zweiten Weltkrieg in Ostpreußen gegeben? Ebenda.

Uwe NUSSBAUM: Brücke über die Ostsee. Der Seedienst Ostpreußen 1920–1944, Hamburg 1999.

Ostpreußen (= Eisenbahnkurier, Special 52), Freiburg (Br.) 1999.

Marianne PEYINGHAUS: Stille Jahre in Gertlauken. Erinnerungen an Ostpreußen, 2. Aufl., Berlin 1985.

Ernst-Albrecht Plieg: Das Memelland 1920–1939. Deutsche Autonomiebestrebungen im litauischen Gesamtstaat (= Marburger Ostforschungen, Bd. 19), Würzburg 1962.
Hugo Rasmus: Pommerellen Westpreußen 1919–1939, München/Berlin 1989.
Theodor Schieder (Bearb.): Dokumentation der Vertreibung der Deutschen aus Ost-Mitteleuropa, Bd. I, 1, Nachdruck von 1954, München 1984.
Franz W. Seidler: »Deutscher Volkssturm«. Das letzte Aufgebot 1944/45, 2. Aufl., München/Berlin 1991.
Bertil Stjernfelt/Klaus-Richard Böhme: Westerplatte 1939 (= Einzelschriften zur militärischen Geschichte des Zweiten Weltkrieges, 23), Freiburg i. Br. 1979.
Christian Tilitzki: Alltag in Ostpreußen 1940–1945, Leer 1991.
Georg-Christoph von Unruh: Die Reichsgaue Danzig-Westpreußen und Wartheland. In: Verwaltungsgeschichte Ostdeutschlands. Organisation – Aufgaben – Leistungen der Verwaltung, hrsg. von G. Heinrich, F.-W. Henning und K. G. A. Jeserich, Stuttgart/Berlin/Köln 1993.
Vertreibung und Vertreibungsverbrechen 1945–1948. Bericht des Bundesarchivs vom 28. Mai 1974. Archivalien und ausgewählte Erlebnisberichte, Bonn 1989.

9. Seit 1945

Ernst Bahr: Das nördliche Westpreußen und Danzig nach 1945 (= Ostdeutschland unter fremder Verwaltung, Bd. II), Frankfurt a. M./Berlin 1960.
Ekkehard Buchhofer: Die Bevölkerungsentwicklung in den polnisch verwalteten deutschen Ostgebieten von 1956–1965 (= Schriften des Geographischen Instituts der Universität Kiel, XXVII, 1), Kiel 1967.
Hans Graf von Lehndorff: Ostpreußisches Tagebuch. Aufzeichnungen eines Arztes 1945–1947, München 1961 (TB., 3. Aufl., München 1970).
Rudolf Neumann: Ostpreußen unter polnischer und sowjetischer Verwaltung (= Ostdeutschland unter fremder Verwaltung 1945–1955, Bd. I), Frankfurt a. M./Berlin 1955.
Werner Rutz: Phasen staatlicher Raumorganisation im ehemaligen Ostpreußen. In: Nordost-Archiv 24 (1991), Heft 102, S. 1–24.
Theodor Schieder (Bearb.): Dokumentation der Vertreibung der Deutschen aus Ost-Mitteleuropa, Bd. 1, 2 und 3, Nachdruck von 1954 und 1960, München 1984.
Vertreibung und Vertreibungsverbrechen 1945–1948 (vgl. 8).
Landsmannschaften stellen sich vor, hrsg. vom Ständigen Rat der Ostdeutschen Landsmannschaften und Landesvertretungen o. J.
Ostpreußen – 50 Jahre Landsmannschaft Ostpreußen 1948–1998, 2., überarbeitete Aufl., Hamburg 1999.
Gerhard Ziemer: Deutscher Exodus. Vertreibung und Eingliederung von 15 Millionen Ostdeutschen, Stuttgart 1973.

10. Die Deutschen aus Litauen

Gilbert-Hanno Gornig: Das Memelland. Gestern und heute. Eine historische und rechtliche Betrachtung, Bonn 1991.
Ernst-Albrecht Plieg (vgl. 8).
Georg von Rauch: Geschichte der baltischen Staaten, 2., durchgesehene Aufl., München 1977.
Harry Stossun: Die Deutschen in Litauen von der Reformation bis zum Ersten Weltkrieg. In: Land der großen Ströme. Von Polen nach Litauen, hrsg. von Joachim Rogall (Deutsche Geschichte im Osten Europas), Berlin 1996.
Harry Stossun: Litauen vom Ersten bis zum Ende des Zweiten Weltkriegs. Ebenda.
Joachim Tauber (Hrsg.): Zwischen Staatsnation und Minderheit. Litauen, das Memelland und das Wilnagebiet in der Zwischenkriegszeit (= Nordost-Archiv NF, Bd. 2, Heft 2), Lüneburg 1993.

Personenregister

Geographisches Register